経部引用書から見た『說文解字繫傳』注釈考

坂内千里

大阪大学出版会

目次

序章

南唐徐鍇《じょかい》の著した『説文解字繋傳《せつもんかいじけいでん》』は『説文解字』の全体を通して注釈を施した最初の著作であり、『説文解字』研究上重要なものである。しかし、周祖謨氏が「徐鍇的説文學」(1)でその特徴を論じた以外、ほとんど研究対象として正面から取り上げられてはこなかった。

本書は、『説文解字』研究上重要な意味を持つ『説文解字繋傳』を再評価するために、特にその注釈の方法・特徴を明らかにすることを主たる目的とするものである。

第一節では、まず『説文解字』の著者である許慎、及びその成立・構成・伝承・版本等について簡単に説明する。第二節では、『説文解字繋傳』の著者である徐鍇について見た後、『説文解字』に関する研究のうち当該書に関するものを略述し、最後に本書の研究目的・構成等を述べる。

第一節　『説文解字』について

『説文解字』（以下、『説文』と称する）は、後漢の許慎の著した現存する中国最古の字書である。

(1) 許慎

許慎は、後漢を代表する学者の一人であるが、正史である『後漢書』には極めて簡単な記録しか残されていない。「儒林傳」(下)に、以下のような記述がある。

許愼字叔重、汝南召陵人也、性淳篤、少博學經籍、馬融常推敬之、時人爲之語曰、五經無雙許叔重、爲郡功曹、擧孝廉、再遷除洨長、卒于家、
初、愼以五經傳說臧否不同、於是撰爲五經異義、又作說文解字十四篇、皆傳於世

(許愼、字は叔重、汝南召陵の人なり。性は淳篤、少《わか》くして経籍に博学たり。馬融常に之《これ》を推敬す。時人《じじん》之が為めに語りて曰く、「五経無双の許叔重」と。郡の功曹と為《な》り、孝廉に挙げられ、再遷して洨《こう》の長に除せられ、家に卒す。初め、慎五経の伝と説の臧否同じからざるを以て、是《ここ》において撰して『五經異義』を為し、又た『說文解字』十四篇を作る。皆世に伝わる。)

「許慎、字は叔重、汝南召陵(河南郾城)の人である」「人柄は誠実で、若い頃から経書に通じており、馬融も常に尊敬していた」「当時の人びとは『五経無双の許叔重』と評した」「汝南郡の功曹となり、親孝行で清廉潔白である(孝廉)として推薦されて(中央の官界に出て)、二度目の転任で洨(安徽霊壁)の長官に任ぜられた」「官を辞し、郷里に帰り亡くなった」「当時、五経の解釈は正しいものとそうでないものが入り乱れていたため『五經異義』を撰し、また『說文解字』十四篇を作り、それらは皆世に伝わった」という極短いものにすぎない。その事跡、特に生卒年については、清代以降多くの学者が考証しているが、根拠とする資料は、この本伝と『說文』の許慎「敍」(永元十二年(一〇〇))・息子の許沖の「上說文解字表」(建光元年(一二一))、及び『後漢書』「南蠻西南夷(夜郎國)傳」にある「桓帝時、郡人尹珍自以生於荒裔、不知禮義、乃從汝南許愼應奉受經書圖緯、學成、還鄉里教授、於是南域

始有學焉（桓帝の時、郡の人尹珍自ら荒裔に生まれ礼義を知らざるを以て、乃ち汝南の許慎・応奉に従いて経書と図緯を受く。学成り、郷里に還りて教授す。是に於て南域に始めて学有り。）」という記述のみであり、いずれの説にも確証がない。夜郎国の尹珍という人が、許慎・応奉について学んだという「夜郎國傳」の記述によれば、許慎は桓帝の治世（一四七－一六七）までは生きていたことになるが、この記述そのものに事実誤認があり、『華陽國志』の記述に基づくと、尹珍が許慎らについて学んだのは明帝の治世（五七－七五）であり、桓帝の治世には既に荆州刺史になっていたという指摘もある。更に、許慎の生年に関しては手がかりがなく推測の域を出ない。確実に言えるのは、その師である賈逵（三一－一〇二）よりも後、馬融（七九－一六六）よりも前の生まれであるということぐらいであろう。

『説文』十四篇、「敍」及び「目録」一篇を合わせて十五篇の成書年についても、「敍」の書かれた永元十二年（一〇〇）とする説と、永元十二年に草稿が成り二十年余の修改を経て建光元年（一二一）に完成し朝廷に献上されたとする説がある。

（2）『説文』の構成

書名である「説文解字」とは、「文を説き字を解く」ということである。この「文」とは、それ一つで完成しており、それ以上の要素文字には分解できない独体のものを指し、「字」とは、本来独立した二つ以上の文字が合わさってできた複合体のものを指す。合体の「字」に於いては、その構成要素となる「文」のうちの一つが造字の本《もと》となる。その本となる「文」（或いは「字」）を部首とし、その下にそれを共通の本として持つ合体字を配することで「部」ができる。このようにしてできた「部」は、原則的には形の類似によって配列される。この部首法は、許慎が創始したものである。それ以前の字書が、『急就篇』や後の『千字文』のように、覚えやすいように文字を意味のある韻文の形に綴った識字用の教科書に過ぎなかったのに対し、『説文』は字形を分析・分類・配列し、字義を説いた最初の字書である。

「敘」の記述によると、『説文』十四篇におさめられた親字の総計は九千三百五十三字であり、それらを五百四十部に分類配列している。同じ字で構造が異なる異体のもの（小篆《しょうてん》の或体《わくたい》・古文・籀文《ちゅうぶん》など）は、重文として各親字の次に出しており、全千百六十三字ある。『説文』では、各部の部首字は、その解説の中に必ず「凡某之屬皆從某（凡そ某の属は皆某に従う）」と明記されており、その部の文字が全て部首字から派生したものであることを示している。これらを含めた『説文』中の解説の文字数は、十三万三千四百四十一字であるという。

（3）説解

『説文』では、まず親字が小篆で書かれ、その下にその字についての解説が隷書（六朝以後の写本では楷書）で書かれている。この解説の部分を特に「説解《せっかい》」と呼ぶ。説解では、最初にその字の意味を説き、次にその字がどのようにして造られたかという字形の成り立ちを説く。許慎は「敘」の中で字形構造の原則として、指事・象形・形声・会意・転注・仮借という六書《りくしょ》を挙げて解説しており、説解に於てもそれぞれの字の構造をこの原則にのっとって説いている。字の成り立ちを明らかにすることにより、その字の本義をも知ることができる。説解では、まずそのようにして明らかにされた字の本義を説き、次に字形の成り立ちを説くのである。その後に、「讀若某（読みて某の若《ごと》くす）」として特に字音を示したり、また、経書に於ける用例や方言による差異、或説《わくせつ》などを付記することもある。更に異体字がある場合には、重文として後に付記する。

釆《はん》部（二篇上）(2)を例として見てみよう。「釆、辨別也、象獸指爪分別也、凡釆之屬皆从釆、讀若辨、[illegible]、古文釆」。まず、小篆で見出し字を挙げ、その次に「辨別《べんべつ》なり（区別する）」という本義を挙げ、更に「獣の指爪 分別するに象るなり」として、この字形は獣の指の爪が分かれている形に象《かたど》ってできたものであることを説く。「釆」は、部首字であるので、「凡そ釆の屬皆釆に从《したが》う」としてこの部の字は全てこの「釆」を本《もと》にしてできたことを示す。更に「辨の若く読む」として、字音が「辨」に類似していることを示している。漢字の音は、現代のようにローマ字

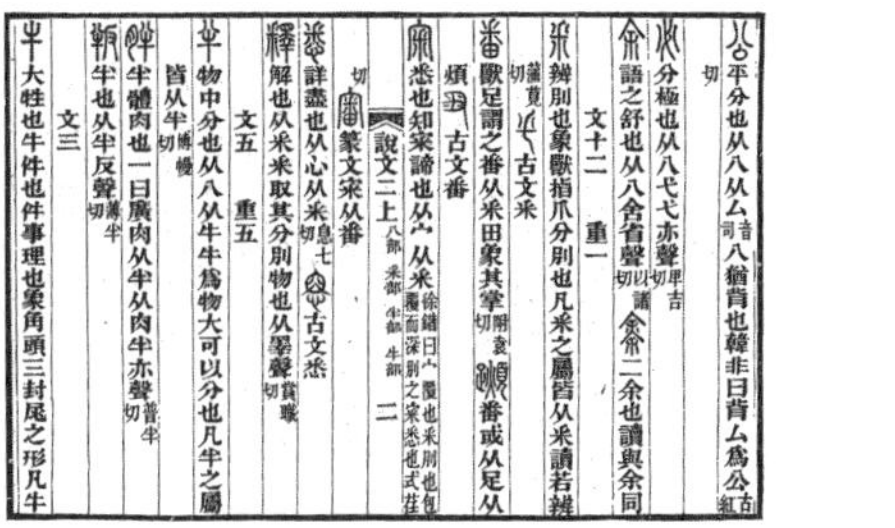

『說文解字』釆部

を用いた表記法（拼音《ぴんいん》）がなかった時代には、二字（はじめの子音を表す字と、後の韻母を表す字）を組み合わせて表す「反切《はんせつ》」を用いて示されることが多いが、「反切」が用いられるようになったのは魏晋以降のことであり、許慎の時代にはなかった。そこで、漢字音を表す手段としては、「某音某」のように同音の字を用いて表す「直音《ちょくおん》」や、類似の音を用いて表す「読若《どくじゃく》」のような方法がとられた。また、この「釆」には異体字があるので、次に挙げた上で「古文の釆」という簡単な説明を付け、重文である「」が「」の「古文」であることが明示されている。釆部では、このあとに「番・審・悉・釋」という「釆」を本としてできた字を挙げ解説している。

（4）伝承

『說文』は、許慎が著したそのままの形で今日まで伝えられてきたわけではない。現存する最古のテキストとしては唐代の写本（但し木部の一部と口部の極一部の二百字程度が残るだけである）があるが、そこでは既に親字の下に直音または反切の形で字音を示すという補足がなされている。

また唐の大暦年間（七六六–七七九）には、李陽冰《りょうひょう》が『說文』の小篆や説解を刊定した（いわゆる『刊定說文』）。周祖謨氏は「李陽冰篆書考」で、李陽冰による『說文』の刊定について詳細に検討し、刊定点として、⑴篆書体《てんしょたい》の筆法を定める、⑵字の構成・声符《せいふ》を含めた説解を退け新説を述べるという二点を挙げる。氏は篆書の筆法については、李陽冰が秦篆に基づくところが多いことから、伝写の過ちを正すものとして評価する一方、説解に対する論難・新説については、その多くが根拠がなく、ほとんど取るべきものがないとする。[3] これは、徐鉉《じょげん》が「進說文解字表」（『說文』十五篇下）に「唐大歴中、李陽冰篆迹殊絕、獨冠古今、自云斯翁之後、直至小生、此言爲不妄矣、於是刊定說文、修正筆法、學者師慕、篆籀中興、然頗排斥許氏、自爲臆說、夫以師心之見、破先儒之祖述、豈聖人之意乎、今之爲字學者、亦多從陽冰之新義、所謂貴耳賤目也」（大意：唐の大暦年間、李陽冰は篆書の名手であり、「小篆の書体を考案したとされる」李斯の直接の後継者と自ら誇るのは妄言ではない。そこで、『説文』を刊定し、筆法を修正した。文字を学ぶ者が手本とし、篆籀の書体は中興した。しかし、許慎の説を排斥し根拠のない説を唱えている。自らの心のみを拠り所として先人の受け継いできたものを排するのは聖人の意に沿うものと言えようか。今の文字を学ぶ者が、また多く陽冰の新説に従うのは、伝聞だけを貴び見ているものを軽んじ実際を講究しない態度である。）と言うのと、ほぼ同じ評価と言えよう。[4] また、全十五篇であったものを改めて三十巻にしたのも、李陽冰であると言われる。[5] しかし、李陽冰の刊定本は早くに散逸しており、今では、ほかの書籍に言及・引用されているものからその姿を推測するほかない。

その後、南唐の徐鍇（九二一-九七五。以下、小徐と称する）は、李陽冰が自説により改めたものを排除し『説文』本来の姿に戻すことに努め、『説文解字繫傳』（以下、小徐本と称する）を著した。小徐本は、『説文』の説解に対する注釈である「通釋」篇三十巻に、「部敘」篇二巻などの論十巻を合わせた全四十巻から成る。周祖謨氏は各篇の性質を次のように説明している。「通釋」篇は許慎の原書の説解を解釈したもので、「部敘」篇は『説文』五百四十部の配列順序の意味を推論したもの、「通論」篇は文字の構造に含まれる深い意味を明らかにしたもの、「袪妄」篇は先人の字説の誤りを反駁排斥したもので、「類聚」篇は同類のものを挙げその象るところを説明したもの、「錯綜」篇は人間社会の事柄から古人の造字に込めた考えを明らかにしたもので、「疑義」篇は『説文』に欠けている文字、及び小篆と字体が合わないものを挙げ論じたもの、「系述」篇は『史記』「太史公自序」や『漢書』「敍傳」のように各篇の著述の趣旨を説明したものである。[6] なお、「袪妄」篇はほぼ李陽冰の説を論駁したもので、陽冰の字説はここに引用されているもの、及び小徐の兄徐鉉が引用するものがわずかに残るのみである。

小徐本は、早い時期に張次立の手が加えられており、原本のままのものは伝わっていない。[7] また伝本がきわめて少なく、北宋には既に巻二十五・三十の両巻を欠いており、巻三十は後に得られたが、巻二十五は失われたままで、兄徐鉉等の校訂本（後述）の該当部分で補っている。このほか各部の欠字なども、徐鉉の書の記述がそのまま竄入《ざんにゅう》されている。この竄入部分は、各文字の条の最後に付されている反切が「某某反」ではなく「某某切」となっているので、すぐに区別できる。(8)

北宋の雍熙三年（九八六）に徐鍇の兄の徐鉉らは、皇帝の命を受け新たに『說文』を校訂した。これが現代の標準テキストであり、大徐本と呼ばれている（徐鉉を大徐、弟の徐鍇を小徐と呼ぶのに由る）。大徐本では、説解中に使われていたり偏旁となっているが「親字」となっていない「詔・志」などの十九字（新修文字）が各部に補入され、また、経典に用いられ、その後も用いられているが『說文』には取り上げられていない文字が各部の後に「新附」として補入されている。(9)

このほか、小徐が著し、後に大徐が増補修訂した『說文解字篆韻譜』がある。これは『說文』に収める篆書の文字を、発音の韻により分類配列したもので、『說文』の索引のようなものである。各小韻（同音字のグループ）の最初の文字の篆書の下には、それぞれ字音を示す反切が記入され、そのほか各字の字義（説解を簡略にしたもの）が示されている。その篆文の字形と字義は『說文』と異なる場合があり、『說文』の校訂に役立つ。『說文解字篆韻譜』には、五巻本と十巻本の二つの系統があり、十巻本は『切韻』以来の唐代の多くの韻書とほぼ同じ韻目と配列であるのに対し、五巻本の韻目は唐の李舟が編集した『切韻』（『李舟切韻』）・『廣韻』にほぼ一致する。この二系統については、十巻本が徐鍇が編集した初稿であり五巻本は徐鉉が増補改訂して成ったものとする説（馮桂芬・王国維・工藤早苗）と、徐鍇が編集し徐鉉が増補を加えたのが十巻本であり五巻本は後の人が『廣韻』に合わせて改編したものであるとする説（小川環樹・頼惟勤）がある。(10)

南宋になると『說文』（大徐本）の五百四十部を部首字の韻により韻書の形式に従って配列し直したものができる。これが李燾《りとう》（一一一四－一一八三）の『說文解字五音韻譜』である。これは、検索に便利なため広く行われ、大徐本すら姿を消していく。明代に通行した『說文』は、『說文解字五音韻譜』によりながら、李燾の前後序を載録せず、代わりに許慎の自序・許慎の子の許沖の上書・徐鉉等の進表などを冠して『説文解字』と名づけた奇妙なものであり、遂にこれが『説文』であると誤解されるようになった。明末清初の碩学である顧炎武（一六一三－一六八二）ですら、「説文原本次第、不可見、今以四聲列者、徐鉉等所定也、切字鉉等所加也（説文原本の次第は見るべからず、今の四声を以て列する者は、徐鉉等の定むる所なり、切字も鉉等の加うる所なり）」（『日知録』巻二十一「説文」）と言うように、「始一終亥（「一」の部で始まり「亥」の部で終わる）」の本来の姿を目にすることができなかった。

幸い、宋代の版本が蔵書家の間で伝えられていたため、清になってから大徐本が翻刻される。これが常熟毛氏汲古閣刊本である。この後、数種類の版本が世に出て、『説文』研究はその隆盛期を迎え、校訂や注釈が加えられてゆく。有名なものとしては、段玉裁の『説文解字注』三十巻（一八〇七年成）・桂馥《けいふく》の『説文義證』五十巻（一八四八年刊）・王筠《おういん》の『説文句讀』（一八五〇年成）・朱駿聲の『説文通訓定聲』十八巻（一八四八年成）がある。

特に『説文解字注』は、段注と呼ばれ、『説文』研究の最高峰とたたえられている。注釈の主な内容[11]は、(1)『説文』伝本の校勘・校訂、(2)『説文』の体例を明らかにする、(3)経書を初めとする古い書物の訓詁《くんこ》に基づき許慎の説を解釈する、(4)字音と字義の関係を明らかにする、(5)古書中の文字の訓詁と説解を比較し、古今字と仮借を明らかにし、字義の引伸（本義から発展した意味）と変遷を明らかにするなど多岐にわたり、後の文字・字義研究の指針となった。もちろん、説解の校訂にあたり独断に流れるところがあるなどいくつかの欠点はあるが、現在でも『説文』を読む上で欠くことのできないものである。

『説文義證』は、多くの古書の引用による許書の詳細な注釈であり、その豊富な引用から一種の類書（百科事典）との評価もある。『説文通訓定聲』は、『説文』を諧声符を中心に並べかえた上で注釈を施したもので、注も本義・転注・仮借・声訓など細かく理論的に分類されている。『説文句讀』は、段注・『説文義證』など三書の要を取り、又自ら集めた資料を加え、初学者にもわかりやすい注釈としたものである。

（5）版本

ここでは、標準テキストとなっている大徐本と、本書の研究対象である小徐本の版本について簡単に見ておく。以下の記述は、主として倉石・福田両氏に基づく。[12]

上述の如く、元来先に書が成ったのは小徐本（南唐）であったが、宋になり大徐本ができてからは、世に行われたのは大徐本であり、伝本の少なかった小徐本は姿を消す。その後『説文解字五音韻譜』（南宋）の登場に伴い、大徐本も次第に姿を消してゆく。清になり、まず翻刻されたのは大徐本であったので、先に大徐本の版本につき簡単に見ておく。

明代随一の説文学の著書とされた『説文長箋』の作者である趙宧光《ちょうかんこう》は蔵書家であり、顧炎武がその姿を目にできなかった大徐本の景鈔宋大字本を所蔵していた。趙氏自身はせっかくの善本の価値を充分には理解していなかったようであるが、その子の均（字は霊均）が鈔した宋大字本が、明末清初の蔵書家である常熟の毛晋（汲古閣）が仿刻した原本と言われる。毛晋は北宋版の『説文眞本』を購入してそれを復刻しようと志し、その字が小さいことを嫌い大字に改めようとした。ところが志半ばにして順治十六年（一六五九）に世を去った。その子扆《い》は父の志を継ごうとしたが、力及ばず久しく成就しなかった。「癸巳の年」（康熙五十二年（一七一二））に第五次の修改を行い、田畑を売り払いようやく刊行した。この第五次修板本は、小徐本により改められたため、かえって宋本と異なってしまったところが多く、とかく評判が悪い。段玉裁はほかの多くの版本を参照してこの汲古閣本を校訂し、『汲古閣説文訂』を著している。高橋氏は汲古閣における刊行事業について、従来の説を修正し次のように結論づける。[13] 即ち、⑴毛晋は最初から趙氏鈔本及び『説文眞本』の両方に依拠して刊刻を始め、それは『説文眞本』の小字を趙氏鈔本の大字に仿って彫り直す形を取った、⑵その子の毛扆はその事業を引継ぎ、改訂作業の後、刊行した、⑶光緒七年（一八八一）に淮南書局で翻刻された第四次修訂本の毛扆の題字が「家刻説文校改第四次樣本」となっていることから、「汲古閣本」として正式に刊行されたのは、最後の第五次改訂を経た「第五次修訂本」のみであり、それまでの第一次から第四次までの「修訂本」はすべて最初に彫られた版木の修正部分のみ彫り改め、数部の修訂本が刷られ、次の修訂本の底本となったもの（「様本」）であるとする。

そのほかの版本としては、次のようなものがある。

・朱筠《しゅいん》重刊汲古閣本（椒花吟舫本ともいう）

朱筠が安徽学政として赴任した際に、学生のために善本を提供しようとして門下の徐瀚《じょかん》に命じて大徐本を校訂させたもので、乾隆三十八年癸巳（一七七三）の版行である。これは、もっとも批判の多い汲古閣第五次修板本に依っている。また、同治十年（一八七一）に再刊された。

・孫氏平津館仿宋《ほうそう》小字本

嘉慶十四年（一八〇九）に陽湖の孫星衍の五松書屋で重刊した宋小字本であるが、その底本の来歴については詳述されていない。平津館叢書所収、小学彙函にも覆平津館叢書本が収められている。同治十三年甲戌（一八七四）東呉浦氏刊本も同系統のものである。そのほか光緒五年（一八七九）版もある。

・一篆一行本

広東番禺の陳昌治が孫氏平津館仿宋小字本を改刻し、同治十二年（一八七三）に刊行したもので、黎永椿の通検も附刻している。これは、閲読・検索に便利なように、孫氏の小字本を一篆毎に行を改めて列したものであり、説解を大字で、徐鉉等の校注などをその下に双行の小字で刻したもので、各部の後にある新附字は一字分下げて、親字のみを大字、そのほかは双行の小字で附刻されている。光緒九年（一八八三）山西書局刊行、光緒十四年（一八八八）常熟の席氏掃葉山房重刊がある。一九六三年にはこの陳昌治刻本を底本として、各篆の上に楷書体を加え、巻末に新編の検字を附したものが中華書局から刊行され、これが版を重ねて広く用いられている。五頁の写真は、この中華書局本に拠る。

・藤花榭《とうかしゃ》仿宋中字本

長白の額勒布の藤花榭で重刻した宋本で、底本は安徽歙県《きゅうけん》の鮑漱芳の家に蔵した宋本であるが、その来歴は不詳である。嘉慶丁卯（一八〇七）の額氏の序がある。孫氏本より誤字は多いが、妄改した部分は見当たらない。稀少価値があるため、孫氏本よりも貴ばれた。民国三年（一九一四）に上海商務印書館から藤花榭本景印として刊行された。

・続古逸叢書本

岩崎家旧蔵で、静嘉堂文庫収蔵の皕宋楼《ひょくそうろう》所伝の宋本を翻印したもので、四部叢刊に縮印して収められている。

大徐本が世に行われるようになってからも、小徐本は善本が少なく久しく埋もれたままであり、その善本を求めることが学者や蔵書家の念願であった。小徐本刊行までの経緯については、朱文藻「重校説文繋傳考異跋」（嘉慶十一年（一八〇六））に詳述されている。

乾隆三十四年（一七六九）、銭塘の汪憲（振綺堂）は、その客であった呉江の潘瑩中《はんえいちゅう》から蘇州の南濠に住む朱文游が小徐本の影宋鈔本を所蔵していると聞き、同じく振綺堂に寄寓中の朱文藻を遣わして借り受けることとした。はじめ潘瑩中がまず朱文游から借り出して呉江の自宅に置いておくということであったが、朱文藻が行った時には、たまたま潘瑩中は外出しており、直接南濠まで取りに行ってくれとの置き手紙があったため、朱文藻はそのまま南濠の朱文游の家を訪ねた。朱文游の蔵書堂は三つあり、それぞれ宋元版・旧鈔本・精刻精鈔本で満たされており庸劣な書は一冊もなかった。朱文藻は小徐本を借り受けるとその夜は振綺堂の友人である蘇州に住む陳逸樵の家に宿り、翌日一緒に杭州へ帰った。その後朱文藻は一年かけて自ら小徐本を写すとともに、『説文繋傳考異』四巻附録二巻を著し、署名しないまま汪憲に示した。汪憲は大いに喜び秘笈《ひきゅう》に収めて容易には人に見せなかった。汪憲は翌乾隆三十六年（一七七一）に亡くなった。その翌年、朝廷で四庫《しこ》全書館を開き天下の遺書を採訪すべしとの詔が下され、杭州の蔵書家も皆秘蔵の書籍を進呈した。この時振綺堂の当主は汪憲の子の汪如瑮《おうじょりつ》であったが、まず善本二百余種を差し出した。杭州巡撫の手で纏められたものは五千余種にのぼったというが、巡撫は更に百種加えようと考え、各蔵書家に通達した。振綺堂ではいろいろ尋ねあぐんだ末、汪憲が生前秘笈に収めておいたものを開いたところ『說文繫傳考異』四巻附録二巻が現れた。汪如瑮は亡父の遺著に違いないと考え、『說文繫傳考異』に汪憲の名を記し、附録には時どき朱文藻の案語が見えるので、これには朱文藻の名を記して進呈した。そのため、四庫全書本の考異に誤って汪憲の撰と題されたのである。附録は四庫館の意見で上巻のみ採録され下巻は削られた。

この時四庫全書に採録された小徐本は、四庫の総纂官紀昀《きいん》の家蔵本によったものであるが、四庫全書完成の頃に、たまたま銭塘の汪啓淑がその中の小徐本の稿本を見て、広く世に伝えたいと考え、旧鈔本数種を合わせて乾隆四十七年（一七八二）に京師で小徐本を刊行した。これが宋以降、小徐本が刊行された初めであり、大徐本の刊行に比べ七十年ほど遅れている。この本は、上述の如く、巻二十五は欠巻のままで、そこには大徐本が足されており、示部には大徐の新附字まで竄入されており、更に朱文藻の考異により校改され、附録一巻もそのまま採録されている。これは、乾隆中に馬俊良の龍威秘書に再刻された。汪啓淑はその後郷里に帰ったが、亡くなった後、その蔵書も散逸し小徐本も行方がわからなくなった。

その頃七十歳になった朱文藻は再び南濠を訪れたが、朱文游の蔵書も家も人手に渡り、陳逸樵の家もわからなくなってしまった。嘉慶十一年七十二歳の時、王昶《おうちょう》の家に寄寓した際、はじめて汪啓淑の重刊本を見て、再びこれを自らの考異と校合し、考異の増訂本を作りあげた。

その後、江蘇学政の祁寯藻《きしゅんそう》は、学生のために善本を提供するため、小徐本校刻の事業に着手し精密な校訂本を完成させた。祁寯藻は、段注により、顧千里・黄丕烈の家に小徐本の旧鈔本の善本が伝えられていることを知っていたので、道光十七年（一八三七）江蘇学政に着任すると暨陽《きよう》書院の李兆洛にこの書物のことを問うた。李兆洛は顧千里と同学のよしみがあり、またその孫が門下生でもあったため、手紙を送り顧氏の鈔本を借り受け、汪啓淑・馬俊良の本を校正した。黄丕烈所蔵の宋本はほとんど当時蘇州の蔵書家として有名だった汪士鐘の手に帰したといわれており、李兆洛は汪士鐘所蔵の南宋刻本に目をつけ、ぜひ借り受けたいと頼んだ。汪士鐘は第四函（巻三十二から巻四十まで）をもたらしたのみで、ほかは所蔵しないと断ったが、この宋刻本が顧千里鈔本の源流であることがわかった。この校訂の仕事は、李兆洛を首班とし、その門人の承培元・夏灝《かこう》・呉汝庚らが担当した。道光十九年（一八三九）に承培元の「校勘記」三巻を附して刊行された。これが最も善本と称せられる。本書では、この祁刻本《きこくほん》の影印本（中華書局　一九八六年）を底本とする。写真は、この中華書局本に拠る。

現在伝わっている小徐本の版本は以下の三種類である。

- 說文繫傳四十巻附録一巻

乾隆四十七年（一七八二）新安汪氏（啓淑）刊本

・龍威秘書第十集所収本

乾隆五十九年（一七九四）、馬俊良が汪氏刻本を再刻したものである。

- 說文繫傳四十巻附校勘記三巻

道光十九年（一八三九）寿陽祁氏（寯藻）據景宋鈔本重刊

兵火にあい、板が焼けて光緒の初めに再刻された。以下のようなものがある。

・覆祁氏本、小学彙函所収

・光緒元年（一八七五）帰安姚氏川東（咫進斎《ししんさい》）據祁氏本重刊

・光緒二年（一八七六）平江呉氏據祁氏本重刊

・光緒九年（一八八三）江蘇書局、據祁氏本重刊

・民国十年（一九二一）上海掃葉山房、據祁氏本石印

『說文解字繫傳』釆部

・説文繫傳四十巻（四部叢刊経部所収）
巻首至二十九景烏程張氏適園蔵述古堂景宋鈔本
巻三十至四十景古里瞿《くし》氏鐵琴銅剣楼蔵宋刊本

この瞿氏鐵琴銅剣楼蔵の宋本は、その蔵書印から趙宦光旧蔵のものであり、黄丕烈・汪士鐘の手を経たものであることがわかる。つまり、汪士鐘が秘して見せなかった三十・三十一巻が初めて公開されたことになる。

第二節　『説文解字繫傳』について

一　徐鍇について

まず著者である徐鍇（小徐）の生涯について簡単に見ておく。小徐については、『宋史』「文苑傳」の兄徐鉉の伝に短い附伝があるほか、北宋末の馬令『南唐書』・南宋の陸游『南唐書』及び清の呉任臣『十國春秋』にそれぞれ短い伝がある。その事績については、これらの書の本伝以外の部分にも散見されるほか、『資治通鑑』・『續資治通鑑長編』・『通志』・『江西通志』など多くの書に断片的な記述がある。[14] ここでは、上記四種の徐鍇伝に基づき、略述する。

徐鍇、字は楚金、会稽の人。父の延休が呉に仕えるに至り広陵に移った。鍇が四歳の時父が亡くなり、母が兄鉉の教育にかかりきりであったため、鍇は独学した。長ずるに及び、文章で兄鉉と並び称され、晋の二陸になぞらえられた。[15] 中主元宗の時、秘書郎より起家し、右拾遺・集賢殿直学士・虞部員外郎・屯田郎・知制誥・集賢殿学士・

右内史舎人などを歴任し、兄鉉とともに後主に近侍し、二徐と呼ばれた。

その生卒年については二説ある。馬令は「鍇以開寶八年卒于金陵圍城中、卒之踰月、南唐亡（鍇開宝八年を以て、金陵の囲城の中に卒す、卒するの踰月、南唐亡ぶ）」（『南唐書』巻十四）と、開宝八年南唐滅亡の前月に金陵で亡くなったとする。これに対し陸游は「時國勢日削、鍇憂憤鬱鬱得疾、謂家人曰、吾今乃免爲俘虜矣、開寶七年七月卒、年五十五、贈禮部侍郎、謚曰文（時に国勢日《ひび》削られ、鍇憂憤して鬱鬱として疾を得て、家人に謂いて曰く、「吾れ今乃ち俘虜と為るを免る」と、開宝七年七月に卒す、年五十五、礼部侍郎を贈られ、謚して文と曰う）」（『南唐書』巻五）と、国勢が日日衰退してゆくことに憂憤し、病を得て南唐滅亡の前年開宝七年七月に五十五歳で亡くなったとする。『宋史』「文苑傳」は「因鉉奉使入宋、憂懼而卒、年五十五（鉉使を奉じて宋に入るに因り、憂懼《ゆうく》して卒す、年五十五）」と兄徐鉉が宋へ使者として入ったため、憂懼して亡くなった、五十五歳であったと言うのみで、その卒年は明記されていない。『十國春秋』（巻二十八）は陸游『南唐書』をほぼそのまま踏襲している。これらに拠れば、小徐は貞明六年（九二〇）もしくは龍徳元年（九二一）に生まれ、南唐滅亡直前の開宝七年（九七四）もしくは開宝八年（九七五）に亡くなったということになる。(16)

小徐は非常に多くの書を著しており、『宋史』「藝文志」に著録されているものだけでも、『説文解字繋傳』四十巻・『説文解字韻譜』十巻・『説文解字通釋』四十巻・『登科記』十五巻・『方輿記』百三十巻・『歳時廣記』百二十巻（うち八巻欠）・『射書』十五巻・『徐鍇集』十五巻・『賦苑』二百巻目一巻などがあり、『十國春秋』などにはそのほか更に『古今國典』・『説文隠音』四巻・『歴代年譜』二巻などの著書が記されている。しかし、その多くが散逸し、現存するものは僅かに『説文解字繋傳』及び『説文解字韻譜』のみである。

小徐の博覧強記ぶり及び集賢殿に於ける勤務の様子については陸游『南唐書』及び『十國春秋』に記載があり、「後主嘗て周載の斉職儀を得、江東初め此の書無く、人の知る者無し、以て鍇に訪《と》うに、一一条対し、遺忘する所無し、其の博記此の如し、既に久しく集賢に処り、朱黄手より去らず、暮に非らずんば出でず、少くして小学に精たり、故に讐する所の書尤も審諦たり、毎に其の家を指して人に語りて曰く、吾れ惟だ此に寓宿するのみと」と言う。更に後主が小徐を高く評価していることを述べ、「江南 蔵書の盛んなること天下に冠為り、鍇の力 多きに居る、後主嘗て歎じて曰く、羣臣 其の官に勤むるに、皆 徐鍇の集賢に在るが如ければ、吾れ何ぞ憂えん哉」と言う。[17] また、後主に高く評価されていたことは、小徐の著した『質論』十余篇に後主が標語を記し、小徐に命じて後主の文集の序を書かせたことからもうかがえる。[18] このように学者としての小徐の評価は高く、馬令は南唐を代表する者として、韓熙載・江文蔚らとともに小徐の名を挙げている。[19]

二　小徐本に関する研究

小徐本の研究書としては、小徐本の版本の項でやや詳しく見てきた朱文藻の手になる『說文繫傳考異』（四巻附録一巻）がその最初であろう。朱文游と杭の郁陛宣《いくしょうせん》とに伝わった鈔本を底本とし、大徐本によって考異したものである。王筠は道光九年（一八二九）にこの書を見て感ずるところがあり、『說文解字篆韻譜』・『說文解字五音韻譜』・『玉篇』・『廣韻』・『汗簡』の諸書をとって『說文繫傳校錄』（三十巻）を著した。道光十二年（一八三二）に創めて十四年（一八三四）に畢っている。『說文繫傳考異』に比べるとはるかに精詳である。そのほか清代の研究書としては『說文繫傳釋詁』陳鱣《ちんてん》著、『說文繫傳闕遺字』（一巻）厳可均著、『說文繫傳刊誤』（二巻）銭師慎著、『說文繫傳訂譌』江有誥著などがある。

（1）民国以降の研究（本研究の出発点）

民国以降、小徐本を研究対象として取り上げたのは、周祖謨氏の「徐鍇的說文學」（原載：天津『大公報』文史周刊二十三期、一九四七・三・二十八、『問學集』所収）が最初であろう。周氏はその中で、陳振孫『直齋書錄解題』（巻三

経部 小学類）の「此書援引精博、小學家未有能及之者（此の書の援引精博なるは、小学家の未だ能く之に及ぶ者有らず）」という言や、蘇頌の小徐本跋中の言を引用し、宋代には非常に尊重されていたことを指摘する。その上で、「但是到了清代，漢學盛行，研究許書的人漸多，而且都能探微索隱以發其蘊，所以對於繫傳就不重視了。甚且攻發其短，大加非難。（大意：しかし清代になると、漢学が盛んになり、許書を研究する人が次第に多くなり、しかも皆深く探求しその奥深いところを明らかにすることができたため、繫傳を重視しなくなった。甚だしきに至ってはその欠点を攻撃し大いに非難した）」と述べ、小徐本を批判するものとして、盧文弨の「楚金之書以緐爲病（楚金の書は緐を以て病と為す）」（『抱經堂文集』巻二十一「與翁覃溪論説文繫傳書」）や「又其引書、多不契勘（又た其の書を引くに、多く契勘せず）」（「段氏說文解字注序」）、李兆洛の「又其引書似都不檢本文、略以意屬、亦不若大徐之通敏（又た其の書を引くに都《すべ》て本文を検せず、略《ほぼ》意を以て属するに似たり、亦た大徐の通敏なるに若《し》かず）」（「祁刻本說文解字繫傳跋」）、及び厳元照の「妄改經典（経典を妄改す）」・「援引不典（援引典せず）」・「考覈失實（考覈実を失う）」など七項目の批判（「奉梁山舟先生書」）を挙げる。周氏は、それらの批判を認めた上で、小徐本のように大部な書に於いて全く誤りがないというのは非常に困難なことで、段玉裁の注でさえ誤りがないわけではない、また後世の伝写の間の誤りも含まれることなどを挙げ、学術水準が清代には遠く及ばない時代に於いてこのような書を著したことは高く評価されるべきであるとして、小徐本にどのような特徴があり、後世にいかなる影響を与えたかを分析した上で、その得失を論ずべきであるとする（『問學集』八四四-八四五頁）。

その上で、周氏は小徐本の主要部分は「通釋」篇であり、そこで小徐が用いる古義を説く方法として「古書を用いて古義を証明する（引古書證古義）」・「今の語を用いて古語を解釈する（以今語釋古語）」を挙げ、更に許説を解釈する以外に、⑴許慎の訓詁により古書を解釈する、⑵古書の仮借を説明する、⑶古今字を説明する、⑷引伸義を説明する、⑸別義を挙げる、⑹声符の誤りを明らかにするなどが、小徐が重視したことであると指摘する。このほか小徐は字義の注釈に於いて音から字義を求めることを重視しているが、それは清代文字訓詁の学の先駆けとなっていることなどを指摘している。小徐の注釈は会意を偏重し形声をおろそかにするなどの欠点もあるが、その得失を自ら判断すべきであるとしている。そして、この論考が、本研究の出発点となっている。

しかしながら、清代の酷評が響いたのか、小徐本は『説文』の校訂に用いられるほか、ほとんど用いられてこなかった。『説文』の研究は「許学」或いは「説文学」と呼ばれる一つの部門を形成するほど盛んであるにもかかわらず、冒頭でも触れたように、小徐本に関する研究は非常に少ない。例えば、近現代の『説文』に関する研究を集めた『説文解字研究文献集成・現當代巻』全十二冊[20]には、五百以上の書籍及び論文が収められているが、そのうち小徐本に関する研究は僅か八篇に過ぎない。また巻末に、日本・中国に於ける近現代の『説文』研究文献のリストを付したが、約千本の論文・書籍のうち、小徐本に関する研究は僅か四十篇足らずである。そこからも小徐本に関する研究が如何に少ないかが見て取れよう。

（2）周氏以降の研究

ここでは、周祖謨氏の「徐鍇的説文學」以降、本研究を始めた一九九九年以前の小徐及び小徐本に関する研究を中心に取り上げ、略述する。

小徐本に関する研究としては、⑴小徐の注釈・研究等の小徐自身に関する研究、⑵小徐本の版本及び小徐本の各篆に付された朱翺《しゅこう》の反切に関する研究に大別できる。このうち朱翺の反切に関する論考など小徐の学術とは直接関わりがないものについては、ここでは取り上げない。

中国に於ける小徐の学術等に関する研究

鋭聲の「徐鍇『説文解字繫傳』的學術成就」（一九八九）は、小徐本の学術的価値を論じたもので、その最大の功績は、李陽冰の新説を正し許書の元の姿に戻したことにあるとする。またそのほかの功績として、⑴伝写の間の過ちなどを校正したこと、⑵多くの書籍を引用し字義を証明したこと、⑶方言やその時代の語を用い説解の意味を説いたこと等を挙げ、時代の制約などがあり完全無欠のものではないが、その功績と後世に与えた影響は不滅であるとする。

張慶綿の「徐鍇及其『説文解字繋傳』」（一九九一）は、小徐の注釈の内容として、⑴李陽冰らの憶説を廃し文字の誤りを正す、⑵許書の体例を解明する、⑶字の本義を考察しその引伸義・仮借用法を説明する、⑷近似の字形の違いを明らかにし、古今字の変化を明らかにする、⑸許慎の説解の意味を明らかにする、⑹歴史及び物の名前を考証する等を挙げる。

張慶綿の「略述徐鍇『説文解字繋傳』」（一九九二）は、一九九一年の論文を整理したもののようで、その内容はほぼ同じである。

これら三本の論文には、周祖謨氏が既に指摘した範囲を大きく超える指摘はない。

楊清澄の「徐鍇『説文繋傳』的虚字見解」（一九九二）は、小徐の注釈中の「詞」に対する解釈を取り上げ、虚字研究上初めて「虚・実」という概念に言及するなど後の虚字研究に与えた影響も無視できないことを論ずるとともに、その問題点をも挙げている。

王初慶の「試由『説文繋傳・祛妄』蠡測李陽冰之説文刊本」（一九九二）は、小徐本の「祛妄」篇の記述、及びそれと「通釋」篇との校勘を通して李陽冰の『刊定説文』の姿を復元し、その刊定のあり方を考察したもので、材料として小徐本を使用しながらも、その論考の対象は李陽冰である。

古敬恒の「徐鍇『繋傳』對詞的本義的再闡釋」（一九九五）は、初めて『説文』を全面的・系統的に研究した小徐の、特に説解中の本義を解釈する方法について考察したもので、⑴本義に関わる特徴を明らかにする、⑵考異の方法を明らかにする、⑶事物の類別を明らかにする等の方法を用いていると論じている。

同じく古敬恒『徐鍇説文繋傳研究』（一九九五）は、近年に於ける小徐の学術についての唯一の研究書であるが、残念ながら入手できなかった。しかし、『說文學研究』第五輯（二〇一〇）の「唐五代宋初闗于『說文解字』之刊定與著述」はやはり古氏が担当しており、その第三節「徐鍇校訂與全面闡釋『說文』」も、小徐の学術に関する論考である。そこでは、小徐の功績として、⑴漢字の構成からその本義を明確にする、⑵古今字・異体字・仮借などの古書の用字を説く、⑶語義発展の道筋を説き、古今の名称の変化を明らかにするなど、古今の語を結ぶ橋となる、⑷声訓の方法を発展させ、語義の来源を明らかにする等の諸点を挙げ、更に会意を重視しすぎ形声を軽視するなど先行研究で挙げられている欠点についても言及している。

中国に於ける版本等に関する研究

郭子直の「王筠許瀚兩家校批祁刻『說文解字繫傳』讀後記」（一九八九）は、陝西師範大学図書館に所蔵する小徐本についての研究で、王筠の校本のうちこのテキストのみが許瀚の校語が有ることを述べた上で、王・許両氏の校語の特徴、及びこのテキストにのみ残る許氏の校語の重要性を論じている。

このほか、小徐の注釈が段玉裁に与えた影響について考察したものとして、米万鎖の「試論『說文繫傳』對段『注』的影響」（一九九二）がある。明示的又は非明示的に小徐の説を引用する以外に、小徐の訓釋に基づきそれを発展させたものがあるとして、⑴字形と会意の旨を説く、⑵古今字を明示する、⑶仮借を明示するなど、九種類に分けて例を挙げる。米氏の挙げる九類のほとんどが、周祖謨氏が既に小徐が注釈に於いて重視したものとして指摘されているものである。米氏が重視した「以聲通義（声を以て義を通ず）」という方法についても、周氏は既に「因聲求義」として例を挙げて説明した後、「這種因聲求義的方法對清代的訓詁學家影響極大（この「声に因りて義を求む」る方法は、清代の訓詁学者に極めて大きな影響を与えた）」と述べた後に、更に小徐本は清代文字・訓詁学の先駆であり、清代の学者が小徐本から多くの啓示を受けていると指摘されている（『問學集』八五〇-八五一頁）。このように、米氏の論文は周氏の論の範囲を超えるものではない。更に、「仮借を明示する」ことは既に許慎が行っており、段氏も注の中で「此引經説叚借也（此れ経を引きて仮借を説くなり）」と指摘する（第四章の例4。以下、例四-4と表記する）など、小徐の影響であるとは断定しがたいと思われるものもかなり含まれている。

これ以降も、中国では、徐鍇の学術に対する研究がいくつか発表されている。そのうち、楊恒平の「『説文解字繫傳』引書考」（二〇〇六）は、小徐の注釈中に引用される多くの古籍に関する研究である。まず経部・史部・子部・集部に分け、引用されている具体的な書名を挙げた上で、書物引用の体例を、(1)一字の注釈中に複数の古書を引用する、(2)複数の文字に同じ句を引用する、(3)書名を明記せず引用する、(4)通人説を引用する、(5)説解中の経文の引用に対する注釈を引用する等、九種の類型に分類している。同じく引用書に関する研究であるが、書物の引用から徐鍇の注釈の特徴を考察しようとする本書とは、分析の方向が異なる。

そのほか、以下のようなものがある。

張秋娥「徐鍇的語言文字觀」（二〇〇一）は、小徐の注釈の特徴とその後世への影響を論じたもので、従来の論考を大きく超える指摘はない。

肖瑜の「徐鍇的『詞』理論及其影響淺探」（二〇〇二）は、小徐の単語についての考え方を語素など現代言語学理論の概念を用いて説き明かそうとしたもので、従来にはない新しい方向性を示している。

孫艶紅の「徐鍇卒年考」（二〇〇三）は、小徐の生卒年に関して、特に歴史書からその卒年前後の記事を丹念に調査し、陸游の説を退け馬令の説に従べきことを主張する（詳細は注16参照）。

李計偉の「徐鍇古音觀考論」（二〇〇五）は、小徐の字音に関する注釈に基づき、その古音に対する認識を考察している。形声字を会意に改めるなどの欠点はあるものの、従来言われているのとは違い、古音に対して当時の学術水準から言えば先進的とも言える認識を持っていたと結論づけている。

日本に於ける研究

このように、中国では少数ながら小徐の学術に関わる研究があるのに対し、日本に於ける小徐及び小徐本に関する研究は、筆者のもの以外は、『說文解字篆韻譜』及び小徐本の朱氏反切に関する研究のみである。

『說文解字篆韻譜』に関する研究は、既に本章第一節「（4）伝承」の項で取り上げた。また、反切に関しては、東ヶ崎祐一氏に「繫伝反切における匣母、云母、喩母」（東北大学言語学論集8、一九九九）など、一連の研究があるが、中国における研究同様、小徐の注釈の研究とは直接関わらないため、ここでは取り上げない。

小徐本及び小徐の注釈に関わる研究としては、筆者の「『古今韻會擧要』に引く『說文解字』について」（一九八八）がある。これは、元の熊忠『古今韻會擧要』に引用される『說文』の「徐」氏注に注目し検討した結果、それまで定説とされて来た段玉裁の「小徐本の善本の形を残す」とする説を否定し、少なくとも現行本と同じく巻二十五を欠き、張次立の校訂を経たものである事を証明したものである。

また、同じく筆者の「『說文解字繫傳』の特徴についての考察（一）」（一九九四）は、小徐本の中心部分である「通釋」篇に於いて会意の方向に解釈する傾向があることを指摘し、更に小徐の六書論の分析から、それが構成要素と字意の関わりを重視するためであることを説いたものである。この特徴は、「通釋」篇以外の「通論」篇・「部敍」篇に、より端的な形で見られるほか、大徐本にもその傾向が見られ、時代的な趨勢であった可能性をも指摘したものである。

なお、このほかの筆者の論文は、本書の基づくものであり、本書の各章とそれぞれの論文の関係は、終章に示したので、ここでは省略する。

筆者のもの以外で、近年発表された小徐本に関する研究としては、糸原敏章「張次立による『說文解字繫伝』の校訂について――十巻本『說文解字篆韻譜』を手掛かりに――」（二〇〇九）がある。これは、『說文』の部首字について、小徐本・大徐本・十巻本『說文解字篆韻譜』の字体を比較し、その異同により、張次立の校訂につき考察したもので、⑴次立は小徐本を大徐本と一致するよう校訂した、⑵このことから、二徐が依拠した写本の系統が異なるという説を裏づけられる、⑶次立の校訂は金石学の勃興期に当たり、その基礎となる小篆の字体を勅撰書である大徐本の字体へと統一することが意図された、と結論づけている。

以上、小徐本に関する研究を概観してきたが、說文学に於いて、とりわけ日本に於いて、小徐の注釈研究が如何に軽視されてきたかが見て取れよう。

三　研究目的・研究方法、及び本書の構成

小徐本に多くの書物が引用されていることは、既に周祖謨氏にも指摘がある。[21] そしてこの書物の引用に関する評価が、宋代と清代では全く異なっており、それがそのまま小徐本そのものの評価を左右しているのではないかと考えられる。

小徐本は、『說文』研究上重要な意味を持つものであるが、従来ほとんどの場合、『說文』校訂の資料として断片的に用いられるのみであった。また数少ない小徐本についての研究も、その注釈をパターン化したものがほとんどであった。本書は、小徐本を正当に評価するために、その注釈の方法・特徴を明らかにすることを主たる目的とする。前述の如く、注釈中に多用される書物の引用がその評価に深く関わっていると考えられることから、本書では、この引用に焦点を絞り、視点を定めて注釈全体を分析するという手法を用いる。

研究対象は、特に引用数の多い五経（九経）の引用を中心とし、経部の書物のうち、ある程度まとまった引用数のある『爾雅』・『論語』の引用を加えたものとする。また、『說文』と同じ小学類に属する字書類をどのように扱っているかについても併せて検討する。[22]

小徐本は、前述の如く許慎の説解を解釈した「通釋」篇三十巻に、「部敍」篇などの論十巻を合わせた全四十巻

から成る。本書は、小徐の許慎の書に対する注釈の方法・特徴を明らかにすることを目的とするため、分析・考察の対象を「通釋」篇とする。独自の論を展開するそのほかの諸篇は、性質が異なるため、必要がある際に参照するにとどめる。なお、「通釋」篇全三十巻のうち、巻二十五は本来欠巻であったものを今本では大徐本で補っている。書物の引用をめぐる小徐注の特徴を考察する上では適切な材料ではないので、巻二十五は対象から除外する。また、「敍」（巻二十九・巻三十）も、ほかと性質がいささか異なるため対象からは除外し、巻一から巻二十四、及び巻二十六から巻二十八の計二十七巻を分析対象とする。また、本書で「引用」とするものには、厳密な意味での引用のほか、当該書に関する言及も含めることとする。

本書は、小徐本に於ける経部の書物の引用について考察した一連の論文に基づき、論文間で生じた矛盾点などについて修正を加えた上で、書物の引用のあり方から見た小徐注の特徴を明らかにしようとしたものである。各章と、基づいた論文との対応関係は、終章で述べる。

本書は、序章・終章を含め全十二章から成る。序章では『説文解字』について、その著者・構成・文字解説の方法・伝承・版本に分けて概説し、更に『説文解字繫傳』については著者及び研究史について概観した後、研究目的・方法を示した。第一章では、『爾雅』の引用の分析を通して書物引用の全体的な傾向及び考察の中心となる点を明らかにした。第二章では、本書に於ける「引用」の取り扱い上の原則を明確にし、それに基づき各経書の引用について研究対象とするもの及びその総数を示した。第三章では、許慎「敍」の「其偁易孟氏、書孔氏、詩毛氏、禮周官、春秋左氏、論語、孝經、皆古文也」について「禮周官」の解釈を中心に論じた。第四章から第八章までは、それぞれ『書』・『易』・『論語』・『詩』・『春秋』の引用について、その特徴を考察した。各論はその前章までの考察に基づく点があるため、五経の順ではなく基づいた論文の発表順となっている。第九章・第十章は、第八章までの考察結果に基づく論考となっており、第九章では、小学類の書物の引用について「字書」の引用を中心に考察した。更に第十章は、個別の書物の引用についての考察に基づき、引用の目的・引用時の呼称・経書の注釈の引用などの諸点から小徐の注釈の特徴を論じたもので、本書のまとめを兼ねる。最後に、近現代の『說文』に関する研究文献目録を附した。

なお、注及び例文・表には章ごとに番号を振り、ほかの章で参照する際は、章番号及び注番号・例文番号・表番号を併記する。本書では、中国語の書名・篇名及び中国語原文に拠る引用文には旧字体を用いるが、日本語の書名及び訓読等に拠る引用はその限りではない。

【注】

（1）周祖謨『問學集』（北京 中華書局 一九八一年 第二次印刷版 総九百三十頁）所収のものに拠る。

（2）本書では、『說文』の引用は、特に注記のない場合は『說文解字繫傳』（小徐本）に拠り、特に必要のない限り反切は省略する。しかし、ここでは説解の構成について説明するための引用であることを考慮し、後述の如く現在標準テキストとされている兄徐鉉等の校訂本に拠る。小徐本では巻三。

（3）『問學集』所収「李陽冰篆書考」第二章（八〇九-八一六頁）に拠る。原文では「至如李陽冰，則一以秦篆爲法，…可謂有本之學矣。彼既著筆法論，復刊定說文，以正傳寫之失。…今就兩家所引陽冰之說，窺其刊定許書者，約有三點：一爲論定筆法，二爲別立新解，三爲刊正形聲。…考其所論，言筆法者多本諸秦篆，論義訓聲音者，則多出於己見，無所依傍；是卽徐鼎臣所謂「排斥許氏，自爲臆說；以師心之見，破先儒之祖述」者也。其中可取者十不一二焉。」となっており、筆法を論定する・別に新解を立てる・形声を刊正するの三点としているが、後に「筆法を言う者」と「義訓・声音を論ずる者」に大別するのに拠る。なお、「今両家の引く所の陽冰の説に就」いてと言う「両家」は大徐・小徐（徐鉉・徐鍇）を指す。

（4）近年李陽冰の『說文』の刊定について、文字の学が衰退の一途をたどっていた中にあって『說文』を保存・伝承する働きをしたものとして、高く評価する説もある。姚孝遂『許愼與「說文解字」』四九-五二頁参照。

（5）唐・林罕の「字源偏旁小說序」に「李陽冰就許氏說文、復加刊正、作三十卷、今之所行者是也。（李陽冰 許氏說文に就き、復た刊正を加え、三十巻と作《な》す、今の行う所の者は是《これ》なり。）」と言う。しかし、『說文解字注』（一篇下巻末）に「二徐每篇分上下（二徐は篇毎に上下に分かつ）」と言うように、段玉裁は十五篇をそれぞれ二つに分けたのは徐鉉・徐鍇であるとする。

また、徐鍇自身も『説文解字繋傳』の「繋傳一」（巻一）に注して「部數字數皆仍舊題、今分兩卷（部数・字数は皆旧題に仍《よ》り、今、両巻に分かつ）」と言う。

（6）「徐鍇的説文學」（『問學集』八四三-八四四頁）。原文は以下の通り。「通釋部分是解釋許氏原書的説解的，部敍是推陳説文五百四十部排列次序的意義的，通論是發揮文字結體的含義的，袪妄是駁斥前人説字的謬見的，類聚是擧出同類名物的字説明它們的取象的，錯綜是從人事推闡古人造字的意恉的，疑義是論列説文所闕之字及字體與小篆不合的。至於系述，則猶如史記的自序，漢書的敍傳一様，是説明各篇著述的旨趣的。」

（7）第二章第二節の二及びその注7参照。

（8）以上の記述は、『欽定四庫全書總目提要』經部・小學類「説文繫傳四十卷（兵部侍郎紀昀家藏本）」の項の記述に拠る。原文は以下の通り。「卷末有熙寧中蘇頌記、云、舊闕二十五・三十共二卷、俟別求補寫、此本卷三十不闕、或續得之以補入、卷二十五則直錄其兄鉉所校之本、而去其新附之字、殆後人求其原書不獲、因摭鉉書以足之、…其餘各部闕文亦多取鉉書竄入、考鉉書用孫愐唐韻、而鍇書則朝散大夫行祕書省校書郎朱翺別爲反切、鉉書稱某某切、而鍇書稱反、今書内音切與鉉書無異者、其訓釋亦必無異、其移掇之迹顯然可見」（大意：巻末の熙寧二年（一〇六九）の蘇頌の題に拠ると、「旧二十五・三十巻の二巻を欠いていた」と言うが、この版本は巻三十は備わっており、後に得て補うことができたのであろう。巻二十五については兄徐鉉の校訂本を、新附字を除いてそのまま入れているのは、後にもその巻を得ることができなかったため徐鉉の書で補ったのであろう。…そのほか各部の欠字も多く徐鉉の書を取り竄入している。そのことは、徐鉉の書は孫愐の『唐韻』を用い「某某切」と言い、徐鍇の書は朱翺が別に反切をつけ「某某反」ということ、及び、この版本中の反切が徐鉉の書と異ならないものはその訓釈も必ず同じであることから、明らかである。）また、示部に徐鉉の新附字である「祧祆祚」の三字が竄入されていることについての指摘もある。更に、版本中の「次立」という案語は張次立のものであり、次立はかつて嘉祐石経に携わったとする（原文：「書中有稱臣次立案者、張次立也、次立官至殿中丞、嘗與寫嘉祐二字石經」）。張次立が小徐本に手を入れたのも嘉祐年間（一〇五六-一〇六三）の頃であろうか。

（9）徐鉉校訂本の十五篇下に載録する「進説文解字表」に拠る。

（10）主として『説文解字篆韻譜・詳備碎金』（八木書店　一九八一年）に附された小川環樹氏の解題の記述に拠る。なお、糸原敏章「張次立による『説文解字繋伝』の校訂について——十巻本『説文解字篆韻譜』を手掛かりに——」（東京大学中国語中国文学研究室紀要第十二号、二〇〇九）に、『説文解字纂韻譜』に関する研究がまとめられている。

(11) 以下の記述は、周祖謨氏の「論段氏説文解字注」（注1所掲の『問學集』八五二―八八四頁）に拠る。

(12) 倉石武四郎「清朝小学史話（二）」（原載：漢学会雑誌第十巻第三号　一九四二・一二、『漢字・日本語・中国語　倉石武四郎著作集』第二巻　くろしお出版　一九八一・六所収に拠る）、及び福田襄之介『中国字書史の研究』（明治書院　一九七九）第二編「説文解字から類編への流れ」第八節「説文解字の諸本」の記述を基本とし、汲古閣本については高橋由利子「『説文解字』毛氏汲古閣本について」（原載：汲古　汲古書院　一九九五・六、『説文解字の基礎的研究――段玉裁の説文学――』六甲出版　一九九六・七所収による）により、修正した。

(13) 注12参照。

(14) 主として基づいた資料は以下の通りである。『宋史』（標点本二十四史所収　北京中華書局　一九七七年）巻四百四十一文苑三「徐鉉傳」附、馬令『南唐書』（叢書集成初篇所収上海涵芬楼景印明刊本　台湾商務印書館印行　一九六六年）巻十四「儒者傳下」、陸游『南唐書』（叢書集成初篇所収上海涵芬楼景印明銭叔宝手鈔本　台湾商務印書館印行　一九六六年）巻五「周徐查邊列傳」、『十國春秋』（徐敏霞他点校　中華書局　一九八三年）巻二十八南唐十四「列傳」。

(15) 「徐鍇字楚金、會稽人、父延休、…呉取江西、得延休仕、至光祿卿、江都少尹卒、二子鉉鍇遂家廣陵、鍇四歳而孤、母方教鉉就學、未暇及鍇、鍇自能知書、稍長、文詞與鉉齊名」（陸游『南唐書』）とある。

(16) 現在では陸游の説に従うものが多いが、孫艷紅「徐鍇卒年考」（南京師範大學文學院學報　二〇〇三年第三期）では、李燾『續資治通鑑長編』などの史書の記述に基づき、陸游の説（開宝七年七月卒）の矛盾点を指摘した上で、馬令及び『宋史』に基づき、開宝八年十月から十二月の間に亡くなったとする。その根拠とするのは主として、(1)宋の正式な出兵は開宝七年十月に始まり、金陵が宋に包囲されたのは開宝八年春から冬までであって、開宝七年七月にはまだ江南への出兵は始まっていないこと、(2)陸游は李穆が南唐に使者として来た際に徐鉉・徐鍇の兄弟に会ったとしているが、李穆の最初の来使時期は開宝七年九月であり、陸游の説に従えば、それは徐鍇の死の二ヶ月後となることの二点であり、その説に矛盾はないと考えられる。従って、徐鍇の生卒年は、龍徳元年（九二一）生、開宝八年（九七五）卒とすべきであろう。

(17) 「後主嘗得周載齊職儀、江東初無此書、人無知者、以訪鍇、一一條對、無所遺忘、其博記如此、既久處集賢、朱黄不去手、非暮不出、少精小學、故所讐書尤審諦、毎指其家語人曰、吾惟寓宿於此耳、江南藏書之盛爲天下冠、鍇力居多、後主嘗歎曰、

羣臣勤其官、皆如徐鍇在集賢、吾何憂哉」（陸游『南唐書』巻五）とある。

（18）「鍇著質論十餘篇、後主札批其首、後主文集復命鍇爲序、君臣上下、互爲賁飾、儒者榮之」（『南唐書』巻十四「儒者傳下第九」宋馬令撰）。『十國春秋』巻二十八にも同様の記述がある。

（19）「南唐累世好儒、而儒者之盛、見於載籍燦然可觀、如韓熙載之不羈、江文蔚之高才、徐鍇之典贍、高越之華藻、潘佑之淸逸、皆能擅價於一時、而徐鉉・湯悅・張泊之徒、又足以爭名於天下、其餘落落不可勝數」（馬氏『南唐書』巻十三「儒者傳上第八」）とある。

（20）北京作家出版社　二〇〇六年七月。

（21）「徐鍇的說文學」に「他所資取的古書極廣、九經三傳之外、有周秦漢魏以下各種子書和國語楚辭四史晉書宋書南史北史文選文心雕龍本草與雜史傳記石刻文集字書韻書之屬、不下百餘種」（『問學集』八四五頁）とある。

（22）考察に用いた主要書の底本については、巻末に一覧の形でまとめた。なお本書では、徐鉉等の校訂本は大徐本、段玉裁『說文解字注』は段注と略称する。阮元十三経注疏所収本は阮元本と略称する。

第一章　引『爾雅』考

最初に『爾雅』の引用について分析・考察する。経部の書のうち、『爾雅』を最初に取り上げるのは、以下のような理由からである。

(1)六書の転注の説明として「故曰、散言之曰形聲、總言之曰轉注、謂耆耋耄壽皆老也、凡五字試依爾雅之類言之、耆耋耄壽老也（故に曰く、之《これ》を散言すれば形声と曰い、之を総言すれば転注と曰う、耆・耋・耄・寿は皆な老なるを謂う、凡そ五字、試みに爾雅の類に依りて之を言えば、「耆・耋・耄・寿は老なり」と）」（巻一　上部「上」）と、『爾雅』の形式を利用したり、同類の語を集めてその違いを述べた「類聚」篇もやはり『爾雅』の形式を利用したと考えられるなど、小徐が『爾雅』から影響を受けたと考えられる点があること。

(2)まとまった数の引用があること。(1)

(3)現存する書であり、テキストの比較が行えること。

以上の諸点より、小徐の書物引用の傾向を考察するためには『爾雅』の引用が最もふさわしいと考えた。

第一節　『爾雅』の引用状況

まず『爾雅』の引用状況を数量的な面から概観する。

小徐本「通釋」篇の中で『爾雅』を引用する総数は四百四十九条。このうち説解のみに引用されるもの十九条については、数量的な検討とテキストの考察のみに利用した。因って、主に検討の対象としたのは、説解にも小徐の注にも引用されるもの十二条、小徐の注にのみ引用されるもの四百十八条の計四百三十条である。[2]

部ごとに見ると、『爾雅』の引用があるのは、全百十一部。部ごとの引用数は、手部（文二百六十六）[3]のように小徐の注に一条のみ引用されているものから、艸部（文四百四十、重三十一）のように九十四条も引用されているものまでさまざまである。

まとめて示すと、表1のようになる。[4]なお、表中の小徐本の引用総数と『爾雅』各篇の内訳の合計は、必ずしも一致しない。例えば禾部は小徐本の六条に『爾雅』が引用されているが、そのうち「稷」の条には『爾雅』「釋草」の三条が引用されているため、『爾雅』の引用合計は八条となり、小徐本引用総数より多くなっている。

『爾雅』の篇ごとに見ると、「釋詁」三十四条（二十二％）、「釋言」十五条（六％）、「釋訓」十四条（十二％）、「釋親」一条（三％）、「釋宮」二十一条（九十一％）、「釋器」四十一条（八十九％）、「釋樂」五条（三十一％）、「釋天」二十条（四十一％）、「釋地」十一条（二十二％）、「釋丘」三条（十％）、「釋山」六条（二十九％）、「釋水」十六条（五十九％）、「釋草」百二条（五十％）、「釋木」五十一条（六十八％）、「釋蟲」二条（四％）、「釋魚」十四条（三十四％）、「釋鳥」四十三条（五十二％）、「釋獸」三十八条（六十一％）、「釋畜」十五条（三十二％）となる。[5]このほか、『爾雅』全体に関わる記述や、今本『爾雅』には見えない引用などが若干数ある。[6]

引用総数の多い「釋草」・「釋木」・「釋鳥」に於いては、「釋草」の一条を除き全て小徐の注にのみ引用されている。

表1　小徐本に於ける『爾雅』の引用状況

部首	引用総数	引用内訳			引用占有率	備考
		説解	両方	注		『爾雅』各篇の内訳
艸	94	0	0	94	21%	詁1 言2 器1 地1 草89 木4 他1
木	59	2	2	55	14%	宮13 器2 天1 草2 木42 獣1
鳥	25	0	0	25	22%	鳥24 畜1
水	19	3	2	14	4%	詁1 言1 器1 天1 地2 丘1 水14
魚	11	0	0	11	11%	器1 魚10
言	10	0	0	10	4%	詁2 言3 訓2 宮1 魚1 他1
隹	9	0	0	9	23%	鳥9
豸	8	0	0	8	40%	獣8
网	7	0	1	6	21%	訓1 器7
犬	7	4	0	3	8%	天1 獣4 畜2
竹	7	0	0	7	5%	宮1 楽3 地1 草2
㫃	6	0	0	6	25%	天6
禾	6	0	0	6	7%	詁2 親1 草4 他1
王	6	1	0	5	5%	器4 地2
口	6	0	0	6	3%	詁2 天2 獣1
鼠	5	0	0	5	25%	蟲1 獣4
疒	5	0	0	5	5%	詁2 言2 木1
土	5	0	0	5	4%	宮1 器1 地1 山1 他1
金	5	0	0	5	3%	訓1 器4
人	5	0	0	5	2%	詁2 言1 天1 魚1
心	5	0	1	4	2%	詁2 言1 訓3

このことから、小徐は説解に引用されている『爾雅』について更に注を施すためではなく、独自の判断基準に依拠してその注釈に『爾雅』を引用したことがわかる。

では、どのような基準があったのであろうか。もう一度引用状況を見てみると、『爾雅』の引用が多いのは『説文』では艸部・木部・鳥部・水部・魚部、『爾雅』では「釋草」・「釋木」・「釋鳥」であることがわかる。小徐は「鄨」（巻十二邑部）に、「臣鍇以爲許愼地名多見春秋左傳、地名精考、莫精於杜預、比于今又近、故春秋地名一取于杜預、又艸木鳥獣之名、莫近于爾雅及新修本草、終古不刊、故臣鍇一切以爲準的（臣鍇以為らく許慎の地名多く春秋左伝に見ゆ、地名の精考たる、杜預より精なるはなし、今に比すれば又た近し、故に春秋の地名は一に杜預に取る、又た艸木鳥獣の名は、爾雅及び新修本草より近きはなく、終古に刊せず、故に臣鍇一切以て準的と為す）」と言う。(7) 地名、及び草木鳥獣の名について、最も精密で今に近いものが、それぞれ『春秋釋例』と『爾雅』・『新修本草』であり、そのためにそれぞれの注釈の基準として用いると明言している。この言は、先に略述した調査結果から、数量的にも裏づけられる。更に詳しく見ると、『爾雅』の引用として多いものは、このほか「釋器」・「釋宮」であり、「釋天」も「旂旌」や「星名」という具体的なものの名を説く所では半数以上が引用されている。小徐は草木鳥獣のみに言及しているが、実際には広く具体的なものの名を説く場合には、『爾雅』に準拠していると言えよう。

第二節　『爾雅』引用の目的

次に、小徐がどのような目的を持って『爾雅』を引用したかについて見ておこう。周祖謨氏は小徐本の注釈を分析して、説解を詳しく解き明かすほかに、⑴許訓により古書を解釈する、⑵古書の仮借を説く、⑶古今字を説く、⑷引伸義を説く、⑸別義を挙げる、⑹声の誤りを弁ず、という六要素を含むことを指摘した。(8) これに基づいて『爾雅』の引用を分析すると、当然のことではあるが、次のように説解を詳しく解き明かすために引用されたものが最も多く、八割以上を占める。

1　蔵　馬藍也、從艸咸聲、臣鍇按、爾雅注今大葉冬藍也　【巻二　艸部】
（蔵は馬藍なり、艸に従う咸の声、臣鍇按ずるに、爾雅注に「今の大葉冬藍なり」と）

『爾雅』「釋草」：葴、馬藍、（郭注）今大葉冬藍也（今の大葉冬藍なり）

では、「馬藍」という本義を更に説明するために、『爾雅』「釋草」の郭璞《かくはく》注を引用している。このほかは数としては少ないながら、周氏の指摘した六要素全て、それぞれ若干ずつの例が見える。そのうち、比較的多いものに、別義を挙げるものと、経書の用字について述べるものがある。例えば、「豵　生六月豚、從豕從聲、一曰、一歳豵、尙藂聚也（豵は生れて六月の豚なり、豕に従う従の声、一に曰く、「一歳は豵なり」と、藂聚《そうしゅう》するを尙ぶなり）」（巻十八）に対して、小徐は「爾雅又豕生三子爲豵（爾雅又た豕の三子を生むを豵と為す）」と注する。これは、『爾雅』「釋獸」の「豕生三、豵（豕の三を生むは豵なり）」を引用して、説解には説かれていない「三子を生む」豚という意味を挙げたものである。別義を挙げる例は、数量的には約三十条（約七%）に過ぎない。経書の用字について述べるものも、数量的にはほぼ同じである。しかし、テキスト校訂の資料や、小徐の基づいた『爾雅』のテキストを考察する資料としては、その重要性は高い。例えば

2

涓　小流也、從水肙聲、爾雅曰、汝爲涓、臣鍇按、周廟銘曰、涓涓不壅、今爾雅汝爲濆　**【巻二十一　水部】**

（涓は小流なり、水に従う肙の声、爾雅に曰く、「汝は涓為り」と、臣鍇按ずるに、周廟の銘に曰く、「涓涓として壅《ふさ》がず」と、今爾雅は「汝は濆為り」なり）

『爾雅』「釋水」：汝爲濆（郭注）：皆大水溢出、別爲小水之名（皆な大水溢出す、別に小水の名と為す）

3

䶈　鼠也、從鼠番聲、讀若樊、或曰、鼠婦[9]、臣鍇曰、爾雅作蟠　**【巻十九　鼠部】**

（䶈は鼠なり、鼠に従う番の声、読みて樊の若くす、或いは曰く、鼠婦と、臣鍇曰く、爾雅は蟠に作ると）

『爾雅』「釋蟲」：蟠、鼠負（郭注）瓮器底蟲（瓮器の底の虫）

「涓」の条では、説解に引用する『爾雅』では「涓」の字に作るが、小徐の依拠したテキストでは「湞」の字に作ること、「鐇」の条では、『爾雅』は説解中の別義の用法に於いては「鐇」ではなく「蟠」に作ることを指摘している。次の例では、「厬」及び「氿」という二つの文字について、『說文』と『爾雅』では、その使い方が全く逆になっていることを指摘している。小徐は、

4　厬　仄出泉也、從厂晷聲、讀若軌、臣鍇按、爾雅氿泉、穴出、仄出、注、從旁出也、作氿、水醮曰厬、如此【巻十八　厂部】
（厬は仄出の泉なり、厂に從う晷の声、読みて軌の若くす、臣鍇按ずるに、爾雅「氿泉は穴出、仄出なり」と、注に「旁從《よ》り出づるなり」と、「氿」に作る、「水醮《つ》くるを厬と曰う」は此の如し）

と言う。そこで、「氿」の条を見ると、

5　氿　水崖枯土也、從水九聲、爾雅曰、水醮曰氿、臣鍇曰、水醮盡處【巻二十一　水部】
（氿は水崖の枯土なり、水に從う九の声、爾雅に曰く「水醮くるを氿と曰う」と、臣鍇曰く、水の醮尽《しょうじん》する処なりと）

とある。『說文』では、「厬」が側面から湧き出る泉を意味し、「氿」が水際の乾いた所を意味する。ところが、『爾雅』は「釋水」に

6　氿泉、穴出、穴出、仄出也（郭注）從旁出也
（氿泉は穴出なり、穴出は仄出なり（郭注）旁從り出づるなり）

7　水醮曰厬（郭注）謂水醮盡

（水醮くるを厬と曰う（郭注）水の醮尽するを謂う）

と言うように、小徐の指摘の通り、『說文』とはちょうど逆に、「厬」が水際を、「氿」が側面から湧き出る泉を意味する。

　このように、小徐は『爾雅』の用字のような細かい点にまでも注意を払っており、「似都不檢本文（都《すべ》て本文を検ぜざるに似たり）」という評は、そのままは当てはまらない。

　このほか、『爾雅』の引用には、先に挙げた七つ以外の目的を持ったものが数例ある。次の例は、そのうち『爾雅』を引用して字の構成を説くものである。

8　叒　日初出東方暘谷所登榑木、叒木也、象形、…、臣鍇曰、叒木卽榑桑、十洲記說榑桑兩兩相扶、故從三又、象桑之婀娜也、爾雅曰、桑柳醜條、注曰、桑柳類婀娜垂條也、此又不音右、直象形耳、東方木德、故有神桑　【巻十二　叒部】

（叒は日の初めて東方の暘谷より出づるに登る所の榑木《ふぼく》、桑木なり、象形、…、臣鍇曰く、叒木は即ち榑桑、十洲記に「榑桑は両両相い扶《たす》く」と説う、故に三又に従う、桑の婀娜《あだ》たるに象るなり、爾雅に曰く「桑柳は醜条たり」と、注に曰く「桑柳類は婀娜として条を垂るるなり」と、此の「又」は音「右」ならず、直だ象形なるのみ、東方は木徳なり、故に神桑有り）

は、「又」が「(右)手」という意味の「又」ではなく、枝がしなやかで垂れ下がったさまの象形であることを、『爾雅』の記述を引いて説いているのである。

以上のように、小徐が『爾雅』を引用するのは、説解を詳解することが主な目的であるが、それ以外にも多くのケースがある。特に『爾雅』と『説文』の文字の違い、及び後述のように『爾雅』の用字については、かなり詳細に記述している。

第三節　『爾雅』引用の特徴

小徐は引用した『爾雅』のテキストについて、「樸」（巻十一　木部）に「許愼所引爾雅注在張揖以前、而今學官所列及臣鍇所引、是晉郭璞注、所以有與許愼不同也（許慎の引く所の爾雅注は張揖以前に在り、而るに今学官に列する所及び臣鍇の引く所は、是《これ》晋の郭璞注なり、許慎と同じからざる有る所以なり）」と言う。このように、小徐は郭璞注『爾雅』を用いたことを明言している。

ところで、小徐本に於ける『爾雅』引用の最大の特徴は、この郭璞注の扱いである。小徐の注に於いては、『爾雅』の経文と郭璞注が区別なく一体となった引用が非常に多い。

9　棆　母杶也、從木侖聲、讀若易卦屯是也、臣鍇按、爾雅棆無疵、梗屬、似豫章、又周禮曰、民入山林棆材、則又音倫【巻十一　木部】

（棆は母杶なり、木に従い侖の声、読みて易卦の屯の若くするは是《これ》なり、臣鍇按ずるに、爾雅「棆は無疵なり、梗の属、予章に似たり」と、又た周礼に「民 山林に入りて材を棆《えら》ぶ」と曰えば、則ち又た音倫たり）

10　镻　虵悪毒長也、從長失聲、臣鍇按、爾雅镻蝁、蝮屬、大眼、最有毒【巻十八　長部】

（镻は虵の悪毒長きなり、長に従い失の声、臣鍇按ずるに、爾雅に「镻は蝁なり、蝮の属、大眼にして最も毒有り」と）

「棆」では、『爾雅』として「棆は無疵」（「釋木」）及びその郭璞注「棆は楩の属、予章に似たり」までを引用し、「趺」では、『爾雅』「趺は蝁」（「釋魚」）の郭璞注「蝮の属、大眼にして、最も毒有り、今淮南の人 蝁子と呼ぶ、音悪（蝮屬、大眼、最有毒、今淮南人呼蝁子、音惡）」の前半部分を、経文の引用にそのまま続けて引用している。これは「岸、水涯而高者、從屵干聲、臣鍇按、爾雅重厓岸、注兩厓累者也（岸は水涯にして高き者なり、屵に従い干の声、臣鍇按ずるに、爾雅「重厓は岸なり」、注に「両厓 累ぬる者なり」と）」（巻十八 屵部）などの場合と同様、本来は経文の引用の後に「注」という一字があったものが、伝写の過程で落とされてしまったと考えられなくもない。しかし、次のようなものはどうであろうか。

11　襭　以衣衽扱物謂之襭、從衣頡聲、臣鍇按、爾雅曰、扱衣上衽於帶謂之襭　**【巻十六　衣部】**

（襭は衣の衽《えり》を以て物を扱《おさ》む 之《これ》を襭《つまばさ》むと謂う、衣に従う頡の声、臣鍇按ずるに、爾雅に曰く「衣の上衽を帯に扱む 之を襭むと謂う」と）

『爾雅』「釋器」：扱衽謂之襭（衽を扱む 之を襭むと謂う）（郭注）扱衣上衽於帶（衣の上衽を帯に扱む）

12　筰　迫也、在瓦之下棼上、從竹乍聲、臣鍇曰、爾雅注屋上薄謂之屋筰也　**【巻九　竹部】**

（筰は迫なり、瓦の下棼の上に在り、竹に従う乍の声、臣鍇曰く、爾雅注「屋上の薄 之を屋筰と謂うなり」）

『爾雅』「釋宮」：屋上薄謂之筄（屋上の薄 之を筄と謂う）（郭注）屋筰

「襭」では『爾雅』の経文の前半部分に郭璞注を入れて「衣の上衽を帯に扱む 之を襭むと謂う」とし、「筰」では経文の後半部分に郭璞注を入れ「屋上の薄 之を屋筰と謂うなり」とする。これらは、明らかに『爾雅』の経文と郭璞注を小徐自身がまとめた形で引用したものであり、伝写の間に誤られたものではない。このような例はほかにも多数ある。

このように、『爾雅』の経文と郭璞注を必ずしも明確に区別しない傾向にあることが、小徐本の『爾雅』引用の最大の特徴であろう。これは『爾雅』とその郭璞注に対する小徐の考え方が反映された結果であると考えられる。そこでもう一度「鄤」篆の条の小徐自身の言を検討してみよう。

13　臣鍇以爲許愼地名多見春秋左傳、地名精考、莫精於杜預、比于今又近、故春秋地名一取于杜預、又艸木鳥獸之名、莫近于爾雅及新修本草、終古不刊、故臣鍇一切以爲準的【巻十二　邑部　鄤】

（臣鍇以為らく許慎の地名 多く春秋左伝に見ゆ、地名の精考たる、杜預より精なるはなし、今に比すれば又た近し、故に春秋の地名は一に杜預に取る、又た艸木鳥獣の名は、爾雅及び新修本草より近きはなく、終古に刊せず、故に臣鍇一切以て準的と為す）

ここで小徐は、まず地名に就いては『春秋左氏傳』（以下、『左傳』と称する）に多く見えることを指摘した上で、更にそれを詳しく説明するものとして杜預の『釋例』が最も優れていると判断し、これに依拠したことを述べる。明言はされていないが、この後に続く『爾雅』と郭璞注の関係も同様にとらえていたと考えてよいのではなかろうか。草木鳥獣などの具体的なものの名は『爾雅』に多く見え、それを最も詳細且つ小徐の時代の語に近い形で解説しているのが郭璞注である。言い換えれば郭璞注という詳細な注があってこそ、説解を補充するものとしての『爾雅』の利用価値が高くなるのである。そのことは、数量的な面からも裏づけられる。小徐が言及する『爾雅』延べ四百七十一条のうち『爾雅』経文のみを引用するものは百九十九条、経文・注ともに引用するもの百三十四条、注のみを引用するもの百二十条である。(10) 半数以上が郭璞注を引用しており、更に「釋草」・「釋魚」では、郭璞注のみを引用するものがその半数を占めている。また、「釋詁」・「釋言」・「釋訓」などには出典・用例の注が多いのに対して、「釋草」などは詳細にそのものを説明することが多いという郭璞注のあり方が、小徐本の『爾雅』の引用が草木のような具体的なものの名を説く場合に偏るという傾向と関わっていると考えられ、このこともその傍証となろう。

そのほかにも、郭璞注を重視していたことをうかがわせる点は多い。まず、地名についての説明に於いて、しばしば「杜預曰」という形で『春秋釋例』の言を引用しているが、『爾雅』の郭璞注についても、やはり「郭璞曰」という形で引用されることも多いことである。例えば、

14　瘵　病劣也、從疒祭聲、臣鍇按、郭璞曰、江東呼病曰瘵　【巻十四　疒部】
（瘵は病み劣るなり、疒に従う祭の声、臣鍇按ずるに、郭璞曰く「江東病を呼びて瘵と曰う」と）

15　瘼　病也、從疒莫聲、臣鍇按、詩曰、求民之瘼、郭璞曰、病東齊曰瘼　【巻十四　疒部】
（瘼は病なり、疒に従う莫の声、臣鍇按ずるに、詩に曰く「民の瘼を求む」と、郭璞曰く「病は東斉 瘼と曰う」と）


は何れも『爾雅』「釋詁」の「痡、瘏、…瘽、瘉、…瘵、瘼、癠、病也」の郭璞注の引用である。先に『爾雅』の経文が引用されているわけでもなく、いきなり「郭璞」とのみ称して『爾雅』注を指している。(11)

また、わざわざ郭璞注の用字法について述べたものもある。『爾雅』の経文ではなく注の用字法についてわざわざ言を費やしていることは、郭璞注を経文と同じように重視していたことの表れであろう。

16　粗　疏也、從米且聲、臣鍇曰、疏卽麤也、故爾雅注多謂麤爲粗　【巻十三　米部】
（粗は疏なり、米に従う且の声、臣鍇曰く、疏は即ち麤なり、故に爾雅注は多く麤を謂いて粗と為す）

17　埾　土積也、從土聚省聲、臣鍇曰、今爾雅注書聚字多如此　【巻二十六　土部】
（埾は土積なり、土に従う聚の省声、臣鍇曰く、今爾雅注 聚の字を書きて多く此の如し）

ここで小徐は『爾雅』郭璞注では「粗」の字を「麤」に、「聚」の字を「堅」に作ることが多いことを指摘している。「麤」については、

18　奘、駔也（郭注）今江東呼大爲駔、駔猶麤也【釋言】

（奘は駔なり（郭注）今江東大なるを呼びて駔と為す、駔は猶お麤《そ》のごときなり）

19　諸慮、山櫐（郭注）今江東呼櫐爲藤、似葛而麤大【釋木】

（諸慮は山櫐なり（郭注）今江東櫐《るい》を呼びて藤と為す、葛に似て麤大なり）

のようなものを指す。本書で『爾雅』の底本とした四部叢刊本・『爾雅校箋』本では、確かに小徐の指摘通り「麤」を用いている所が多い。ところが「堅」については、

20　揫、斂、屈、…鳩、摟、聚也、（郭注）…春獵爲蒐、蒐者以其聚人衆也、…摟猶今言拘摟聚也【釋詁】

（揫・斂・屈・…鳩・楼は聚なり、（郭注）…春猟を蒐と為す、蒐なる者は其れ人衆を聚むるを以てなり、…楼は猶お今拘楼聚と言うがごときなり）

21　石杠謂之徛（郭注）聚石水中、以爲歩渡彴也、…或曰、今之石橋【釋宮】

（石杠 之を徛と謂う（郭注）石を水中に聚め、以て歩渡の彴と為すなり、…或いは曰く「今の石橋なり」と）

22　椒樧醜莍（郭注）莍萸子聚生成房貌、今江東亦呼莍、…【釋木】

（椒樧は醜莍たり（郭注）莍は萸子聚生して房を成す貌、今江東亦た莍と呼ぶ）

のようなものを指していると思われるが、四部叢刊本・『爾雅校箋』本ともに「聚」に作り「堅」に作っていない。

ただ、段玉裁『説文解字注』（以下、段注と称する）も「埾」（十三篇下）の注で「各書多借爲聚字」と言うことから、小徐が基づいたテキストでは「埾」に作っていた可能性は高いと思われる。

このように、小徐が郭璞注を重視していたことは、その引用の仕方に表れている。更に、郭璞注は小徐の注釈のスタイルにも影響を与えたのではないかと考えられる。小徐の注釈の特徴の一つとして指摘されてきた「今語を以て古語を釈す」という手法にも、[12]『爾雅』及び郭璞注の影響が見られる。

小徐は「詁」（巻五 言部）に「臣鍇按、爾雅謂言有古今也、會意（臣鍇按ずるに、爾雅に「言に古今有り」と謂うなり、会意）」のように言う。これは、郭璞の「爾雅序」や、「釋詁」第一条の郭璞注に「此所以釋古今之異言、通方俗之殊語（此れ古今の異言を釈し、方俗の殊語を通ずる所以なり）」と言い、「釋宮」第一条の郭注に「皆所以通古今之異語、明同實而兩名（皆な古今の異語を通じ、実を同じくして而も名を両つにする所以なり）」と言っていることなどを念頭に置いた言葉であると考えられる。このように『爾雅』は既に「今語を以て古語を釈」するものであり、そのことを強く意識した郭璞は、その注釈にこの手法を多用している。このことは郭璞注の用字について説明するために先に引用した例18から例22までの五例全てにこの手法が用いられていることからも見て取れるであろう。最初にも触れたように小徐本は『説文』の全体を通して注釈を施した最初のものである。その注釈のための有効な手段の一つとして『爾雅』及び郭璞注が多用した方法を、小徐が取り入れたと考えてもそれ程不自然ではあるまい。無論、「今語を以て古語を釈す」という手法は、『爾雅』及び郭璞注のみに見えるものではない。しかし、『爾雅』という訓詁の書の注釈全体にわたりこの手法を郭璞が使用したことが、『説文』という文字の書に注釈を施そうとする小徐に影響を与えた可能性は極めて高いと考えられる。

小徐本は、清代にはその引用の不正確さを酷評された。『爾雅』の引用に関してのみ見ると、その主な原因は『爾雅』の経文と郭璞注を明確に区別することなく一体として扱う傾向にあることだと考えられる。また、これは『爾雅』の引用だけには限らないが、許慎の説解を補足説明するためにほかの書物を引用している故、その内容には注意を払うのに対して、その文言を正確に引用することにはあまり注意を払っていない、或いは長い場合にはその意を取り簡略化した形で引用する傾向にあるということも否定できない。

しかし、それらのことを念頭に置いた上で、改めて小徐の注を見れば、解決される問題がある。例えば「珏」（巻一　珏部）では、「二玉相合爲一珏（二玉相い合わさりて一珏と為る）」という説解に対して、「臣鍇按、爾雅雙玉曰珏（臣鍇按ずるに、爾雅に「双玉を珏と曰う」と）」と『爾雅』を引用して説明を加える。しかし、今本『爾雅』にこの条はない。佚文であるかのように思えるが、小徐が経文と郭璞注を明確には区別しない傾向にあることを考慮に入れて改めて郭璞の注を見てゆくと、「釋器」の「玉十謂之區（玉十 之を区と謂う）」の注に「雙玉曰瑴、五瑴爲區（双玉を瑴と曰い、五瑴を区と為す）[13]」とある。この「瑴」は、『説文』で「珏」の或体とされているものである。つまり、小徐はここでは『爾雅』としてその郭璞注を引用していたのである。

同様のことが次の例でも言える。「翁」（巻七　羽部）では、「頸毛也」という説解に対して「臣鍇按、爾雅多謂草華莖細葉叢出爲翁臺、取名於此也（臣鍇按ずるに、爾雅は多く草の華茎細く葉の叢出するを謂いて翁台と為す、名を此に取るなり）」と言う。しかし『爾雅』の経文には「翁臺」という語は見えない。そこで郭璞注を見ると、「釋草」「芺薊、其實荂（芺薊は其の実荂なり）」の注に「芺與薊、莖頭皆有蓊臺、名荂、荂卽其實、音俘（芺と薊は茎頭皆な蓊台有り、荂と名づく、荂は即ち其の実なり、音は俘）」と言う。即ち、これも「麤」・「埾」と同じく郭璞注の用字・用語についての指摘であることがわかる。

小徐の『爾雅』の引用には、確かに上述のように正確さに欠けるところがある。しかし、それは必ずしも小徐が原典に当たっていないことを意味しない。そのことは、『爾雅』の文字の異同や、「麤」のような郭璞注の独特な用字についての注などからも明らかである。更に以下のような非常に短い注にも、注釈に当たって『爾雅』を詳細に検討していたことが示されている。

小徐は「痛」（巻十四　疒部）に「自此以下、多見爾雅（此れ自り以下、多く爾雅に見ゆ）」と言う。これは、一見「痛」

以下の疒部の字が『爾雅』に多く見えることを意味しているように思われる。しかし、疒部（文百二）のうち、『爾雅』に見えるのは二十篆に満たない。それではこの「多く『爾雅』に見える」という注に誤りがあるのであろうか。もう少し具体的に検討してみると、部内の字の配列が大徐本と小徐本では異なっていることに気づく。小徐本では「疒、疾、病、痛、痛、瘣、疴、瘽、瘵、瘨、瘼、…」のように配列されているのに対して、大徐本は「疒、疾、痛、病、瘣、疴、痛、瘽、瘵、瘨、瘼、…」となっている。ちなみに段氏は、ここでは大徐本に従う。次に小徐と段氏の『爾雅』の引用を比較する。小徐が『爾雅』及び郭璞注を引用しているのは、「痛、瘣、瘵、瘼、疛」のわずか五篆のみに於いてであるのに対して、段氏は『爾雅』に記述のあるものの相当数、十二篆に於いて引用している。段氏の引用を更に詳しく見ると、『爾雅』の引用は部首字から数えて十三篆目の「痒」までに集中して引用されており（十三篆中八篆）、また『爾雅』で言うと、「釋詁」の「痛、瘏、…瘽、瘉、…瘵、瘼、癠、病也」の条を引用するものが大部分を占める（十三篆中十篆）。このように見てくると、小徐が「自此以下、多見爾雅」と注した時、念頭にあったのは、『爾雅』「釋詁」のこの条であったと考えられる。そうであれば、小徐本の疒部内の字の配列がもし今本のようであったとすれば、当然「痛」の条にこの注は来るべきであり、この注が「痛」に対するものであったとするならば[14]、本来の小徐本の字の配列は大徐本と同じであった可能性が高く、少なくとも「痛」は「痛」よりも後ろに配されていたと考えられる。

また、類似の注が「岫」（巻十八 山部）にも見える。ここでは「自岵已下皆見爾雅（「岵」自り已下 皆な爾雅に見ゆ）」と言う。これも一見山部（文五十三）の「岵」以降の字は全て『爾雅』に見えるということを意味しているように思われる。しかし、実際には「岵」以下約四十字全てが、『爾雅』に見えるにもかかわらず、小徐はそのうち二条しか『爾雅』を引用しない[15]。そこで、やはり『爾雅』の記述をかなりの割合で引用している段注を見ると、小徐本の山部十六番目の「岵」以下「屺、嶨、嶅、岨、岡、岑、崒、巒、密、岫」の十一篆のうち最後の「岫」を除く全てに於いて、段注では『爾雅』「釋山」――即ち「山小而高、岑（山の小さくして高きは岑なり）」、「山脊、岡（山脊は岡なり）」、「崒者、厜㕒（崒なる者は厜㕒なり）」、「山如堂者、密（山の堂の如き者は密なり）」、「巒、山墮（巒は山墮なり）」、「多小石、磝（小石の多きは磝なり）」、「多大石、礐（大石多きは礐なり）」、「多草木、岵（草木多きは岵なり）」、「無草木、峐（草木無きは峐なり）」、「土戴石、爲砠（土の石を戴するを砠と為す）」――を引用している。これに対して、これらの前後の篆で『爾雅』を引用するのはわずかに五篆のみである。また、段注に引用はないが、「岫」も、『爾雅』「釋山」に「山有穴爲岫（山に穴有るを岫と為す）」とある。以上のことから、小徐のこの注は「岵」から「岫」に至る十一篆は皆『爾雅』に見えることを意味していると考えられる。小徐が「多見爾雅」ではなく「皆見爾雅」と言うのは、非常に正確な表現であることがわかる。なお、段注はここでも大徐に従って、「岑」と「崒」の間に「崟」篆を配しているが、小徐では「崟」篆は「岫」の後ろに配されている。「崟」は『爾雅』には見えないことから考えると、小徐本の配列はここでは恐らく今本と同じであったと考えられる。段氏はまた、「屺、嶨、嶅、岨」の各篆は『爾雅』ではそれぞれ「峐、礐、磝、砠」に作ることを指摘している。小徐は、これらについて特に何も言及がなく、文字の異同はなかったという可能性も捨てきれない。しかし、小徐は文字の異同の全てに注を付しているわけではない。例えば、「䑞」（巻十 舜部）の説解に引用される『爾雅』は、「芛」（巻二 艸部）注の引用から、「䑞」でなくその或体の「葟」に作っていたことが推定される。従って本来なら「乙」の或体「鳦」（巻二十三 乙部）同様、その或体の下に「爾雅作此字（爾雅此の字に作る）」と注するべき所であるが、[16] 今小徐本にこの注はない。従って、これらの異同が小徐本に引用される『爾雅』のテキストを考察する材料となるかどうかを見極めるためには、もう少し小徐の注釈の方法・特徴を分析する必要があると考えられる。[17]

以上、小徐の書物引用の大まかな傾向を考察するために、『爾雅』の引用について検討してきた。『爾雅』の引用は、草木鳥獣を始めとする具体的な事物の名について説く場合に多く引用されている。その引用には、小徐の『爾雅』と郭璞注に対する考えが反映されており、両者が明確に区別されず一体化して引用される傾向があるなど、必ずしも原典に忠実ではない場合があるという欠点がある。しかしその反面、文字についての注をはじめとして、信頼度の高い記述も多くあることも事実である。これらの特徴を踏まえ、経部の書の引用について考察を進める。

【注】

（1）『爾雅』は訓詁の書であり、字義の注釈として利用しやすいという面も確かにあると思われるが、小徐が引用している小学の書は意外にも少なく、ある程度の数の引用があるのは、『爾雅』以外では『字書』六十八条と劉熙『釋名』二十五条のみである。詳細は第九章参照。

（2）以上は、「通釋」篇のみの数字である。「部敍」篇以下の十巻については引用総数六、『爾雅』の篇ごとに見ると「釋詁」二、「釋親」・「釋水」・「釋鳥」・「釋獸」各一となっている。

（3）小徐本各部末の数字に拠った。実際の数字とは幾分異なる部もある。

（4）部内の引用総数が五以上の部のみを取り上げた。引用総数四以下の部については、部首名のみを示す。示、齒、角、巾、衣、馬、鹿（以上引用数四）。辵、足、羽、羊、雨（以上引用数三）。牛、彳、龠、目、虎、夂、邑、日、鼎、米、韭、山、厂、豕、火、門、𠂤、内（以上引用数二）。上、珏、革、鼻、奞、萑、幺、玄、爰、肉、刀、乃、豈、丶、食、缶、冂、京、来、舜、韋、桀、叒、粤、華、晶、瓜、瓠、宮、㡀、舟、方、見、欠、旡、頁、百、彣、勹、鬼、屵、石、長、象、冡、黑、大、夭、大（籀文）、乙、鹵、手、厂、戈、甾、斤、斗、車、辰（以上引用数一）。

（5）括弧内の数字は、各篇に於ける引用された条の占める割合である。各篇の条数は『爾雅逐字索引』（香港中文大学中国文化研究所編　商務印書館　一九九五年）に拠る。各条に複数の項目が含まれており、また同一項目を小徐が複数箇所で引用している場合があるが、その延べ数で計算している。必ずしも正確な数値ではないが、小徐の引用の傾向を見る参考にはなるであろう。小数点以下四捨五入。

（6）小徐が同じ字について複数の『爾雅』の項目を引用する場合もあり、『爾雅』の篇ごとに整理すると、引用延べ数は四百七十一条となる。

（7）水部（巻二十一）に於いては、河川の名称を説く際に杜預の『釋例』を多く引用している。水部は数量的には『爾雅』の引用が多いが、割合を見ると、部内の四パーセントに過ぎず、そのほかの部がかなり高い割合を占めているのとは少し事情が違う。詳しい数値は表1を参照のこと。

(8)『問學集』八四六-八四八頁。

(9)段氏は「蟠即鱕字、負即婦字」と注する。

(10)合計数が合致しないが、これは前述の如く、今本『爾雅』には見えない記述や厳密な意味の引用ではなく、全体に関わる記述などがあるためである。なお、延べ数の算出については注5、6も参照。

(11)小徐は『爾雅』以外の郭璞の注を引用することもある。しかしその際、例えば「邴」(巻十二 邑部)の注に「公羊傳以魯祊田作邴字、郭璞注穆天子傳亦同、許愼所不取也」とあるように、単に「郭璞」とのみ言わず、出所を明らかにしている。なお、小徐の引用する『詩』「求民之瘼」は、今阮元本(大雅「皇矣」)では「求民之莫」に作り、毛伝に「莫、定也」とあり、小徐の解釈とは異なる。

(12)周祖謨「徐鍇的説文學」(『問學集』八四五頁)に、「以今語釋古語、是最容易使人明白的方法、而往往不爲訓詁家所注意、徐氏能重視這一點是値得特別提出的。繫傳中以今語釋古語的例子很多(大意:「今語を以て古語を釈す」というのは、最も人を理解させやすい方法であるが、往々にして訓詁家の注意の及ばないところである。徐氏がこの点に注目し得たことは、特筆に値する。『繫傳』には、「今語を以て古語を釈す」例が多い。)」と言う。

(13)四部叢刊本、『爾雅校箋』本ともに「瑴」に作り「珏」には作らない。

(14)但し、「痛」は『爾雅』「釋詁」ではなく「釋言」に見える。

(15)「岫」のほかには、「隓」に『爾雅』注を引用するのみである。また、注4参照。

(16)「芛」に「艸之葟榮也、從艸尹聲、臣鍇按、爾雅蘥芛葟華榮、注云、華葟也、今俗謂草木華初生者爲芛蘥、猶敷蘥、亦草木華之皃、所未詳」、「雞」に「華榮也、從舜𦤎聲、讀若皇、爾雅曰雞華也」、「鳦」に「乙或從鳥、臣鍇曰、爾雅作此字」とある。

(17)異同に関する小徐の注釈の仕方については、第八章二三〇-二三一頁参照。

第二章　引用数概況

第一節　「引用」取り扱い上の原則

『爾雅』以外の書の引用を数量的に分析するに当たり、本書における「引用」の取り扱い上の原則を確認しておく。

序章でも触れたように、本書は、小徐の許書に対する注釈の方法・特徴を明らかにすることを目的とするため、分析・考察の対象を「通釋」篇に絞り、「通釋」篇全三十卷のうち、本来欠巻であった巻二十五及びほかと性質がいささか異なる「敍」(巻二十九・巻三十)を除外し、巻一から巻二十四、及び巻二十六から巻二十八の計二十七巻を主たる分析対象とする。従って引用数についての言及は、特に断らない限り、この二十七巻中の引用を対象とする。また、本書で「引用」とするものには、厳密な意味での引用のほか、当該書に関する言及も含めることとする。

例えば、

1　訟　爭也、從言公聲、一曰歌訟、臣鍇曰、古本毛詩、雅頌字多作訟　【巻五　言部】
(訟は争なり、言に従う公の声、一に曰く歌訟と、臣鍇曰く、古本毛詩は「雅頌」の字多く「訟」に作る)

の小徐注「古本毛詩 雅頌の字多く訟に作る」は、「頌」と「訟」が古今字であり、古い毛詩のテキストでは「訟」の字が多く用いられていたことを指摘するものである。次の条の小徐注は、「逸論語」についての説明である。

2　瑧　玉英華羅列秩秩、從玉桼聲、逸論語曰、玉粲之璱兮、其瑧猛也、臣鍇曰、…逸論語謂今論語中詞古者、口授有遺漏之句、漢興購得有此言謂之逸論語、諸言逸者、皆如此也【巻一　玉部】

（瑧は玉英華の羅列すること秩秩たり、玉に従う桼の声、逸論語に曰く「玉粲の璱たる、其の瑧は猛なり」と、臣鍇曰く、…逸論語は今論語中の詞古き者を謂う、口授にして遺漏の句有り、漢興りて購いて此の言有るを得、之を「逸論語」と謂う、諸《もろもろ》の「逸」と言う者は皆な此の如きなり）

これらは、用字の問題など当該経書に関する言及であり、『詩』や『論語』の語句を引用するものではないため、厳密な意味では「引用」とは呼べない。しかし、『爾雅』に関する考察でも言及したように、これらの中には、小徐本に於ける書物の引用を考える上で重要な意味をもつものが含まれているため、本書ではこれらも「引用」として調査対象に含める。

逆に、本節及びそのほかで数量的な分析を行う場合に限り、引用ではあっても、書名など出典を明記していない場合は引用として計上しない。例えば、次の「興」の条では、

3　興　起也、從舁同、同力也、臣鍇曰、周武王曰、予有亂臣十人、同心同德、周所以興也、會意【巻五　舁部】

（興は起なり、舁同に従う、力を同じくするなり、臣鍇曰く、周の武王曰く「予に乱臣十人有り、心を同じくし徳を同じくす」と、周の興る所以なり、会意）

のように、『書』「泰誓中」の武王の言葉「予に乱臣十人有り、心を同じくし徳を同じくす」を使って、共に力を用い（「昇」）、力を一つにした（「同」）ことで、周が「興」ったのであると説き、字が「昇」・「同」の会意であることの説明としている。この条は明らかに『書』の引用であり、本来は引用として計上すべきものではあるが、数量的分析対象とはせず、それ以外の考察の資料として利用するに止める。

また、次の四条は全て説解・小徐注の双方に経書が引用されていると考えられるが、最初の二条は説解の引用に出典が明記されておらず、後の二条では小徐注で引用の出典が記されていない。このような場合、数量的分析に於いては、それぞれ出典が明記されている方のみに引用されているものとして扱う。

4　鶴　鳴九皐、聲聞于天、從鳥隺聲、臣鍇按、詩曰、鶴鳴九皐、聲聞于天、皐澤也、自外數之有九、言幽遠也【巻七　鳥部】

（鶴　九皐《こう》に鳴き、声　天に聞こゆ、鳥に従う隺の声、臣鍇按ずるに、詩に曰く「鶴　九皐に鳴き、声　天に聞こゆ」と、皐は沢なり、外自り之を数うるに九有り、幽遠なるを言うなり）

では、説解「九皐に鳴き、声　天に聞こゆ」は、『詩』小雅「鶴鳴」の第二章「鶴鳴于九皐、聲聞于天」を引用したものであると考えられる。小徐の注もそれを意識したものであり、「皐は沢なり」は、「鶴鳴」の第一章の毛伝であり、「外自り之を数うるに九有り、幽遠なるを言うなり」は、その鄭箋に基づいた記述である。[1] 段氏も、説解の最初に「鶴」の字を補った上で、「此れ詩小雅に見ゆ（此見詩小雅）」と言い、更に「爾雅に鶴無し、故に詩を偁す（爾雅無鶴、故偁詩）」（四篇上　鳥部）と言う。このように、この説解は『詩』を用いて「鶴」の字義を説いたものであることは明らかであるが、そのことが説解には明記されていない。次の

5　趲　趨進趲如也、從走翼聲、臣鍇曰、趨進便駛、復有儀容、如鳥之翼也、今論語作翼字、假借也　【巻三　走部】

（趲は趨《はし》り進むに趲如たるなり、走に従う翼の声、臣鍇曰く、趨り進めば便ち駛《はや》く、復た儀容有り、鳥の翼の如きなり、今論語「翼」の字に作るは仮借なり）

でも、説解「趨進趲如也」は、「鄉黨」篇の「趨り進むに翼如たるなり」を引用したものであり、それ故「今論語 翼の字に作るは仮借なり」という小徐注が存在する。段氏も「但だ経文を引きて字義を釈せざる者有り（有但引經文不釋字義者）」（二篇上 走部）として、その中にこの条を含めているように、説解が『論語』の引用であることは明らかである。しかし、説解にはやはり出典が明記されていない。このように説解・小徐注ともに経書を引用しているが、説解に出典が明示されていない場合、数量的な分析に於いては、小徐注のみに引用があるものとして扱う。また、次の条は小徐注に出典が明記されていない。

6　薈　艸多皃、從艸會聲、詩曰、薈兮蔚兮、臣鍇曰、薈兮蔚兮、雲也、言草如雲之盛也　【巻二　艸部[2]】

（薈は艸多き皃、艸に従う会の声、詩に曰く「薈《かい》たり蔚《うつ》たり」と、臣鍇曰く、「薈たり蔚たり」は雲なり、草 雲の盛なるが如きを言うなり）

ここで小徐は、「薈」の本義は「艸の多い皃」であるが、説解に引用する「薈たり蔚たり」（『詩』曹風「候人」）は、その毛伝に「薈蔚は雲の興る貌（薈蔚雲興貌）」と言うように、雲が盛んに茂る草のように湧き上がることを言うのであると指摘しているのであり、小徐注の「薈兮蔚兮」は、明らかに『詩』の句である。しかし、書名を明記するのは説解のみである。

7　侃　剛直也、従㐰、㐰古文信也、従巛、取其不舍晝夜、論語曰、子路侃侃如也、臣鍇曰、子路有聞、未之能行、唯恐有聞、是其不舍晝夜也、會意　【巻二十二　巛部】
（侃は剛直なり、㐰に従う、㐰は古文の信なり、巛に従う、其の昼夜を舍《お》かざるに取る、論語に曰く「子路　侃侃如《かんかんじょ》たるなり」と、臣鍇曰く、子路聞く有りて、未だ之《これ》を行う能わず、唯だ聞くこと有るを恐る、是《これ》其れ昼夜を舍かざるなり、会意）

でも、小徐注は「公冶長」篇の「子路 聞くこと有りて、未だ之を行うこと能わず、唯だ聞くこと有るを恐る」を引用している。「侃侃如」（剛直）と評される子路が、何か教えを聞くとすぐさま実行に移そうとしたその様子が、昼も夜も一刻も止むことのない川の流れのようであるとし、剛直という字義と字の構成（即ち「巛」を主たる構成要素とする）の関係を説明しようとしているのである。[3] しかし、書名を明記するのは説解のみである。これらのように説解・小徐注ともに経書を引用しているが、小徐注に出典が明示されていない場合は、数量的な分析に於いては、説解のみに引用があるものとして計上する。なお、説解の「其の昼夜を舍かず」も、「子罕」篇の「子 川の上《ほとり》に在りて曰く、逝く者は斯くの如き夫《か》、昼夜を舍かず（子在川上曰、逝者如斯夫、不舍晝夜）」を用いたものではあるが、この部分については出典が明記されていないので数量的分析の対象外とした。

上述の如く、書名・篇名など出典を明記しない場合は数量的な分析対象としないことには、主に二つの理由がある。第一には、書名が明記されていない場合、それらを全て網羅しきれない可能性が高いためであり、第二には、数値という一見客観的に見える指標に、可能な限り主観的な判断を持ち込まないためである。特に小徐注の場合、書名が明記されていない場合に、「薈」（例文6）のように『詩』についての言及であると明確に判断できるとは限らない。むしろ多くの場合、説解の中の本義に対する言及なのか、説解に引用された経書の語句に対する言及であるのか明確に区別することが難しい。従って、判断する者によって、それを経書の引用として計上するかどうか判断が異なるという事態を避けるために、数量的な分析に限り、敢えて「書名・篇名」という明確な判断基準を設けることにしたのである。

なお、当然ながら、「鶴」（例文4）の説解「鶴 鳴九皋、聲聞于天」や「趩」（例文5）の説解「趨進趩如也」、「薈」（例文6）の小徐注「薈兮蔚兮、雲也」や「侃」（例文7）の説解「其不舍晝夜」及び小徐注「子路有聞、未之能行、唯恐有聞」のように、その出典を明記していないものについても、今本との文字の異同や小徐注の特徴の考察など、その内容に関わる考察に於いては、その対象とする。

第二節　各経書の総引用数

では、上記原則に基づき、経書ごとにその引用総数について見ていくことにする。

一　『易』の引用数

まず、『易』については、その扱いについて検討を要するものが三条ある。

8　牝　畜母也、従牛匕聲、易曰、畜牝牛吉、毗忍切　【巻三　牛部】

（牝は畜母なり、牛に従う匕の声、易に曰く「牝牛を畜う、吉」と、毗忍の切）

では、その反切表記が「某某反」ではなく「某某切」となっており、小徐本の欠字を徐鉉等の校訂本（以下、大徐本と称する）を用いて補ったものであることがわかる。本来ならば数に入れるべきものではない。しかし、⑴段注に「按鍇本無牝篆、自是奪去耳、麀字下曰、从牝省、則非無牝字也（按ずるに鍇本に牝篆無きは、自ら是《これ》奪去せるのみ、麀の字の下に「牝の省に従う」と曰えば、則ち牝の字無きに非ざるなり）」（二篇上 牛部）とあり、小徐本にも本来「牝」篆はあったが、伝写の過程で落されたとすること、⑵小徐は「疑義」篇で「右據偏旁有之而諸部不見、此蓋相承脱誤、非著書之時本所無、故記於此（右、偏旁之《これ》有りて諸部に見えざるに拠れば、此れ蓋し相い承けて脱誤するなり、書を著すの時に本《もと》無き所に非ず、故に此に記す）」として、「志」・「由」など、ほかの字の偏旁となっているにもかかわらず該当の部にその字が見えないものを、伝写の間に脱誤されたものであるとして取り上げている。「麀」（巻十九 鹿部）には「牝鹿也、従鹿牝省聲、臣鍇曰、詩曰、麀鹿攸伏（牝鹿なり、鹿に従う牝の省声、臣鍇曰く、詩に「麀鹿伏する攸《ところ》」と曰うと）」とあり、段氏の指摘通り（但し今本小徐本は声符とする）「麀」字の構成要素として「牝」が挙げられている。従ってもし小徐本にもともと「牝」篆が無かったのであれば、当然「疑義」篇に取り上げられているはずであるが、「牝」は取り上げられていないこと、以上の二点から、小徐本には本来「牝」篆があったが、伝写の間に落されたと考えられる。ただ、小徐本では本来どのように「牝」篆が解されていたのか現在では考察すべき材料がない。そこで本書では仮に大徐本と同じであったとして、説解に引用されているものとする。

9　馵　馬後左足白、従馬二其足、讀若注、易曰、爲馵足、指事【巻十九　馬部】

（馵は馬の後の左足白きなり、馬の其の足を二もてしるすに従う、読みて注の若くす、易に曰く「馵足《しゅそく》と為す」と、指事）

では、大徐本（十篇上 馬部）には『易』の引用が無く、段氏（十篇上 馬部）も大徐本に従っている。また、小徐本の承培元「校勘記」（中）には「『易曰』の上に当に『臣鍇按』の三字有るべし（易曰上當有臣鍇按三字）」と言う。最後の「指事」の二字は、説解ではなく小徐注であると考えられるが、承氏の言うように『易』の引用をも含めて小徐注とするか、「指事」のみを注とするか明確な判断材料がない。『易』の引用が小徐の注である可能性はかなり高いとは思われるが、確実な根拠がないので、ここでは祁刻本に従って、説解に引用されているものとする。なお、

10　刑　罰辠也、従刀井、易曰、井法也、井亦聲、臣鍇曰、通論備矣　【巻十　井部】

（刑は辠を罰するなり、刀井に従う、易に曰く「井は法なり」と、井は亦た声、臣鍇曰く、通論に備われり矣）

は、その指示の通りに「通論」篇に詳細な論があり、その中で『易』を引用しているため、厳密に言えば、許慎も小徐も共に『易』を引用していることになる。しかし、本書は「通釋」篇のみを対象としているので、説解にのみ引用されているものとして扱う。

以上の三条を含め、『易』の引用総数は百六十六条、そのうち許慎の説解にのみ『易』が引用されているものは七十六条、説解・小徐注に共に引用されているものは十六条、小徐注のみに引用されているものは七十四条となる。

二　『書』の引用数

次に『書』の引用数について概観する。『易』の引用と同じく、説解に引用されるものについては、大徐本と異なるなどのテキスト上の問題があるものが含まれる。

11　旐　龜蛇四斿、以象營室、悠悠而長也、従㫃兆聲、周書曰、縣鄙建旐、臣鍇按、周禮注、龜蛇象其扞難辟害也、營室北方七宿也、其星象龜形　【巻十三　㫃部】

（旐は亀蛇四斿、以て営室に象る、悠悠として長きなり、㫃に従う兆の声、周書に曰く「県鄙は旐を建つ」と、臣鍇按

ずるに、周礼注に「亀蛇は其の難を扞《ふせ》ぎ害を辟《さ》くるに象るなり」と、営室は北方の七宿なり、其の星 亀形に象る）

12　秅　秭也、従禾乇聲、周書曰、二百四十斤爲秉、四秉爲筥、十筥爲稯、十稯曰秅、四百秉謂之一秅、臣鍇曰、周禮行人之職也、…【巻十三　禾部】

（秅は秭なり、禾に従う乇の声、周書に曰く「二百四十斤を秉と為し、四秉を筥と為し、十筥を稯と為す、十稯は秅と曰い、四百秉は之を一秅と謂う」と、臣鍇曰く、周礼行人の職なり）

これら二条に於いて説解の「周書」を大徐本（七篇上）では、どちらも「周禮」に作る。段氏は大徐本に従って、それぞれ「旐　龜蛇四游、以象營室、攸攸而長也、从㫃兆聲、周禮曰、縣鄙建旐」(4)（七篇上）、「秅　二秭爲秅、从禾乇聲、周禮曰…」（七篇上）に作る。段氏は、「旁」（一篇上　上部）に「凡徐氏鉉鍇二本不同、各从其長者、…後不悉注（凡そ徐氏鉉鍇二本同じからざるは、各の其の長ずる者に従う、…後　悉くは注せず）」と言うように、小徐本と大徐本に違いがある場合、優れていると判断した方に従い、その判断に関していちいち注記しないことも多い。「旐」・「秅」の引用の出典はそれぞれ『周禮』春官「司常」と『禮記』「聘禮」だと考えられ、また、「旐」の条で小徐注が引用する「周禮注、龜蛇象其扞難辟害也」は、説解に引用される『周禮』春官「司常」の注であり、「秅」の小徐注「周禮行人之職也」も説解の引用に対する注であると考えられること(5)から、ともに大徐本に従って「周禮」とした段氏の判断に問題はないであろう。従って、「旐」・「秅」二条で祁刻本が「周書」に作るのは誤りであると考え、『書』の引用として扱わない。

　しかし、段氏が次の「忞」でもやはり小徐本ではなく大徐本に従うことについては、その根拠が明確ではない。小徐本は

13　忞　强也、従心文聲、臣鍇曰、自强也【巻二十　心部】

（忞は強なり、心に従う文の声、臣鍇曰く、自ら強いるなり）

とのみ作るが、大徐本は「忞 彊也、从心文聲、周書曰、在受德忞、讀若旻（忞は強なり、心に従う文の声、周書に曰く、受徳に在りては忞なりと、読みて旻の若くす）」（十篇下 心部）に作り「周書」の引用がある。段氏は基本的には大徐に従いつつ、本義については『古今韻會擧要』（以下、『韻會』と称する）の『説文』の引用が「自勉彊也、从心文聲」（平上十一真韻）に作ること、『玉篇』（巻八 心部）・『廣韻』（上平真韻）がともに「自勉强也」と釈することを根拠に「自勉彊也（自ら勉強するなり）」に改める。(6)「周書」の引用については、その出典と文字の異同に言及するのみで、小徐本ではなく大徐本に従った根拠は示されない。段氏が説解の校訂の根拠の一つとして『韻會』の引用を用いる前提には、それが張次立の手が入る以前の小徐本の真本に依拠しているという判断があるが、(7)『韻會』「忞」の『説文』の引用には「周書曰」以下の部分はない。『韻會』は、説解に引用がある場合、例えば同じ小韻に属す「旻」の条に「説文秋天也、从日文聲、引虞書曰仁閔覆下則稱旻天（説文 秋天なり、日に従う文の声、虞書に「仁 下を閔覆すれば則ち旻天と称す」と曰うを引く）」のように記するのが通例であることから、少なくとも小徐本には「周書」の引用がなかった可能性が高い。

また、二徐本が大きく異なるものとして「榗」の条がある。大徐本では「榗 木也、从木晉聲、書曰、竹箭如榗（榗は木なり、木に従う晋の声、書に「竹箭 榗の如し」と曰う）」（六篇上 木部）のように「榗」の用例として『書』が引用されているのに対し、小徐本では

14　榗　木也、從木晉聲、詩曰、榛楛濟濟、臣鍇按、説文無榛字、此即榛字也、子賤反(8)【巻十一　木部】

（榗は木なり、木に従う晋の声、詩に曰く「榛楛《しんこ》済済たり」と、臣鍇按ずるに、説文に榛の字無し、此れ即ち榛の字なり、子賤の反）

のように、『書』ではなく『詩』（大雅「旱麓」）が引用されている。小徐はその注に『説文』には「榛」篆が無く、この「楛」篆こそが「榛」の字であると言い、それ故「楛」の条に『詩』が引用されているのだと考えていると思われる。この条を段注では、説解の最初に「楛」の字を補ったほかは、大徐本に従い「楛　楛木也、從木晉聲、書曰、竹箭如楛」（六篇上　木部）のように作る。ただ、更に「書曰、竹箭如楛」に「六字未詳、疑當作周禮曰竹楛讀如晉八字（六字未だ詳らかならず、疑うらくは当に「周礼に曰く竹楛は読みて晉の如くす」の八字に作るべし）」と注記するように、この条はテキストに乱れがある。小徐本・大徐本ともに問題を含むものの、段氏は解説の対象となるべき「楛」を含まない『詩』を引用している小徐本より、大徐本のほうが優れていると判断して、大徐本に従っているのであろう。しかし、小徐の基づいたテキストが大徐本と同じく『書』を引用していたとすれば、その後に続く小徐の注が意味を成さないことになる。従って、この条についても、祁刻本に従うこととする。

以上の考察により、小徐本に於いて出典を明記した『書』の引用総数三百十一条中、説解に引用されているもの百五十六条について、「旐」・「秏」二条は承氏「校勘記」・段注の説に従い『書』の引用ではないとし、「忞」・「楛」二条は祁刻本に従い『書』の引用はないものとして扱う。従って本書では、小徐本に於ける『書』の引用総数は三百九条、うち説解に引用されているものは百五十四条、小徐注のみに引用されているのは百五十五条として論を進めることとする。

三　『詩』の引用数

『詩』の引用について、テキスト上の問題があるものは以下の二条である。

15　衡　牛觸、横大木、其角、從角大行聲、詩曰、設其楅衡、臣鍇曰、謂牛好牴觸、以木闌制之也

【巻八　角部】

（衡は牛触し大木を横《こう》とす、其の角にす、角大に従う行の声、詩に曰く「其の楅衡《ふくこう》を設く」と、臣鍇曰く、牛牴触するを好み、木を以て之を闌制するを謂うなり）

では、説解に「詩曰」として「其の楅衡を設く」を引用するが、『詩』（阮元本）は「夏而楅衡（夏にして楅衡す）」（魯頌「閟宮」）に作る。また、「楅」（巻十一　木部）の説解では、「詩曰、夏而楅衡」となっており、「衡」の条の引用とは異なり、『詩』（阮元本）に一致する。なお、「告」（巻三　告部）の小徐注に引用する『詩』は、「衡」の条と同じく「設其楅衡」に作っており、引用に混乱がある。段氏が「『詩曰』は当に『周礼曰』に作るべし（詩曰當作周禮曰）」（四篇下　角部）と言うように、『周禮』地官「封人」からの引用である可能性が高いが、ここでは複数箇所に『詩』として引用していることを考慮して、今本小徐本の通り『詩』の引用として扱うこととする。また、

16　瀌　雨雪瀌瀌、従水麃聲、臣鍇曰、瀌猶浮也、此傳之言　【巻二十一　水部】

（瀌は雨雪瀌瀌《ひょうひょう》たり、水に従う麃の声、臣鍇曰く、瀌は猶お浮のごときなり、此れ伝の言なり）

は、底本とした祁刻本では「此れ伝の言なり」とするが、四部叢刊本では「此れ詩の言なり」に作る。また、この条は説解の部分にもテキスト上の乱れがあると考えられており、段氏は『韻會』に引用される小徐本に従って「瀌瀌、雨雪皃（瀌瀌は、雪雨《ふ》る皃）」に説解を改めている（十一篇上二　水部）。承氏「校勘記」（中）では、段氏と同じく『韻會』に引用する『說文』については言及されているが、小徐注の「此傳之言」については全く言及されていない。説解を段氏の如く改めた場合、この条の小徐注は、祁刻本に従い、小徐注「瀌は猶お浮のごときなり」が「伝の言」（『詩』小雅「角弓」「雪雨ること浮浮たり（雨雪浮浮）」の毛伝「浮浮は猶お瀌瀌のごときなり（浮浮猶瀌瀌也）」）に基づく

ものであると説明していると解釈せざるを得ない。しかしその場合、「毛伝に曰く」として引用するほうが自然である。また、「粇」(例文七-10)で、説解に引用する『詩』「不粇不來」に対して「此れ爾雅の言なり」と注した上で、その郭璞注に基づく解釈をしている。このような小徐の行文の例から見ても、小徐本の説解は今本通り「雨雪瀌瀌(雪雨ること瀌瀌たり)」となっており、小徐は毛伝に基づき解説を加えた上で、説解が『詩』に基づくものであると指摘していると解するのが最も自然であろう。従って、この条は四部叢刊本に従い「瀌 雨雪瀌瀌、従水麃聲、臣鍇曰、瀌猶浮也、此詩之言」であったとして扱うことにする。なお、説解には『詩』と明言されていないため、数量的分析では、この条は小徐のみに言及があるものとして扱う。

従って、対象となる引用総数は七百三条、そのうち説解に引用があるものは四百二十条、小徐注に引用があるものは三百二十七条である。

四 『春秋』の引用数

『春秋』の引用については、テキスト上の問題があるものが三条ある。

17　黴　幑也、以絳黴帛、箸於背、從巾黴省聲、春秋傳曰、揚黴者公徒、若今救火衣然也【巻十四 巾部】(黴は幑なり、絳黴帛を以てす、背に箸く、巾に従う黴の省声、春秋伝に曰く「黴を揚ぐる者は公徒なり」と、今の救火衣の若く然るなり)

に対して、承培元は「校勘記」(上)に「『春秋伝曰』の上に当に『臣鍇曰』の三字有るべし(春秋傳曰上當有臣鍇曰三字)」と言う。これに従えば引用文以下の「春秋伝に曰く、黴を揚ぐる者は公徒なりと、今の救火衣の若く然るなり」は説解ではなく、小徐注であることになる。確かに、この部分を説解とするには、少少違和感があり、行文の例から見ると小徐注とする方が相応しいとは感じるが、承氏はこれを小徐注であるとする根拠を示していない。また、大徐本（七篇下 巾部）でも「春秋傳曰、揚徽者公徒」の部分は説解となっており、段氏も説解の「幟也、以絳徽帛」を「徽識也、目絳帛」に改めるが、「春秋傳曰、揚徽者公徒」には「昭公二十一年左傳文」とその出典を注記した上で、「按ずるに、揚ぐと曰えば則ち旌旗にして、背に箸く者に非ざるなり（按曰揚則旌旗而非箸背者）」（七篇下 巾部）とし、更に「若今救火衣然也」は「箸於背」と言う部分に関わる説明となっているとするのみで、本来説解ではなく小徐の注が紛れ込んだのではないかという疑いは一切示されていない。このように、この引用を小徐注として扱う合理的な根拠はないと判断し、今本テキストに従い、説解に引用があるものとして扱う。

18　亲　實如小栗、従木辛聲、春秋傳曰、女贄不過亲栗、臣鍇按、今五經皆作榛也　【巻十一　木部】

（亲は実 小栗の如し、木に従う辛の声、春秋伝に曰く「女の贄は亲・栗に過ぎず、臣鍇按ずるに、今五経皆な榛に作るなり）

では、説解に引用する「女の贄は亲・栗に過ぎず」（『左傳』荘公二十四年伝）に対して、小徐は彼の依拠した五経のテキスト全てに於いて、この「亲」の字は、「榛」に作っていると注している。「春秋」ではなく、「五経」とはなっているが、今本『左傳』が「榛」に作ることをも含むため、この条は説解・小徐注ともに引用があるものとして扱う。

19　賑　物數紛賑亂也、従員云聲、讀若春秋傳曰宋皇鄖、臣鍇曰、即今紛紜字、當言傳曰隕子辱矣、傳寫譌誤、禮記曰、不隕穫于貧賤、當作此賑、假借隕字　【巻十二　員部】

（䢵は物の数の紛䢵《ふんうん》として乱るるなり、員に従う云の声、読みて春秋伝に「宋の皇鄖」と曰うが若くす、臣鍇曰く、即ち今の紛紜の字なり、当に「伝に子を隕《みだ》さるるは辱なりと曰う」と言うべし、伝写して訛誤するなり、礼記に「貧賤に隕穫《いんかく》せず」と曰うは当に此の「䢵」に作るべし、「隕」字を仮借するなり）

では、説解の「読みて春秋伝に宋の皇鄖と曰うが若くす」は、本来「伝に曰く、子を隕さるるは辱なりと」であったはずのものが、伝写の過程で誤ったのだと言う。「宋の皇鄖」は『左傳』襄公九年の伝に見え、「隕子辱矣」は、『左傳』成公二年の伝の文である。[10]小徐は、この「隕子辱矣」の「隕」の字も、『禮記』儒行の「貧賤に隕穫せず」の「隕」の字も、ともに本来この「䢵」の字に作るべきであり、「隕」に作るのは仮借であると言う。従って、小徐は説解の引用は、音注としての引用ではなく、用例として引用されたものと考えているのであり、「當言傳曰隕子辱矣」は説解の「讀若春秋傳曰宋皇鄖」全体を「傳曰隕子辱矣」に改めるべきことを言うのだと考えられる。このうち「隕子辱矣」が『左傳』の引用であるため、「傳曰」は本来「春秋傳曰」とすべきところ「春秋」の二字を落としたとも考えられる。しかし、小徐本の中で、「傳曰」とされる例はほかにもあり、意図的に「傳曰」とした可能性もわずかながら残っているため、ほかの例との比較検討をせずに軽軽に改めるべきではないと考える。よって、数量的分析の上では、この条は説解にのみ書名を明記した引用があるとして扱う。[11]

従って、対象となる『春秋』の引用総数は四百八十八条、そのうち説解のみに引用があるものは百四十二条、説解・小徐注ともに引用があるのは四十条、小徐注のみに引用のあるものは三百六条である。

五　『論語』の引用数

『論語』の引用については、引用総数は六十六条、そのうち説解のみに引用があるものは三十二条、説解・小徐注ともに引用があるものは二条、小徐注のみに引用があるものは三十二条である。

但し、そのうち小徐注に「論語」として引用されている以下の二条は、ともに『禮記』からの引用である。

20　㕯　言之訥也、從口内聲、凡㕯之屬皆從㕯、臣鍇曰、論語云、其言㕯㕯然如不出諸其口也　【巻五　㕯部】

（㕯は言の訥《とつ》たるなり、口に従う内の声、凡そ㕯の属皆な㕯に従う、臣鍇曰く、論語に「其の言　吶吶然として諸《これ》を其の口に出さざるが如きなり」と云う）

ここで小徐が「論語」とするのは、『禮記』「檀弓下」の趙文子についての言及である「其の言　吶吶然として其の口に出さざるが如きなり（其言吶吶然如不出其口）[12]」を引用したものである。或いは「君子は言に訥にして、行に敏ならんことを欲す（君子欲訥於言、而敏於行）」（「里仁」）、「仁者は其の言や訒（仁者其言也訒）」（「顔淵」）などが念頭にあって誤ったものであろうか。また、次の

21　狗　孔子曰、狗叩也、叩气吠以守、從犬句聲、臣鍇曰、叩者聲有節若叩物、論語曰、仲尼之畜狗　【巻十九　犬部】

（狗、孔子曰く「狗は叩なり、叩气して吠えて以て守る」と、犬に従う句の声、臣鍇曰く、叩なる者は声に節あること物を叩くが若きなり、論語に曰く「仲尼の畜狗」と）

も、「論語」としているのは、やはり『禮記』「檀弓下」の「仲尼の畜狗　死せり（仲尼之畜狗死）」からの引用である。

従って、正確には引用総数は六十四条、小徐注のみに引用されているものは三十条となる。

六　「禮」の引用数

「禮」の引用については、「禮」とのみ称するもの、「周禮」・「儀禮」・「禮記」・「周官」と称するもののほか、篇名を挙げるものも含める。引用総数は四百二条、そのうち説解のみに引用があるものは八十九条、小徐の注に引用があるものは三百十三条である。なお、この三百十三条には、説解・小徐注ともに引用があるもの三十四条を含む。

「禮」の引用については、更に『書』及び『論語』の引用数を考察した際に「旅」(例文11)及び「秅」(例文12)の「周書」は『周禮』とすべきであるとしたこと、「㐭」(例文20)及び「狗」(例文21)の『論語』は『禮記』とすべきであるとしたため、それらも考察の対象として計上する必要がある。

以上、本書の「引用」の取り扱い上の原則に基づき各経書の引用数を概観してきた。表1はその数値をまとめたものである。なお、表中の「+」・「−」は、祁刻本で「周書」及び「論語」となっていたものを「禮」の誤りであるとしたことに拠る増減を示している。また、「説解に引用あり」欄の括弧内の数値は小徐注にも引用があるものの数を示している。

表1　各経書の引用数

	総数	説解に引用あり	小徐注のみに引用あり
易	166	92（16）	74
書	311－2	156　－2	155
詩	703	420（44）	283
禮	402＋4	123　＋2	279＋2
春秋	488	182（40）	306
論語	66－2	34（ 2）	32－2
爾雅	449	31（12）	418

【注】

（1）『詩』小雅「鶴鳴」の毛伝に「興也、皐澤也、言身隱而名著也」とあり、箋に「皐、澤中水溢出所爲坎、自外數至九、喩深遠也」とあるのに基づく。

（2）「言草如雲之盛也」は、承培元「校勘記」（上）の「草如雲、當作雲如草（「草如雲」は当に「雲如草」に作るべし）」に従い、「雲 草の盛んなるが如きを言う」と読む。

（3）『論語』「先進」篇では、「閔子侍側、誾誾如也、子路行行如也、冉有子貢侃侃如也（閔子 側に侍す、誾誾如たるなり、子路 行行如たるなり、冉有・子貢 侃侃如たるなり）」となっており、注に「行行、剛強之皃（行行は剛強の皃）」、疏及び「鄉黨」篇「朝與下大夫言侃侃如也（朝《ちょう》にして下大夫と言う、侃侃如たるなり）」の注に「侃侃、和樂之貌（侃侃は和楽の貌）」とある。この説解中の『論語』の引用に関しては、諸説ある。段氏はこの条に注して「蓋許氏筆誤（蓋し許氏の筆誤なり）」とし、また「鄉黨」篇の文を引用した上で「孔曰、侃侃、和樂皃也、蓋謂即衎衎之假借字（孔曰く「侃侃は和楽の皃なり」と、蓋し即ち衎衎の仮借字なるを謂う）」（十一篇下 巛部）と言う。承培元「校勘記」（中）も「此許氏之誤、而鍇不察者（此れ許氏の誤りにして、鍇の察せざる者なり）」と言い、更に汪啓淑本が「子路」を「子貢」に改めているが、それでは小徐注と合わないことを指摘している。もし両氏の指摘通りとするなら、本来「子貢侃侃如也」とすべきところを誤ったということになり、許慎は仮借の例として引用したことになるが、それでは説解の文の流れからして些か不自然に感じられる。そのためか、馬宗霍は「引論語考」（『說文解字引經攷』台湾　台湾学生書局　一九七一年　総千六十四頁）巻一「侃」の条で、「許君不容誤記、小徐亦不應就誤爲釋（許君 誤記を容《い》れず、小徐も亦た応に誤に就きて釈を為さざるべし）」として、テキストの違いであり、許氏の依拠したテキストは「侃侃如」（剛直）と「衎衎如」（和楽）に作っていたのではないかとする。

（4）大徐本では、「游游而長」に作り、段氏はこの部分に関しては、「小徐作悠悠、今正、古悠長字皆作攸、攸攸而長、故謂之旇（小徐は「悠悠」に作る、今正す、古「悠長」の字皆「攸」に作る、攸攸にして長きなり、故に之《これ》を旇と謂う）」として、小徐に基づいた上で修正を加えている。

（5）「秅」の条の説解の引用については、テキストに乱れがある。特に「二百四十斤爲秉」については、段氏は「此七字妄人所增（此の七字 妄人の増す所なり）」とし、これに続く部分も伝写の間に誤りが生じたとする。承培元「校勘記」（上）にも、同様の指摘がある。また、承氏は、「旇」・「秅」の説解について「周書當作周禮」・「周書鉉作周禮」と注記している。なお小徐の注は、『周禮』秋官「掌客」の「車米眡生牢、牢十車、車秉（阮元「校勘記」に従う）有五籔（車米は生牢に眡《なぞ》らう、牢は十車、車秉《へい》は有五籔）」に対する鄭玄注「車米は米を載するの車なり、聘礼に曰く、十斗を斛と曰い、十六斗を籔と曰い、十籔を秉と曰うと。車毎に秉有五籔なれば則ち二十四斛なり（車米、載米之車也、聘禮曰、十斗曰斛、十六斗曰籔、十籔曰秉、毎車秉有五籔、則二十四斛也）」を念頭に置いたものと考えられるが、「掌客」ではなく「行人」としたのは、鄭玄注の続きに「行人は礼を主り、宰は具を主り、史は書を主る（行人主禮、宰主具、史主書）」とあるのによる勘違いか。

（6）本義については、二徐本が共に「强也」に作り異同がないこと、小徐が「自强也」と注することから、少なくとも小徐が基づいたテキストは祁刻本と同じく「强也」のみであったと考えるべきであろう。論点が異なるので詳述しない。

（7）その前提に問題があることは既に「『古今韻會擧要』に引く『說文解字』について」（尾崎雄二郎、平田昌司編『漢語史の諸問題』別冊　京都　京都大学人文科学研究所　一九八八年三月　総三百六十六頁　三四一-三六六頁）で論じた。なお、花登正宏氏は『古今韻會擧要研究――中世近世音韻史の一側面――』（東京　汲古書院　一九九七年　総三九六頁　二二一-二二五頁）の中で、『韻會』が依拠したのは今本とは別系統のものであった可能性があると反論されている。しかし、拙稿の論点は、『韻會』が依拠したテキストが小徐本の真本であるかどうかという問題であって、それが段氏の主張のような善本ではなく、やはり張次立の手の入ったテキストであるという点については、依然問題なく証明されたものと考えている。

（8）小徐の注から見て、「榛」篆は小徐の基づいたテキストには本来無かったものであり、今本が大徐本を取って補っているのは誤りである。

（9）段氏はこの反切を特に注記なく「子賤切」とするが、大徐本では「子善切」となっており、「子賤反」とするのは小徐本である。この条については、段注にも些か混乱がある。

（10）杜預は「隕は、禽獲さるなり」と注しており、引用の文は小徐の解釈とは異なり「あなたを虜にされたら辱である」となろう。なお、この条の段注（六篇下　員部）は単に「宋皇鄖　左伝に見ゆ」と言うのみである。

（11）ここで問題としているのは、数量的分析対象にするかどうかのみであり、内容についての分析に於いては、小徐注の「隕子辱矣」は『左傳』の引用として扱う。この引用は、「抎　有所失也、從手云聲、春秋傳曰、抎子辱矣、臣鍇按、呂氏春秋、秦穆公之甲抎者七札、今左傳作隕」（巻二十三　手部）の『左傳』への言及と合わせて、小徐の基づいたテキストが、「隕子辱矣」に作っていたことの証拠となり、小徐の基づいたテキストを考察する材料となる。

（12）阮元本『禮記』には「諸」字がないが、阮元「校勘記」に「惠棟校宋本有諸字」と言い、更に「石經考文提要云、宋大字本・宋本九經・南宋巾箱本・余仁仲本禮記纂言・至善堂九經本倶有諸字」と言うように、小徐注の如く「諸」字のあるテキストがあり、衍字ではない。

第三章　許慎「敍」中の「禮周官」考

第一節　「禮周官」の解釈

経部の書物の引用について考察するに当たり、最初に確認すべきは、やはり許慎「敍」（以下、許叙と称する）の「其偁易孟氏、書孔氏、詩毛氏、禮周官、春秋左氏、論語、孝經、皆古文也（其の偁する易は孟氏、書は孔氏、詩は毛氏、礼周官、春秋は左氏、論語、孝経、皆古文なり）」（巻二十九）の解釈であろう。このうち特に問題となるのは、「禮周官」の解釈である。

馬宗霍は、この問題について次のように述べる[1]。

前人於許敍皆分禮周官爲兩讀、桂馥以爲禮謂出孔壁之禮、即今儀禮、段玉裁亦謂禮爲儀禮、不言記者、言禮以該記也、愚案說文雖三禮竝引、然實以周官爲大宗

（前人 許叙に於いて皆礼・周官を分けて両読と為す。桂馥以為らく、礼は孔壁より出るの礼を謂うと、即ち今の儀礼なり、段玉裁も亦た謂もえらく、礼は儀礼為り、記と言わざる者は、礼と言いて以て記を該《か》ぬるなりと、愚案ずるに説文は三礼並

びに引くと雖も、然れども実は周官を以て大宗と為すと）

まず最初に、桂馥や段玉裁らが「禮周官」を「禮」と「周官」に二分して読み、「禮」は『儀禮』であるとすることを紹介した上で、許慎は三礼ともに引用するが、『周禮』が中心であることを指摘する。馬氏は更に許慎の引用の出典を詳述し、その大部分が、『周禮』からの引用であったり、『周禮』にも見えるものであることを述べて、「然則許敍禮周官云者、疑與易孟氏・書孔氏・詩毛氏・春秋左氏句例相同、蓋謂禮之周官爲古文也（然れば則ち許叙に「礼周官」と云う者は、疑うらくは「易は孟氏」・「書は孔氏」・「詩は毛氏」・「春秋は左氏」と句例相い同じく、蓋し礼の周官は古文為るを謂うなり）」と結論づける。つまり、「其の偁する易は孟氏、書は孔氏、詩は毛氏、春秋は左氏」と同じく、その引用する「礼は周官」と読み、それらは皆古文であることを言うのだとする。

このように、「禮」と「周官」とを並列させて読む説と、「（その引用する）礼は周官」として読む説がある。ここで、馬氏が挙げた二人のうち、段玉裁の考え方について、もう少し詳しく見ておくことにしよう。

一　段注に於ける「禮」

段氏は許叙の注に「高堂生博士禮十七篇、而禮古經五十六卷出壁中、有大戴・小戴・慶氏之學、許不言誰氏者、許禮學無所主也、古謂之禮、唐以後謂之儀禮、不言記者、言禮以該記也（高堂生博士礼十七篇、而して礼古経五十六巻壁中より出づ、大戴・小戴・慶氏の学有り、許の誰氏を言わざる者は、許 礼学に主とする所無きなり、古《いにしえ》之《これ》を礼と謂い、唐以後 之を儀礼と謂う、記を言わざる者は、礼を言いて以て記を該ぬるなり）」「周官經六篇、王莽時劉歆置博士、古謂之周官經、許・鄭亦謂之周禮、不言誰氏者、許周禮學無所主也（周官経六篇、王莽の時 劉歆 博士を置く、古 之を周官経と謂う、許・鄭も亦た之を周礼と謂う、誰氏を言わざる者は、許 周礼の学に主とする所無きなり）[2]」と言う。つまり、「禮」を『儀禮』、「周官」を『周禮』とし、『易』・『書』・『詩』・『春秋』と句法が異なるのは、『儀禮』と『周禮』については特に宗とするものがないためであるとする。また段氏は、五経の後に続く「論語・孝經」に対しても「論語不言誰氏者、學無所主也（論語 誰氏を言わざる者は、学に主とする所無きなり）」「孝經亦不言誰氏者、學無所主也（孝経も亦た誰氏を言わざる者は、学に主とする所無きなり）」と注している。許叙の「其偁易孟氏、書孔氏、詩毛氏、禮周官、春秋左氏、論語、孝經、皆古文也」の一文の中に、宗とするものがある場合はそれを併記し、ない場合は名を挙げるに止めるという二つの句法が混在しているというのが、段氏の立場となろう。

段氏は、「敍」以外の十四篇の注釈に於ても、同様の考えを示している。例えば、「秅」（例文二-12）の説解「秭也、從禾乇聲、周書曰、二百四十斤爲秉、四秉爲筥、十筥爲稯、十稯曰秅、四百秉謂之一秅（秭なり、禾に従う乇の声、周書に曰く「二百四十斤を秉と為し、四秉を筥と為し、十筥を稯と為す、十稯は秅と曰い、四百秉は之を一秅と謂う」と）」を「二秭爲秅、从禾乇聲、周禮曰（二秭を秅と為す、禾に従う乇の声、周礼に曰く）（以下同じ、略）」に改めた上で、この「周禮」[3]に注して「周禮當是本作禮記、淺人所改也、許書之例、謂周官經曰周禮、謂十七篇曰禮、十七篇之記謂之禮記、如偁鈃毛牛藿羊苄豕薇、系之禮記是也（周礼当に是《これ》本《もと》「礼記」に作るべし、浅人の改むる所なり、許書の例、周官経を謂いて周礼と曰い、十七篇を謂いて礼と曰う、十七篇の記は之を礼記と謂う、「鈃の毛は、牛に藿、羊に苄、豕に薇」を偁して之を礼記に系けるが如きは是《これ》なり）」と言う。つまり、許慎は『周官經』を「周禮」、十七篇即ち『儀禮』を「禮」、『儀禮』の記を「禮記」と称して引用しているとするのである。続けて「禮記」の例として示されているのは「苄」の条である。ただ、これは、小徐本では、次に示すように「禮」として引用されている。

1　苄　地黃也、從艸下聲、禮曰鈃毛　牛藿・羊苄・豕薇是、臣鍇曰、鈃羹器也、其中菜謂之芼　【巻二　艸部】
（苄は地黄なり、艸に従う下の声、礼に「鈃の毛は、牛に藿、羊に苄、豕に薇と曰うは是《これ》なり、臣鍇曰く、鈃は羹の器なり、其の中の菜　之を芼と謂うと）

段氏は、この「禮」を大徐本や『韻會』の引用などに基づいて「禮記」に改める。引用されているのが、『儀禮』「公食大夫禮」の「記」の「鉶芼 牛藿・羊苦・豕薇、皆有滑（鉶の芼は牛に藿、羊に苦、豕に薇、皆滑有り）」という部分であることが、段氏が「禮」ではなく「禮記」とした重要な根拠となっている。しかし、段氏が「禮記」とするものは、必ずしも『儀禮』の「記」とは限らない。例えば、

2　鼜　夜戒守鼓也、從壴蚤聲、禮昏鼓四通爲大鼓、夜半三通爲戒晨、旦五通爲發明、讀若戚、臣鍇曰、周禮曰、凡軍旅夜鼓鼜、一歇爲一通【巻九　壴部】
（鼜は夜に戒守するの鼓なり、壴に従う蚤の声、礼は昏鼓四通を大鼓と為し、夜半三通を戒晨と為し、旦五通を発明と為す、読みて戚の若くす、臣鍇曰く、周礼に曰く「凡そ軍の旅には夜に鼜を鼓す」と、一歇を一通と為す）

では、「此當云禮記、軍禮司馬法百五十五篇、藝文志以入禮家（此れ当に「礼記」と云うべし、軍礼司馬法百五十五篇、芸文志以て礼家に入る）」とし、小徐の注にも引用されている『周禮』地官「鼓人」の「凡そ軍の旅には夜に鼜を鼓す」の注により、説解の「禮」以下の引用は『司馬法』の文であるとする（五篇上　壴部）。また、「鶡」（四篇上　鳥部）では、「禮記曰、知天文者冠鶡（礼の記に曰く「天文を知る者は鶡を冠す」と）」に対して、「引禮記者、漢志百三十一篇中語也（礼の記を引く者は、漢志の「百三十一篇」中の語なり）」と注するなどが、それである。

逆に『儀禮』に見えるということで、「禮記」を「禮」に改めるものもある。

3　䀇　血醢、從血肬聲、禮記有䀇醢、以牛乾脯・粱麹・鹽・酒也、臣鍇曰、周禮加豆之實䀇醢【巻九　血部】
（䀇は血醢なり、血に従う肬の声、礼記に䀇醢《たんかい》有り、牛乾脯・粱麹・塩・酒を以てするなり、臣鍇曰く、周礼に「加豆の実は䀇醢」と）

に於いて、「禮記」を「禮」に改めて、「各本禮下有記、誤、今依韵會本、禮經・周禮皆云醓醢、非出於記也（各本「禮」の下に「記」有るは誤りなり。今韵会本に拠る。礼経・周礼皆「醓醢」と云う、「記」より出づるに非ざるなり）」（五篇上　血部）と言うのが、それである。

また、「禮經」に於ける今文・古文についても、言及がある。段氏は、「鉉」（十四篇上　金部）に「凡單言禮者、皆謂禮經、今之儀禮也、…許於禮經之字、古文是者則從古文、今文是者則從今文、此從古文作鼏、故曰禮謂之鼏也、如士喪禮今文銘皆爲名、從今文、故不錄銘字（凡そ単に「礼」と言う者は、皆礼経を謂う、今の儀礼なり、…許の礼経の字に於けるや、古文是《ぜ》なる者は則ち古文に従い、今文是《ぜ》なる者は則ち今文に従う、此れ古文に従いて「鼏」に作る、故に「礼は之を鼏と謂う」と曰うなり、士喪礼今文の「銘」は皆「名」と為すが如きは、今文に従う、故に「銘」の字を録さず）」と注する。つまり、許慎は必ずしも全て古文に従うわけではなく、今文・古文のうち正しいと判断したものに従っていることを指摘するのである。このことは、許叙に対する注で、許慎の引用する経が皆壁中の古文本であるわけではなく、また『古文尚書』・『古文禮』などが、必ずしも全て古文・籀文で書かれているわけでも、今本の中に古文・籀文が全くないわけではないことを指摘するのと一致する。[4]

このように段氏は、「禮」は『儀禮』、「周禮」は『周官經』、「禮記」はそれ以外の礼に関する記の類を総称するものと考え、一部例外はあるものの『說文』の注釈全体でほぼ一貫した扱いをしていることがわかる。説解に二礼を引用する二条についても、それは表れている。

4　臯　气臯白之進也、從白從本、禮記曰臯、登謌曰奏、故臯奏同從本、周禮曰、詔來鼓臯舞、臯告之也、臣鍇曰、臯猶皞也　【巻二十　本部】

（臯は气臯白の進むなり、白に従い本に従う、礼記に「臯」と曰い、登謌に「奏」と曰う、故に臯奏同《とも》に本に従う、周礼に曰く「詔して鼓を来たらし臯して舞はしむ」と、臯は之を告ぐるなり、臣鍇曰く、臯は猶お皞のごときなりと）

では、大徐本に従い、「禮記曰皋」を「禮、祝曰皋（礼、祝に皋と曰う）」に作り、この「禮」は「禮經」を言うとし、「士喪禮」の文を引用する。また、「周禮」については「樂師」職（春官）の文であると注している（十篇下　本部）。また、

5　堋　喪葬下土也、從土朋聲、春秋傳曰、朝而堋、禮謂之封、周官謂之窆、虞書曰、堋淫于家亦如是【巻二十六　土部】

（堋は喪葬に土を下さざるなり、土に従う朋の声、春秋伝に曰く「朝に堋す」と、礼は之を「封」と謂い、周官は之を「窆」と謂う、虞書に「家に堋淫す」と曰うも亦た是の如し）

に於ても、「禮謂禮經、所謂儀禮十七篇也（礼は礼経を謂う、所謂儀礼十七篇なり）」と注した上で、「既夕禮」の経・注を引用し、「周官者、漢志所謂周官經、漢人謂之周禮也（周官なる者は、漢志の謂う所の周官経なり、漢人 之を周礼と謂うなり）」と注して、『周禮』地官「遂人」の経・注を引用する（十三篇下　土部）。

以上、段玉裁の説についてやや詳しく見てきた。では、小徐はどのようにこの文を解しているのであろうか。

二　小徐本に於ける「禮」

（1）「禮周官」の解釈

段氏の場合と同じように、まず、許叙に対する注を見てみよう。小徐は「禮周官」には、直接は注を施していない。しかし、その前の「易孟氏」に対して「臣鍇按、漢書易有施・孟・梁丘三家、又有周氏・服氏・揚氏・韓氏・

王氏・丁氏之說、今愼取孟氏爲證、下同（臣鍇按ずるに、漢書 易に施・孟・梁丘の三家有り、又た周氏・服氏・揚氏・韓氏・王氏・丁氏の説有り、今愼は孟氏を取りて証と為す、下同じ）」と言う。つまり、『易』について諸説ある中、許愼は孟氏の説を自説の証として用いている、以下も同様に解釈できる、と言うのである。素直にこの注を読めば、以下は「書は孔氏の説、詩は毛氏の説、礼は周官の説、春秋は左氏の説を取り証として用いる」と解釈していると考えられる。ただ、「礼は周官の説を取り証とする」というのは、ほかの四例とは幾分性質が異なると感じられる。小徐の注をこのように解釈して本当によいのであろうか、また段注同様、それが「通釋」篇の注にそのまま反映されているのであろうか。

小徐は、段氏とは異なり、「禮」について直接的な言葉でその考えをほとんど示していない。(5)また、先に挙げた二礼を併引する所でも、「皋」の条（例文4）では「皋は猶お皞なり」と注するのみで、「堋」（例文5）には注も施されていない。それ故、先に提示した疑問を解くためには、『禮』に関する引用・記述全体を検討してゆく必要がある。

小徐注に於ける『禮』に関する引用に関して、まず最初に気づくことは「周禮」の引用の多さである。『禮』に関する引用全三百十三条中、(6)「周禮」と称するもの（「周禮注」とするものも含む）二百六条、「禮」と称するもの（「禮注」・「禮説」なども含む）七十六条、「禮記」と称するもの（「禮月令」なども含む）二十条、「儀禮」と称するもの十条、そのほか（「鄭玄」と称するものなど）五条である。このように、「周禮」の引用は、『禮』関係の全引用数のほぼ三分の二を占める。しかし「周禮」の引用が目を引くのは、その数が多いためのみではない。

次の条では、説解に特に「周禮」とは明示されておらず、小徐もまたそのことを明確な形で提示してはいない。しかし、その注釈の仕方を見れば、説解が『周禮』に基づいていることを意識していることは明らかである。

6　卩　瑞信也、守國者用玉卩、守都鄙者用角卩、使山邦者用虎卩、士邦者用人卩、澤邦者用龍卩、門關者用符卩、貨賄用璽卩、道路用旌卩、象相合之形、凡卩之屬皆從卩、臣鍇曰、周禮掌守邦節而別其用、以輔王命、注、邦節、珍圭・牙璋・穀圭・琬圭也、玉節之制如王、以命數爲大小、角卩犀角爲之、山多虎、平地多人、澤多龍、符卩如今宮中官詔符、璽節今之印章、旌卩今使者所擁卩、今皆作節字、卩象半分之形、守國者、其卩半在內、半在外【巻十七　卩部】

（卩は瑞信なり、国を守る者は玉卩を用い、都鄙を守る者は角卩を用い、山邦に使いする者は虎卩を用い、土邦の者は人卩を用い、沢邦の者は龍卩を用い、門関する者は符卩を用い、貨賄は璽卩を用い、道路は旌卩を用う、相い合うの形に象る、凡そ卩の属は皆卩に従う、臣鍇曰く、周礼に「邦節を守ることを掌りて其の用を別ち、以て王命を輔く」と、注に「邦節は珍圭・牙璋・穀圭・琬圭なり、玉節の制は王の如くす、命数を以て大小を為す、角卩に犀角もて之を為す、山に虎多く、平地に人多く、沢に龍多し、符卩は今の宮中の官の詔符の如し、璽節は今の印章なり、旌卩は今の使者の擁する所の卩なり」と、今皆「節」字に作る、卩は半分の形に象る、国を守る者は、其の卩 半ばは内に在り、半ばは外に在り）

これは、『周禮』地官「掌節」の経「掌節、掌守邦節而辨其用、以輔王命、守邦國者用玉節、守都鄙者用角節、凡邦國之使節、山國用虎節、土國用人節、澤國用龍節、皆金也、以英蕩輔之、門關用符節、貨賄用璽節、道路用旌節、皆有期以反節（掌節は邦節を守ることを掌りて其の用を辨じ、以て王命を輔く、邦国を守る者は玉節を用い、都鄙を守る者は角節を用う、凡そ邦国の使節、山国には虎節を用い、土国には人節を用い、沢国には龍節を用う、皆金なり、英蕩《えいとう》を以て之を輔く、門関には符節を用い、貨賄には璽節を用い、道路には旌節を用う、皆期有りて以て節を反《か》えす）」とその注「邦節者、珍圭・牙璋・穀圭・琬圭・琰圭也、…玉節之制如王爲之、以命數爲小大、角用犀角、其制未聞、…土、平地也、山多虎、平地多人、澤多龍、以金爲節鑄象焉、…符節者如今宮中諸官詔符也、璽節者今之印章也、旌節今使者所擁節是也（邦節なる者は珍圭・牙璋《がしょう》・穀圭・琬圭《えんけい》・琰圭《えんけい》なり、…玉節の制、王の如くして之を為す、命数を以て小大を為す、角には犀角を用うるも、其の制は未だ聞かず、…土は平地なり、山には虎多し、平地には人多し、沢には龍多し、金を以て節と為し象《しょう》を鋳る、…符節なる者は今の宮中諸官の詔符の如きなり、璽節なる者は今の印章なり、旌節は今の使者の擁する所の節、是《これ》なり）」に基づいていると考えられる。小徐は、説解に引用されている部分に続く『周禮』の経文を引用した上で、更に説解に引用されている部分を含めて、その鄭玄注を引用している。このことは、許慎が『周禮』に基づいて字義を説いていることを小徐が明確に意識した上で施した注であることを示している。

このような注釈の仕方や、引用数の圧倒的な多さは、許慎が『禮』に於いては「周禮」を宗としていると小徐が考えていたことを示していると考えられる。そして、そのことはまた、『禮』注の引用の仕方からも証明することができる。

小徐が『禮』の注を引用する際の表記の仕方には、いくつかの型がある。まず最も一般的なものは、次のように経文の引用に続けてその注を引用する型である。

7　勳　能成王功也、從力熏聲、臣鍇曰、按周禮司勳職、王功曰勳、注、輔成王業、若周公、國功曰功、注、保全國家、若伊尹、人功曰庸、注、法施于人、若后稷、事功曰勞、注、以勞定國、若禹、治功曰力、注、制法成治、若皐陶、戰功曰多、注、克敵出奇、若韓信・陳平也　【巻二十六　力部】

（勲は能く王功を成すなり、力に従う熏の声、臣鍇曰く、按ずるに周礼の司勲職に「王功を勲と曰う」と、注に「王業を輔け成す、周公の若きなり」と、「国功を功と曰う」と、注に「国家を保全す、伊尹の若きなり」と、「人功を庸と曰う」と、注に「法を人に施す、后稷の若きなり」と、「事功を労と曰う」と、注に「労を以て国を定む、禹のきなり」と、「治功を力と曰う」と、注に「法を制して治を成す、皐陶の若きなり」と、「戦功を多と曰う」と、注に「敵に克ち奇を出だす、韓信・陳平の若きなり」と）

これは、『周禮』夏官「司勲」の経と注をはっきりと区別した上で、ほぼ忠実に引用したものである。[7] また次のように、その出所を明示する型も多い。

8　廬　寄也、秋冬去、春夏居、從广盧聲、臣鍇曰、周禮注、廬、賓客行道所舍也　【巻十八　广部】
（廬は寄なり、秋冬に去り、春夏に居る、广に従う盧の声、臣鍇曰く、周礼注に「廬、賓客行道の舍《やど》る所なり」と）

これは、「周禮注」と言うように、『周禮』秋官の序官「野廬氏、下士六人、胥十有二人」の注である。これらは極一般的な注の引用の型である。数としては少ないながら、問題となるのは次のような型の注である。

9　珣　醫無閭之珣玗琪、周書所謂夷玉也、從玉旬聲、一曰玉器、讀若宣、臣鍇曰、說尚書者云、夷玉、東夷所貢之玉、醫無閭則幽州之鎭、鄭玄曰、在遼東、當周時爲東夷也　【巻一　玉部】
（珣は医無閭の珣玗琪なり、周書の謂う所の夷玉なり、玉に従う旬の声、一に玉器と曰う、読みて宣の若くす、臣鍇曰く、尚書を説く者云う「夷玉は東夷の貢ぐ所の玉なり」、医無閭は則ち幽州の鎮なり」と、鄭玄曰く「遼東に在り」と、周の時に当たりては東夷と為すなり）

10　瓛　桓圭、三公所執、從玉獻聲、臣鍇按、鄭玄注桓圭謂宮室之雙植爲桓、此圭刻作之、桓圭亦作瓛、…　【巻一　玉部】
（瓛は桓圭なり、三公の執る所、玉に従う献の声、臣鍇按ずるに、鄭玄「桓圭」に注して「宮室の双植を桓と為す」と謂う、此の圭　刻みて之を作す、桓圭も亦た瓛に作る）

11　蓏　在木曰果、在地曰蓏、從艸㼌聲、臣鍇曰、在地若瓜瓠之屬、今人或曰、蔓生曰蓏、亦同、果在樹、故⊕在木上、瓜在蔓、故㼌在艸下、在葉下也、鄭玄注禮、果之無殼曰蓏、其理爲短、此當言亦聲、寫誤

少亦字也【巻二　艸部】

（菰、木に在るを果と曰い、地に在るを菰と曰う、艸に従う胍の声、臣鍇曰く、地に在るは瓜瓠の属の若し、今人或いは「蔓生を菰と曰う」と曰うも亦た同じ、果は樹に在り、故に田は木の上に在り、瓜は蔓に在り、故に胍は艸の下に在り、葉の下に在るなり、鄭玄 礼に注して「果の殻無きを菰と曰う」、其の理は短為り」と、此れ当に亦声と言うべし、写して誤りて「亦」の字少きなり）

12　橡　木實也、従木彖聲、臣鍇按、橡卽果之一名也、此鄭玄云無皮殼曰橡也【巻十一　木部】

（橡は木の実なり、木に従う彖の声、臣鍇按ずるに、橡は即ち果の一名なり、此れ鄭玄の云う「皮殻無きを橡と曰う」なり）

これらは全て「鄭玄」とのみ記しており、その出所が明らかではない。何に対する鄭玄注なのであろうか。それを解く鍵となるのが、次のような例である。

13　麷　煮麦也、従麦豐聲、讀若馮、臣鍇按、周禮籩豆之實有麷蕡、注曰、熬麦曰麷、麻曰蕡、稻曰白、黍曰黑、臣鍇以爲麷糗類也、糗磨之、麷不磨也、鄭玄云、河閒以北煮麦賣之、名曰麷【巻十　麦部】

（麷は煮麦なり、麦に従う豊の声、読みて馮の若くす、臣鍇按ずるに、周礼の籩豆の実に麷《ほう》・蕡《ふん》有り、注に曰く「熬麦を麷と曰う、麻を蕡と曰う、稲を白と曰う、黍を黒と曰う」と、臣鍇以為らく、麷は糗の類なりと、糗は之を磨《ひ》き、麷は磨かざるなり、鄭玄「河間以北に麦を煮て之を売り、名づけて麷と曰う」と云う）

ここでは、小徐は「周禮」を引用した後に続けて「鄭玄」を引いている。この「注」・「鄭玄」と称するものは、共に『周禮』天官「籩人」の「籩人掌四籩之實、朝事之籩、其實麷・蕡・白・黑・形鹽・膴・鮑・魚鱐（籩人は四籩の実を掌る、朝事の籩は、其の実は麷・蕡・白・黒・形塩・膴・鮑・魚鱐なり）」に対する鄭玄注に引く鄭司農注「麦を麷と曰う、麻を蕡と曰う、稲を白と曰う、黍を黒と曰う」及び鄭玄注「（今、）河間以北（穜）麦を煮て之を売り、名づけて逢と曰う」を指す。次の例も同様である。

14　桓　亭郵表、從木亘聲、臣鍇曰、…表雙立爲桓、周禮云執桓圭、鄭玄以爲若宮室象、則謂若雙立之柱也、桓又作瓛、…【巻十一　木部】

（桓は亭郵の表なり、木に従う亘の声、臣鍇曰く、…表の双立するを桓と為す、周礼に「桓圭を執る」と云う、鄭玄以て「宮室の象の若し」と為せば、則ち双立の柱の若きを謂うなり、「桓」は又た「瓛」に作る）

これもやはり、『周禮』春官「大宗伯」の「公執桓圭（公は桓圭を執る）」についての鄭玄注「双植 之を桓と謂う、桓は宮室の象、其の上を安んずる所以也、桓圭は蓋し亦た桓を以て瑑飾と為す（雙植謂之桓、桓宮室之象、所以安其上也、桓圭蓋亦以桓爲瑑飾）」を指す。これは「瓛」の条（例文10）の鄭玄注とも一致する。

以上のことから、先に挙げたほかの例も『周禮』の注ではないかと推測できる。実際、「珣」の条（例文9）の引用は『周禮』夏官「職方氏」の「東北曰幽州、其山鎭曰醫無閭（東北を幽州と曰い、其の山鎮を医無閭と曰う）」に対する鄭玄注「醫無閭在遼東（医無閭は遼東に在り）」であると考えられる。「蓏」（例文11）と「穄」（例文12）は、出典が不明であるが、このうち「蓏」については、『周禮』天官「甸師」の「祭祀共蕭茅、共野果蓏之薦（祭祀には蕭茅《しょうぼう》を共《きょう》し、野の果蓏《から》の薦を共す）」の鄭玄注「果、桃李之屬、蓏、瓜瓞之屬（果は桃李の属、蓏は瓜瓞《かてつ》の属）」に対する正義に関わるのではないかと考えられる。正義に「食貨志」の注を引用し「張晏以有核曰果、無核曰蓏、今鄭云果桃李之屬、即是有核者也、蓏瓜瓞之屬、即是無核者也、此從張晏之義（張晏 有核を以て果と曰い、無核を蓏と曰う、今 鄭の「果は桃李の属」と云うは、即ち是《これ》有核なる者なり、「蓏は瓜瓞の属」は、即ち是《これ》無核なる者なり、此れ張晏の義に従う）」と言う。「穀」

ではなく「核」となっているため断言できないが、引用の誤りではなかろうか。またこのほか、小徐は六書について説く際（「上」巻一上部の注）に、「形聲者、以形配聲、班固謂之象聲、鄭玄注周禮謂之諧聲（形声なる者は、形を以て声に配す、班固は之を象声と謂う、鄭玄は周礼に注して之を諧声と謂う）[8]」と言う。以上のように、鄭玄と称するもののほとんどが『周禮』注に関わっていることがわかる。

ここで想起されるのは、小徐が「郭璞」とのみ称して『爾雅』郭璞注を引用する場合があることである。小徐に引用される郭璞の言は、『爾雅』注のみではなく『穆天子傳』注など数種類にわたる。そのうち「郭璞」とのみ称して引用するのは、小徐が最も重視していたと思われる『爾雅』郭璞注のみである。このことから、「鄭玄」とのみ称して引用するものの大部分が『周禮』注であることは、小徐が数ある鄭玄注のうちでも特に『周禮』注を重視していたことの表れだと考えられる。

以上のように小徐の注釈に於いて、⑴三礼のうち『周禮』の引用が圧倒的に多いこと、⑵説解中の出典が明記されていない引用について、『周禮』に基づくものとして注を施しているものが散見されること、⑶多くの鄭玄の注釈のうち、『周禮』注を最も重視していると考えられることなどから、小徐が許叙の「禮周官」を、ほかの「易、孟氏」などと同様に「（その引用する）礼は周官」と解釈していた——つまり、小徐は、許慎が礼学に関しては『周禮』を宗としていたと考えている[9]——と考えるのが妥当であろう。

⑵「禮」の指すもの

それでは、先に見たように小徐注の中で、「周禮」と称するものの次に多い「禮」と称する記述は、どのように解釈すべきであろうか。この「禮」も、やはり広く礼学を意味すると解してよいのであろうか。そこで次に、小徐注の中で「禮」と称しているものについて詳しく見てゆくことにしよう。

最も多いのは、次のように『禮記』の引用になっているものである。

15　述　循也、從辵朮聲、臣鍇按、禮曰、父作之、子述之、是也【巻四　辵部】

（述は循なり、辵に從う朮の声、臣鍇按ずるに、礼に「父は之を作り、子は之を述ぶ」と曰うは、是《これ》なり）

16　獻　宗廟、犬名羹獻、犬肥者以獻、從犬鬳聲、臣鍇曰、禮、犬曰羹獻【巻十九　犬部】

（献、宗廟に犬は羹献と名づく、犬の肥ゆる者は以て献ず、犬に從う鬳の声、臣鍇曰く、礼に犬は羹献と曰うと）

「述」の条は、『禮記』「中庸」の「以王季爲父、以武王爲子、父作之、子述之（王季を以て父と為し、武王を以て子と為す、父は之を作り、子は之を述ぶ）」を引用したものであり、「獻」の条は、同じく『禮記』「曲禮下」の「凡祭宗廟之禮、牛曰一元大武、…犬曰羹獻（凡そ宗廟を祭るの礼、牛を一元大武と曰い、…犬を羹献と曰う）、」からの引用となっている。

また、次のように、引用部分が『禮記』のみではなく、『周禮』または『儀禮』にも見えるものもある。

17　腥　星見食豕、令肉中生小息肉也、從肉星、星亦聲、臣鍇按、禮曰豕望視而交睫腥、今人云腥肉堅也【巻八　肉部】

（腥、星　食豕に見《あら》わる、肉中をして小息肉を生ぜ令むるなり、肉星に從う、星亦た声、臣鍇按ずるに、礼に曰く「豕の望視して睫を交するは腥なり」と、今人「腥は肉の堅きなり」と云う）

この引用は、『禮記』「内則」に「豕望視而交睫、腥（豕の望視して睫を交するは腥なり）」とあり、『周禮』天官「内饔」に「豕盲眡而交睫、腥（豕の盲眡して睫を交するは腥なり）」とあるのにほぼ一致する。文字の異同から、『禮記』の引用に近いと思われる。しかし、次のように少数ではあるが、どちらに基づくか判断ができないものや、むしろ『周禮』に基づくのではないかと考えられるものもある。

18　旨　美也、從甘匕聲、凡旨之屬皆從旨、臣鍇曰、禮曰調以滑旨、旨甘也　【巻九　旨部】
（旨は美なり、甘に従う匕の声、凡そ旨の属皆旨に従う、臣鍇曰く、礼に曰く「調うるに滑旨を以てす」と、旨は甘なり）
19　珛　朽玉也、從玉有聲、讀若畜牧之畜、臣鍇曰、朽玉謂惡玉、朽敗也、禮曰、牛夜鳴則庮、庮朽木也
【巻一　玉部】
（珛は朽玉なり、玉に従う有の声、読みて畜牧の畜の若くす、臣鍇曰く、朽玉は悪玉を謂う、朽は敗なり、礼に曰く「牛夜に鳴けば則ち庮《くさ》し」と、庮は朽木なり）

「旨」の引用については、『禮記』「内則」と『周禮』天官「食医」に「凡和、春多酸、夏多苦、秋多辛、冬多鹹、調以滑甘（凡そ和は春は酸を多くし、夏は苦を多くし、秋は辛を多くし、冬は鹹《かん》を多くし、調うるに滑甘を以てす）」という全く同じ文があり、いずれに基づくのか判断ができない。また、「珛」の引用についても、『禮記』「内則」と『周禮』天官「内饔」に「牛夜鳴則庮（牛 夜に鳴けば則ち庮し）」という全く同じ文がある。しかし、「庮、久屋朽木、從广酉聲、周禮曰、牛夜鳴則庮、臭如朽木（庮は久屋の朽木なり、广に従う酉の声、周礼に曰く「牛 夜に鳴けば則ち庮し、臭《におい》朽木の如し」と）」（巻十八 广部）の条では説解に「周禮」と称して引用しており、これが念頭にあったとすれば『周禮』に基づく可能性が高いように思われる。ただ、このような例は数量的には僅かである。

「禮」と称するものの出典を数量的に示すと、次のようになる。「禮」と称するもの六十九条中、『禮記』の引用であるもの六十条、『禮記』のほか『周禮』や『儀禮』にも同様の記述がありいずれとも定めがたいもの七条、出典不明のもの二条である。また、「禮注」・「禮說」などと称するもの六条中、『禮記』注の引用であるもの二条、『周禮』注・『儀禮』注の引用であるもの各一条、出典不明のもの二条となっている。このように少数の例外はあるが、小徐が「禮」として引用するものは大部分『禮記』に見える文の引用である。

また、小徐注に二礼を併引するものが四条あるが、「禮」と『周禮』（「剡」例文20）、「禮」と『儀禮』（「瞖」例文21）、

『周禮』と『儀禮』（「侯」〔巻十　矢部〕と「冂」〔巻十　冂部〕、ともに引用省略）となっており、「禮」と『禮記』を同時に引用する例はない。

20　剡　鋭利也、從刀炎聲、臣鍇按、周禮剡木爲矢、禮大圭剡上、削令上鋭也、…【巻八　刀部】

（剡は鋭利なり、刀に従う炎の声、臣鍇按ずるに、周礼に木を剡《けず》りて矢を為す、礼に大圭は上を剡る、削りて上をして鋭なら令むるなり…）

この条で『周禮』に続けて引用される「禮」も、『禮記』「雑記下」の「贊、大行曰、圭、公九寸、侯伯七寸、子男五寸、博三寸、厚半寸、剡上左右各寸半、玉也（贊、大行に曰く「圭は公は九寸、侯伯は七寸、子男は五寸、博《ひろ》さ三寸、厚さ半寸、上の左右を剡ること各《おのおの》寸半、玉なり」と）」に基づく引用ではないかと思われる。また、

21　髺　潔髮也、從髟昏聲、臣鍇曰、禮所云組括、髺作括假借、儀禮鬠用組、注、古作括【巻十七　髟部】

（髺は潔髪なり、髟に従う昏の声、臣鍇曰く、礼に云う所の組括なり、「髺」を「括」に作るは仮借なり、儀礼「鬠は組を用う」の注に「古《いにしえ》　括に作る」と）

の「禮」に関する記述も『禮記』「檀弓上」の「主人既小斂、袒、括髮（主人既に小斂し、袒し、括髪す）」に基づくのではないかと思われる。

「禮」は『周禮』・『儀禮』と併引されることはあっても『禮記』と併引されることはなく、また「禮」と称するものが大部分『禮記』の引用であることから、小徐注に於ける「禮」は『禮記』を指すと考えられる。

以上見てきたように、小徐本に於ける「禮」には、許慎の言う「禮」と、小徐の言う「禮」の二種類がある。小

徐は、許慎の言う「禮」を、『周禮』をその中心にすえた礼学ととらえている。一方、小徐自身が言う「禮」は、ほぼ『禮記』を意味している。漢代『禮』と言えば『儀禮』を指していた。それに対して『禮經』の後学の者による記に過ぎなかった『禮記』は、唐の孔穎達が五経正義を撰するにあたり、三礼から『禮記』を選んで以来、経書としての地位が確立され、後、『禮』と言えば『禮記』を指すように変わってきた。このことが、小徐が『禮記』を単に「禮」とのみ称して引用する背景としてあるのではないかと考えられる。ただ、断定するためには、南唐に於ける礼学について更に検討する必要があろう。

（3）呼称

それでは、「禮」と称するものと「禮記」と称するものに違いがあるのであろうか。このことについては、小徐が引用する際に、徹底した用語統一を意図したかどうかが重要になる。そこで、『禮記』「月令」の引用について見てみよう。

22　鼽　病寒鼻窒也、従鼻九聲、臣鍇曰、禮月令曰、民多鼽嚏【巻七　鼻部】

（鼽は寒を病みて鼻窒《ふさ》ぐなり、鼻に従う九の声、臣鍇曰く、礼月令に曰く「民多く鼽嚏す」と）

では、「禮月令」と称して『禮記』「月令」季秋の文を引用している。「雊」（巻七　隹部）、「耤」（巻八　耒部）、「韣」（巻十　韋部）、「磔」（巻十　桀部）も皆「禮月令」と称して『禮記』「月令」の文を引用している。このほか「月令」とのみ称するもの、「禮」とのみ称するもの、「禮記」と称するものもある。

23　寒　凍也、従人在宀下、従茻上下爲覆、下有仌也、臣鍇曰、按月令曰、寒气總至、人力不堪、其皆入室、

寒也【巻十四　宀部】

（寒は凍なり、人の宀の下に在るに従い、茻もて上下より覆《おおい》を為すに従う、下に仌有るなり、臣鍇曰く、按ずるに月令に「寒气総《にわか》に至り、人力堪えず、其れ皆室に入れ」と曰う、寒なり）

では、「月令」とのみ称して、『禮記』「月令」季秋の文を引く。「溽」（巻二十一　水部）も同様である。また、

24　穀　續也、百穀之總名也、從禾㱿聲、臣鍇按、前注云、粟之言續也、義與此同、…、禮曰、祈穀于上帝、是芒實之總名也【巻十三　禾部】

（穀は続なり、百穀の総名なり、禾に従う㱿の声、臣鍇按ずるに、前注に「粟の言は続なり」と云う、義は此と同じきなり、…、礼に曰く「穀を上帝に祈る」と、是《これ》芒実の総名なり）

25　罻　捕鳥网、從网尉聲、臣鍇按、禮曰、鷹祭鳥、然後設罻羅【巻十四　网部】

（罻は捕鳥の网なり、网に従う尉の声、臣鍇按ずるに、礼に曰く「鷹は鳥を祭る」と、然る後に罻羅を設く）

「穀」では、「禮」と称して『禮記』「月令」孟春の「是月也、天子乃以元日祈穀于上帝（是の月や、天子は乃ち元日を以て穀を上帝に祈る）」を引用する。「罻」の条に引用する「禮」は、『禮記』「月令」孟秋の「鷹乃祭鳥（鷹は乃ち鳥を祭る）」と同「王制」の「鳩化爲鷹、然後設罻羅（鳩は化して鷹と為り、然る後に罻羅を設く）」をまとめて引用したものであろう。このほか、「胳」（巻八　肉部）、「瘧」（巻十四　疒部）、「至」（巻二十三　至部）でも、「禮」と称して『禮記』「月令」の文を引用している。また、

26　賜　予也、從貝易聲、臣鍇曰、從難易之易、賜之言易也、有故而與之也、禮記曰、慶賜遂行、無有不當

【巻十二　貝部】

「慶（賜は予なり、貝に従う易の声、臣鍇曰く、難易の易に従う、賜の言は易なり、故有りて之に与うるなり、礼記に曰く「慶賜遂行して、当たらざること有る無からしむ」と）

に於いては、『禮記』「月令」孟春の「慶賜遂行、毋有不當（慶賜遂行して、当たらざること有る毋からしむ）」を引用する際に、「禮記」と称している。以上のように、『禮記』「月令」の引用に際して「禮月令」と称するもの五条、「月令」とのみ称するもの二条、「禮」と称するもの五条、「禮記」と称するもの一条と、その用語は不統一である。このうち「罻」（例文25）のみは「月令」と「王制」の文を合わせて引用しているため、「禮月令」又は「月令」と称さず「禮」と称したことには意味がある。しかし、これも「禮記」としても問題はないはずである。このように「禮月令」・「月令」・「禮」・「禮記」と称するものの間に、意味のある違いは認められない。つまり、小徐は引用に際して必ずしも徹底した用語統一を意図していないということであろう。このことから類推して、「禮」と称するものと「禮記」と称するものの間には、恐らく意味のある違いはなかろう。

以上、小徐本に於ける「禮」の用法について考察し、次の三点を明らかにした。⑴ほかの「易、孟氏」などと同様に、小徐は「禮周官」を「（その引用する）礼は周官」と解釈しており、許慎が礼学に関しては『周禮』を宗とすると考えていた。⑵これに対し、小徐自身が「禮」と称する際、それは『禮記』を指す。⑶「禮」に関して引用の際の呼称（用語）は統一されておらず、「禮」と称するものと「禮記」と称するものに意味のある違いはない。

第二節　「易孟氏」・「書孔氏」・「詩毛氏」・「春秋左氏」の解釈

次に、五経について「禮周官」以外の部分を小徐がどのように解釈しているかについても、段氏と比較して確認しておく。

まず段氏は、許叙の「其偁易孟氏、書孔氏、詩毛氏、禮周官、春秋左氏、論語、孝經、皆古文也（其の偁する易は孟氏、書は孔氏、詩は毛氏、礼・周官、春秋は左氏、論語、孝経、皆古文なり）」に対して、それぞれ「孟易者、許君易學之宗也（孟易なる者は、許君易学の宗なり）」「孔氏者、許書學之宗也（孔氏なる者は、許の書学の宗なり）」「毛氏者、許學詩之宗也（毛氏なる者は、許 詩を学ぶの宗なり）[10]」「左氏者、許春秋學之宗也（左氏なる者は、許の春秋学の宗なり）」（十五篇上）と注する。つまり、『易』は孟氏、『書』は孔氏、『詩』は毛氏、『春秋』は左氏をそれぞれ宗とすると解釈していることになる。

では、小徐はどう解釈しているのであろうか。

前述の如く小徐は「易孟氏」に対してのみ、「臣鍇按、漢書易有施・孟・梁丘三家、又有周氏・服氏・揚氏・韓氏・王氏・丁氏之説、今愼取孟氏爲證、下同（臣鍇按ずるに、漢書 易に施・孟・梁丘の三家有り、又た周氏・服氏・揚氏・韓氏・王氏・丁氏の説有り、今慎は孟氏を取りて証と為す、下同じ）」と言い、『易』については諸説ある中、許慎は孟氏の説を自説の証として用いている、以下も同様に解釈できるとする。許氏が孟易に基づくという小徐の解釈は、次の条にも見える。

27　楮　柱砥、古用木、今以石、從木耆聲、易楮恆凶是、臣鍇曰、卽柱下根也、按周易恆卦上六振恆凶、王弼云、振動也、今許愼言楮、則孟氏所注易文、故不同　【卷十一　木部】

（榰は柱砥なり、古は木を用い、今は石を以てす、木に従う耆の声、易の「榰《ふる》うこと恒なるは凶なり」は是《これ》なり、臣鍇曰く、即ち柱下の根なり、按ずるに周易の恒卦上六に「振うこと恒なるは凶なり」と、王弼は「振は動なり」と云う、今許慎は「榰」と言えば、則ち孟氏の注する所の易の文なり、故に同じからず）

では、許の引用が恒卦上六の爻辞《こうじ》であり、そこでは「振ること恒なるは凶なり」と「榰」ではなく「振」に作っており、その王弼注には「振は動くなり」とあることを指摘している。その上で、許の引用が今本『易』と異なるのは、許慎が「孟氏の注する所の易」に基づくためであるとする。段氏も「許の偁するは葢し孟易なり」（六篇上 木部[11]）と、やはり文字の違いを基づくテキストの違いであるとしている。ともに許叙の「其の偁する易は孟氏」に基づいた注である。

『易』以外については、小徐に直接的な言及がないため、叙以外の十四篇の注釈から、その解釈を示すものについて見てゆくこととする。

まず「書孔氏」については、次のように「孔安國」として『書』の注に言及するものがある。

28　璪　玉飾如水藻之文、從玉喿聲、虞書璪火粉米、臣鍇曰、藻則水中細草、今俗名瓜菜是也、愼所引藻火粉米、但言衣上之藻亦象此瓜菜形、不謂其藻火字當從玉也、以許愼說尚書合孔安國傳、故知之也　【巻一　玉部】

（璪は玉の飾り水藻の文の如きなり、玉に従う喿の声、虞書に「璪火粉米」と、臣鍇曰く、藻は則ち水中の細草なり、今俗名瓜菜は是《これ》なり、慎の引く所の「藻火粉米」は、但だ衣上の藻も亦た此の瓜菜の形に象るを言い、其の「藻火」の字の当に玉に従うべきなるを謂わざるなり、許慎の尚書を説くに孔安国の伝に合うを以て、故に之を知るなり）

『書』「益稷」：予欲観古人之象、日月星辰山龍華蟲作會宗彝、藻火粉米黼黻絺繡（僞孔傳：藻、水草有

文者)、以五采彰施于五色作服、汝明
（予 古人の象を観《しめ》さんと欲す、日・月・星辰・山・龍・華虫、会と作《な》し、宗彝にもす、藻・火・粉・米・黼・黻は絺《ち》に繡し［偽孔伝：藻は水草の文有る者なり］、五采を以て彰かに五色を施して服と作す、汝 明らかにせよ）

では、説解に昔の服装の制度について述べる「益稷」篇（『古文尚書』では「皋陶謨」）の語を引用している。水草（藻）と「火」の字と粉と米の模様を裳に刺繡することを言う。小徐は、許慎がこの虞書の文を引用したのは、衣に刺繡された「藻」の模様も璪玉の模様と同じくこの瓜菜という水草の形に象っていることを言うに過ぎず、「虞書」の「藻火」の字が「玉」に従う「璪」に作るべきことを言うのではないとする。「許慎の尚書を説くに、孔安国の伝に合うを以て、故に之を知るなり」と言うように、許氏が『書』を引用した目的を説くに当たり、その根拠とするのが「藻は水草の文有る者なり」という孔安国伝である。なお、今小徐本の説解は「藻」を「璪」に作るが、この注に拠れば本来「藻」に作っていたのではないかと考えられる。また、

29　欙　山行所乗者、從木纍聲、虞書曰、予乗四載、水行乗舟、陸行乗車、山行乗欙、澤行乗輴、臣鍇按、經傳説四載甚多、紛紜不定、…則孔安國所説與許愼同、山行乗欙、…【巻十一　木部】
（欙は山行に乗《の》る所の者なり、木に従う纍の声、虞書に曰く「予 四載に乗る」と、水行には舟に乗り、陸行には車に乗り、山行には欙《るい》に乗り、沢行には輴《ちゅん》に乗る、臣鍇按ずるに、経伝に四載を説くもの甚だ多く、紛紜として定まらず、…則ち孔安国の説く所は許慎と同じく、山行には欙に乗る、…）
『書』「益稷」：予乗四載、隨山刊木（僞孔傳：所載者四、謂水乘舟、陸乘車、泥乘輴、山乘欙（予 四載に乗り、山に随いて木を刊《き》る［偽孔伝：載る所の者は四、水には舟に乗り、陸には車に乗り、泥には輴《ちゅん》に乗り、山には欙《るい》に乗るを謂う］）

では、説解に引用する「四載」について諸説あるが、許氏の説は孔安国のそれと一致していることを指摘する。この条の注は非常に長いのでかなりの部分の考察を省略したが、最後には「抑諸家之雜說、從安國之雅言（諸家の雑説を抑えて、安国の雅言に従う）」と許説が孔氏に依拠することを明示する部分もある。これらの注から、小徐も段氏と同じく、許叙の「書孔氏」を「書については、孔氏を宗とする」と解釈していると考えられる。

「詩毛氏」の解釈については、次の注に見える。

30　玼　玉色鮮也、從玉此聲、詩曰、新臺有玼、臣鍇按、今詩新臺有泚、其字從水、與許愼說別、許愼雖云詩引毛氏、然毛氏言約、不如孔安國之備、學者說之多異、若鄭玄本箋毛氏、而其小義多與毛萇不同、故許氏引詩、多與毛萇不同、不得如引安國尚書言盡合也【卷一　玉部】
（玼は玉の色鮮《あざや》かなり、玉に従う此の声、詩に曰く「新台に玼たる有り」と、臣鍇按ずるに、今詩は「新台の泚たる有り」、其の字水に従い、許慎の説と別《わ》く、許慎「詩は毛氏を引く」と云うと雖も、然れども毛氏の言は約にして、孔安国の備われるには如かず、学者 之を説きて異なること多きは、鄭玄本《もと》毛氏に箋して、而も其の小義多く毛萇と同じからざるが若し、故に許氏 詩を引きて多く毛萇と同じからず、安国尚書の言を引きて尽く合うが如きを得ざるなり）

ここで小徐は「許慎『詩は毛氏を引く』と云うと雖も」と言っており、許叙の「詩毛氏」についても段氏と同じく、『詩』については毛氏を宗とすると解釈していることがわかる。更に小徐は、許慎の引用が毛本と一致しない場合が多いことを指摘し、その原因として毛氏の言が簡略に過ぎることを挙げる。これは小徐自身の毛伝に対する評価に深く関わるため、第七章でほかの注釈と併せて改めて検討する。

『春秋』に関しては、段氏は許叙に対する注のほかに「嘂　高聲也、一曰大嘷也、從㗊丩聲、春秋公羊傳曰、魯昭公嘂然而哭（嘂は高き声なり、一に曰く「大嘷するなり」と、㗊に従う丩の声、春秋公羊伝に曰く「魯の昭公嘂然として哭す」

と)」(三篇上 言部)に注して「言公羊者、以別於凡偁左氏徑云春秋傳也、序言其偁春秋左氏、蓋主左氏而不廢公羊(「公羊」と言う者は、以て凡そ「左氏」を偁して径ちに「春秋伝」と云うに別つなり、「序」に言えらく「其の偁する春秋は左氏」と、蓋し「左氏」を主として而して「公羊」を廃せず)」と言う。つまり、わざわざ「春秋公羊傳」として引用するのは、『左傳』を引用する際には全て単に「春秋傳」とのみ言うのと区別するためであり、そのことから、「序」の「其の偁する春秋は左氏」という句について、『左傳』を主に用いるが、『公羊傳』を廃するわけではないと解釈しているのである。

これに対して、小徐は許叙の「春秋左氏」に対して特に言及しないだけではなく、ほかの二十八巻に於いても、段氏のように春秋三伝を許慎がどのように扱っているかに関して言及することは一切ない。従って、「春秋左氏」は、「易孟氏」と同じように解釈し、「『春秋』については諸家の説があるが、(許慎は)そのうち左氏伝を取る」と言っていると考えてよいであろう。

以上のように、五経のうち「禮」以外については、小徐と段氏の間に解釈の違いはなく、ともにそれぞれ『易』は孟氏、『書』は孔氏、『詩』は毛氏、『春秋』は左氏を宗とすると解釈していると考えられる。

それでは、次に各経書の引用について、その特徴を個別に考察してゆくこととする。

【注】

(1) 馬宗霍『說文解字引經攷』「說文解字引禮考敍例」六四九-六五〇頁。

(2) 以下、段氏の注は『漢書』「藝文志」六藝略・禮類に基づいている。「禮古經五十六卷、經十七篇、后氏、戴氏」「記百三十一篇、七十子後學者所記也」「周官經六篇、王莽時劉歆置博士」「軍禮司馬法百五十五篇」など十三家の書が著録されており、「漢興、魯高堂生傳士禮十七篇、訖孝宣世、后倉最明、戴德・戴聖・慶普皆其弟子、三家立於學官、禮古經者、出於魯淹中及孔氏、與十七篇文相似、多三十九篇」と言う。

（3）以下、小徐本や段注の中で称している用語として示す際には、『周禮』ではなく、「周禮」とする。「儀禮」・「禮記」・「禮」なども同様である。

（4）許叙（十五篇上）の「皆古文也」に注して「言其偁易孟氏、書孔氏、詩毛氏、禮周官、春秋左氏、論語、孝經、謂全書中明諭厥誼往往取證於諸經、非謂偁引諸經皆壁中古文本也、易孟氏之非壁中明矣、…如古文尚書・古文禮、此等猶言古本、非必古本字字皆古籒、今本則絕無古籒字也、且如許書未嘗不用魯詩・公羊傳・今文禮、然則云皆古文者、謂其中所說字形・字音・字義皆合倉頡史籒、非謂皆用壁中古本明矣」と言う。馬氏が「蓋謂禮之周官爲古文也」（『說文解字引經攷』六五〇頁）と言い、「禮周官」を『儀禮』と『周禮』と解釈する段氏の説を否定する根拠として「其專屬儀禮者僅七字、且無一字在鄭注所云古文之內」（同六四九頁）と言うのとは、「皆古文也」の解釈が異なる。

（5）僅かに「僟」（巻十五 人部）の説解に引用されている「明堂月令」についての注で「明堂月令、即今禮記月令、未刪定前也」と言うのみである。

（6）小徐注に引用される総数は、「論語」として引用しているが実際は「禮記」の引用であったもの二条を含め三百十五条であるが、呼称に関する考察であるため、ここにはこの二条を含めず三百十三条とする。なお、一条中に二種類の『禮』を引くものもあるので、延べ三百十七条となる。

（7）異同は、以下の四箇所のみである。「人」を『周禮』は経文と注ともに「民」に作り、「皋陶」を「咎繇」に作り、「克」を「尅」に作っている。

（8）これは、実際は『周禮』地官「保氏」の「六書」に附された鄭玄注に引用される鄭司農の説である。

（9）説解に「周禮」と称するもの九十条（うち小徐が注を附するもの二十六条）、「禮」と称するもの二十一条（同四条）となっており、「禮」と称するものには十八％しか注が附されていないのに対して、「周禮」と称するものには二十八％注が附されている。また、その「禮」・「周禮」に対する注の各一条が『禮記』の引用である以外は、全て『周禮』を引用していることも、その傍証となろう。

（10）経韻楼本はこのように作るが、ほかの経に対する注に「孟易者、許君易學之宗也」「孔氏者、許書學之宗也」「左氏者、許春秋學之宗也」「毛氏者、許詩學之宗也（許の詩学の宗なり）」であったのではないかと思われる。しかし、皇清経解本も特に異同はないので、疑問を呈するに止める。

（11）段氏は、「氏各本作砥、誤、今正、日部昏下曰、氏者下也、广部曰、底、一曰下也、氏底古今字、玄應書引作柱下、知本作柱氏矣」として、説解の「柱砥」を「柱氏」に改め、更に「易曰榰恆凶是」と「曰」の字を補った上で、「恆上六爻辭、釋文曰、振恆、張璠作震、今易皆同張、耆聲辰聲合韵最近、許偁蓋孟易也（恒上六の爻辞なり、釈文に曰く「『振恒』、張璠『震』に作る」と、今『易』皆張に同じ、耆声・辰声 合韵最も近し、許の偁するは蓋し孟『易』なり）」と注する。

第四章　引『書』考

第一節　段注との比較

本章では、『書』の引用について考察する。考察に際しては、『説文解字』研究の最高峰とされる段注に於ける『書』の引用とも比較検討することにより、その特徴をより明らかにしてゆきたい。

一　説解中の引用

最初に、小徐本と段注に於ける『書』の引用を数量的に概観する。

段注に於ける『書』の引用総数は五百四十三条、そのうち百五十五条は許氏説解に『書』が引用されているものである。故に、段氏注にのみ『書』が引用されているのは三百八十八条である。

また既に第二章第二節で詳述したように、小徐本に於ける『書』の引用総数は三百九条、そのうち説解に引用されているものは百五十四条、小徐注のみに引用されているのは百五十五条である。

小徐本・段注ともに同じく許氏『說文』に注釈を加えたものであるから、本来説解に『書』を引用する数は一致するはずであるが、実際には異なる。その一因が段氏による『說文』の校訂であることは、既に第二章第二節で詳述した通りである。そこでは、二徐のテキストに異同がある場合のみを検討したが、そのほかに二徐本ともに『書』の引用があるにもかかわらず段氏が『書』の引用を削除したため、一致しなくなったものが一条ある。

1　蘄　艸相蘄包、從艸斬聲、書曰、艸木蘄包、臣鍇曰、蘄相入也　【巻二　艸部】
（蘄は艸の相い蘄包す、艸に従う斬の声、書に曰く「艸木蘄包す」と、臣鍇曰く、蘄は相い入るなり）

は、大徐本（一篇下　艸部）も「蘄包」を「蘄苞」に作るほかは、特に異同はない。段氏は、この条の『書』の引用を削除し、「今本有書曰艸木蘄苞六字、此誤以鍇語入正文、今依韻會訂（今本に「書曰艸木蘄苞」の六字有り、此れ誤りて鍇の語を以て正文に入る、今韻會に依りて訂す）」（一篇下　艸部）と言う。「韻會に依りて訂す」とは、『韻會』上声二十九琰韻では「說文草相蘄苞、从艸斬聲、徐曰、蘄相入也、引書草木蘄苞、…（說文、草の相い蘄苞す、艸に从う斬の声、徐曰く「蘄は相い入るなり」、書の「草木蘄苞す」を引く）」のように『書』の引用が「徐曰」の後に来ていることを根拠に、もともと小徐の注であったものが説解に混入したのであるとしてこの『書』の引用を削除したことを言う。

しかし、この校訂には些か問題がある。前述の如く、段氏が『韻會』の引用を根拠とする前提には、その引用が張次立の手が入る以前の小徐本の真本に依拠しているという段氏の判断がある。しかし、その前提に問題があることは既に別稿で論じた。[1] また、「絿　說文急也、徐引詩不競不絿（絿、說文、急なり、徐は詩の「競さず絿さず」を引く）」（『韻會』平下十一尤韻）と言い、「蕢」の古文に「徐曰象蕢形、引論語有荷蕢而過孔氏之門、…（徐曰く蕢の形に象ると、論語の「蕢を荷いて而して孔氏の門を過ぐる有り」を引く）」（『韻會』去四寘韻）と言うように『韻會』が徐注とする場合でも、段氏が説解からその部分を削除していない条（十三篇上　糸部・一篇下　艸部）も複数ある。にもかかわらず、この扱いの違いをもたらした理由について段氏は一切触れない。更に、小徐本の体例――後述のように、小徐が『書』を引用する際、約九割で「尙書」と称しており、「書」とのみ称するものは僅か一条のみである――から考えると、これが小徐注であったとすれば単に「書」と称するより「尙書」と称していた可能性が高い。段氏の主張の通りであれば、或る者が小徐注の「尙書曰云云」の部分を説解に移して「尙」の字を削り、また大徐本にも同じく「書曰」として引用文を補ったということになる。しかしその可能性が、『韻會』の「書」字の前に誤って「引」の一字が加えられた可能性より高いとは言えないはずである。以上の諸点を考慮すれば、この条に関しては二徐本通り、説解に『書』が引用されていたと考える方が自然であろう。

なお、説解に『書』が引用されている場合には、小徐本と段注ではテキスト上の相違のみではなく、その注釈の仕方にも顕著な違いが表れる。そこで、説解にも『書』が引用されている場合と、注にのみ引用されている場合に分けて考察する。

二　段注の説解に『書』が引用されている場合

前述の如く、説解の中に引用される『書』に対する両者の注釈の仕方には顕著な違いがある。段氏は説解に『書』が引用されている場合、ほぼ全てに何らかの注釈を加えている。これに対し、小徐は説解に『書』が引用されている百五十四条中七十一条には全く注釈を施しておらず、更に注を施したもののうち十九条は説解に引用されている『書』とは関係しない注のみであり、説解中に引用されている『書』に関わる注を施しているのは半数以下の六十四条に過ぎない。

この違いが、主として何に起因しているのかを考察するために、まず段氏がどのような目的を持って注釈を施しているのかを分析する。その目的は多岐にわたるが、その主なものとしては、次のようなものがある。(1)出典を明示する、⑵説解中の引用文と、段氏の拠る今本『書』との異同を示す、⑶引用された『書』の標目の問題を指摘する、⑷説解を補足説明する、⑸『書』を引用した許氏の目的を説く、⑹説解を校訂する。そのほか少数ながら、『書』のテキストや伝来など『書』そのものに関する事柄を説いたり、経典の用字や経典解釈の諸説を挙げるもの、『説文』の体例に関わるもの、引用文の誤りを指摘するものなどがある。段氏の『説文』の注釈はかなり詳細なものであるため、一つの文字の注釈に上記の項目が同時に複数表れることの方が多い。

各項目について、具体的に見てゆこう。

⑴「出典を明示するもの」は、

2　毴　毛盛也、从毛隼聲、虞書曰［注：虞當作唐、説詳禾部］、鳥獸毴髦［注：堯典文、髦毛古同用、今書毴作氄、馬云、温柔皃］【八篇上　毛部】

（毴は毛盛んなるなり、毛に従う隼の声、虞書に曰く、［注：「虞」は当に「唐」に作るべし、説は禾部に詳たり］「鳥獣は毴髦たり」と［注：堯典の文、「髦」・「毛」は古同用す、今の書は「毴」を「氄」に作る、馬は「温柔なる皃」と云う］）

のように説解中の『書』の引用文の注として出典を明示するものや、或いはその出典についての考証を行っているものが多く、全百五十五条中の七十五％を占める。[2] しかし、次のように直接出典を注記しない場合もある。

3　詫　奠酒爵也［注：大徐作奠爵酒、今依韵會所據訂、周書顧命曰、王三宿三祭三詫、某氏注曰、酌者實三爵於王、王三進爵、三祭酒、三奠爵、丌部曰、奠、置也］从宀託聲、周書曰、王三宿三祭三詫【七篇下　宀部】

（詫は酒爵を奠《お》くなり［注：大徐は「奠爵酒」に作る、今韵会の拠る所に依りて訂す、周書顧命に「王三たび宿《すす》め三たび祭り三たび詫《お》く」と曰う、某氏注して「酌む者は三爵を王に実たし、王三たび爵を進め、三たび酒を祭り、三たび爵を奠く」と曰う、丌部に「奠は置くなり」と曰う］に従う託の声、周書に「王三たび宿め、三たび祭り、三たび詫く」と曰う）

では、先に説解を校訂する傍証として偽孔伝を示すために説解の引用と同じ部分を篇名とともに引用しており、改めて出典を注記する必要がない。説解を補足説明する際に触れるなど、別の形で出典が示されるものまで含めると、ほぼ全ての条で出典に関わる記述がある。つまり原則として、段注では説解中の『書』の引用にはその出典に関わる情報が与えられていることになる。

⑵「説解中の引用文と段氏の拠る今本『書』との異同を示すもの」とは、「𣬛」（例文2）の「今の書は『𣬛』を『氄』に作る」とする注などを指し、四十三％を占める。

⑶「標目の問題を指摘するもの」は、二十一％を占める。標目の問題に関しては、段氏自身も「𣬛」（例文2）に注記しているように「稘」（七篇上　禾部）に詳しく論じられている。長文であるので、以下にその論旨をまとめる。

「三科之條」と「五家之教」というものがあり、「三科之條」は、古文家の言うところの「虞夏書・商書・周書」、「五家之教」は、今文家の言うところの「唐書・虞書・夏書・商書・周書」である。三科の虞夏書は「堯典」から「甘誓」まで、商書は「湯誓」以下、周書は「大誓」・「牧誓」以下を言い、五家の唐書は「堯典」、虞書は「皋陶謨」、夏書は「禹貢」・「甘誓」、商書は「湯誓」以下、周書は「大誓」・「牧誓」以下を言う。許氏は『書』は孔安国『古文尚書』に拠ると言うが、[3]標目は孔子が付けたものではなく後の学者が付けたものであるから、実態を反映している点で優れている今文家の説に従い、所属する篇名については、古文家・今文家の優れた方を取るという折衷説になっている、と言う。段氏はこの考えに基づいて説解の標目をしばしば改める。「𣬛」の条について言えば、「鳥獸稚髦」は「堯典」からの引用であり、「堯典」は唐のことを記したものであること、及び許氏は標目としてはその実態を反映している今文家の説を採用していることから、「虞書」ではなく「唐書」とすべきであると言うのである。

(4)「説解を補足説明するもの」は、用例を挙げるものも含めて十七%を占める。これはあくまで説解に『書』が引用されている場合の数字であり、段氏の注にのみ『書』が引用されている場合には、そのほぼ四十%を占め、注釈の中心となっていることには留意すべきである。

(5)「『書』を引用した許慎の目的を説くもの」は、十二%を占める。例えば、

4　妞　人姓也、从女丑聲、商書曰、無有作妞［注：鴻範文、今尚書妞作好、此引經説叚借也、妞本訓人姓、好惡自有眞字、而壁中古文叚妞爲好、此以見古之叚借不必本無其字、是爲同聲通用之肇耑矣、…］

【十二篇下　女部】

（妞は人姓なり、女に従う丑の声、商書に曰く「妞を作す有る無かれ」と［注：鴻範の文、今の尚書は「妞」を「好」に作る、此れ経を引きて叚借を説くなり、妞は本《もと》「人姓」と訓ず、好悪は自ら真字有り、而れども壁中の古文は「妞」を叚りて「好」と為す、此れ以て古の叚借は必ずしも本《もと》其の字無からざるを見《あら》わす、是《これ》同声通用の肇耑為り］）

では、古の経典の仮借は必ずしも本字がない場合に限られないことを示すために『書』「鴻範（洪範）」の文を引用するのだと、許氏が『書』を引用した目的を説いている。また(6)「説解を校訂するもの」（例えば「訖」例文3）も、同じく十二%を占める。

以上のように、段注では説解に『書』が引用されている場合、出典の注記をはじめとして、引用文そのものに対する注釈を中心に、ほぼ必ず何らかの注釈が施されている。

三　小徐本の説解に『書』が引用されている場合

説解に『書』が引用されている場合、ほぼ全てに出典を示す何らかの注が施されていた段注とは異なり、小徐本では出典を示すものは次の一条のみである。(4)

5　圛　回行也、從囗睪聲、尚書曰圛、圛升雲半有半無、讀若驛、臣鍇按、洪範稽疑卜五、曰圛、曰霽、説曰圛者、象气絡繹不連屬也、是半有半無也、今卜者以兆體蒙晦不分爲水兆、亦其義也【巻十二　囗部】

（圛は回行するなり、囗に従う睪の声、尚書に「圛と曰う」と、圛は升雲 半ば有り半ば無し、読みて駅の若くす、臣鍇按ずるに、洪範の稽疑の卜五に「圛と曰い、霽と曰う」と、「曰圛」を説く者は、气の絡繹として連属せざるに象るなり、是《これ》半ば有り半ば無きなり、今の卜する者は兆体の蒙晦として分たざるを以て水兆と為す、亦た其の義なり）

では、小徐は「洪範」稽疑の五卜の一つに「圛」があることを指摘した上で、更にその偽孔伝「氣洛驛、不連屬（気の洛駅として連属せず（気が希薄で切れて続かない））」を利用して、説解「半ば有り半ば無し」の意を説明している。ここで小徐は出典に言及してはいるが、注釈の主要部分は、その後の説解の意味を補足する部分にあると考えられる。

また小徐は、説解の引用に問題があると考えられるような場合にも、特にその出典などの考証を行っていない。

6　玠　大圭也、從玉介聲、周書曰、稱奉介圭、臣鍇曰、介大也、卽周禮守鎭圭搢大圭也【巻一　玉部】

（玠は大圭なり、玉に従う介の声、周書に「介圭を称奉す」と曰う、臣鍇曰く、介は大なり、即ち周礼の「鎮圭を守り

大圭を挿《はさ》む」なり）

7　孜　汲汲也、從攴子聲、周書曰、孜孜無怠【巻六　攴部】

（孜は汲汲たるなり、攴に従う子の声、周書に曰く「孜孜として怠る無かれ」と）

「玠」の条では、「介」には「大」という意味があるので説解に引く「介圭」は『周禮』に言う「大圭」に当たると説明するのみで、出典については特に言及しない。しかし、この条は段注（一篇上　玉部）に「顧命曰、大保承介圭、又曰賓稱奉圭兼幣、葢許君偶誤合二爲一（顧命に曰く「大保　介圭を承く」と、又た曰く「賓　圭兼ねて幣を称奉す」と、葢し許君偶《たまたま》誤りて二を合わせて一と為す）」とあるように、「顧命」の二句（今本では二句目は「康王之誥」）を誤って合わせてしまったものである。[5]「孜」の条に引用されている「周書」の文は、今本『書』にはない。段氏は「大誓篇文、見詩文王正義引（大誓篇の文、詩文王の正義の引に見ゆ）」（三篇下　攴部）として、これが『詩經』「文王」の正義に引用されて残る「大誓」篇の逸文であることを指摘し、更に『史記』「周本紀」が「孜孜」を「孳孳」に作るのは今文「大誓」を用いているからで、許慎の引用との違いは古文・今文の違いに拠るとする。これに対し、小徐は注釈を加えることとすらしていない。

このように、出典や標目など『書』そのものに関わる問題については、段氏が非常に熱心に注しているのと対照的に、小徐はほとんど無関心である。

それでは、小徐の関心はどこにあるのか。それは、引用文と今本の異同や、仮借用法など直接文字に関わる問題である。

小徐本では、説解に引用される『書』に対する注が非常に少なく、半数以下であることは既に指摘した。その数少ない注のうちの四十％近くが、文字の異同に関する注である。更に仮借用法の指摘をするものもあり、これらを加えると注の半数近くを占める。

8　退　毀也、従辵貝聲、周書曰、我興受其退、臣鍇曰、毀（二字缺字）壊而出也、此微子出奔之辭也、今文作敗【巻四　辵部】

（退は毀《やぶ》るなり、辵に従う貝の声、周書に曰く「我興ちて其の退を受けん」と、臣鍇曰く、毀は（二字欠字）壊して出づるなり、此れ微子出奔の辞なり、今文「敗」に作る）

9　𡨄　實也、従心塞省聲、虞書曰、剛而𡨄、臣鍇按、詩曰、其心𡨄泉、今皆作塞、借也【巻二十　心部】

（𡨄は実つるなり、心に従う塞の省声、虞書に曰く「剛にして𡨄」と、臣鍇按ずるに、詩に曰く「其の心𡨄泉たり」と、今皆「塞」に作るは借なり）

「退」は「微子」篇、「𡨄」は「皋陶謨」篇からの引用であるが、小徐はその出典に直接的に言及はしていない。「退」では、小徐注に欠字があり正確なことはわからないが、「此れ微子出奔の辞なり」とあることから、説解に引用された「周書」の意味を説いた上で「今文 敗に作る」と今本との異同を指摘していると考えられる。「𡨄」では、説解の引用に言及することなく、用例として『詩』鄘風「定之方中」[6]の句を挙げた上で、説解に引く「虞書」及び『詩』の文の「𡨄」を今本ではともに「塞」に作るのは仮借であると言う。このように、説解の引用文と今本の文字の異同などについての言及が多いことは、小徐注の特徴の一つである。

このほか小徐注で比較的多いものは、説解に対する補足である（約九％）が、これは注釈としては当然のことであり、段注の傾向とも一致している。

四　注にのみ『書』が引用されている場合について

次に、説解には『書』の引用がなく注のみに引用されている場合を見てみよう。

段注の場合、その約四十%が用例をも含めた説解に対する補足説明である。そして、経書・史書・諸子の書など古典籍における仮借・通用など用字に関る注釈が、それとほぼ同じ割合を占めている。このほか『説文』に基づいて経書などの文を解釈したり、『書』の伝来などについての注を施すなど、段氏注は『説文』のみに止まらず広く古典籍全般にまでその関心が及んでいる。

それに対して、小徐注の場合は、その八十%以上が用例も含めた説解に対する補足説明になっている。それ以外のものは非常に少なく、次のような用字についての注が若干目立つ程度（九・六%）である。

10　𢻫　敷也、從支也聲、讀與施同、臣鍇按、尚書曰、翕受敷𢻫、今作施　【巻六　支部】
（𢻫は敷《し》くなり、支に従う也の声、読みて施と同じくす、臣鍇按ずるに、尚書に曰く「翕《あわ》せ受け敷き𢻫す」と、今「施」に作る）

ここでは、本来「𢻫」が用いられるべきところを、今本『書』は「施」に作ることを言う。「施」と同音であるという説解を受けて『書』を引用していることから考えると、今本が「施」に作るのは仮借であることを言おうとしたのかもしれない。

このように、注にのみ『書』が引用されている場合には、小徐と段氏が注釈の対象とした範囲の違いが極めて鮮明に表れる。段氏注は『書』そのものの問題や、広く古典籍の解釈・用字などに関わる問題にまで論が及んでいるのに対して、小徐注は『書』を引用して字形と字義の関わりを説いたり、用例を挙げて説解を補足説明するなど、専ら説解の理解を助けるための注となっている。

そしてこれが両者の最大の相違点であり、この相違は両者の基本的な姿勢の違いを反映していると考えられる。段氏は「蓋文字者、經藝之本、王政之始、前人所以垂後、後人所以識古（蓋し文字なる者は、経芸の本、王政の始め、前人の後に垂る所以、後人の古を識る所以なり）」（十五篇上）という許叙の立場、つまり文字の学を経学をはじめとする全ての古典研究の基礎とする立場に立つ。それ故、その注釈に於いて説解に基づく経書をはじめとする古典籍の解釈や、経学の問題全般にまで論及するのである。それに対して、小徐は「文字之義、無出說文（文字の義、説文を出づるもの無し）」（巻三十六 祛妄）、「實生下臣、是經是綸（実生下臣、是《これ》を経し是を綸す）」（巻四十 系述）と自ら述べるように、『說文』を経とする立場に立つ。それ故、特に「通釋」篇に於ける注は「経」に対する「伝」のように、専ら説解を理解するためのものとなり、説解に基づいて経典解釈を行うのは極限られた範囲に止まるのである。

第二節　小徐本に於ける『書』の呼称

小徐本における『書』の引用の特徴について考察を始める前に、小徐が『書』を引用したり『書』について言及する際、どのように称しているのかについて確認する。

一　『書』の経文を引用する場合

小徐注にのみ『書』を引用するものと、説解・小徐注ともに『書』を引用言及するものを併せると百八十八条あるが、そのうち二十四条を除いて、小徐は全て「尙書」と称している。例外的な二十四条のうち、六条は「禹貢記禹所施功（禹貢は、禹の施す所の功を記す）」（巻二十一 水部「河」）や「尙書金縢之辭是也（尚書金縢の辞は是《これ》なり）」（巻五 言部「讄」）のように、「禹貢」の性格を説いたり、（生きている者について）その福を神祇に祷るという「讄」の実例として周公が武王の病を治すために天に祈った語を記した「金縢」

を挙げるなど、引用とは性質が異なるのでここでは取り上げない。
残る十八条を分類すると次のようになる

(1)「書」と称するもの一条：「吏」(巻一　一部)

(2)「古文尚書」と称するもの三条：「吺」(巻三　口部)、「才」(巻十二　才部)、「粊」(巻十三　米部)

(3)「今文尚書」と称するもの四条：「迺」(巻四　辵部)、「愻」(巻二十　心部)、「奡」(巻二十　夰部)、「臩」(巻二十　夰部)

(4)「尚書」の後に篇名を付すもの計六条

(a)「尚書說命」一条：「承」(巻二十三　手部)

(b)「尚書牧誓」一条：「旗」(巻十三　㫃部)

(c)「尚書金縢」一条：「瘳」(巻十四　疒部)

(d)「尚書文侯之命」一条：「多」(巻十三　多部)

(e)「尚書洪範」二条：「暘」(巻十三　日部)、「香」(巻十三　黍部)

(5)篇名のみを称するもの計四条

(a)「禹貢」一条：「潛」(巻二十一　水部)

(b)「洪範」三条：「福」(巻一　示部)、「祟」(巻一　示部)、「咎」(巻十五　人部)

このうち(5)を(4)の省略形と考えれば、(1)以外には全て「尚書」という呼称が含まれている。つまり、小徐は基本的に『書』を「尚書」と称しており、「書」と称するのは非常に例外的であるということになる。

二　「書傳」について

次に、『書』の注釈を引用する場合について検討する。

「孔安國（傳）」・「尙書注」・「尙書傳」・「説尙書者」のような呼称は、『書』の注釈を指すと考えて問題ない。しかし「書傳」と称する場合はどうであろうか。「書傳」という語には、昔の人が書き伝えたもの、つまり広く書籍を意味する場合と、『尙書』の後漢末から魏晋までの注釈（『書』の伝）を意味する場合がある。前述の如く小徐が『書』の経文を引用する場合には「尙書」と称し、「書」と称するのは極めて例外的であったことを考え合わせると、「書傳」と称するものを『書』の注釈として扱うことが妥当であるかは、検討を要する問題である。また『書』の注釈を指すならば、それが孔安国伝（以下、偽孔伝と称する）を指すのか、伏生『尙書大傳』を指すのか、鄭玄や馬融などの注を指すのかについても考察する必要があろう。

そこで、まず小徐が「書傳」と称して引用するものについて、些か繁雑ではあるが小徐以前の用法とも比較しつつ、その用法を詳細に検討しその意味するところを明確にする。

（1）小徐本中の引用書

小徐本に於ける「書傳」の意味を具体的に検討する前に、まず小徐が影響を受けた可能性の高い書籍を選び、それらに於ける「書傳」の用法を検討する。

検討対象とする書籍は、小徐本に引用されている書籍の中から、その引用回数を基準として選定する。既に見てきたように小徐本に於いては、『爾雅』郭璞注・「禮」関係の『周禮』など重視するものを数多く引用しており、その引用数と小徐の評価の間に高い相関関係があるからである[7]。

そこで、最初に小徐本に於ける書籍の引用状況を概観し、考察の対象とすべき書籍を選定する。なお引用書籍の種類及び引用数については、第二章第一節の引用取り扱い上の原則に則り、巻二十五及び「敍」を除く「通釋」篇に於いて書名・篇名を明記して引用される延べ回数を集計した。

周祖謨氏の指摘にあるように、小徐が基づいた書籍は「百余種を下らない。[8]」詩文などの引用はその典拠を特定できないため、集部に属するものを作品・作者別に細かく分類・集計すると、引用書籍は三百余種になる。

引用された延べ回数が百回を超えるものは、『周易』・『尙書』・『毛詩』・『周禮』・『左傳』・『爾雅』・『史記』・『漢書』の七種である。その注釈まで含めると、『周易』百七十七回、『尙書』三百六十七回、『毛詩』七百二十六回、『周禮』二百九十三回、『左傳』三百二十四回、『爾雅』四百六十九回、『史記』百五十六回、『漢書』百九十九回となっている。

このほか、経部の書について見ると、礼関係では『周禮』以外に、「禮」とのみ称するものが百三回、『禮記』が三十六回、『儀禮』が十回引用されている。「禮」とのみ称するものは、説解の中では『周禮』を指し、小徐注の中では『禮記』を指すものが大部分を占める。[9]従って、『周禮』・『禮記』の引用延べ数は、それぞれ数十回多いと考えられるが、ここでは書名・篇名を明記したもののみを集計しているため、「禮」とのみ称するものは含めていない。また、春秋についても、『左傳』以外に、「春秋」・「春秋傳」と称するものが二百三十回、『春秋公羊傳』が十九回、『春秋穀梁傳』が二回引用されている。小徐本に於いて「春秋」・「春秋傳」と称するものは、『左傳』を指すと考えて差し支えないが、[10]「禮」の場合と同様に、『左傳』の引用回数には含めていない。これら以外の経部の書については、『論語』が六十七回、『孝經』が八回、『孟子』が二十六回、『字書』が七十回、『釋名』が二十五回と、引用回数にかなりの差がある。

史部の書については、『史記』・『漢書』に次いで多いのは『國語』の六十八回であるが、これも『史記』・『漢書』とはかなりの差がある。子部の書については、『山海經』四十六回、『莊子』・『本草』各四十回、『淮南子』三十七回と、九経などと比べると引用回数にかなりの差がある。集部に属するものは、作品・作者別に集計したため単独で百回を超えるものはないが、「離騒」や司馬相如・班固・張衡・左思らの賦など、『文選』に収められた作品からの引用は優に百回を超える(11)。

以上の集計は手作業に負う所が大きく、見落としなどによる誤差は当然ある。しかし最初に挙げた『周易』・『尚書』・『毛詩』・『周禮』・『左傳』・『爾雅』・『史記』・『漢書』の七種に『文選』を加えた八種の書籍とそれ以外の書籍では、その引用回数は圧倒的に異なり、多少の見落としは大勢に影響はない。そこで小徐に影響を与えた書籍として上記八種類の書籍を取り上げ、その「書傳」の用法を分析・整理する。

（2）『文選』李善注に於ける「書傳」の用法

最初に、『尚書』の注釈を数多く引用し、且つ比較的明確に出典を記述している『文選』李善注について検討する。なお、李善は、「舊注是者、因而留之（旧注の是《ぜ》なる者は、因りて而して之を留む）(12)」として、自注の前に旧注をそのまま採録する場合がある。以下に挙げる引用数については、李善自身の注以外の旧注に引用されている場合をも含む。また本節では、引用数は全体的な傾向を考察するために用い、数条の差は特に意味のないものとする。

李善が『尚書』の注釈を引用する際の呼称としては、「孔安國尚書傳」・「孔安國尚書傳注」・「尚書傳」・「尚書大傳」・「鄭玄尚書大傳注」・「孔安國尚書大傳」がある。このほか、次の例のように単に「孔安國」として偽孔伝を引用するものもある。

11　揚波濤於碣石、激神岳之嶈嶈

（注）蒼頡篇曰、濤大波、尚書曰、夾右碣石入於河、孔安國曰、海畔山也【巻一　西都賦】

（波濤を碣石《けっせき》に揚《あ》げ、神岳の嶈嶈たるに激《あた》る［注：蒼頡篇に曰く、濤は大波なりと、尚書に曰く、碣石を夾右《きょうゆう》し河に入ると、孔安国曰く、海畔の山なりと］）

では、「碣石」に対する注釈として、『尙書』「禹貢」の「碣石を夾右し、河に入る」を引用した上で、「孔安国曰く」としてその偽孔伝を引用する。しかし、李善注で「孔安国」として引用されるものは必ずしも偽孔伝とは限らず、『論語』の孔安国注（例文29参照）などほかの書物の注を指すことも多い。このように、「孔安国」は必ずしも『尙書』の注釈のみを指すものではないため、ここでは検討の対象としない。

上記の呼称のうち「孔安國尙書傳」と称するものが二百八十四条と最も多く、「尙書大傳」と称するものが九十二条とそれに次ぐ。

「孔安國尙書傳」と称するものは、語注が大部分を占める。例えば、

12　側聽風薄木、遙睇月開雲

（注）法言曰、風薄于山、孔安國尙書傳曰、薄迫也、亦激之意也、楚辭曰、雪紛紛而薄木【巻二十六　夏夜呈從兄散騎車長沙】

（側《かたわら》にて風の木に薄《せま》るを聴き、遥かに月の雲を開くを睇る［注：法言に曰く、風 山に薄ると、孔安国尚書伝に曰く、薄は迫なりと、亦た激しきの意なり、楚辞に曰く、雪紛紛として木に薄ると］）

では、「側にて風の木に薄るを聴く」の「薄」について、「益稷」篇の偽孔伝「薄は迫るなり」を引用して釈している。この偽孔伝の同じ注は、このほか、「西都賦」（巻一）、「羽獵賦」（巻八）、「贈尙書郎顧彥先」（巻二十四）、「豫章行」（巻二十八）、「七發」（巻三十四）にも引用されている。「孔安國尙書傳」と称するものには、このような短い語釈となるものが非常に多い。

一方、「尙書大傳」と称するものは、次のように事跡注、或いは事柄注とでも言うべきものが多い。

13　夫使諸侯納貢者、非爲財幣、所以述職也

（注）郭璞曰、諸侯朝於天子曰述職、善曰、尙書大傳曰、古者諸侯之於天子、五年一朝見、述其職、述職者、述其所職也【巻八　上林賦】

（夫れ諸侯をして納貢せ使むる者は、財幣の為めに非ずして、職を述ぶる所以なり［注：郭璞曰く、諸侯 天子に朝するを述職と曰うと、善曰く、尚書大伝に曰く「古者《いにしえ》諸侯の天子に於けるや、五年に一たび朝見し、其の職を述ぶ」と、述職なる者は、其の職する所を述ぶるなり」）

では、「夫れ諸侯をして納貢せ使むる者は、財幣の為に非らずして、職を述ぶる所以なり」に対して、郭璞（旧注）が「述職」とは諸侯が天子に朝することとするが、李善は『尙書大傳』を引用して、昔五年に一度諸侯が天子に朝見した時に自分の職務について報告したことであると、より詳細に解説している。『尙書大傳』と称するものは、このようにある事柄についての、より詳細な説明のために引用されるものがその大部分を占める。偽孔伝と『尙書大傳』は、それぞれ注釈の性質が異なるため、李善は注釈の必要に応じてそれぞれ典拠を明確に記した上で引用したものと考えられる。次の例は同じ注の中に両者を引用したものであり、その関係を端的に表わすものと言えよう。

14　驅盡誅之氓、濟必封之俗

（注）史記、周公曰、後嗣王紂、其民皆可誅、尙書大傳曰、周民可比屋而封也、孔安國尙書傳曰、濟成也、王充論衡曰、堯舜之民、比屋可封、桀紂之民、比屋可誅也【巻四十　百辟勸進今上牋】

（尽誅の氓を駆りて、必封の俗を済《な》す［注：史記に「周公曰く、後嗣の王紂、其の民皆誅す可し」と、尚書大伝に曰く「周の民は屋を比《なら》べて封ず可きなり」と、孔安国尚書伝に曰く「済は成すなり」と、王充論衡に曰く「尭舜の民は、屋を比べて封ず可く、桀紂の民は、屋を比べて誅す可きなり」と）

では、「必封の俗を済す」に対して『尙書大傳』の「周の民は屋を比《なら》べて封ず可きなり」を引用して、「必封の俗」とは全ての人民が諸侯に封ずる価値があるような善政を為すことだと説明し、偽孔伝を引用して「済」の語の意味を説いている。

このほか『尙書大傳』に関しては、「鄭玄尙書大傳注」と称するものが五条ある。

15　美目揚玉澤、蛾眉象翠翰

(注) 毛詩曰、美目盼兮、楚辭曰、娥眉曼睩目騰光、王逸曰、曼澤也、睩視貌也、言美女之貌、娥眉玉貌、曼好目、曼澤、睩音錄、登徒子好色賦曰、眉如翠羽、鄭玄尙書大傳注曰、翰毛也　【巻二十八　日出東南隅行】

(美目　玉沢を揚げ、蛾眉　翠翰に象る［注：毛詩に曰く「美目盼たり」と、楚辞に曰く「娥眉　曼として睩　目は光を騰《は》す」と、王逸曰く「曼は沢なり、睩は視る貌なり、美女の貌を言う、娥眉は玉貌なり」と、「曼」は好目、「曼」は沢なり、「睩」は音録、登徒子好色賦に曰く「眉は翠羽の如し」と、鄭玄尚書大伝注に曰く「翰は毛なり」と)

では、「蛾眉　翠翰に象る」の「翰」に対して「(長い) 毛」であるという鄭玄の注を引用している。このように『尙書大傳』の鄭玄注は、偽孔伝と同じく語注となっているものが多い。このほか、『尙書大傳』を引用した後に「鄭玄曰」としてその注を引用するものも十二条ある。例えば、

16　式軨軒旂旗以示之

(注) 式用也、漢書曰、莽立、大夫卿車服黻冕各有差、軨軒、皆車也、尙書大傳曰、未命爲士、車不得有飛軨、鄭玄曰、如今窗車也、周禮曰、交龍爲旂、熊虎爲旗　【巻四十八　劇秦美新】

（軨軒旂旗を式《もっ》て以て之を示す［注：式は用なり、漢書に曰く「莽立ちて、大夫・卿の車服・黻冕各《おのおの》差有り」と、軨軒は皆車なり、尚書大伝に曰く「未だ命じて士と為さざれば、車は飛軨有るを得ず」と、鄭玄曰く「今の窓車の如きなり」と、周礼に曰く「交龍を旂と為し、熊虎を旗と為す」と）

のようなもので、やはり語注となるものが多い。なお、『尚書大傳』を引用した後に「鄭玄曰」とのみ称するものを『尚書大傳』の注としたのは、李善がそれ以外の書の鄭玄注を引用する場合には、次の例のようにその書名を明記するからである。

17　備言錫命、羽蓋朱輪

（注）其七、毛詩曰、備言燕私、又序曰、不能錫命以禮、尙書大傳曰、古諸侯之於天子有功者、天子賜其車服、號曰命諸侯、鄭玄儀禮注曰、命加爵服之名、子虛賦曰、建羽蓋、楊惲書曰、乘朱輪者十人【巻二十　晉武帝華林園集詩】

（備《つぶさ》に言《ここ》に命を錫う、羽蓋朱輪あり［注：其の七、毛詩に曰く「備《つぶさ》に言《ここ》に燕私す」と、又た序に曰く「命を錫うに礼を以てする能わず」と、尚書大伝に曰く「古 諸侯の天子に於いて功有る者は、天子 其の車服を賜い、号して諸侯に命ずと曰う」と、鄭玄儀礼注に曰く「命なるものは爵服を加うるの名なり」と、子虚賦に曰く「羽蓋を建つ」と、楊惲が書に曰く「朱輪に乗る者は十人なり」と）

では、「命を錫う」に対する注として『尚書大傳』の「古 諸侯の天子に於いて功有る者は、天子 其の車服を賜い、号して諸侯に命ずと曰う」を引用した後、更に「命(なる者)は爵服を加うるの名」という『儀禮』「喪服」の注を引用するが、その際単に「鄭玄曰」とはせず、「鄭玄儀禮注曰」と出典を明記している。

次に、単に「尙書傳」とのみ称するもの六条、及び「孔安國尙書大傳」と称するもの二条について見てみよう。「尙書傳」と称するもののうち、

18　於是百姓滌瑕盪穢、而鏡至清、形神寂漠、耳目弗營、嗜欲之源滅、廉恥之心生、莫不優游而自得、玉潤而金聲

（注）禮記、孔子曰、君子比徳於玉焉、溫潤而澤仁也、尙書傳曰、天下諸侯受命於周、莫不磬折、玉音金聲【巻一　東都賦】

（是に於いて百姓瑕《きず》を滌《すす》ぎ穢れを盪《あら》い、而して至清に鏡《かんがみ》、形神寂漠として、耳目営まず、嗜欲の源滅じ、廉恥の心生ず、優游として自得し、玉のごとく潤いて金のごとく声《な》らざるは莫し［注：礼記に「孔子曰く、君子は徳を玉に比せり、温潤にして沢あるは仁なりと」と、尚書伝に曰く「天下の諸侯 命を周に受け、磬折して玉音金声ならざるは莫し」と］）

については、ここに引用されているものとほぼ同じ文が、次の二条では「尙書大傳」として引用されている。

19　不遠遐路、幸見光臨、將敬滌耳、以聽玉音

（注）尙書大傳曰、天下諸侯受命於周、莫不玉音金聲【巻三十四　七啓】

（遐路《かろ》を遠しとせず、幸に光臨せらる、将に敬《つつ》しんで耳を滌《すす》いで、以て玉音を聴かんとす［注：尚書大伝に曰く「天下の諸侯 命を周に受け、玉音金声ならざるは莫し」と］）

20　曩從末路、望聽玉音、竊動心焉

（注）尙書大傳曰、天下諸侯、莫不玉音金聲【巻五十一　四子講德論】

（曩《さき》に末路従り、望みて玉音を聴き、窃かに心を動かす［注：尚書大伝に曰く「天下の諸侯、玉音金声ならざるは莫し」

と」）

これらはみな、『尙書大傳』「洛誥」の「天下諸侯之悉來、進受命於周、而退見文武之尸者、千七百七十三、諸侯皆莫不磬折玉音金聲玉色（天下の諸侯の悉く来たりて、進みて命を周に受く、而して退きて文武の尸を見る者、千七百七十三、諸侯皆磬折玉音金声玉色せざるは莫し）」を引用したものと考えられる。また、

21　子羸鋤以借父、訓秦法而著色、耕讓畔以閑田、沾姫化而生棘、蘇張喜而詐騁、虞芮愧而訟息

（注）漢書、賈誼曰、商君遺禮義、秦俗日敗、借父耰鋤、慮有德色、音義曰、假與父鋤而德之、尙書傳曰、虞人與芮人質其成於文王、入文王之境、則見其人萌讓爲士大夫、入其國、則見士大夫讓爲公卿、二國相謂曰、此其君亦讓以天下而不居也、讓其所爭、以爲閑田、毛萇詩傳曰、耕者讓畔、行者讓路、蘇秦・張儀、已見上文【巻十　西征賦】

（子　鋤を羸《あま》して以て父に借し、秦の法に訓《したが》いて色に著す、耕するものは畔を譲り以て閑田あり、姫化に沾《うるお》いて棘を生じ、蘇張喜びて詐り騁す、虞芮愧じて訟息《や》む［注：漢書に賈誼曰く「商君は礼義を遺《わす》れ、秦の俗は日《ひび》敗る、父に耰《つちならし》と鋤《すき》を借し、慮に徳色有り」と、音義に曰く「父に鋤を仮与し之を徳とす」と、尚書伝に曰く「虞人は芮人と其の成を文王に質《ただ》さんとす、文王の境に入れば則ち其の人萌《たみ》譲りて士大夫と為るを見、其の国に入れば則ち士大夫譲りて公卿と為るを見、二国の相謂いて曰く「此れ其その君も亦た譲るに天下を以てし居らざるなり」と、其の争う所を譲りて、以て閑田と為す、毛萇詩伝に曰く「耕する者は畔を譲り、行く者は路を譲る、蘇秦・張儀は已に上文に見ゆ）

に「尙書傳」として引用されるものは、偽孔伝には該当するものがなく、また事柄に関する注釈である。従って、孫之騄輯『尙書大傳』がこの注に基づいて『尙書大傳』の逸文とするのに従ってもよいのではないかと考える。

これに対し、同じく「尙書傳」と称するものでも、次の三条は偽孔伝の引用である。

22　大室作鎭、揭以熊耳
（注）大室、嵩高別名也、揭、猶表也、言以嵩高之嶽爲國之鎭也、復表以熊耳之山、善曰、郭璞山海經注曰、大室在陽城縣西、羽獵賦曰、揭以崇山、熊耳山名也、尙書傳曰、熊耳山在宜陽之西也【巻三　東京賦】
（大室もて鎮と作《な》し、掲するに熊耳を以てす〔注：大室は嵩高の別名なり、掲は猶お表のごときなり、嵩高の岳を以て国の鎮と為すを言うなり、復た表するに熊耳の山を以てす、善曰く、郭璞山海経注に「大室は陽城県の西に在り」と曰う、羽猟賦に「掲するに崇山を以てす」と曰う、熊耳は山の名なり、尚書伝に「熊耳山は宜陽の西に在り」と曰うなり〕）

は「禹貢」「導洛自熊耳（洛を熊耳自り導く）」の偽孔伝「在宜陽之西（宜陽の西に在り）」を引用したものであり、

23　龍圖授羲、龜書畀姒
（注）尙書傳曰、伏義氏王天下、龍馬出河、遂則其文以畫八卦、謂之河圖、又曰天與禹、洛出書、謂神龜負文而出、列於背、善曰、爾雅曰、畀賜也、史記禹姓姒氏【巻三　東京賦】
（龍図　羲に授け、亀書　姒に畀《たま》う〔注：尚書伝に曰く「伏義氏の天下に王たるや、龍馬河より出で、遂に其の文に則《のっと》りて以て八卦を画《えが》く、之を河図と謂う」と、又た曰く「天は禹に与え、洛は書を出だし、神亀は文を負いて出で、背に列ぬるを謂う」と、善曰く、爾雅に曰く「畀は賜なり」と、史記に「禹の姓は姒氏なり」と〕）

は、「河圖在東序（河図　東序に在り）」（「顧命」）の偽孔伝「河圖八卦、伏犧王天下、龍馬出河、遂則其文、以畫八卦、謂之河圖」（河図は八卦なり、伏犠の天下に王たるや、龍馬　河より出で、遂に其文に則《のっと》りて、以て八卦を画《えが》く、之を河図と謂う）」

と「天乃錫禹洪範九疇、彝倫攸敘（天乃ち禹に洪範九疇を錫う、彝倫の叙する攸なり）」（「洪範」）の偽孔伝「天與禹、洛出書、神龜負文而出、列於背（天は禹に与え、洛は書を出し、神亀は文を負《お》いて出で、背に列ぬ）」を引用したものである。
なお、これらは李善注ではなく薛綜の注中に引用されたものである。

24　禍基京畿、毒徧宇内、皇綱弛紊、王室遂卑
（注）荅賓戲曰、廓帝紘、恢皇綱、劇秦美新曰、皇綱弛而未張、尙書傳曰、紊亂也、新序曰、及定王、王室遂卑矣【巻五十三　辯亡論】
（禍は京畿に基《はじ》まり、毒は宇内に徧し、皇綱弛み紊《みだ》れて、王室遂に卑し［注：荅賓戲に曰く「帝紘を廓《ひろ》め、皇綱を恢《ひろ》む」と、劇秦美新に曰く「皇綱弛めども未だ張らず」と、尚書伝に曰く「紊は乱なり」と、新序に曰く「定王に及び、王室遂に卑し」と］）

は、「盤庚上」の「若網在綱、有條而不紊（網の綱に在る、条有りて紊れざるが若し）」の偽孔伝「紊、亂也（紊は乱なり）」を引用したものである。このほか、

25　是臣慺慺之誠、竊所獨守
（注）尙書傳曰、慺慺、謹愼也【巻三十七　求通親親表】
（是《これ》臣が慺慺の誠、窃かに独り守る所なり［注：尚書伝に曰く「慺慺は謹慎するなり」と］）

は、今本の偽孔伝にも『尙書大傳』の輯本にも見えず出典は不明であるが、語注であることから、偽孔伝の逸文とも考えられる。

以上のように、「尚書傳」と称するものには共通する傾向が見られない。その数も少ないことから考えて、伝写の過程でそれぞれ「大」または「孔安國」の字が脱落してしまったとも考えられる。そのことは、「孔安國尚書大傳」と称する次の二条がともに偽孔伝に基づく引用であり、「大」の字が衍字《えんじ》であることからも強く示唆される。

26　海内知識、零落殆盡、惟有會稽盛孝章尚存、其人困於孫氏、妻孥湮沒

（注）孫氏、已見上文、毛詩曰、樂爾妻孥、孔安國尚書大傳曰、孥、子也　【巻四十一　論盛孝章書】

（海内の知識、零落して殆ど尽く、惟だ会稽の盛孝章のみ尚お存する有り、其の人 孫氏に困《くるし》み、妻孥 湮没す［注：孫氏は已に上文に見ゆ、毛詩に曰く「爾の妻孥を楽しむ」と、孔安国尚書大伝に曰く「孥は子なり」と）

27　逮漢賈誼、頗節之以禮、自時厥後、綴文之士、不率典言、竝務恢張其文、博誕空類

（注）孔安國尚書大傳曰、誕、大也　【巻四十五　三都賦序】

（漢の賈誼に逮ぶまで、頗る之を節するに礼を以てす、時《これ》自り厥の後、文を綴るの士、典言に率《したが》わず、並びに務めて其の文を恢《おおい》に張《ひろ》げ、空類を博く誕《おおき》くす［注：孔安国尚書大伝に曰く「誕は大なり」と］）

例文26は「甘誓」の「予則孥戮汝（予 則ち汝を孥戮せん）」に対する偽孔伝「孥、子也（孥は子なり）」を引用したものであり、例文27は「湯誥」の「王歸自克夏、至于亳、誕告萬方（王 夏に克ちて自り帰りて、亳に至り、誕《おお》いに万方に告ぐ）」の偽孔伝「誕、大也（誕は大なり）」を引用したものである。李善注の注釈の凡例から考えて、「孔安國尚書大傳」は、共に「孔安國尚書傳」とすべきところであろう。

最後に、「孔安國尚書傳注」と称するもの一条であるが、これにはテキスト上、若干の問題がある。

28　惟般逸之無斁兮、懼樂往而哀來

（注）孔安國尚書傳注曰、斁猒也、善曰、莊子曰、樂未畢也、哀又繼之【巻十五　思玄賦】
（惟れ般逸の斁《いと》う無く、楽しみ往きて哀しみ来たるを懼る［注：孔安国尚書伝注に曰く、斁は猒なりと、善曰く、荘子に曰く「楽しみ未だ畢らざるに、哀しみ又た之に継ぐ」と）

は、胡克家『文選考異』が「注孔安國尚書傳注曰」に対して、「袁本・茶陵本 此の八字無し」と言うように、「孔安國尚書傳注」という呼称そのものが衍字である可能性がある。「斁は猒なり」という語釈は、偽孔伝など『尚書』の注釈にはないが、例えば『毛詩』「葛覃」の「是刈是濩、爲絺爲綌、服之無斁（是《これ》刈り是濩《に》て、絺と為し綌と為し、之を服《き》て斁《いと》うこと無し）」の毛伝、「駉」の「思無斁、思馬斯作（思うこと斁う無し、馬の斯に作さんことを思う）」の鄭箋、『禮記』「大傳」の「詩云、不顯不承、無斁於人、斯此之謂也（詩に云う、顕さず承けず、人に斁うこと無しと、斯れ此れ之の謂なり）」の鄭玄注などにある。旧注では、或いは「鄭玄注曰」となっていたものが、伝写の過程で誤られたものであるのかもしれない。いずれにしても、「孔安國尚書傳注」という呼称は、本来の形ではないと考えられる。

以上のように、（伝写の過程での誤りの可能性を含む）少数の例外を除き、李善注に於いて『尚書』の注釈はほぼ全てが「孔安國尚書傳」或いは「尚書大傳」と明確な形で記されている。このことを踏まえた上で、次に李善注『文選』に於いて「書傳」が何を指すのかを考察する。

まず、本文で「書傳」という語が用いられているのは、次の一条のみである。

29　小人性之懷土兮、自書傳而有焉
（注）論語、子曰、君子懷德、小人懷土、孔安國曰、懷安也【巻九　東征賦】
（小人の性の土を懐《おも》うは、書伝自りして焉《これ》有り［注：論語に子曰く「君子は徳を懐い、小人は土を懐う」と、孔安国曰く「懐は安んずるなり」と）

『論語』・「里仁」：子曰、君子懷德、（注：孔曰、懷安也）、小人懷土、（注：孔曰、重遷）
（子曰く「君子は徳を懐い［注：孔曰く、懐は安なりと］、小人は土を懐う［注：孔曰く、遷を重んずと］」と）

ここで「小人の性の土を懐《おも》うは、書伝自りして焉《これ》有り」に対して、李善は『論語』「里仁」の文とその孔安国注を引用している。これは、この「書傳」という語が指し示すものとして最も適切であると李善が考えたのが、『論語』のこの句であったと理解できる。従ってこの「書傳」は、『書』の伝ではなく、広く書籍を意味すると考えられる。

では、注に於いてはどうであろうか。注に「書傳」という語が用いられているのは、僅かに四条のみである。

30　鳥策篆素、玉牒石記
（劉淵林注）說文曰、牒札也、石記、刻石書傳記也【卷五　呉都賦】
（鳥策篆素、玉牒石記［劉淵林注：説文に曰く「牒は札なり」と、石記は刻石・書伝・記なり）

では、「玉牒石記」に対する劉淵林注（旧注）に「石記は、刻石書伝記也」とある。ここは、さまざまな字体でさまざまな素材に記された記録の類を列挙したところであるため、「石記」は石に刻まれた記録の類を指すと考えられ、少なくとも『書』の伝に特定はされない。次の例では、李善の注に「書傳」という語が二度用いられている。

31　臣聞頓網探淵、不能招龍、振綱羅雲、不必招鳳、是以巢箕之叟、不眄丘園之幣、洗渭之民、不發傅巖之夢
（注）古之隱人結巢以居、故曰巢父、或言卽許由也、洗耳、一說巢父也、記籍不同、未能詳孰是、又傅說築於傅巖、而精通武丁、言巢・許冥心長往、故無發夢之符、善曰、頓、猶整也、說文曰、振、擧也、陸云洗渭、而劉之意云洗耳、據劉之意、則以洗渭爲洗耳乎、…譙周古史考曰、許由、堯時人也、隱箕山、恬泊

養性、無欲於世、堯禮待之、終不肯就、時人高其無欲、遂崇大之、曰、堯將以天下讓許由、由恥聞之、乃洗其耳、或曰、又有巢父與許由同志、或曰、許由夏常居巢、故一號巢父、不可知也、凡書傳言許由則多、言巢父者少矣、范曄後漢書、嚴子陵謂光武曰、昔唐堯著德、巢父洗耳、士故有志、何至相迫乎、然書傳之說洗耳、參差不同、陸既以巢箕爲許由、洗耳爲巢父、且復水名不一、或亦洗於渭乎　【巻五十五　演連珠】

(臣聞く網を頓《ととの》え淵を探るも、龍を招く能わず、綱を振《ふる》いて雲を羅《あみ》するも必ずしも鳳を招かずと、是を以て箕に巣くえるの叟は丘園の幣を眄《かえりみ》ず、渭に洗うの民は傅巌の夢に発《あらわ》れず［注：古の隠人は巣を結びて以て居る、故に巣父と曰う、或いは即ち許由なりと言う、洗耳は一説に巣父なり、記籍同じからず、未だ孰れが是《ぜ》なるかを詳らかにする能わず、又た傅説は傅巌に築き、武丁に精通す、巣・許は心を冥し長く往く、故に夢の符を発する無きを言う、善曰く、頓は猶お整のごときなり、説文に曰く「振は挙なり」と、陸は「洗渭」と云い、劉之意は「洗耳」と云う、劉之意に拠れば則ち「洗渭」を以て「洗耳」と為すか、…譙周が古史考に曰く「許由は尭の時の人なり、箕山に隠れ、恬泊にして養性す、世に無欲なり、尭は礼もて之を待つも、終に就くを肯ぜず、時人其の無欲を高しとし、遂に之を崇《たっと》大びて曰く「尭は将に天下を以て許由に譲らんとするも、由は之を聞くを恥じ、乃ち其の耳を洗う」と、或いは曰く「又た巣父有りて許由と志を同じくす」と、或いは曰く「許由は夏に常に巣に居る、故に一に巣父と号す」と、知る可からざるなり、凡そ書伝に許由と言うものは則ち多く、巣父と言う者は少し、范曄が後漢書に厳子陵 光武に謂いて曰く「昔 唐尭は徳を著わし、巣父は耳を洗えり、士は故より志有る、何ぞ相い迫るに至れるや」と、然れば書伝の洗耳を説くに、参差して同じからず、陸は既に巣箕を以て許由と為し、洗耳もて巣父と為す、且つ復た水名一ならず、或いは亦た渭に洗うか)

非常に長い注であるので途中省略したが、そこには典故となった巣父・許由の故事について、『呂氏春秋』・『琴操』・「李陵詩」・『魏子』・皇甫謐『逸士傳』・『高士傳』など多くの書籍の記事を引用している。従って、それらを受けて「凡そ書傳に許由と言うものは則ち多く、巣父と言う者は少し」、「然れば書伝の洗耳を説くに、参差して同じからず」

と言うこの「書傳」は、引用された多くの書籍を指す語である。

残りの二条については、李善注に引用される『史記』・『漢書』の注中に「書傳」という語が用いられている。

32　宛宛黄龍、興徳而升、采色炫燿、煥炳煇煌、正陽顯見、覺悟黎蒸、於傳載之、云受命所乘

（注）如淳曰、書傳揆其比類、或以漢土徳、則宜有黄龍之應於成紀是也、故言受命者所乘

【巻四十八　封禪文】

（宛宛たる黄龍、徳に興りて升れり、采色炫燿として、煥炳煇煌たり、正陽顕見して、黎蒸を覚悟せしむ、伝に於いて之を載せ、受命の乗る所なりと云う［注：如淳曰く「書伝に其の比類を揆《はか》るに、或いは漢は土徳なるを以てすれば、則ち宜しく黄龍の成紀に応ずる有るべしとするは是《これ》なり、故に受命する者の乗る所と言う」］）

33　自開闢以來、其興功立勳、未有若漢祖之易者也、夫伐深根者難爲功、摧枯朽者易爲力、理勢然也

（注）班固漢書贊曰、漢無尺土之階、繇一劒之任、五年而成帝業、書傳所未嘗有焉、何則、古代相革皆承聖王之烈、今漢獨收孤秦之弊、鐫金石者難爲功、摧枯朽者易爲力、其勢然也【巻五十二　六代論】

（開闢自り以来、其の功を興し勲を立つるに、未だ漢祖の易きが若き者は有らざるなり、夫れ深き根を伐る者は功を為し難く、枯朽を摧《くだ》く者は力を為し易し、理の勢然ればなり［注：班固の漢書の賛に曰く「漢は尺土の階も無く、一剣の任に繇《よ》り、五年にして帝業を成す、書伝に未だ嘗て焉《これ》有らざる所、何となれば則ち古代に相い革するは皆聖王の烈を承くるに、今漢のみ独り孤秦の弊を収む。金石を鐫《ほ》る者は功を為し難く、枯朽を摧《くだ》く者は力を為し易し、其の勢然るなり」と］）

「封禪文」（例文32）は、『史記』「司馬相如傳」（巻百十七）の「索隱」の引用では、「如淳云、書傳所載、揆其此類、以爲漢土徳、黄龍爲之應、見之於成紀、故云受命所乘也（如淳云う「書伝に載する所、其れ此の類を揆るに、以為らく漢

は土徳にして、黄龍之が応を為し、之が成紀に見わる、故に命を受くるに乗る所と云うなり」と）」に作る。これは、「伝に於いて之を載せ、受命の乗る所なりと云う」を敷衍して説明したものと考えられ、「書傳」はさまざまな記述を類推揆測し、漢は土徳であるので、漢が興った時にそのしるしとして黄龍が現れたので、「受命の君が乗る所」であると言うのだとする。この「書傳」も、やはり古くから伝わる書籍全般を指す語とすべきであろう。「六代論」（例文33）は、『漢書』「異姓諸侯王表」（巻十三）の「是以漢亡尺土之階、繇一劍之任、五載而成帝業、書傳所記、未嘗有焉、何則、古世相革、皆承聖王之烈、今漢獨收孤秦之弊、鐫金石者難爲功、摧枯朽者易爲力、其勢然也（是を以て漢は尺土の階も亡く、一劍の任に繇り、五載にして帝業を成す、書伝の記する所、未だ嘗て焉《これ》有らず、何となれば則ち古は世相い革するに皆聖王の烈を承くるに、今漢のみ独り孤秦の弊を収む、金石を鐫《ほ》る者は功を為し難く、枯朽を摧《くだ》く者は力を為し易し、其の勢然るなり）」に拠るものである。漢が僅かな土地の足がかりもなく、僅か五年で帝業を成し遂げたが、このようなことは「書傳」に記されたことがないことを言う。この「書傳」も古くから伝わる書籍全般を指す語である。

以上のように、李善注『文選』に於いては、偽孔伝は「孔安國尚書傳」として引用言及され、『尚書大傳』は、「尚書大傳」として引用されており、本文・注釈ともに「書傳」という語は、古くから伝わる書籍全般を指すと考えられる。

（3）『史記』・『漢書』に於ける「書傳」の用法

次に『史記』・『漢書』に於ける用法について確認しておく。李善注に引用されているものはいずれも書籍全般を指す語と理解できたが、そのほかの用例はどうであろうか。

「書傳」について検討する前に、『文選』の場合と同様に『尙書』の注釈を引用する場合の呼称について見ておこう。まず「孔安國」と称するものについては、『史記』・『漢書』ともに孔安国自身の事跡についての記述であるので、本節の検討対象とはしない。彼の注釈については、『漢書』顔師古注に言及されるのは「孔安國書序云」（巻三十芸文志）とするもののみであるが、『史記』では五百回以上「孔安國」として引用されている。そのほとんどが、次のように偽孔伝の引用であると考えられる。

34　敬道日出、便程東作

（集解）孔安國曰、敬道出日、平均次序東作之事、以務農也　【史記巻一　五帝本紀】

（日の出づるを敬《つつし》み道《みちび》き、東作を便程せしむ［集解：孔安国曰く「出日を敬み道き、東作の事を平均次序し、以て農に務めしむるなり」と）

ここで「孔安國」として引用しているのは、『尚書』「堯典」「寅賓出日、平秩東作（出日を寅《つつし》み賓《みちび》き、東作を平秩す）」の偽孔伝「東方之官、敬導出日、平均次序東作之事、以務農也（東方の官、出日を敬み導き、東作の事を平均次序し、以て農に務めしむるなり）」である。このように『史記』の注釈に於いて「孔安國」として言及されるものの大部分は、偽孔伝をその出典とする。

『尚書大傳』については、そのまま「尚書大傳」として引用言及される。

35　北斗七星、所謂旋・璣・玉衡、以齊七政

（索隱）案、尙書旋作璿、馬融云、璿、美玉也、機、渾天儀、可轉旋、故曰機、衡、其中橫筩、以璿爲機、以玉爲衡、蓋貴天象也、鄭玄注大傳云、渾儀中筩爲旋機、外規爲玉衡也、案尙書大傳云、七政、謂春・秋・冬・夏・天文・地理・人道、所以爲政也、人道政而萬事順成、又馬融注尙書云、七政者、北斗七星、各有所主、第一曰正日、第二曰主月法、第三曰命火、謂熒惑也、第四曰煞土、謂塡星也、第五曰伐水、謂辰星也、第六曰危木、謂歲星也、第七曰剽金、謂太白也、日・月・五星各異、故曰七政也

【史記巻二十七　天官書】

（北斗七星は、所謂《いわゆる》旋・璣・玉衡にして、以て七政を斉《ととの》う〔索隠：案ずるに尚書は「旋」を「璿」に作り、馬融「璿は美玉なり」と云う、機は渾天儀なり、転旋す可し、故に機と曰う、衡は其の中の横筩なり、璿を以て機と為し、玉を以て衡と為す、蓋し天象を貴ぶなり、鄭玄 大伝に注して「渾儀中の筩を旋機と為し、外規を玉衡と為すなり」と云う、案ずるに尚書大伝に「七政は春・秋・冬・夏・天文・地理・人道を謂う、政を為す所以なり、人道政《ただ》して万事順い成るなり」と云う、又た馬融 尚書に注して「七政なる者は北斗七星なり、各主《つかさど》る所有り、第一に曰く日を正す、第二に曰く月法を主る、第三に曰く火に命す、熒惑を謂うなり、第四に曰く土を煞す、填星を謂うなり、第五に曰く水を伐す、辰星を謂うなり、第六に曰く木を危す、歳星を謂うなり、第七に曰く金を剽す、太白を謂うなり、日・月・五星各異なる、故に七政と曰うなり」と云う〕）

では、「以て七政を斉う」に対する注として『尚書大傳』を引用する。ここでは『尚書』の注釈への言及の仕方として、そのほかに「鄭玄 大伝に注して云う」や「馬融 尚書に注して云う」などが見える。また『尚書大傳』については、「厥協六經異傳、整齊百家雜語（厥れ六経の異伝を協し、百家の雑語を整斉す）」（巻百三十 大史公自序）の「索隠」に「異傳者、如子夏易傳、毛公詩、及韓嬰外傳、伏生尚書大傳之流者也（異伝なる者は、子夏易伝・毛公詩、及び韓嬰外伝・伏生尚書大伝の流の如き者なり）」と言い、「正義」に「異傳、謂如丘明春秋外傳、國語、子夏易傳、毛公詩傳、韓詩外傳、伏生尚書大傳之流也（異伝は、丘明春秋外伝・国語・子夏易伝・毛公詩伝・韓詩外伝・伏生尚書大伝の流の如きを謂うなり）」と言うように、「六経の異伝」の一つとされている。『史記』の注釈に「尚書大傳」として言及されるのは九条、『漢書』顔師古注に言及されるのは十条で比較的少ないが、やはり事跡・事柄に関する注が多い。

36　昔周公薨、成王葬以變禮、而當天心

（注）師古曰、周公死、成王欲葬之於成周、天乃雷雨以風、禾盡偃、大木斯拔、國大恐、王乃葬周公於畢、示不敢臣也、事見尚書大傳、而與古文尚書不同　【漢書巻八十八　儒林傳】

（昔周公薨ずるに、成王葬するに変礼を以てし、天の心に当《かな》う［注：師古曰く、周公死し、成王 之を成周に葬らんと欲す、天乃ち雷雨ふらせ風を以てし、禾尽く偃《ふ》し、大木斯れ抜く、国大いに恐る、王乃ち周公を畢に葬り、敢えて臣とせざるを示すなり、事は尚書大伝に見えるも古文尚書と同じからず］）

で師古は、昔周公が薨じた時、成王が周公を成周に葬ろうとしたところ天候が大いに荒れて国中が大いに恐れたので、畢に葬り、敢えて臣としないことを示したという故事が『尚書大傳』に見えるが、それは『古文尚書』の記述とは異なることを指摘している。

以上のように『尚書』の注釈を引用する時、『史記』に於いては偽孔伝は「孔安國」、『尚書大傳』はそのまま「尚書大傳」と称し、そのほかの注釈もその名を明示している。『漢書』も例は少ないが、『史記』に準じると考えられる。

そのことを踏まえて、『史記』・『漢書』に於いて「書傳」と称して引用されるものについて検討する。「書傳」と称されるのは、十条のみである。[13] そのうち、『史記』の一条のみが『書』の伝という意味で使われている。

37　孔子之時、周室微而禮樂廢、詩書缺、追迹三代之禮、序書傳、上紀唐虞之際、下至秦繆、編次其事、曰、夏禮吾能言之、杞不足徵也、殷禮吾能言之、宋不足徵也、足、則吾能徵之矣、觀殷夏所損益、曰、後雖百世可知也、以一文一質、周監二代、郁郁乎文哉、吾從周、故書傳・禮記自孔氏　【史記巻四十七　孔子世家】

（孔子の時、周室微《おとろ》え礼楽廃れ、詩書欠く、三代の礼を追迹し、書伝に序し、上は唐虞の際を紀し、下は秦繆に至るまで其の事を編次す、曰く「夏の礼は吾れ能く之を言う、杞は徴《しるし》とするに足らざるなり、殷の礼は吾れ能く之を言う、宋は徴とするに足らざるなり、足らば則ち吾れ能く之を徴とせん」と、殷夏の損益する所を観て曰く「後 百世と雖も知る可きなり、一は文にして一は質なるを以て、周は二代に監《かんが》みる、郁郁乎として文なる哉、吾れ周に従わん」と、故に書伝と礼記は孔氏自りす）

（孔子の時代には、）『詩』や『書』にも欠けたところができた。そこで、孔子は三代の礼の跡を追い求め、また「書の伝に序」し、唐・虞の世から秦の穆公の世までの記録を秩序立て、夏・殷二代の礼を備える周に従うとする。それを受け「故に書伝と礼記は孔氏よりす」と言うのであるから、この条の「書傳」はともに『書』の伝を意味すると考えられる。しかし、それ以外の条は『史記』及び『漢書』の本文・注釈に用いられるもの全て広く書籍を意味すると考えられる。次の例では『史記』本文に「書傳」が用いられている。

38　公孫龍字子石、少孔子五十三歳、自子石已右三十五人、顯有年名及受業聞見于書傳、其四十有二人、無年及不見書傳者紀于左【史記巻六十七　仲尼弟子列傳】

（公孫龍、字は子石、孔子より少《わか》きこと五十三歳、子石自り已右の三十五人は、顕らかに年名有るもの、及び業を受くること書伝に聞見するものなり、其れ四十有二人なるは、年無きもの及び書伝に見えざる者にして、左に紀す）

この条は、公孫龍より右に記されている三十五人は、年齢・事跡などが書籍に見える者で、年齢不詳で事跡も書籍に見えない四十二人はその左に記すことを言うもので、「書傳」は広く書籍を意味している。また、『漢書』本文・注に用いられている例としては、次のようなものがある。[14]

39　城池不守、支體分裂、遂令天下城邑爲虚、丘壠發掘、害徧生民、辜及朽骨、自書傳所載亂臣賊子無道之人、考其禍敗、未有如莽之甚者也【漢書巻九十九下　王莽傳下】

（城池を守れず、支体は分裂され、遂に天下の城邑をして虚為ら令め、邱壠は発掘され、害は生民に徧く、辜《つみ》は朽骨に及ぶ、書伝に載する所の乱臣賊子無道の人自り、其の禍敗を考うるに、未だ莽の甚しきが如き者有らざるなり）

40　夏・殷亡聞焉、周官則備矣

（注）師古曰、言夏殷置官事不見於書傳也、禮記明堂位曰、夏后氏官百、殷二百、蓋言其大數而無職號統屬也【漢書巻十九上　百官公卿表】

（夏・殷は聞亡く、周官は則ち備われり［注：師古曰く、夏殷は官を置く事書伝に見えざるを言うなり、礼記明堂位に曰く「夏后氏は官百にして、殷は二百」と、蓋し其の大数を言うも職号統属無きなり）

例文39は、王莽のもたらした禍と失敗を、古くから書籍に記載されている無道の人たちのものと比べても、莽ほど極端な者がなかったことを言う。例文40は夏・殷で官を置いたことが書籍に記載がないことを言う。ともに「書傳」は古くから伝わった書籍全般を指している。

以上のように『史記』・『漢書』に於いても、経学の歴史を述べた一条を除き、李善注『文選』同様、「書傳」は本文・注釈共に広く書籍を指す言葉として用いられている。

（4）経書に於ける「書傳」の用法

本節二（1）で検討対象として選定したもののうち、経部の書は『周易』・『尚書』・『毛詩』・『周禮』・『左傳』及び『爾雅』であるが、『周易』に関しては「書傳」の用例がない。それ以外では、「書傳」の用例は主に疏に見える。そこで、『尚書』・『毛詩』・『左傳』の孔穎達疏、『周禮』の賈公彦疏に分けて考察する。[15]『爾雅』に関しては、郭璞注までが検討対象となるが、宋・邢昺の疏[16]も小徐以降の用法を示すものとして、一部参考にする。

まず孔穎達疏（以下、孔疏と称する）のうち、『尙書』の経伝に対する注釈について検討する。底本として使用した阮元本中、「書傳」という語が用いられているのは三十六条（四十六回）である。うち一条が『經典釋文』（以下、『釋文』と称する）の用例であるほかは、全て孔疏の用例である。

孔疏は、それ以前の経に対する議論の集大成的なものであるため、本節二（2）で検討した『文選』李善注のような個人の著作とは異なり、思想的にある程度の幅があるのみならず、語意についても通時的な幅がある可能性がある。また『尙書正義』を含む『五經正義』は、孔穎達ら複数の学者が勅命を奉じて著したものであり、その点でも個人の著作とは異なる幅がある可能性はある。そこで、『文選』・『史記』・『漢書』の注釈を分析した際に取った『尙書』の注釈を表す呼称を確定した上で「書傳」の用法を検討するという方法は取らず、それぞれの用例について直接文脈に於いてその用法を検討してゆく。

阮元本『尙書正義』に於ける「書傳」の用法は、広く書籍を指すものと、『尙書大傳』を指すものに大別できる。そのうち次の三条のみが、孔疏に引用されたそれ以前の注釈中の用例である。

41

二百里流（僞孔傳）流移也、言政教隨其俗、凡五服相距、爲方五千里

（正義）凡五服之別、各五百里、是王城四面、面別二千五百里、四面相距爲方五千里也、賈逵馬融以爲、甸服之外、百里至五百里米、特有此數、去王城千里、其侯・綏・要・荒、服各五百里、是面三千里、相距爲方六千里、鄭玄以爲、五服服別五百里、是堯之舊制、及禹弼之、每服之閒更增五百里、面別至于五千里、相距爲方萬里、司馬遷與孔意同、王肅亦以爲然、故肅注此云、賈馬旣失其實、鄭玄尤不然矣、禹之功在平治山川、不在拓境廣土、土地之廣三倍於堯、而書傳無稱也、則鄭玄創造、難可據信　【巻六　禹貢】

（二百里は流［**偽孔伝**：流は移なり、政教は其の俗に随うを言う、凡そ五服相い距《さ》ること、方五千里と為す、**正義**：凡

そ五服の別は、各五百里たり、是《これ》王城の四面、面別《ごと》に二千五百里たり、四面相い距ること方五千里為るなり、賈逵・馬融以為らく「甸服の外、百里より五百里米に至るまで、特に此の数有りて、王城を去ること千里たり、其れ侯・綏・要・荒たり、服は各五百里たれば、是《これ》面三千里なり、相い距ること方六千里為り」と、鄭玄以為らく「五服は服別《ごと》に五百里たるは、是《これ》尭の旧制なり、禹 之を弼《ひろ》ぐるに及び、毎服の間に更に五百里を増し、面別に五千里に至る、相い距《さ》ること方万里為り」と、司馬遷は孔の意と同じ、王粛も亦た以為らく然りと、故に粛は此に注して「賈・馬は既に其の実を失う、鄭玄は尤も然からざるなり、禹の功は山川を平治するに在り、境を拓き土を広むるに在らず、土地の広きこと尭に三倍にして、而も書伝に称する無きなり、則ち鄭玄の創造にして、拠りて信ず可きとし難し」と云う）

42

作泰誓三篇（僞孔傳）渡津乃作

（正義）馬融書序曰、泰誓後得、案其文、似若淺露、…又春秋引泰誓曰、民之所欲、天必從之、…今文泰誓皆無此語、吾見書傳多矣、所引泰誓、而不在泰誓者甚多、弗復悉記、略擧五事以明之、亦可知矣

【巻十一　泰誓序】

（泰誓三篇を作る［**偽孔伝**：津を渡りて乃ち作る、**正義**：馬融書序に曰く「泰誓は後に得るなり、其の文を案ずるに、浅露たるが若きに似たり、…又た春秋に泰誓を引きて曰く『民の欲する所、天必ず之に従う』と、…今文泰誓に皆此の語無し、吾れ書伝を見ること多し、引く所の泰誓、而して泰誓に在らざる者甚だ多し、復た悉くは記さず、略して五事を挙げて以て之を明らかにすれば、亦た知る可し」と］）

例文41では、五服間の距離について、「凡そ五服の相い距《さ》ること、方五千里と為す」という偽孔伝の説とは異なる賈逵・馬融・鄭玄の説を挙げ、更に司馬遷と王粛は偽孔伝と同じだとした上で王粛の注の語を引用する。王粛は鄭玄の説を駁して、禹の功績は治水にあり、土地を広めたことにあるのではないとし、且つ「土地の広きこと尭に三倍にして、而も書伝に称する無きなり」と言う。禹が土地を広げたという記述は古い文献に見えないことから鄭玄

の創造であると批判しており、ここでは「書傳」は広く書籍を指していると考えられる。また例文42では、「泰誓」篇について述べた馬融の「書序」を引用しており、その中で馬融は『春秋』・『國語』などに引用された「泰誓」篇の語句を挙げた上で（例文42では四例省略）、現行の「泰誓」篇にはそれらが見えないことを指摘し、更に「吾れ書伝を見ること多し、引く所の泰誓、而して泰誓に在らざる者甚だ多し」と言う。この語はまた、「尙書序」の孔疏にも「泰誓理當是一、而古今文不同者、卽馬融所云吾見書傳多矣、凡諸所引、今之泰誓皆無此言（泰誓の理は当に是《これ》一たるべし、而して古今文の同じからざる者は、即ち馬融の云う所の「吾れ書伝を見ること多し、凡そ諸《もろもろ》の引く所、今の泰誓に皆な此の言無し」なり）」（巻二）として引用されている。これは、馬融が多くの書籍を読んだが、諸書に引用されている「泰誓」篇の語が今本には見えないことを言っており、「書傳」はやはり諸の書籍を指す。

このように孔疏に引用された旧注に於ける「書傳」は、全て書籍全般を指す語であり、それは『釋文』の用例（巻七　五子之歌「五子名字、書傳無聞」）も同様である。

ところが、孔疏の用法は今まで見てきたものとはかなり異なる。

43　唐叔得禾、異畝同穎（僞孔傳）唐叔成王母弟、食邑內得異禾也、畝壟、穎穗也、禾各生一壟、而合爲一穗（正義）昭十五年左傳云、叔父唐叔、成王之母弟、指言唐叔得禾、知其所食邑內得異禾也、唐叔食邑、書傳無文、詩述后稷種禾、於實秀之下、乃言實穎、毛傳云、穎垂、言穗重而垂、是穎爲穗也、禾各生一壟、而合爲一穗、言其異也、書傳云、成王之時、有三苗貫桑葉而生、同爲一穗、其大盈車、長幾充箱、民得而上諸成王、下傳云、拔而貢之、若是盈車之穗、不可手拔而貢、孔不用書傳爲說也　【巻十三　微子之命】

（唐叔 禾を得たり、畝《うね》を異にし穎を同じくす［**僞孔伝**：唐叔は成王の母弟たり、食邑の內に異禾を得たるなり、畝は壟、穎は穗なり、禾《いね》各一壟に生じ、而して合して一穗と為る、**正義**：昭の十五年の左伝に「叔父唐叔は、成王の母弟なり」と云う、「唐叔 禾を得たり」と指して言えば、其の食する所の邑內に異禾を得たるを知るなり、唐叔の食邑は書伝に文無し、詩に后稷 禾を種うるを述べ、「実《まこと》に秀《みの》る」の下に於いて、乃ち「実《まこと》に穎す」と言い、毛伝に「穎が垂るるなり」と云うは、穂の重くして垂るるを言う、是《これ》「穎」は「穂」為るなり、「禾各一壟に生じ、而して合して一穂と為る」は、其の異《い》なるを言うなり、書伝に「成王の時、三苗の桑葉を貫きて生じ、同じて一穂と為る有り、其の大きさは車に盈ち、長さは幾ど箱に充つ、民得て諸《これ》を成王に上《たてまつ》る」と云い、下《あと》の伝に「抜きて之を貢ぐ」と云う、若し是《これ》車に盈つるの穂なれば、手もて抜きて貢ぐ可からず、孔は書伝を用いて説を為さざるなり」）

ここでは「書傳」が三度用いられている。最初の「唐叔の食邑は、書伝に文なし」は、唐叔の領地について文献に記載がないことを言い、「書傳」は書籍全般を指す。ところが、次の「書伝に云う」及び「孔は、書伝を用いて説を為さざるなり」に於ける「書傳」は『尚書大傳』を指すと考えられる。つまり、まず『尚書大傳』に穂の大きさが車一杯、長さは箱一杯であったと言うこと、及び後の経文「獻諸天子（諸《これ》を天子に献ず）」に対する偽孔伝に「抜きて之を貢ぐ」とあることに基づき、それほど大きな穂であれば手で抜いて献上することはできないので、孔安国は『尚書大傳』に基づいて説を立てたのではない、と言うのだと考えられる。このように比較的短い文中に「書傳」という同一語彙が複数回使用されており、且つ書籍全般を指すものと、『尚書大傳』を指すものが混用されていることは、非常に興味深い。孔疏に於いては、「書傳」の二つの意味用法は文脈により自明であり、それよりもむしろ、偽孔伝と『尚書大傳』を明確に区別するために、偽孔伝を「孔」・「傳」と称し、『尚書大傳』を「書傳」と称したということになろうか。なお、ここで「書傳」を『尚書』の注釈全体やほかの人の注釈ではなく、『尚書大傳』を指すと断定したのは、

44　帝曰、咨四岳（僞孔傳）四岳卽上羲和之四子、分掌四岳之諸侯、故稱焉
（正義）…計堯在位六十餘年、乃命羲和、蓋應早矣、若使成人見命、至此近將百歳、故馬鄭以爲羲和皆死、

孔以爲四岳卽是羲和、至今仍得在者、以羲和世掌天地、自當父子相承、不必仲叔之身皆悉在也、書傳雖出自伏生、其常聞諸先達、虞傳雖説舜典之四岳、尙有羲伯和伯、是仲叔子孫世掌岳事也　【巻二　堯典】

（帝曰く「咨《ああ》四岳」と［**偽孔伝**：四岳は即ち上の羲・和の四子、分れて四岳の諸侯を掌る、故に称す、**正義**：堯の在位を計るに六十余年なり、「乃ち羲・和に命ず」は、蓋し応に早かるべし、若し成人をして命ぜられ使めれば、此れ近《ほとんど》将に百歳に至らんとす、故に馬・鄭は以為らく「羲・和　皆死す」と、孔は以為らく「四岳は即ち是《これ》羲・和」と、今に至りて仍お在るを得る者は、羲・和は「世《よよ》に天地を掌る」を以て、自ら当に父子相い承くべし、必ずしも仲・叔の身皆悉くは在らざるなり、書伝は伏生自り出づると雖も、其れ常に諸を先達に聞く、虞伝は舜典の四岳を説くと雖も、尚お羲伯・和伯有り、是《これ》仲・叔の子孫は世に岳の事を掌るなり」）

で「書伝は伏生自り出づると雖も」と言い、「書傳伏生所造（書伝は伏生の造る所）」（「康誥」篇「惟三月哉生魄（惟れ三月哉生魄）」の偽孔伝に対する正義）と言うように、孔疏に明記されているからである。また「伏生書傳」と称したり、「鄭玄注書傳云（鄭玄 書伝に注して云う）」のような限定があり、『尙書大傳』を指すことが明確である場合もかなりある。偽孔伝は前述のように「孔」や「傳」として言及されるほか、「孔傳」・「孔意」・「孔説」・「此傳」のような形で言及されており、特に「書傳」が『尙書大傳』の意味で用いられる場合には、しばしばそれと対比して用いられている。

『文選』や『史記』・『漢書』では、経学の歴史を述べた一条の例外を除き、全て書籍全般を意味していたが、『尙書正義』に於いては、孔疏（旧注の語・『釋文』を除く）に用いられた四十三例中三十三例が『尙書大傳』を意味しており、書籍全般を指すのは僅かに十例（約二十三％）に過ぎない。これは、『尙書正義』が議論の対象としているのが、『尙書』の経伝の解釈であることと深く関わると考えられる。なお書籍を表す用例は、次のようなものである。

45
帝曰咨四岳、朕在位七十載（僞孔傳）堯年十六、以唐侯升爲天子、在位七十年、則時年八十六、老將求代
（正義）徧檢今之書傳、無堯即位之年、孔氏博考羣書、作爲此傳、言堯年十六、以唐侯升爲天子、必當有所案據、未知出何書【巻二　堯典】
（帝曰く「咨《ああ》四岳、朕《われ》在位七十載」と「**偽孔伝**：尭は年十六にして唐侯を以て升りて天子と為る、在位七十年なれば則ち時に年八十六なり、老いて将に代りを求めんとす、**正義**：徧く今の書伝を検ずるに、尭の即位の年無し、孔氏は博く羣書を考し、作りて此の伝を為す、「尭は年十六にして唐侯を以て升りて天子と為る」と言えば、必ず当に案拠する所有るべきも、未だ何れの書より出づるかを知らず」）

ここでは、偽孔伝の記述の典拠を考察して「徧く今の書伝を検ずるも」尭が即位した年の記述がないことを言う。この「書傳」は、後の「孔氏博く羣書を考して」此の伝を作ったと言うところの「羣書」と同じであると考えられる。「書傳」が広く書籍全般を指す場合、この例のように「徧く検ず」や、「書伝の通訓」、「書伝多く云う」、「書伝皆言う」、「書伝に無し」のような表現が用いられることが多い。
それでは、次に『毛詩』・『左傳』の孔疏について見ておこう。

46
文王、文王受命作周也（毛傳）受命、受天命、而王天下、制立周邦
（正義）其受命之年、必不得與鄭同也、尙書武成篇曰、我文考文王、克成厥勳、誕膺天命、惟九年、大統未集、孔安國云、言諸侯歸之、九年而卒、故大業未就、劉歆作三統歷、考上世帝王、以爲文王受命九年而崩、班固作漢書律歷志載其說、於是賈逵・馬融・王肅・韋昭・皇甫謐、皆悉同之、則毛意或當然矣、…故諸儒皆以爲九年而崩、其伏生・司馬遷以爲文王受命七年而崩、故尙書周傳云、文王受命一年斷虞芮之訟、二年伐邘、三年伐密須、四年伐犬夷、五年伐耆、六年伐崇、七年而崩、史記周本紀云、西伯陰行善、諸侯

皆來決平、虞・芮既讓、諸侯聞之曰、西伯蓋受命之君也、此是受命一年之事、又曰、明年、伐犬夷、明年、伐密須、明年、敗耆國、明年、伐邘、明年、伐崇侯虎、而作豐邑、明年、西伯崩、此雖伐犬夷與伐耆・伐邘、其年與書傳不次、要亦七年崩也、鄭不見古文尙書、又周書遺失之文、難可據信、依書傳・史記爲說、故洛誥注云、文王得赤雀、武王俯取白魚、皆七年、是鄭以文王受命爲七年之事【巻十六之一　文王】

（文王は文王 命を受けて周を作すなり［**毛伝**：受命は天命を受けて天下に王たりて周邦を制立するなり、**正義**：其の受命の年は必ずしも鄭と同じきを得ざるなり、尚書武成篇に曰く「我が文考文王は克く厥の勲を成し、誕《おお》いに天命を膺《う》く、惟れ九年、大統未だ集《な》らず」と、孔安国云えらく「諸侯之に帰して九年にして卒す、故に大業未だ就《な》らざるを言う」と、劉歆は三統歴を作り、上世帝王を考え、以て文王は受命九年にして崩ずと為す、班固は漢書律歴志を作りて其の説を載す、是に於いて賈逵・馬融・王粛・韋昭・皇甫謐、皆悉く之に同じくすれば、則ち毛の意は或いは当に然るべし、…故に諸儒皆以為らく九年にして崩ずと、其れ伏生・司馬遷は以て文王受命七年にして崩ずと為す、故に尚書周伝に「文王受命一年にして虞芮の訟を断じ、二年にして邾を伐ち、三年にして密須を伐ち、四年にして犬夷を伐ち、五年にして耆を伐ち、六年にして崇を伐ち、七年にして崩ず」と云い、史記周本紀に「西伯は陰かに善を行い、諸侯は皆来たりて平を決す、虞・芮既に譲り、諸侯之を聞きて曰く、西伯は蓋し受命の君なりと、此れ是《これ》受命一年の事なり」と云い、又た「明くる年に犬夷を伐ち、明くる年に密須を伐ち、明くる年に耆国を敗り、明くる年に邘を伐ち、明くる年に崇侯虎を伐ちて豊邑を作り、明くる年に西伯崩ず」と曰う、此れ犬夷を伐つと耆を伐ち邘を伐つとは、其の年 書伝と次ならずと雖も、要は亦た七年にして崩ずるなり、鄭は古文尚書を見ず、又た周書の遺失の文、拠りて信ず可きとし難く、書伝・史記に依りて説を為す、故に洛誥の注に「文王 赤雀を得て、武王俯して白魚を取るは皆七年なり」と云う、是《これ》鄭は文王受命を以て七年の事と為すなり）

ここでは、文王受命の年と崩御の年について考察している。ここで「孔安國云」として引用されているのは、『尚書』

「武成」篇の偽孔伝であり、劉歆・班固らと毛伝はそれに従い受命から九年で崩御したとするのに対して、伏生・司馬遷は七年で崩御したとし、鄭玄もそれによっているとする。この条では『尚書』の注釈のうち、偽孔伝は「孔安國」と称して引用され、『尚書大傳』は「伏生」・「尚書周傳」及び「書傳」として引用されている。このほかでも、『毛詩』孔疏では、偽孔伝は「顧命孔安國注云」（巻四之一　大車）のように基本的に「孔安國」として引用されている。これに対して、『尚書大傳』は、上記のようにその呼称にはかなり幅があるが、「書傳」が『尚書』の注釈を表す場合には、『尚書』の孔疏同様ほぼ『尚書大傳』を指すと考えてよい。この条で「尚書周傳」として引用されている文は、『尚書』「西伯戡黎」序の孔疏では「伏生書傳」として引用されており、また『毛詩』鄭玄「詩譜（豳譜）」に対する孔疏では「書傳」として引用されている。

『毛詩』孔疏では、「書傳」は全八十七条（百七回）用いられているが、そのうち五十八条（七十八回）が『尚書大傳』を指す。広く書籍を指すと考えられるものは二十九条（約二十七％）で、「徧く検ず」・「書伝の通訓」・「書伝皆言う」・「書伝に文無し」などの表現が用いられることが多いのは、『尚書』孔疏と同じである。また、『尚書大傳』を指す場合が圧倒的に多いのも共通する特徴である。

しかし、『左傳』の孔疏のみは、傾向を異にしており、そのほとんどが広く書籍を指すと考えられる。また『尚書』の注釈を引用する場合には、「孔安國尚書傳」・「尚書傳」などのように称することが多い。なぜ『左傳』の孔疏だけが、傾向を異にするかはわからない。しかし、(1)『左傳』の孔疏は主として経及び伝の記述の根拠となるものを引用して説明することが多いが、その根拠となるものが見つからない場合に、『尚書』・『毛詩』の孔疏同様「書伝に文無し」などの表現が使われた反面、注釈の対象となる経・伝の記述が『尚書』の記述に深く関わることでない限り、その根拠を『尚書』のみに求める理由がないため、特に事績の注釈に利用されていた『尚書大傳』に言及する必要性が低かったこと、(2)偽孔伝は語釈に用いられることが多く、出典を明示する必要から「孔安國尚書傳」として引用されたことなどが考えられるのではないだろうか。

では、『周禮正義』はどうであろうか。『周禮正義』に於いて、「書傳」は二十七条（三十一回）用いられている。鄭玄注（秋官「司刑」）に用いられたもの（一回）以外は全て賈公彦疏（以下賈疏と称する）に用いられているものである。孔穎達疏では四分の一程度ではあるが「書傳」が書籍の意で用いられることがあった。しかし、注の用例も含め『周禮正義』に於いては、「書傳」は全て『尚書』の注釈を意味している。

47　惟王建國（鄭注）建立也、周公居攝而作六典之職、謂之周禮、營邑於土中、七年致政成王、以此禮授之、使居雒邑治天下…

（正義）云周公居攝而作六典之職、謂之周禮者、案禮記明堂位云、周公攝政六年、制禮作樂、頒度量於天下、又案書傳亦云、六年制禮作樂、所制之禮、則此周禮也、…又云以此禮授之、使居雒邑治天下者、此鄭解周公制禮、必兼言建國於洛邑之意、案尚書洛誥云、周公曰、孺子、來相宅、亂爲四方新辟、是使居洛邑也、下云、惠篤敍、無有遘自疾、是授以此禮使行之也、又案書傳云、一年救亂、二年伐殷、三年踐奄、四年建侯衞、五年營成周、六年制禮作樂、七年致政成王、鄭用此文、則四年封康叔於衞、爲建侯衞、案康誥云、周公初基作新大邑洛、謂初爲基阯之處、至五年內營之、是以書傳云五年營成周、成周與王城同時營、則五年營洛邑、與孔安國爲營洛邑・封康叔・制禮作樂、同是攝政七年異【卷一　天官冢宰序官】

（惟れ王 国を建つ［**鄭注**：建は立なり、周公 摂に居りて六典の職を作り、之を周礼と謂う、邑を土中に営み、七年にして政を成王に致す、此の礼を以て之に授け、雒邑に居りて天下を治め使む…、**正義**：「周公 摂に居りて六典の職を作り、之を周礼と謂う」と云う者は、礼記明堂位を案ずるに「周公摂政六年にして、礼を制し楽を作り、度量を天下に頒《わ》く」と云う、又た書伝を案ずるに亦た「六年にして礼を制し楽を作る、制する所の礼は則ち此れ周礼なり」と云う、…又た「此の礼を以て之に授け、雒邑に居りて天下を治め使む」と云う者は、此れ鄭 周公の礼を制するを解くに、必ず兼ねて国を洛邑に建つるの意を言うなり、案ずるに尚書洛誥に「周公曰く、孺子、来りて宅を相《み》、乱《おさ》めて四方の新辟と為せと」と云うは、是《これ》洛邑に居ら使むるなり、下に「恵《したが》い篤く叙して、遘疾《たまたま》を自《もち》うること有る無かれ」と云うは、是《これ》授くるに此の礼を以てし之を行わ使むるなり、又た案ずるに書伝に「一年にして乱を救い、二年にして殷を伐ち、三年にして奄を践し、四年にして侯衛を建て、五年にして成周を営み、六年にして礼を制し楽を作り、七年にして政を成王に致す」と云う、鄭は此の文を用うれば則ち四年にして康叔を衛に封じ、侯衛を為り建つるなり、案ずるに康誥に「周公初めて基《もとい》して新大邑を洛に作る」と云うは、初めて基阯の処を為るを謂う、五年の内に之を営むに至る、是を以て書伝に「五年にして成周を営むと」云う、成周は王城と時を同じくして営めば則ち五年にして洛邑を営むなり、孔安国の洛邑を営み、康叔を封じ、礼を制し楽を作るを、同じく是《これ》摂政の七年と為すとは異なれり）

賈疏は、鄭玄が「書傳」の説に基づいて周公摂政の四年目に康叔を封じ五年目に成周と洛邑を同時に経営したとするのは、「孔安国の洛邑を営み、康叔を封じ、礼を制し楽を作るを、同じく是《これ》摂政の七年と為す」のとは異なると言う。ここで「孔安國」として言及されているのは、「康誥」の偽孔伝である。『尚書』の注釈のうち偽孔伝は、このように「孔安國」或いは「孔注顧命云」（巻四十一　玉人）のような形で引用される。この偽孔伝に対するものとして挙げられるのが「書傳」の説である。そして「書傳」は、賈疏では『尚書大傳』を指す。

48　大祭祀、帥瞽登歌、令奏擊拊（鄭注）擊拊、瞽乃歌也、故書拊爲付、鄭司農云、登歌、歌者在堂也、付字當爲拊、書亦或爲拊、樂或當擊、或當拊、登歌下管、貴人聲也、玄謂拊形如鼓、以韋爲之、著之以穅（正義）鄭云擊拊、瞽乃歌也者、見經云令奏擊拊、故知擊拊乃歌也、先鄭云、樂或當擊、或當拊者、先鄭之意、擊拊謂若尚書云擊石拊石、皆是作用之名、拊非樂器、後鄭不從者、此擊拊謂若下文鼓朄乃擊應鼙之類、彼朄鼙是樂器、則知此拊亦樂器也、玄謂拊形如鼓、以韋爲之、著之以穅者、此破先鄭拊非樂器、知義如此者、約白虎通引尚書大傳云拊革裝之以穅、今書傳無者、在亡逸中【巻二十三　大師】

（大祭祀に瞽《こ》を帥いて登歌し、撃拊《げきふ》を奏することを令す［**鄭注**：拊を撃ちて瞽乃ち歌うなり、故書に「拊」を「付」に為《つく》る、鄭司農云えらく「登歌は歌う者堂に在るなり、『付』字は当に『拊』と為すべきなり、書も亦た或は『拊』に為る、楽は或いは当に撃つべく、或いは当に拊《う》つべし、登歌下管は人声を貴ぶなり」と、玄謂らく「拊は形は鼓の如く、韋以て之を為り、之に著《つ》くるに糠《こう》を以てす」と、**正義**：鄭の「拊を撃ちて瞽乃ち歌うなり」と云う者は、経に「撃拊を奏することを令す」と云うを見る故に拊を撃ちて乃ち歌うを知るなり、先鄭の「楽は或いは当に撃つべく、或いは当に拊《う》つべし」と云う者は、先鄭の意は、「撃拊」は尚書に「石を撃ち石を拊つ」と云うが若きを謂い、皆是《これ》作用の名にして、拊は楽器に非らず、後鄭の従わざる者は、此の「撃拊」は下文の「鼓朄は乃ち応鼙を撃つ」の類の若きを謂う、彼の朄鼙は是《これ》楽器なれば則ち此の拊も亦た楽器たるを知るなり、「玄謂らく、拊は形は鼓の如く、韋以て之を為り、之に著《つ》くるに糠を以てす」なる者は、此れ先鄭の拊を楽器に非らずとするを破り、義の此の如き者を知るなり、白虎通に尚書大伝を引きて「拊は革もてし、之に装するに糠を以てす」と云うを約す、今の書伝に無き者は亡逸の中に在るなり］）

この賈疏では、鄭司農が「拊」を（楽器を）うつ動きを意味するとするのに対して、鄭玄は「鼓」のような形で革で作られ中に糠を詰め込んだ楽器であるとすることを指摘した上で、それは『白虎通』に引用された『尚書大傳』の語に基づくものだとする。更に、『白虎通』に引用された語が「今 書伝に無き者は、亡逸の中に在るなり」と言う。この条から、賈疏に用いられている「書傳」は、『尚書』の注釈のうち、特に『尚書大傳』を指す語として用いられていることがわかる。『尚書大傳』は、「書傳」として引用されるほか、少数ながら次のように「尚書傳」として引用されることがある。

49　教樂儀、行以肆夏、趨以采薺、車亦如之、環拜以鍾鼓爲節

（鄭注）教樂儀、教王以樂出入於大寢朝廷之儀、故書趨作跢、…玄謂行者謂於大寢之中、趨謂於朝廷、爾

雅曰、堂上謂之行、門外謂之趨、然則王出既服、至堂而肆夏作、出路門而釆薺作、其反入至應門路門亦如之、此謂步迎賓客、王如有車出之事、登車於大寢西階之前、反降於阼階之前、尙書傳曰、天子將出、撞黃鍾之鍾、右五鍾皆應、入則撞蕤賓之鍾、左五鍾皆應、大師於是奏樂

（正義）云王如有車出之事者、則經車亦如之是也、但車無行趨之法、亦於門外奏釆薺、門內奏肆夏、鄭知有登車於大寢西階之前、反降於阼階之前者、以書傳云、天子將出、撞黃鍾之鍾、明知出入升降皆在階前、可知出必撞黃鍾之鍾者、黃鍾在子、是陽生之月、黃鍾又陽聲之首、陽主動、出而撞之、云右五鍾者、謂林鍾至應鍾、右是陰、陰主靜、恐王大動、故以右五鍾、黃鍾是動以告靜者【巻二十三　樂師】

（楽儀を教うるに、行くには肆夏を以てし、趨るには采薺を以てし、車にも亦た之の如くす、環拝には鍾鼓を以て節と為す［**鄭注**：「楽儀を教う」とは、王に楽を以て大寝・朝廷に出入するの儀を教うるなり、故書は「趨」を「跢」に作る、…玄謂えらく「行く」なる者は大寝の中に於てするを謂う、「趨る」は朝廷に於てするを謂う、爾雅に曰く「堂上に之を行くと謂い、門外に之を趨ると謂う」と、然れば則ち王出でて既に服して堂に至りて肆夏作《おこ》り、路門を出でて而して采薺作る、其の反り入りて応門・路門に至るも亦た之の如くす、此れ歩して賓客を迎うるを謂う、王如《も》し車にて出づるの事有れば、車に大寝の西階の前に登り、反りて阼階の前に降る、尚書伝に曰く「天子将に出でんとすれば、黄鍾の鍾を撞く、右の五鍾 皆応ず、入れば則ち蕤賓の鍾を撞く、左の五鍾 皆応ず、大師は是《これ》に於て楽を奏す」と、**正義**：「王如《も》し車にて出づるの事有れば」と云う者は、則ち経の「車にも亦た之の如くす」は是《これ》なり、但だ車に行趨の法なければ、亦た門外に於て采薺を奏し、門内に肆夏を奏す、鄭の「車に大寝の西階の前に登り、反りて阼階の前に降る」有るを知る者は、書伝に「天子将に出でんとすれば、黄鍾の鍾を撞く」と云うを以て、出入升降は皆 階の前に在るを明らかに知るなり、「出づるに必ず黄鍾の鍾を撞く」を知る可き者は、黄鍾は子に在り、是《これ》陽生の月にして、黄鍾は又た陽声の首たりて、陽は動を主るより、出づるに之を撞くなり、「右の五鍾」と云う者は林鍾から応鍾に至るを謂う、右は是《これ》陰なり、陰は静を主る、王の大動するを恐る、故に右の五鍾を以てす、黄鍾は是《これ》動にして以て静を告ぐ者なり」］）

鄭玄の注で「尙書傳」として引用されている「天子将に出でんとすれば、黄鍾の鍾を撞く」が、賈疏では「書傳」として言及されている。

　このように、賈疏に於いて「尙書傳」と称されるもののみならず、「書傳」が全て『尙書大傳』を指しているのは、非常に特徴的である。そのことは賈公彦が注釈を施した三礼全てが鄭玄注であり、鄭玄は例文47のように『尙書大傳』の説に基づく場合が多いことと関わりがあるのかもしれない。

　次に、小徐以降のものになるが、『爾雅』・『論語』・『孝經』の邢昺疏、及び『孟子』の孫奭疏についても、参考までに「書傳」の用法を確認しておく。(17)

　邢昺疏では、『論語』十二条・『爾雅』四条・『孝經』四条の計二十条に「書傳」が用いられている。このうち『尙書大傳』を意味するものは、「鄭注周禮司刑引書傳曰（鄭 周礼司刑に注して書伝を引きて曰く）」（孝經・五刑）・「書傳虞夏傳」（爾雅・釋山）として引用される二条のみであり、広く書籍を意味する用法が十五条と多数を占める。ただ、邢昺疏で特徴的なのは、次のように「書傳」が明らかに偽孔伝を意味している場合が、少なくとも三条あることである。『論語』（巻八　泰伯）の「舜有臣五人、而天下治（舜に臣五人有りて而して天下治まる）」で始まる条の疏に「書傳云、堯年十六以唐侯升爲天子（書伝に云う、尭　年十六にして唐侯を以て升りて天子と為る）」と言い、「書傳云、文王率諸侯以事紂（書伝に云う、文王　諸侯を率いて以て紂に事《つか》う）」と言うのは、それぞれ「堯典」・「西伯戡黎」の偽孔伝である。

　『孟子』の孫奭疏に於ける「書傳」の用例は三条のみであるが、全て広く書籍を意味している。なお、偽孔伝は「孔安國尙書傳」と称して（二条）引用され、『尙書大傳』は「尙書大傳」と称して（一条）引用されている。

（5）小徐本に於ける「書傳」の用法

　ここまで見てきた「書傳」の用法の分析結果をおおまかにまとめると、次のようになる。『史記』・『漢書』及び経書の伝・注など唐以前は、少数の例外を除き「書傳」は基本的に書籍全般を指していた。唐代になると、『史記』・『漢書』の注や、『文選』李善注は、その傾向を踏襲しているのに対して、五経の疏ではかなり傾向が異なる。『左傳』の孔疏以外では、「書傳」が『尚書大傳』を指す割合が飛躍的に増え、孔疏では八割弱、賈疏では全てが、『尚書大傳』を指す用法である。宋代の邢昺疏・孫奭疏では、「書傳」と言う語が用いられる回数自体が非常に少なくなり、且つ『尚書大傳』を指す用法は極一部で、そのほとんどが書籍全般を指す用法となっている。ただ、一つ注目すべき点は、邢昺疏に「書傳」と称して偽孔伝を引用するものが出てきたことであろう。

最後にこの流れを踏まえた上で、再度小徐の「書傳」の用法を分析する。小徐本に於いて、「書傳」という語が用いられているものは十二条ある。

50　瑱　玉聲、從玉眞聲、臣鍇按、書傳多云玉聲瑱瑱、左思詩曰嬌語若連瑱、是也【巻一　玉部】

（瑱は玉声なり、玉に従う眞の声、臣鍇按ずるに、書伝に多く玉声に瑱瑱たりと云う、左思の詩に「嬌語 瑱を連ぬるが若し」と曰うは是《これ》なり）

では、まず「書伝多く玉声に瑱瑱たりと云う」とした上で、その例として左思の詩「嬌語 瑱を連ぬるが若し」（嬌女詩）が挙げられている。この「書傳」は、挙げられた例及び「書伝多く云う」というその句法から、書籍全般を指すと理解してよいであろう。

51　𧷸　行賈也、從貝商省聲、臣鍇曰、易商旅不行、春秋傳曰、鄭商人弦高將貨於周、行賈也、諸家書傳竝假商字【巻十二　貝部】

（𧷸は行きて賈《う》るなり、貝に従う商の省声、臣鍇曰く、易に「商旅 行かず」と、春秋伝に曰く「鄭の商人弦高 将に周

に貨せんとす、行きて賈るなり」と、諸家の書伝並びに「商」字を仮る）

では、「諸家書傳」という表現が用いられている。「瑣」の場合と同じく、先に挙げられている『易』上経「復」卦象伝の「商旅行かず」と『春秋傳』僖公三十三年伝の「鄭商人弦高將市於周（鄭の商人弦高 将に周に市せんとす）」及びその杜注「商は行きて賈《う》るなり」が「諸家の書伝 並びに商の字を仮る」の例であると考えられる。この条もやはり「書傳」は書籍全般を指す。

　このように「書傳」が広く書籍を指すと考えられるものには、ほかに「皇」（巻一 王部）・「佁」（巻十五 人部）・「猶」（巻十七 頁部）・「䭲」（巻十七 首部）・「麟」（巻十九 鹿部）・「閅」（巻二十三 門部）などがある。これらは「書伝 多く有り」・「書伝 多く以て為す」・「書伝 多く云う」や、「今の書伝に猶お此に作る者有り」のような表現が用いられており、孔疏などと同様、これらも書籍全般を意味すると考えてよいであろう。

　しかし次の数例については、ある特定の書籍（または書籍群）を意味していると考えられる。ところが、それらを尚書の注釈である『尙書大傳』または偽孔伝の逸文と結論づけてしまうのは、些か問題があると思われる。先に見たように、小徐以前は「書傳」が『尙書』の注釈を表す場合、そのほとんどが『尙書大傳』を指していた。しかし、「其偁易孟氏、書孔氏、詩毛氏、禮周官、春秋左氏、論語、孝經、皆古文也」（巻二十九 叙）とする許慎の態度を受け継ぐ小徐は、偽孔伝は少数ながら引用するが、『尙書大傳』は引用しておらず、今文『尙書』に言及するのは文字の異同のみである。その小徐が「書傳」と言う時に『尙書大傳』の語を念頭に置いていたとは、やはり考えにくい。

　更に、特定の書籍を念頭に置いたと思われる記述は四条あるが、「巂」（巻七 隹部）の別義「一曰、蜀王望帝、婬其相妻、慙亡去、化爲子巂鳥、故蜀人聞子巂鳴、皆起云望帝乎（一に曰く、蜀王望帝 其の相の妻に婬し、慙じて亡げ去り、化して子巂鳥と為る、故に蜀人 子巂の鳴けるを聞けば、皆起ちて「望帝なり」と云うと）」に対する小徐注「按書傳云、蜀之王先代有蠶叢・魚鳧・杜宇・鼈令、望帝杜宇也（按ずるに書伝に「蜀の王の先代に蠶叢・魚鳧・杜宇・鼈令、望帝杜宇有るなり」と云う）」が出典不明であるのを除き、『尙書』以外の「経」の注釈と一致または類似する。

52　序　東西牆也、從广予聲、臣鍇按、書傳所以序別内外【卷十八　广部】
（序は東西の牆なり、广に従う予の声、臣鍇按ずるに、書伝に「内外を序別する所以なり」と）

53　槤　瑚槤也、從木連聲、臣鍇按、書傳夏之四璉、殷之六瑚、周之八簋、周禮考工記、夏人上匠、殷人上梓、周人上輿、注曰、上尊也、湯放桀疾禮樂之壞而尊梓【卷十一　木部】
（槤は瑚槤なり、木に従う連の声、臣鍇按ずるに、書伝に「夏の四璉、殷の六瑚、周の八簋」と、周礼考工記に「夏人は匠を上《たっと》び、殷人は梓を上び、周人は輿を上ぶ」と、注に曰く「上は尊ぶなり、湯は桀を放《はな》ち礼楽の壊るるを疾《にく》みて梓を尊ぶ」と）

54　拇　將指也、從手母聲、臣鍇按、春秋左氏傳曰、闔閭傷將指而卒、凡書傳謂大拇爲將指、頭指爲鹽豉指、所謂將指者、爲諸指之率也【卷二十三　手部】
（拇は将指なり、手に従う母の声、臣鍇按ずるに、春秋左氏伝に曰く「闔閭は将指を傷つけて卒す」と、凡そ書伝は大拇を謂いて将指と為し、頭指を塩豉指と為す、所謂将指なる者は諸指の率為るなり）

「序」（例文52）の「書伝に内外を序別する所以なりと」とあるのは、『爾雅』「釋宮」の「東西の牆、之を序と謂う」に対する郭璞注「所以序別內外」に完全に一致する。郭璞注の小徐への影響力の大きさを考える時、これは『尙書大傳』ではなく、郭璞注を念頭に置いた注釈であったとするべきではないだろうか。また「槤」（例文53）で「書傳」の説とされるものは、『禮記』「明堂位」の「有虞氏之兩敦、夏后氏之四連、殷之六瑚、周之八簋（有虞氏の両敦、夏后氏の四連、殷の六瑚、周の八簋あり）」にほぼ一致する。「連」・「瑚」については、そのほか『論語』（「公冶長」篇は「連」

を「璉」に作る）などにも見えるが、『尙書』には見えない。更に「拇」（例文54）に引用される『左傳』は、定公十四年の伝「闔廬傷将指、取其一屨、還、卒於陘（闔廬は将指を傷つけ、其の一屨を取らる、還るに陘に卒す）」に基づくもので、その杜預注には「其足大指見斬、遂失屨（其の足の大指を斬られ、遂に屨を失う）」とある。小徐が引用する左氏伝も「将指」を用いており、ここに言う「書傳」の用例の一つとして念頭にあったのは、この左氏伝の文であったと考えられる。

このように、小徐本に於ける「書傳」には、明確に意図したかどうかは不明ながら、『春秋經』に対する左伝、『（儀）禮』に対する『禮記』、『爾雅』の経文に対する郭璞注というように、ある「経」文に対する「伝」を意味する用法があったのではないかと考えられる。それは、『左傳』の孔疏に於ける「書傳」のいくつかの用例と軌を一にする。

55　乃先晉人（杜注）盟不書、諸侯恥之、故不錄

（正義）經據魯史策書傳、采魯之簡牘、魯之所書、必是依實、國語之書、當國所記、或可曲筆直已、辭有抑揚、故與左傳異者多矣、鄭玄云不可以國語亂周公所定法傳、玄云、國語非丘明所作、凡有共說一事、而二文不同、必國語虛、而左傳實、其言相反、不可強合也　【哀公十三年傳】

（乃ち晋人を先にせしむ〔杜注：盟するを書かざるは、諸侯之《これ》を恥じたればなり、故に録さず、正義：経は魯の史策・書伝に拠り、魯の簡牘・魯の書する所を采る、必ず是《これ》実に依る、国語の書は、当国の記する所にして、或いは曲筆して己を直とす可く、辞に抑揚有り、故に左伝と異なる者多し、鄭玄云えらく「国語を以て周公の定むる所の法伝を乱す可からず」と、玄云えらく「国語は丘明の作る所に非らず、凡そ共に一事を説きて、而も二文同じからざる有れば、必ず国語は虚にして左伝は実たり、其の言の相い反するは強いて合わす可からざるなり」と〕）

盟する時に呉と晋で血をすする順を争った際、伝は「乃ち晋人を先にせしむ」とする。その孔疏では、この同じこ

とを記した「呉語」では呉が先としていて左伝の記述と異なることを論じ、「経は魯の史策・書伝に拠り、魯の簡牘・魯の書する所を采る、必ず是《これ》実に依る」と左伝の優位性を説く。ここで用いられている「書傳」は、文献全てを意味しているのではなく、『春秋經』が依拠した事実を曲げることなく記されたものを指している。また、宣公十二年の伝、夏六月の孔疏に「彘季」と「彘子」を同一人物とする杜注について「杜君 別に拠る所有り、書伝残欠して、得て知る可からざる也[18]」と言う時の「書傳」も『春秋』の基づいた「書傳」を特に意図したものであると考えられる。この孔疏に於ける書籍・文献を指す場合の「書傳」の意味の二重性、即ち一般性と特殊性は、小徐本に於ける「書傳」の用法を考える上で、重要な意味を持つ。

以上のように、小徐本に於ける「書傳」の用法は、その大部分が広く書籍を指し示すものであるが、『尚書』の注釈を指すのではなく「経書に対する伝」を意味する用法が一部含まれていると考えられる。非常に特殊な用法のようであるが、それは『左傳』の孔疏の用法と類似したものではないかと考える。

以上のように、小徐注に於いて「書傳」は基本的に書籍全般を指し示すものと考えられる。従って、小徐が『書』の経文及び注釈を引用する際には、基本的に「書」ではなく「尙書」と称していると考えてよいであろう。

第三節　小徐本に於ける『書』引用の特徴

小徐本に於ける『書』の引用が『爾雅』・『禮』の引用と大きく異なる点は、『書』の引用にはその注釈を引用するものが極めて少ないということである。『爾雅』の引用では全四百七十一条のうち半数以上で郭璞の注が引用されており、『禮』については、『周禮』鄭玄注が特に重視されていた。ところが『書』の引用に於いては、その注釈を引用している可能性のあるもの及びその注釈について言及するものは、全百八十八条中僅かに十二条に過ぎない。

(1)「孔安國(傳)」とするもの二条、(2)「尙書注」と称するもの三条、(3)「尙書傳」と称するもの二条、(4)「說尙書者」と称するもの四条、(5)「說(引用文)者」と称するもの一条（「圛」例文5）である。なお、「書傳」にも『書』の注釈を意味する用法があるが、前節で詳細に検討したように、小徐本に於いては「書傳」は広く書籍を意味し、『書』の注を意味していないと考えられるため、注釈の引用としては扱わない。

また、「孔安國」として『書』の注に言及するものについては、既に許叙「書孔氏」の解釈を考察する際に検討した。[19]「璪　玉飾如水藻之文、從玉喿聲、虞書璪火粉米、臣鍇曰、藻則水中細草、今俗名瓜菜是也、愼所引藻火粉米、但言衣上之藻亦象此瓜菜形、不謂其藻火字當從玉也、以許愼說尙書合孔安國傳、故知之也（璪は玉の飾り水藻の文の如きなり、玉に從う喿の声、虞書に「璪火粉米」と、臣鍇曰く、藻は則ち水中の細草なり、今俗名瓜菜は是《これ》なり、愼の引く所の「藻火粉米」は、但だ衣上の藻も亦た此の瓜菜の形に象るを言い、其の「藻火」の字の当に玉に從うべきなるを謂わざるなり、許愼の尚書を説くに孔安国の伝に合うを以て、故に之を知るなり）」（例文三-28）、及び「欙　山行所椉者、從木纍聲、虞書曰、予椉四載、水行椉舟、陸行椉車、山行椉欙、澤行椉輴、臣鍇按、經傳說四載甚多、紛紜不定、…則孔安國所說與許愼同、山行椉欙（欙は山行に椉《の》る所の者なり、木に從う纍の声、虞書に曰く「予　四載に椉る」と、水行には舟に椉り、陸行には車に椉り、山行には欙《るい》に椉り、沢行には輴《ちゅん》に椉る、臣鍇按ずるに、経伝に四載を説くもの甚だ多く、紛紜として定まらず、…則ち孔安国の説く所は許愼と同じく、山行には欙に椉る）」（例文三-29）の二条がそれであるが、「孔安國」と言う場合は、ともに説解に『書』が引用されており、その引用について解説しているという点で一致している。許叙の「書は孔氏」、即ち『說文』に於ける『書』の引用は孔安国『古文尙書』に拠るという言に基づいた解説となっていると言えよう。

それでは、小徐注に引用される『書』の注も全て孔安国伝であると考えても良いのであろうか。ここで小徐本に於ける「禮」が二重構造になっていたこと――即ち、小徐は説解中の「禮」を『周禮』を中心とした礼学であるととらえる一方、小徐自身が「禮」と言う場合はほぼ『禮記』を指していたこと――を考え合わせると、『書』の引用に於ても同様の可能性を排除できない。従って、この二例のみに基づいて小徐自身が言う『書』も同じく所謂孔安国『僞古文尚書』であるとは断定できない。

そこで、注に言及するほかの例について、パターン別に検討してゆく。まず(2)「尙書注」と称するもの三条について見てみよう。

56　簾　堂簾也、從竹廉聲、臣鍇按、尙書注、戺堂廉、曲隅也、卽謂兩階欲下隅曲處、今此從竹、卽簾帷、據此書及釋名、簾帷皆作嗛、疑嗛或與簾別、或者此簾字後人所加之乎、所不能決也[20]【巻九　竹部】

（簾は堂簾なり、竹に従う廉の声、臣鍇按ずるに、尚書注に「戺《し》は堂廉なり」と、曲隅《くま》なり、即ち両階の下らんと欲する隅曲の処なり、今此れ竹に従えば即ち簾帷なり、此の書及び釈名に拠れば、簾帷は皆「嗛」に作る、疑うらくは「嗛」は或いは「簾」と別なり、或者は此の「簾」字は後の人の之を加うる所か、決する能わざる所なり）

この「尙書注」は、周書「顧命」篇「四人綦弁、執戈上刃、夾兩階戺（四人綦弁して、戈を執り刃を上にし、両階の戺《し》を夾《はさ》む）」に対する偽孔伝「堂廉曰戺（堂廉を戺と曰う）」を指すと考えられる。しかし、

57　敿　繫連也、從攴喬聲、周書曰、敿乃干、讀若矯、臣鍇曰、干盾也、尙書注曰、連盾紛[21]也、臣鍇以爲紛小組帶、所以繫盾鼻【巻六　攴部】

（敿は繋連するなり、攴に従う喬の声、周書に曰く「乃《なんじ》の干に敿《ほどこ》せ」と、読みて矯の若くす、臣鍇曰く、干は盾なり、尚書注に曰く「盾に糸を連ぬるなり」と、臣鍇以為えらく、紛は小組帯なり、盾の鼻に繋ぐ所以なり）

に引用される「尙書注」「盾に糸を連ぬるなり」は、周書「費誓」篇「善敹乃甲冑、敿乃干、無敢不弔（善く乃《なんじ》の甲

冑を斁《えら》び、乃の干に敿《ほどこ》し、敢えて弔《いた》らざることなかれ)」に対する偽孔伝「施汝楯紛（汝の楯に紛《ひも》を施せ)」を言い換えたものとも考えられるが、断定しがたい。また、「翟」（巻七 羽部）では、テキストの不備[22]により、その出典を考察できない。

次に(3)「尙書傳」とする二条について検討する。

58 碞 磛碞也、従石品聲、周書曰、畏于民碞、讀與巖同、臣鍇按、尙書傳、嶄喦不齊也 【巻十八 石部】
（碞は磛碞なり、石に従う品の声、周書に曰く「民の碞を畏る」と、読みて巌と同じくす、臣鍇按ずるに、尚書の伝に「嶄喦にして斉しからざるなり」と）

ここで「尙書傳」とするのは、説解に引用する「王不敢後用、顧畏于民碞（王 敢えて用を後にせず、民の碞を顧りみ畏れよ)」（周書「召誥」）の注を指す。偽孔伝には「碞、僭也（碞は僭なり)」とのみあり、その疏に「碞、卽巖也、參差不齊之意、故爲僭也（碞は即ち巌なり、参差して斉しからざるの意なり、故に僭と為すなり)」とある。或いは小徐はこの偽孔伝と疏を合わせて引用したのかもしれない。

59 嵞 會稽山、一曰九江當塗也、民以辛壬癸甲之日嫁娶也、從屾余聲、虞書曰、予娶嵞山、臣鍇按、尙書傳、禹方治水、以辛日娶、甲日復往治水、在家三日耳、嵞山民其先俗以辛日嫁娶、亦或後人見禹之聖、其後有天下、因以成俗也、若巫之禹歩然 【巻十八 屾部】
（嵞は会稽山なり、一に曰く九江の当塗なりと、民 辛壬癸甲の日を以て嫁娶するなり、屾に従う余の声、虞書に曰く「予 嵞山に娶る」と、臣鍇按ずるに、尚書伝に「禹は水を治むるに方《あた》り、辛日を以て娶り、甲日に復た往きて水を治む」と、家に在ること三日のみ、嵞山の民 其の先の俗に辛日を以て嫁娶するも、亦た或いは後の人 禹の聖にして其の後に天下

を有するを見て、因りて以て俗と成すなり、巫の禹歩するが若きは然り）

この「尙書傳」の引用は、虞書「益稷」篇「予創若時、娶于塗山、辛壬癸甲（予 時《かく》の若きに創《こ》り、塗山に娶るも、辛壬癸甲のみ）」の偽孔伝「辛日娶妻、至于甲日復往治水、不以私害公（辛日に妻を娶るも、甲日に至りて、復た往きて水を治む、私を以て公を害せず）」に基づくかと思われる。以上のように、断定しがたいものもあるが、「尙書注」・「尙書傳」とするものの多くは偽孔伝に基づく可能性が高いと言えよう。

それでは⑷「說尙書者」とする四条はどうだろうか。

60　珣　醫無閭之珣玗琪、周書所謂夷玉也、從玉旬聲、一曰玉器、讀若宣、臣鍇曰、說尙書者云、夷玉、東夷所貢之玉、醫無閭則幽州之鎭、鄭玄曰、在遼東、當周時爲東夷也【巻一　玉部】

（珣は医無閭の珣玗琪なり、周書に謂う所の夷玉なり、玉に従う旬の声、一に曰く玉器なりと、読みて宣の若くす、臣鍇曰く、尚書を説く者「夷玉は東夷の貢ぐ所の玉なり、医無閭は則ち幽州の鎮なり」と云う、鄭玄曰く「遼東に在り」と、周の時に当たりては東夷為るなり）

ここで「尚書を説く者」とされるのは、周書「顧命」篇「大玉・夷玉・天球・河圖在東序（大玉・夷玉・天球・河図は東序に在り）」の中の「夷玉」についての注釈を指すと考えられる。しかし、その偽孔伝には「夷は常也」とのみあり、「夷玉」そのものについての言及はない。それに対して『釋文』には「夷玉、馬云、東夷之美玉（夷玉は馬「東夷の美玉なり」と云う）」、「疏」には「王肅云、夷玉、東夷之美玉（王肅「夷玉は東夷の美玉なり」と云う）」との記述があり、小徐が基づいたのはこれではないかと思われる。なおその後の鄭玄の言は、既に「禮」の考察の際（例文三−9）に見たように『周禮』夏官「職方氏」の「東北曰幽州、其山鎭曰醫無閭（東北を幽州と曰い、其の山鎮を医無閭と

曰う)」の鄭注であって、『書』の注ではない。また、

61　毴　毛盛、從毛隼聲、虞書曰、鳥獸毴毛、臣鍇按、說尙書者曰、鳥獸生細毛、自煖也【巻十六　毛部】

(毴は毛盛んなり、毛に従う隼の声、虞書に曰く「鳥獣は毴毛たり」と、臣鍇按ずるに、尚書を説く者曰く「鳥獣は細毛を生じ自ら煖《あたた》むるなり」と)

で「尚書を説く者」とするのは、虞書「堯典」「鳥獣は氄毛《じゅうもう》す」の偽孔伝「鳥獸皆生而氄細毛、以自溫焉[23](鳥獣は皆而氄細毛を生じ、以て自ら温む)」を指すようにも思われるが、説解中の引用文との異同について何ら言及がない[24]など問題点も残っており、断定はできない。

62　櫓　大盾也、從木魯聲、臣鍇按、許愼所言櫓卽盾也、古說尙書武成篇者亦曰、血流漂櫓也、…【巻十一　木部】

(櫓は大盾なり、木に従う魯の声、臣鍇按ずるに、許慎の言う所の櫓は即ち盾なり、古　尚書武成篇を説く者も亦た曰く「血流れて櫓を漂わすなり」と)

では、「櫓」を大盾の意で用いる例として『書』の注釈を挙げる。しかし偽孔伝は「血流漂舂杵、甚之言(血流れて舂杵を漂わすは、甚しきの言なり)」と言うように「舂杵」と解しており、該当しない。ここで小徐の念頭にあったのは、『孟子』「盡心下」「以至仁伐至不仁、而何其血之流杵也(至仁を以て至不仁を伐つに、何ぞ其れ血の杵を流《あら》うことあらんや)」かもしれないが、断定できない。また、

63　瞽　目但有眹也、從目鼓聲、臣鍇按、說尙書者、言目漫若鼓皮也、眹但有黑子外微有黑影而已【巻七　目部】

（瞽は目に但だ眹有るのみなり、目に従う鼓の声、臣鍇按ずるに、尚書を説く者「目の漫たること鼓皮の若きなり」と言う、眹は但だ黒子有りて外に微かに黒影有るのみ）

に引く「尚書を説く者」の説は、偽孔伝には相当する部分が無く出典も不明である。以上のように、「尙書注」・「尙書傳」の場合とは異なり、「說尙書者」とするものは偽孔伝以外に基づく可能性が高い。

『書』の引用の最大の特徴は、注釈を引用することが極めて少ないことであるが、この僅か十二条に於いてその呼称に多くのパターンがある点は注意するべきである。何故なら、そのばらつきが引用された注釈の出典の多様性を反映している可能性が高いからである。具体的な出典については、小徐の依拠したテキストの考察と併せて今後更に検討すべき問題ではあるが、小徐自身が『書』を引用する際には、（「禮」の場合と同じく）必ずしも許叙の「書は孔氏」に拘泥していないことは明らかである。

本章では、段氏注との比較を通して小徐本中の『書』の引用について考察してきた。

段氏注は『書』そのものの問題や、広く古典籍の解釈・用字などに関わる問題にまで論が及んでいるのに対して、小徐注は『書』を引用して字形と字義の関わりを説いたり説解を補足説明するなど、専ら説解の理解を助けるための注となっている。この相違は、両者の注釈に当たっての基本姿勢の違いを反映していると考えられ、小徐注には説解を「経」とする姿勢が貫かれている。

また、小徐は『書』の経文及び注釈を引用する際には、基本的に「尙書」と称する。従って、小徐注に用いられる「書傳」は、『尙書』の注釈を意味せず、その大部分が書籍全般を意味する。ただ、一部に「経書に対する伝」

を意味する用法が含まれていると考えられる点は、注意すべきであろう。

小徐注に於ける『書』の引用の特徴としては、書の注釈を引用することが極めて少ないことが第一に挙げられる。このことは注釈を引用する際に多くの呼称のパターンがあることと併せて、偽孔伝に対する小徐の評価を示すものである可能性も考えられる。そのほか、説解中の引用と今本『書』との異同や仮借用法などに言及することが多いという特徴もあるが、これは『爾雅』や『禮』の引用と共通しており、小徐注の基本的な特徴であると言えよう。

【注】

（1）第二章注7参照。

（2）一条に複数の項目が同時に表れることが多いため、合計は百%を超える。以下、同じ。

（3）第三章第二節参照。

（4）「奟 大也、從大弗聲、讀若予違汝弼、臣鍇曰、此尙書之言也」（巻二十 大部）では、説解に出典を明示せずに『書』「益稷」の文「予 違わば、汝 弼《たす》けよ」を引用しており、小徐はそれが『書』の文であることを注記している。しかし、この節で問題としているのは、説解に『書』と明示して引用されているもののみであるため、この条は対象としない。

（5）ここで小徐が引用する『周禮』も、春官「典瑞」の「王晉大圭、執鎭圭」と、その鄭司農注「晉讀爲搢紳之搢、謂插於紳帶之閒」を合せてしまったものである。このような例は、小徐の引用にも散見する。

（6）承氏「校勘記」（中）に拠ると、小徐の引用は「秉心塞淵」の「秉」・「淵」を唐諱を避けて改めたものとする。

（7）第一章第三節（『爾雅』引用の特徴）、及び第三章第一節二（小徐本に於ける「禮」）参照。

（8）序章注21参照。

（9）第三章第一節（「禮周官」の解釈）を参照。

（10）詳細については第八章（引『春秋』考）を参照のこと。

（11）「離騷」など『楚辭』六十三回、司馬相如の賦三十九回、班固の賦二十七回、張衡の賦三十三回、左思の賦二十七回、潘岳の詩賦十八回などを言う。

（12）『文選』巻二「西京賦」の「薛綜注」に対する注。

（13）「魏有張祿先生、天下辯士也、曰秦王之國危於累卵、得臣則安、然不可以書傳也、臣故載來」（巻七十九 范雎蔡澤列傳）は「然れども書伝を以てす可からず」ではなく、「然れども書を以て伝う可からず」と読むべきであるので、ここには含めない。

（14）本文中に挙げなかった残り六条は、例文32の基づく「司馬相如傳」、例文33の基づく「異姓諸侯王表」のほか、「括徒能讀其父書傳、不知合變也」（史記巻八十一 廉頗藺相如列傳）、「皐・唐・甘・石因時務論其書傳、故其占驗淩雜米鹽（正義：言皐・唐・甘・石等因時務論其書傳中災異所記録者、故其占驗交亂細碎）」（史記巻二十七 天官書）、「占天文者因時務論書傳、故其占驗鱗雜米鹽、亡可録者」（漢書巻二十六 天文志）、「向爲人簡易無威儀、廉靖樂道、不交接世俗、專積思於經術、晝誦書傳、夜觀星宿、或不寐達旦」（漢書巻三十六 楚元王伝）である。

（15）『五經正義』に於ける「書傳」の用法については、『五經正義の研究——その成立と展開』（野間文史 東京 研文出版 一九九八年十月 総五〇九頁）第一篇第四章「二 書傳について」及び「三 書傳略説について」（一六六—一七六頁）に既に詳細な考察がある。そこで野間氏は、『九經疏』を対象として「書傳」の用例を調査し、「書傳」を『尙書大傳』以外の意味、つまり「古典」・「書籍」などの意味に使用するのは『五經正義』に特徴的なものと考えられることを指摘している。更に野間氏は、この「書籍」などを意味する用例が『五經正義』のうちでも『春秋正義』に最も多く、『尙書正義』・『毛詩正義』がそれに続くことなどから、この「書傳」の用法が、これらの三正義が底本とする隋の劉炫『五經述議』の用法である可能性があるとする。この論考があることに気づいたのは、本節の基になる「『書傳』考——南唐徐鍇の用法をめぐって——」を公表した後であった。この後の孔穎達疏及び賈公彥疏についての考察のかなりの部分が重なるが、考察の主たる目的・集計方法、及び一部の数値が異なるので、以下の記述については特に重複部分を削除するなどの変更を加えていない。

（16）『論語』・『孝經』の邢昺疏、及び『孟子』の宋・孫奭も少数ながら参考とする。

（17）これらの書の注に見える「書傳」の用例は、小徐以前のもので検討対象になるが、『論語』何注・『爾雅』郭璞注・『孟子』趙注各一度ずつ用いられているのみであり、全て広く書籍を意味する用法である。

（18）「夏六月、晉師救鄭、荀林父將中軍、先縠佐之（杜注：彘季代林父）」の疏に「案傳文皆稱彘子、今注云彘季者、勘譜亦以彘子・彘季爲一人、則杜君別有所據、書傳殘缺不可得而知也」とある。

(19) 第三章第二節八七－八九頁参照。

(20) 段氏は、この小徐注を引用した上で、巾部の「㡘、帷也」・「帷、在旁曰帷」と『周禮』「幕人」及びその注を引用して「然則㡘施於次以蔽旁、簾施於堂之前以隔風日而通明、㡘以布爲之、故从巾、簾析竹縷爲之、故其字从竹、其用殊、其地殊、其質殊（然れば則ち㡘は次に施して以て旁を蔽い、簾は堂の前に施して以て風日を隔て、而して明を通す、㡘は布を以て之を為る、故に巾に从う、簾は竹を析きたる縷もて之を為る、故に其の字は竹に从う、其の用殊なり、其の地殊なり、其の質殊なる）」と断じている。

(21) 承氏「校勘記」(上)は、「絲」は「紛」とすべきであるとする。

(22) 今本小徐本に「翟　山雉也、尾長、從羽從隹、臣鍇曰、古謂雉爲翟、故尙書曰、羽畎夏翟、注、漢書有言翟方進、姓本音狄、後人姓乃音澤也」とある。これは夏書「禹貢」篇「羽畎夏翟」の注を引用したものと考えられるが、承氏の「校勘記」(上)に「夏翟注下當有翟雉也三字（『夏翟注』の下に当に『翟は、雉也』の三字有るべし）」とあるように、引用そのものが脱誤していると思われる。

(23) 阮元「校勘記」には、「岳本閩本明監本毛本而作耎（岳本・閩本・明監本・毛本は「而」を「耎」に作る）」と言う。

(24) 「𤿭」の或体「䙝」の説解に『書』を引用して「虞書曰、鳥獸䙝毛」に作る。即ち「堯典」の同じ箇所を引用しながら、「毴」では「毴毛」に作り、「䙝」では「䙝毛」に作っている。段氏は䙝の注（三篇下 㼱部）に「豈彼古文、此今文之異與（豈に彼は古文、此れは今文の異ならんか）」と言うが、小徐はここでも「此亦𤿭字、鳥以柔毳爲衣、故從衣、當言從衣從朕、皆脱誤（此も亦た「𤿭」字なり、鳥は柔毳を以て衣と為す、故に衣に従う、当に「衣に従い朕に従う」と言うべし、皆脱誤す）」と言うのみで、異同に言及しない。このように、小徐は説解の引用に異同などテキスト上の問題がある場合にも、常にその ことに言及するわけではない。

第五章　引『易』考

第一節　『易』注の引用

第二章で見たように、「通釋」篇に於ける『易』の引用数は、ほかの経書に比べて際立って少ない。『易』の総引用数百六十六条は、巻十八に引用がないほかには、各巻に於ける引用数に目立った偏りはない。しかし、『易』に於ける分布には偏りがある。小徐の引用には一条中に複数『易』を引用するものが十五条あり、また出典を特定できないものが八条ある。従って、出典が明確なものは百七十三条となる。その分布を見ると、最も多いのは「繫辭傳」（上・下）で三十八条、二十二・〇％を占める。「說卦傳」の十三条（七・五％）、乾卦・屯卦各七条、坤卦・離卦各六条、咸卦・鼎卦各五条と続く。そのほかは、四条引用するもの五卦、三条引用するもの八卦、二条引用するもの十四卦、一条のみ引用するもの十四卦、全く引用されていないもの十八卦となっている。このように、「繫辭傳」の引用が特に多いことがわかる。

「通釋」篇に於ける小徐による『易』の引用で最も特徴的であるのは、「易注」を引用することが極めて少ないことである。前章で『書』の引用について考察した際に、その最大の特徴としてやはり注釈を引用することが極めて少ないことを挙げた。注釈を引用するものは、『書』では百八十八条中十二条、六・四%であったが、『易』では更に少なく、九十条中僅か四条、四・四%に過ぎない。

それでは、小徐は何故『易』注をほとんど引用していないのであろうか。まず、具体的に『易』注を引用する四条を検討してみよう。第三章第二節（例文三-27）でも見たように、

1　榰　柱砥、古用木、今以石、從木耆聲、易榰恆凶是、臣鍇曰、即柱下根也、按周易恆卦上六振恆凶、王弼云、振動也、今許愼言榰、則孟氏所注易文、故不同【巻十一　木部】

（榰は柱砥なり、古は木を用い、今は石を以てす、木に従う耆の声、易の「榰《ふる》うこと恒なるは凶なり」は是《これ》なり、臣鍇曰く、即ち柱下の根なり、按ずるに周易の恒卦上六に「振うこと恒なるは凶なり」と、王弼は「振は動なり」と云う、今許慎は「榰」と言えば、則ち孟氏の注する所の易の文なり、故に同じからず）

では、許が引用する恒卦上六の爻辞及びその王弼注を引用して、今本は「榰」ではなく「振」に作ることを示し、その上で許慎の引用が今本『易』と異なるのは許氏が「孟氏の注する所の易」に基づくためであるとする。ここで小徐が王弼注を引用したのは、許の引用する「榰恆凶」に於いては、「榰」はその本義の「柱の礎」という意味ではなく「動く」という別義で用いられていることを示すだけではなく、今本『易』では注もやはり「振」に作ることを強調する目的もあったのではないだろうか。なお今本『易』の王弼注にはこの句は無く、『釋文』に「振、馬云動也（振は、馬「動くなり」と云う）」とある。或は馬融注の誤りであろうか。

2　⿰出臬　槷⿰出臬不安也、從出臬聲、易曰、劓⿰出臬困于赤芾、臣鍇曰、物不安則出不在也、易曰、困于葛藟于⿰出危⿰出兀、注云、出則爲所繫、歸則不能自安、故困也【巻十二　出部】

（⿰臬出、槷⿰臬出は不安なり、出に従う臬の声、易に曰く「劓⿰臬出して赤芾に困《くる》しむ」と、臣鍇曰く、物安らかならざれば則ち出でて在らざるなり、易に曰く「葛藟に臲卼に困む」と、注に「出づれば則ち繋がる所と為り、帰すれば則ち自ら安んずる能わず」と云う、故に困むなり）

『易』困：九五　劓刖困于赤紱、乃徐有說、利用祭祀、…上六　困于葛藟于臲卼、曰動悔、有悔、征吉

（王注） 居困之極、而乘於剛、下无其應、行則愈繞者也、行則纏繞、居不獲安、故曰困于葛藟于臲卼也

（釋文） 臲…說文作劓、牛列反、薛同、卼…說文作⿰臬出、云⿰臬出不安也、薛又作杌字同

（九五は劓《はなき》られ刖《あしき》られ赤紱に困しむ、乃ち徐《ようや》くにして説《よろこ》び有り、用《もって》祭祀するに利あり。…上六は葛藟《かつるい》に臲卼《げつごつ》に困しむ、曰《ここ》に動けば悔ゆ、悔い有れば、征《ゆ》きて吉なり、〔王注〕困の極みに居りて而も剛に乗る、下に其れ応ずる無し、行けば則ち愈《いよいよ》繞《まと》う者なり、行けば則ち纏繞し、居れば安らかなるを獲ず、故に「葛藟に臲卼に困しむ」と曰うなり、〔釈文〕臲、…説文「劓」に作る、牛列の反、薛同じ、卼、…説文「⿰臬出」に作り「⿰臬出は不安なり」と云う、薛又た「杌」字に作るも同じ）

の説解に引用される『易』には、今本『易』との異同があり、テキスト上の問題がある箇所である。段注（六篇下出部）[1]では、『釋文』・小徐注などを検討した後、上六の爻辞であって「困于赤芾」の四字は後世の人が誤って付加したものであると結論づけている。小徐は「楷」（例文1）の場合と同じように、許慎の引用する『易』の文が基づく困卦の爻辞とその注を引用して、「（槷）⿰臬出」が「安らかならざるなり」という意味に用いられていることを示していると考えられる。ここに引用される「易注」は、今本の王弼注にはそのままの形では見えない。王弼以外の注である可能性もあるが、調査した限りでは一致するものは見つからない。王弼注「行けば則ち纏繞し、居れば安らかなるを獲ず、故に葛藟に臲卼に困しむと曰うなり」を、小徐自身の言葉で言い換えて引用したとも考えられる。

3　恆　常也、従心舟在二之間上下、一心以舟施恆也、臣鍇曰、二上下也、心當有常、易恆曰、四時變化而能久成、注曰、長陽長陰合而相與、可久之道也　【巻二十六　心部】

（恒は常なり、心舟の二の間に在り上下するに従う、一心 舟以て施《めぐ》るは恒なり、臣鍇曰く「二は上下なり、心当に常有るべし、易恒に曰く「四時変化して能く久しく成る」と、注に曰く「長陽と長陰の合して相い与《くみ》するは、久しかるべきの道なり」」と）

では、小徐は恒卦の彖伝「四時変化して能く久しく成る」と、恒卦の大象「雷風恆（雷風あるは恒なり）」の注「長陽と長陰の合して相い与《くみ》するは、久しかるべきの道なり」を引用する。恒卦は、上卦の震（雷、陽卦）と下卦の巽（風、陰卦）から成り、上下の卦が助け合うところに恒常性がある。そのように四時も天の法則に従って変化していくことで万物生成を果たすという『易』の語を用いて、「心」は変化して行くように見えても恒常性があるから、「恒」は「心」を構成要素とするのであると説明している。

4　剌　戾也、従束刀、刀者剌之也、臣鍇曰、剌乖違也、束而相乖害者、莫若束刀、易注曰、近而不相得則爭、魚跳蹬剌亦不順之名也、會意　【巻十二　束部】

（剌は戻《もと》るなり、束刀に従う、刀なる者は之を剌すなり、臣鍇曰く、剌は乖違するなり、束ねて而も相い乖害する者は、束刀に若くはなし、易注に曰く「近くして相い得ざれば則ち争う」と、魚の跳ね蹬剌たるも亦た不順の名なり、会意）

で「易注」として小徐が引用するものは、今本にはそのまま当てはまるものがない。「近而不相得」は、屯卦六二爻辞の注・需卦六四爻辞の注・睽卦六三爻辞の注・革卦の彖伝の注・艮の卦辞の注・既済卦六二爻辞の注疏・「繋辭下傳」の注疏などに見え、「則争」は、豊卦象伝の注・「繋辭下傳」の注・「序卦傳」の注などに見える。しかし、二つが組み合わさった「近而不相得則争（近くして相い得ざれば則ち争う）」という句はない。小徐が引用しようとしたのはそのうちの何れであろうか。注目すべきは、「繫辭下傳」の「凡易之情、近而不相得則凶（凡そ易の情、近くして相い得ざれば則ち凶なり）」とその韓康伯注「近而不相得、必有乖違之患（近くして相い得ざれば、必ず乖違の患有り）」であろう。小徐が経書を引用する際、「経」の部分と「注」をまとめた形で引用することは、『爾雅』の引用などでもしばしば見られた。(2) 従って、ここでも小徐がやはりこの両者をまとめた形で「易注」として引用した可能性が考えられる。

更に憶測の誹りを恐れず言えば、「易注」として引用した際に小徐の念頭にあったのは、韓康伯注ではなく「繫辭傳」の句そのものであったとも考えられる。本章の最初に見たように、『易』の引用の中では「繫辭傳」・「説卦傳」の引用が非常に多い。このことは、『易』の構成及びそれを小徐がどのように認識していたかに関わりがあるのではないだろうか。『易』は、卦・卦辞・爻辞という（狭義の）「経」と、「十翼」と呼ばれる解説の部分である「伝」から成っているが、小徐はこの「経」と「伝」の区別を明確に意識していたのではないだろうか。つまり、小徐にとって（広義の『易』）経は、既に「経」と「伝」を併せ持ったもので、「繫辭傳」など所謂「十翼」こそが「易注」であり、更にその「経」・「伝」に施された「注」は、小徐にとっては「注」というよりむしろ「疏」に近いものとして認識されていた。そして小徐が所謂「易注」をほとんど引用していないのは、その表れだと考えられるのではないだろうか。

そこでその可能性を検証するために、小徐本中の引用文の『易』に於ける分布をより詳細に検討し、（狭義の）「経」の引用と「十翼」と呼ばれる「伝」の引用に明確な違いがあるのかどうかを見る。小徐の『易』の扱いを見ることが目的であるため、説解に引用されているものと、小徐注に引用されているものを区別して分析する。なお、説解に引用されているものはその全てを対象とするが、小徐注に引用されているものは注にのみ引用されているものを対象とし、説解・注ともに引用されているものはその対象としない。それらは説解に引用されている『易』との関係を無視しては扱えないため、小徐自身の『易』に対する扱いを考察するためには不適切と考えるからである。

表1は、説解と小徐注(3)に分けてその分布を示したものである。

説解に於いては、「伝」の引用が「経」の引用の半分以下の三十二%に過ぎないのに対して、小徐注に於いては、逆に「伝」の引用のほうが多く五十五%を占めている。

では、これらはどのような目的で引用されているのであろうか。「経」と「伝」の引用では、その目的に違いがあるのであろうか。小徐注について見てみよう。

引用の目的は、(1)字形の成り立ちを説く、(2)字義を説く、(3)用例とする、(4)用字を説くの四種類に分類できる。

表1　説解及び小徐注に於ける「経」・「伝」の引用

		説解	小計	小徐注	小計
経	卦辞（卦名）	8		5	
	爻辞	47		27	
			55		32
伝	彖傳	3		8	
	象傳	4		5	
	文言傳	2		1	
	繫辭傳	12		24	
	說卦傳	8		2	
	序卦傳	0		2	
	雜卦傳	0		0	
			29		42
	不明	8	8	2	2
	合計		92		76

5　中　和也、従口丨、上下通、…

𠁧　古文中、臣鍇曰、曲而不失中也、易繫辭曰、其言曲而中【巻一　丨部】

（中は和なり、口丨に従う、上下通ずるなり、…𠁧は古文の中、臣鍇曰く、曲がりて中を失わざるなり、易繫辭に曰く「其の言曲して中《あた》る」と）

では、『易』「繫辭下傳」の「其の言曲して中る」を引用して、古文の字形で「口」を貫く一画が曲がりつつも中心を外れていないことを説明する。このようなものを「字形の成り立ちを説く」ものとする。また、

6　壯　大也、從士爿聲、臣鍇按、周易大壯、大者壯也、爿則牀字之省、說文則無別義【巻一　士部】

（壯は大なり、士に従う爿の声、臣鍇按ずるに、周易大壮に「大なる者は壮なり」と、爿は則ち「牀」字の省、説文則ち別義無し）

では、『易』大壮卦彖伝の「大なる者は壮なり」という文を利用して、本義の「大也」を証明している。このように、本義（或いは別義）の基づくところを説くなど字義に関わる注釈として『易』を引用しているものを「字義を説く」ものとする。

7　閑　止也、從木門、臣鍇曰、閑猶闌也、易曰、閑有家、陶潛有閑情賦、謂自閑止其情欲也【巻十一　木部】

（閑は止むるなり、木門に従う、臣鍇曰く、閑は猶お闌のごときなり、易に曰く「有家に閑《ふせ》ぐ」と、陶潜に閑情賦有り、自ら其の情欲を閑止するを謂うなり）

では本義の「止める」という意味で用いられているものとして、『易』家人卦初九の爻辞「有家に閑ぐ」を引用する。このようなものを「用例とする」ものとする。

8　伸　屈伸、從人申聲、臣鍇按、周易屈伸作信、假借也【巻十五　人部】

（伸は屈伸なり、人に従う申の声、臣鍇按ずるに、周易「屈伸」を「信」に作るは仮借なり）

では、「繫辭下傳」の「往者屈也、來者信也、屈信相感而利生焉（往くなる者は屈するなり、来たるなる者は信《の》ぶるなり、屈信相い感じて利生ず）」に於いて、本来「(屈)伸」とすべきところを「(屈)信」としているのは仮借用法であると言う。これは経書の文字の用法についての考証となっている。このようなものを「用字を説く」ものとする。次の表2は、それらの分布状況をまとめたものである。

小徐が「経」を引用する際は、その半数以上が用例としての引用であるのに対し、「伝」を引用する際は、用例としての引用は三分の一弱に止まり、字義に関わる注釈とほぼ同数である。つまり、小徐注に於いては、「経」が主に用例として引用されているのに対して、「伝」は用例のみならず字形・字義・用字の説明などに広く用いられているということになる。このように、『易』の狭義の「経」と「伝」の引用の目的に明らかな傾向の違いが見られることは、小徐の意識の中ではこの狭義の「経」と「伝」の区別が明確になされていた可能性があることの傍証となり得よう。

表2　小徐注に於ける「経」・「伝」の引用の目的

	字形	字義	用例	用字
経	1 （3.1%）	9（28.1%）	18（56.2%）	4（12.5%）
伝	7（17.5%）	16（38.0%）	13（32.5%）	6（15.0%）

また、説解・注ともに『易』の引用がある次の例では、

9　艮　很也、從匕目、匕目猶目相匕不相下也、易曰、艮其限、匕目爲艮、爲眞、臣鍇按、周易艮止也、很戾不進之意也、以目匕相齊不相下也、此會意【巻十五　匕部】

（艮は很なり、匕目に従う、匕目は猶お目相い匕《ひ》して相い下らざるがごときなり、易に曰く「其の限に艮《とど》まる」と、目を匕するを艮と為し真と為す、臣鍇按ずるに、周易に「艮は止まるなり」と、很戻して進まざるの意なり、目匕して相い斉しく相い下らざるを以てなり、此れ会意なり）

と言うように、小徐は艮卦の彖伝「艮は止まる也」を引用して、説解に引用された『易』艮卦九三の爻辞「其の限に艮《とど》まる」の意味を説き、更に「很戻して進まざるの意なり、目匕《ひ》して相い斉しく相い下らざるを以てなり」と、許慎がこの爻辞を引用して字の成り立ちを解説していることを説いている。これはほかの経書の引用に於いて、説解に引用された「経」の文をその注釈を引

用して説明しているのと同様の形であり、ここでは彖伝は正に爻辞の意味を解釈する注釈として用いられていると考えられる。

そこで、もう一度「易注」を引用している四条に戻って、「経」・「伝」との関係を見てみよう。「楫」（例文1）に引用される恒卦上六の象伝は「振恆在上、大无功也（振ること恒なりて上に在り、大いに功なきなり）」とのみあり、説解に引用された『易』の意味を解説するためには不適切である。また、「鼿」（例文2）に引用される困卦上六の象伝は、「困于葛藟、未當也（葛藟に困しむは未だ当らざればなり）」とのみあり、肝心の「鼿鼿」についての言及がない。更に「恆」（例文3）と「剌」（例文4）については、引用そのものが「伝」に属する「繫辭傳」と象伝であり、その「伝」の注釈としては所謂「易注」しかない。このように、易注が引用されているのは、「伝」（十翼）に注釈としての適切なものがない場合に限られている。以上のように「剌」（例文4）で引用された「易」が「繫辭傳」の句そのものか、その韓康伯注であるかはさておき、少なくとも小徐の意識の中では、『易』の（狭義の）「経」と、その「伝」である「十翼」が明確に区別されていたことは明らかであろう。

ところで、本書のテーマとは直接的には関わらないことではあるが、『說文』は『易』の影響を受けていると指摘されることがしばしばある。また、小徐本の「通釋」篇以外の十篇は、『易』の十翼を意識したものともされる。以上の『易』の引用についての分析から、小徐が『易』の経と十翼を明確に区別して扱っていることは明らかになったが、『易』の引用数そのものはむしろ少なく、『易』の強い影響を示す特徴は見当たらない。『易』の影響を論じるためには、本書の対象とはしていない「部敍」篇以下十篇の分析を行うことがやはり不可欠であろう。「部敍」篇以下十篇に於いて書名・篇名を明示した引用数は、『易』十九条、『書』四十四条、『詩』五十一条、『禮』十二条、『春秋』八条、『爾雅』六条となり、「通釋」篇よりも『易』が引用される割合は大きくなったとは言え、特に目立って『易』の引用が多いわけではない。ところが、「部敍」篇以下十篇には、書名・篇名を明示しない引用が非常に多く見える。

10　地者池也、池而高也、山岳也、丘陵也、墳衍也、池而卑、皋隰也、汙潰也、故曰地有二形、高下乎、故於文、土池爲地、坤以簡能、故省之也、池亦聲也　【通論上　地】

（地なる者は池なり、池《ゆ》きて高きなり、山岳なり、丘陵なり、墳衍なり、池きて卑きなり、皋隰なり、汙潰なり、故に「地に二形有り」と曰う、高下なるかな、故に文に於て、「土」の「池」くを地と為す、坤は簡を以て能くす、故に之を省くなり、池は亦た声なり）

11　天地之分、精气爲人、煩气爲蟲、故於文蟲煩而人省也、春秋穀梁子曰、獨陽不生、獨陰不成、獨天不生、陰陽人必三合而生、故於文、人爲三岐、上一而下二也　【通論上　人】

（天地の分るるや、精气は人と為り、煩气は蟲と為る、故に文に於て「蟲」は煩にして「人」は省たるなり、春秋穀梁子に曰く「独陽生じず、独陰成らず、独天生じず、陰陽人必ず三合して生ず」と、故に文に於いて、「人」は三岐と為す、上一にして下二なり）

「地」の条に見える「坤は簡を以て能くす」は『易』「繋辭上傳」の文であり、「人」の条には、出典を明記する『春秋穀梁傳』「莊公三年」の引用のほか、『淮南子』「精神訓」の「煩气は蟲と為り、精气は人と為る」が書名を記さずに引用されている。とりわけ「通論」篇には、このような出典を明記しない引用が多く見られる。更に、「部敍」篇以下十篇中で出典を明記して引用される百四十条のうち百六条（七十六%）を「通論」篇が占める。この「通論」篇を中心に考察を進めて始めて小徐が『易』と『説文』の関係をどのようにとらえていたかが明らかになると考えられるが、これら十篇は本書の研究対象とはなっていないので、その研究方法の考察も含め、今後の課題としたい。

第二節　説解中の引用に対する扱い

そのほか数量的に見て『易』の引用に特徴的であるのは、説解中に引用のあるもののうち、小徐注でも『易』に言及されるものの割合が極めて低く、僅かに十七・四％しかないことである。『書』の引用では四十一・六％、『爾雅』の引用では三十八・七％、『禮』の引用では二十七・〇％となっており、特に説解に引用があるものが引用全体の約半数を占める点では共通している『書』の引用[4]と比較すると、その割合の低さがより明確となる。

そこで、何故説解に引用があるものに対して小徐が言及することが少ないのかを考察するために、説解・小徐注のどちらにも『易』の引用がある十六条について検討する。

この十六条中、説解中の引用と今本『易』間に異同があるものが十条（「禔」例文12など）、説解の引用が今本『易』にはないものが一条（「相」例文18）、説解の引用と今本『易』間に異同がないもの四条（「艮」例文9・「鬄」例文13など）、そのほか一条となっている。説解の引用に異同などの問題があるものが十一条と多数を占めるが、このことが小徐注に於いて『易』に言及することの一つの基準となっていると考えて良いのであろうか。

次の「禔」では、説解の引用と今本『易』間に異同があるが、小徐はその注の中で異同については全く言及していない。

12　禔　安福也、従示是聲、易曰、禔既平、臣鍇按、史記司馬相如云、中外禔福、是也、禔既平、易坎卦九五爻辭、是則安之【巻一　示部】

（禔は安福なり、示に従う是の声、易に曰く「禔《やす》んじて既に平らかなり」と、臣鍇按ずるに、史記に司馬相如「中外禔福たり」と云うは是《これ》なり、「禔んじて既に平らかなり」は易坎卦九五の爻辞なり、是《これ》則ち之を安んずるなり）

今本『易』では、「九五　坎不盈、祇既平、无咎（九五は坎《かん》盈《み》たず、祇《やす》んじて既に平らかなり、咎なし）」と、「禔」ではなく「祇」に作っている。その『釋文』には「京作禔、説文同（京は「禔」に作る、説文同じ）」とあり、京房『易』は説解中の引用と同じく「禔」に作っていたことがわかる。段注（一篇上　示部）では「周易坎九五、祇既平、釋文曰、祇京作禔（周易坎の九五に「祇んじて既に平らかなり」と、釈文に「『祇』は京『禔』に作る」と曰う）」と出典・異同・『釋文』を示した後、孟氏『易』の伝承過程を考証し、「然則孟易作禔、訓安甚明（然れば則ち孟易は「禔」に作り、「安んず」と訓ずること甚だ明らかなり）」と結論づけている。このように、もし説解の引用に異同などの問題があることが注釈を付す基準であるとするならば、ここには当然何らかの言及があって然るべきであろう。しかし、小徐はこの異同について全く言及していない。ただ、この場合は小徐の依拠したテキストが明確ではないため、小徐が依拠していたテキストが説解の引用と同じであった可能性を完全には否定できない。しかし、次の場合は何らかの異同があったことは明確である。

13　𩩲　骨閒黄汗也、從骨易聲、易曰、夕惕若厲、臣鍇曰、當言讀若易曰也　【巻八　骨部】
（𩩲は骨間の黄汗なり、骨に従う易の声、易に曰く「夕べまで惕若たりて厲《あやう》し」と、臣鍇曰く、当に「読みて易曰の若くす」と言うべきなり）

で引用しているのは、『易』乾卦九三の爻辞「君子終日乾乾、夕惕若厲、无咎（君子は終日乾乾す、夕べまで惕若《てきじゃく》たりて厲《あやう》し、咎《とが》なし）」である。ここでは説解中の引用と今本『易』に異同はない。しかし、『易』の同じ箇所を引用する「夤」では、次のように「夕惕若夤」に作る。

14　夤　敬惕也、從夕寅聲、易曰、夕惕若夤、臣鍇曰、夕者人意懈怠也、故孫武曰、暮气歸、國語魯公父文伯

之母曰、事夕而計過、無憾而後卽安、是也　【巻十三　夕部】
（夤は敬しみ惕《うれ》うなり、夕に従う寅の声、易に曰く「夕べまで惕若たりて夤うし」と、臣鍇曰く、夕なる者は人の意懈怠するなり、故に孫武曰く「暮気は帰たり」と、国語に魯の公父文伯の母「事は夕にして過を計り、憾み無ければ而る後に即ち安んず」と曰うは是《これ》なり）

このように、「惕」か「夤」のどちらかに異同があったことは明確である(5)にもかかわらず、そのどちらに於いても異同に関する言及はなされていない。

また、説解にのみ『易』が引用されている七十六条のうち、異同があるにもかかわらず、小徐がそれに関して言及していないものは三十条ある。この中には明らかにテキスト上問題があるものもある。例えば

15　吝　恨惜也、從口文聲、易曰、以往吝、臣鍇曰、恨惜形於言、故從口、…　【巻三　口部】
（吝は恨惜するなり、口に従う文の声、易に曰く「以て往けば吝」と、臣鍇曰く、恨惜 言に形《あら》わる、故に口に従う）

16　遴　行難也、從辵粦聲、易曰、以往遴、…　【巻四　辵部】
（遴は行くこと難きなり、辵に従う粦の聲、易に曰く「以て往けば遴」と）

の二条に引用されている『易』は、ともに蒙卦初六の爻辞「發蒙、利用刑人、用說桎梏、以往吝（蒙を発《ひら》く、用《もっ》て人を刑し、用て桎梏《しっこく》を説《と》くに利あり、以て往けば吝《りん》）」からの引用であるが、問題になる文字が一方では「吝」に作り、もう一方では「遴」に作っている。段氏は「吝」の注（二篇上 口部）に「蒙初六爻辭、按辵部引以往遴、不同者、許易偁孟氏、或兼偁他家、或孟易有或本、皆未可知也（蒙の初六の爻辞、按ずるに辵部に「以て往けば遴」を引きて同じからざる者は、許は易は孟氏を偁するも、或いは兼ねて他家を偁するか、或いは孟易に或本有るか、皆未だ知る可からざるなり）」

として、異同の原因として孟氏易に別系統のテキストがあった可能性や、孟氏以外のテキストを引用した可能性を考えている。しかし、小徐は「吝」・「遴」のどちらにも異同に関する注を付していない。

　このように、説解中に引用される『易』に今本『易』との異同などテキスト上の問題があるにもかかわらず、小徐は特にその問題に言及しない場合が多い。従って、説解の引用に異同などの問題があることは、小徐注に於いて『易』に言及することの基準とは必ずしもなっていない。ただ、分析の対象としている十六条中、異同や今本にないなど問題のある十一条について見れば、異同などの問題に言及しているのは八条で、多数を占めていることも事実である。

　説解・小徐注のどちらにも『易』の引用がある十六条の分析からは、『易』の引用に於いてほかの経書に比べて説解に引用があるものに対して注を付すことが少ない理由を見出せなかった。そこで次に、説解にのみ『易』の引用があり、小徐注にはないものについて考える。

　段注では、『書』の引用について考察した際に見たように、説解の引用に対してほぼ全てに何らかの注が付されている。(6) そこで、『易』の引用についても段注を参考にして考察する。説解にのみ『易』が引用されている七十六条について、段氏の注の内容を分析すると、(1)出典のみを記すもの二十九条、(2)説解に出典が明示されているため、『易』の引用に関しての注がないもの三条、(3)出典及び引用文と今本『易』の異同について記すもの二十三条、(4)段注本の説解に『易』の引用そのものがないもの一条（「㬥」例文二-9）、(5)そのほか二十条、となる。「そのほか」の中では、許慎がどのような目的で『易』を引用したかを説くものが大部分を占める。例えば、

17　䕻　艸木生箸土、从艸麗聲、易曰、百穀艸木麗於地　【一篇下　艸部】

（䕻は艸木生じて土に箸《つ》く、艸に従う麗の声、易に曰く「百穀艸木　地に麗《つ》く」と）

では、段氏は「此引易彖傳説從艸麗之意也（此れ易の彖伝を引きて「艸」・「麗」に従うの意を説くなり）」と注する。つまり、「艸」及び「麗」を構成要素とする意味を『易』の彖伝を引用して説明しているとするのである。

異同に関しては、注を付すかどうかの判断基準が明確にできていないためしばらく措くとして、残り五十三条中三十三条は『易』に関しての注がないか出典のみの注であるということになる。つまり、説解に引用されている『易』は、その出典と異同以外には注記すべき問題となる点が少ないということである。更に、

18　相　省視也、従目木、易曰、地可觀者莫可觀於木、詩曰、相鼠有皮、臣按、所引易曰、今易無此文、疑易傳及易緯有之也、會意【巻七　目部】

（相は省《つまび》らかに視るなり、目木に従う、易に曰く「地に観る可き者は木よりも観る可きは莫し」と、詩に曰く「鼠を相《み》るに皮有り」と、臣按ずるに、引く所の「易曰」は今の易に此の文無し、疑うらくは易伝及び易緯に之有るなり、会意）

について、段注（四篇上　目部）では、「五行志」などを引用して『易』の出典を考証し「許蓋引易觀卦説也（許は蓋し易観卦の説を引くなり）」と結論づけた上で、「此引易説从目木之意也、目所視多矣、而从木者、地上可觀者、莫如木也（此れ易を引きて「目」・「木」に従うの意を説くなり、目　視る所多し矣、而るに木に従う者は、地上の観るべき者は、木に如くは莫きなり）」として、許慎は『易』を引用して字の構成を説いているとする（此引經説字形之例）。しかし、小徐は「今易に此の文無し、疑うらくは易伝及び易緯に之れ有るなり、会意」として、出典の考証と会意であることのみを述べるに止まり、許慎が『易』を引用する目的には触れていない。

先に『書』の引用について論じた際に明らかにしたように、小徐は出典の考証についてはほとんど意を用いず[7]、また「相」（例文18）の例でも明らかなように、許慎が『易』を引用した目的についても余り言を費やさない。このように、『易』の引用に対して段氏が注目した点に、小徐はほとんど関心を示していない。このことが、説解に引

用されている『易』についての注が極めて少ないという形で表れたのではないだろうか。

第三節　呼称及び用語について

『易』が引用される場合、許慎の説解に於いては全て「易」と称されているのに対し、小徐の注に於いては数種類の呼称がある。「易」と称するもの六十一条、「周易」と称するもの十五条、「今易」と称するもの五条、「今周易」と称するもの一条、「彖」と称するもの一条、そのほか卦名などが付くもので「易繫」が三条、「易繫辭」・「易夬卦」・「易睽卦」・「易恆」が各一条、更に「易注」と称するもの一条となっている。[8] このうち、「彖」とするものは、先に「周易」として『易』に言及した後に「彖曰」とするものであり、「(周易)彖」として扱って差し支えないと考えられる。従ってこれらは、「易」及びそれにほかの要素を加えたもの（七十四条）と、「周易」及びそれにほかの要素を加えたもの（十七条）の二つに分類できる。

では、何らかの意図があり、わざわざ「周易」と称して「易」とのみ称するものと区別しているのであろうか。「周易」と称するものについて、『易』を引用する目的を見ると、十六条中、[9] 字義を説明するもの四条、今本『易』との異同に言及するもの三条、用例を挙げるもの五条、経書の用字について述べるもの二条、説解の引用文について補足説明するもの二条となっている。このように、引用の目的には共通点は見出せない。そのほか、『說文』の特定の部、『易』の特定の卦などとの関わりも見い出せない。[10] 従って、呼称に関しては、『書』が基本的には「尙書」と称されているような明確な呼称の統一がなされているわけではなく、また呼称の使い分けにも明確な意図はないと考えられる。

呼称に関連して、「今」という用語について簡単に見ておく。小徐の注釈に於いて「今語を以て古語を釈す」という重要な手法があることは既に見た通りであるが、そのため小徐の注釈には「今」という語がしばしば用いられている。この「今」の用法については、章を改めて考察するが、ここでは『易』の引用に限り「今」がどのように用いられているかを見ておこう。

『易』の引用に対して「今」と言うものは、「今(周)易」と称するものを含めて十条ある。そのうち「相」(例文18)では、説解中に引用されている『易』の文が、「今」本『易』のテキストには見えないため、「易経」ではなく「易伝」か「易緯」の文であろうと、その出典を考証している。ほかの九条は全て異同について述べるものである。

19　欜　夜行所擊者、從木橐聲、易曰、重門擊欜、臣鍇按、今周易作柝、唯周禮作此欜字　【巻十一　木部】

(欜は夜行に撃つ所の者、木に従う橐の声、易に曰く「門を重ね欜を撃つ」と、臣鍇按ずるに、今周易は「柝」に作り、唯だ周礼のみ此の「欜」字に作る)

では、説解中に引用される『易』の文では「欜」になっているが、「今」本『易』では「柝」に作ることを述べており、更に今『周禮』のみが、夜警の際に打つ拍子木を表す本来の「欜」の字に作ることを言う。このように、説解中の引用と今本との異同を述べるものが七条あり、最も多い。更に、

20　捆　就也、從手因聲、臣鍇按、易因而重之、今此捆扔字皆作因仍也　【巻二十三　手部】

(捆は就なり、手に従う因の声、臣鍇按ずるに、易に「因りて之を重ぬ」と、今此の「捆扔」の字は皆「因仍」に作るなり)

では、説解に『易』は引用されていないが、『易』「繫辭下傳」の「因りて之を重ぬ」の「因」は、この「捆」に作

るべきところ今本では全て「因」になっていると言う。このように本来用いられるべき文字が、今本『易』には用いられていないことを指摘するものも二条ある。

以上見てきたように『易』に関しては、「今」という語はテキスト上の問題、特に引用文と小徐の基づくテキスト間の文字の異同を説く際に用いられるという点が共通している。

本章では、「通釋」篇を中心に『易』の引用について検討してきた。

小徐注に於ける『易』の引用の最大の特徴は、その注釈を引用することが極めて少ないことである。それは『易』の構成、つまり「経」と十翼と総称される「伝」に対する小徐の認識の反映だと考えられることを指摘した。

説解中の『易』の引用に対して、小徐が注中で言及することが非常に少ないこともその特徴の一つである。出典や許慎が『易』を引用した目的など段氏の注目した点に、小徐の関心が無かったことがその理由の一つと考えられる。また説解中の引用と今本との異同や用法などに関する注が比較的多いとはいえ、必ずしもテキスト上の問題があるもの全てに注するわけではないことも、説解中の引用に対する注が少ない原因の一つであろう。

『易』を引用する際の呼称に関しては「易」と称する場合と「周易」と称する場合があるが、その使い分けには明確な基準が無く、『書』の引用の場合のような呼称に於ける統一性はない。また、文字の異同など精緻な注釈がある反面、「刺」(例文4)のように経と注を取りまとめて引用したと考えられる注があり、必ずしも原文に忠実に引用することに意を用いていない場合があることも、ほかの経書と同様である。

【注】

(1) 段氏注の原文は以下の通り。「槷一本作埶、非也、困上六、于臲卼、釋文云、臲說文作劓、卼說文作䠱、云䠱不安也、陸云、說文作劓、與今本不同、小徐本作易曰劓䠱困于赤芾、劓字與陸氏合、而多困于赤芾四字、則爲九五爻辭、又不與陸合、鍇注仍引上六爻辭、恐四字淺人所增也、…」

（2）第一章第三節など参照。

（3）小徐注にのみ引用されているのは七十四条であるが、一条中に複数の引用があるものがあるため合計が七十六になっている。

（4）前章までに取り上げた経書の引用について見ると、説解に引用のあるものが、引用全体に占める割合は、以下の通り。『易』五十五・八%、『書』四十九・八%、『禮』二十七・六%、『爾雅』六・九%。

（5）段注（七篇上 夕部）では、漢人の引用は「夕惕若厲」に作ること、及び「夤」の条の引用も同様であることを根拠として、説解を「夕惕若厲」に改めている。また、この引用は「夤」の字が「夕」を構成要素とすることを説くものであるので、「夤」の字である必要がないとする。なお、「夤」には小徐注があるが、それが『易』の引用に直接関わっているものと明確には判断できないため、「夤」の条は今問題にしている十六条には含めていない。「夤」は、直接『易』の引用に関わる注があるので、十六条に含む。

（6）第四章第一節二 九五-九八頁参照。

（7）第四章第一節三 九九-一〇〇頁参照。

（8）一条に複数の呼称が含まれる場合があるため、合計は小徐注の引用数とした九十条を超え九十一条となっている。このうち「今周易」・「彖」とするものは、説解にも『易』の引用がある条のみに見え、「易繫」以下のものは、小徐注にのみ『易』を引用する条のみに見える。

（9）「周易」と称するものは合計十七条とすべきであるが、「彖」とのみ称するものは、「鼎 三足兩耳、和五味之寶器也、昔禹收九牧之金、鑄鼎荊山之下、入山林川澤、螭魅蝄蜽莫能逢之、以協承天休、易卦巽木於下者爲鼎、象析木以炊鼎也、従貞省聲、古文以貞爲鼎、籀文以鼎爲貞、凡鼎之屬皆從鼎、臣鍇按、周易巽下離上爲鼎、巽木也、彖曰、鼎以木巽火亨飪也、春秋左傳曰、鑄鼎使民知神姦、然後不逢不若也」（巻十三 鼎部）に見え、その前に引用する「周易」についての言及と一体となっているため、引用の目的の考察に於いては独立したものとしては扱わなかった。

（10）「木」部・「手」部にそれぞれ四条ずつあり若干目立つが、「易」と称する条も両部には含まれているため、特に関連性は見出せない。また、『易』「繫辭傳」の引用が六条あるが、「易」と称して「繫辭傳」を引用するものがそれ以上にあるため、特別な関連性はないと考えられる。

第六章　引『論語』考

第一節　『論語』引用の特徴

第二章で検討したように『論語』の引用総数は六十六条であるが、これらの小徐本「通釋」篇に於ける分布を見ると、巻五に十一条あり[1]、そのうち九条が「言部」に属している。これはほかの巻の引用が、巻六に五条ある以外は全て三条以下であるのに比べて、突出した感がある。

そこで、まずこの「言部」に属する九条を中心に考察を進める。九条のうち、説解のみに引用されているのは「訒」・「諺」・「訴」・「讕」の四条、説解と小徐注の両方に引用があるものは「諞」一条のみであり、小徐注にのみ引用されているものは「誾」・「詧」・「謹」・「試」の四条である。

『論語』の引用が「言部」に集中していることに、何らかの特別な意図があるのかどうか検討するために、「言部」の引用と全体の引用の目的を比較する。まず「言部」について見ておこう。

1　詧　言微親察也、從言祭省聲、臣鍇曰、論語云、察言而觀色、是也、又黄帝每問事、先問馬、次及牛、以

微言、詧其情也　【巻五　言部】

（詧は言微なるに親しく察するなり、言に従う祭の省声、臣鍇曰く、論語に「言を察して色を観る」と云うは是《これ》なり、又た黄帝　事を問う毎に先ず馬を問い次に牛に及ぶ、微言以て其の情を詧するなり）

の条は、字義を説明するために『論語』を引用したものである。「顔淵」篇の「夫達也者、質直而好義、察言而觀色、慮以下人（夫れ達なる者は、質直にして義を好み、言を察して色を観、慮んばかって以て人に下る）」から「言を察して色を観る――即ち人と接する際には「察言語觀顔色、知其所欲（言語を察して顔色を観、其の欲する所を知る）」（馬融注）――という句を引用して、本義「言　微なるも親しく察するなり」の意味を説明する。また、次のように用例として『論語』を引用し、それが同時に字義の説明にもなっているものもある。

2　誾　和悦而諍也、從言門聲、臣鍇按、論語曰、冉有誾誾如也、春秋左傳曰、齊師伐魯、季孫謂冉有曰、若之何、有曰一子守、二子從公、又曰、當子之身、齊人伐魯、而不能戰、子之恥也、又對叔孫曰、君子有遠慮、小人何知、皆和悦之諍也　【巻五　言部】

（誾は和悦して諍《いさ》むるなり、言に従う門の声、臣鍇按ずるに、論語に曰く「冉有　誾誾如たるなり」と、春秋左伝に曰く「斉師　魯を伐つ、季孫　冉有に謂いて曰く『之を若何せん』と、有曰く『一子は守り、二子は公に従う』と、又た曰く『子の身に当たり、斉人魯を伐つに戦う能わざるは子の恥なり』と、又た叔孫に対して曰く『君子に遠き慮有り、小人何ぞ知らん』と」と、皆和悦の諍《いさ》めなり）

では、「先進」篇の語[2]を用例として引用した上で、更にその「誾誾如」と評される冉有の言葉を『左傳』哀公十一年の伝から抜粋引用して、字義「和悦して諍《いさ》むるなり」とはどういうことであるのかを説いている。ここでは、『論語』の引用は、用例であると同時に字義と『左傳』の引用を関連づける働きもしている。

3　讄　禱也、累功徳以求福、論語云、讄曰、禱爾於上下神祇、從言畾聲、臣鍇按、尙書金縢之辭是也、
讄　讄或從纍　【巻五　言部】
（讄は禱《いの》るなり、功徳を累ねて以て福を求む、論語に云えらく「讄に爾《なんじ》を上下の神祇に禱ると曰う」と、言に従う畾の声、
臣鍇按ずるに、尚書金縢の辞は是《これ》なり、讄、讄或いは纍に従う）

では、小徐注ではなく説解に引用されたものが、本義の用例とその補足説明を兼ねるものとなっている。ここに引用されている「誄[3]に曰く、爾を上下の神祇に禱ると」（「述而」篇）は、孔子が重病になった際、子路がその病の平癒を神祇に禱ることを孔子に請い、その先例として挙げたもので、「讄」の用例となると同時に、「讄」が神祇に禱るためのものであることを示し、本義の補足説明ともなっている。

「言部」に属するもののうち最も多いのは、本義の用例としてのみ『論語』を引用するものである。「謹」・「試」は小徐注に、「訒」・「訴」は説解に引用されている。

4　謹　愼也、從言堇聲、臣鍇按、論語曰、言惟謹爾　【巻五　言部】
（謹は慎しむなり、言に従う堇の声、臣鍇按ずるに、論語に曰く「言惟《ひと》えに謹めり」と）

5　試　用也、從言式聲、虞書曰、明試以功、臣鍇曰、論語孔子云、吾不試、故藝也　【巻五　言部】
（試は用うるなり、言に従う式の声、虞書に曰く「明らかに試《もち》うるに功を以てす」と、臣鍇曰く、論語に孔子「吾　試いられず、故に芸なり」と云う）

6　訒　頓也、從言刃聲、論語曰、其言也訒、臣鍇曰、頓者多頓躓也　【巻五　言部】

（訒は頓《にぶ》きなり、言に従う刃の声、論語に曰く「其の言や訒」と、臣鍇曰く、頓なる者は多く頓躓たるなり）

7　訴　告也、従言㡿聲、論語曰、訴子路於季孫、…
愬　訴或従朔心　【巻五　言部】
（訴は告ぐるなり、言に従う㡿の声、論語に曰く「子路を季孫に訴《うった》うと」、愬、訴或いは朔心に従う）

「謹」では、「郷黨」篇の「其在宗廟朝廷、便便言唯謹爾（其の宗廟・朝廷に在るや、便便として言い、唯だ謹むのみ）」を、「試」では、「子罕」篇の「牢曰、子云、吾不試、故藝（牢曰く「子云う『吾れ試いられず、故に芸なり』と」）」を、「訒」では、「顔淵」篇の「子曰、仁者其言也訒（子曰く「仁者は其の言や訒《じん》」と）」を、「訴」では、「憲問」篇の「公伯寮愬子路於季孫（公伯寮 子路を季孫に愬《うった》う）」を、それぞれ本義の用例として引用したものである。

そのほか、説解中に字音の説明として引用されたもの一条と、用例となる説解中の引用と今本との異同を指摘するものが一条ある。

8　誃　離別也、従言多聲、讀若論語跢予之足、周景王作洛陽誃臺、臣鍇按、誃臺、陸雲與兄書曰、曹公所爲屋、拆其誃塘、不可壞、直以斧斫之而已、又劉孝綽上虞郷亭觀濤詩曰、秋江凍甫絶、反影照誃塘、爾雅注云、堂樓邊小屋爲簃、今云、簃廚連觀、臣鍇以爲誃臺猶別館也、陸雲所言、卽謂屋木相連接處也、孝綽所言、卽別館也、爾雅所言、卽連屋也、此蓋小屋連接大屋觀、其來則連於大屋體、其實則別自爲一區處也　【巻五　言部】
（誃は離し別つなり、言に従う多の声、読みて論語の「予の足を跢《ひら》け」の若くす、周の景王、洛陽の誃台を作る、臣鍇按ずるに、誃台は陸雲「兄に与うるの書」に曰く「曹公の為る所の屋、其の誃塘を拆くに、壊す可からず、直だ斧を以て之を斫《き》るのみ」と、又た劉孝綽「上虞郷亭にて濤を観る詩」に曰く「秋江 甫絶を凍らせ（『文苑榮華』作「秋江凍雨絶」）、反影 謻塘を照らす」と、爾雅注に云えらく「堂楼辺の小屋を簃と為す、今『簃廚・連観』と云う」と、臣鍇以為らく謻台は猶お別館なり、陸雲の言う所は即ち屋木相い連接する処を謂うなり、孝綽の言う所は即ち別館なり、爾雅の言う所は即ち連屋なり、此れ蓋し小屋 大屋の観に連接するなり、其の来は則ち大屋の体に連なり、其の実は則ち別に自ら一区処を為すなり）

に引用される「跢予之足」は、今本『論語』には見えない。そのため段氏は、「跢」の字は「泰伯」篇の「啓予足、啓予手（予が足を啓《ひら》け、予が手を啓《わ》け）」の「啓」の字の誤りではないかなどの考察を加えている。それに対し小徐は、説解の「誃臺」については陸雲の「兄に与うるの書」・劉孝綽の「上虞卿亭にて濤を観る詩」及び『爾雅』注を引用して詳細に検討しているが、「読みて論語の予の足を跢けの若くす」の部分については一切言及していない。(4)

9　諞　便巧言也、從言扁聲、周書曰、截截善諞言、論語曰、友諞佞、臣鍇曰、今論語作便【巻五　言部】
（諞は便巧の言なり、言に従う扁の声、周書に曰く「截截として善く諞言す」と、論語に曰く「諞佞を友とす」と、臣鍇曰く、今論語「便」に作る）

では、説解に用例として引用された「季氏」篇の文「諞佞を友とす」が、小徐の依拠したテキストでは、説解とは異なり「便佞を友とす」に作ることを言う。因みに阮元本も「友便佞」に作る。

「言部」に属する九条（うち一条は説解・小徐注ともに引用されているため合計は十条となる）に於ける『論語』の引用の目的は、次頁の表1のようになる。説解に引用されているものについては、用例（及び字義の説明）となるもの四条と字音の説明一条、小徐注に引用されるものについては、用例（及び字義の説明）となるもの四条と用字についての言及一条となり、その大部分が字義に関わる説明のために引用されている。

表1　「言部」に於ける『論語』の引用目的

説解のみ	訒	誃	訴	讇
	用例	字音	用例	用例＋字義
説解と小徐注の両方	論			
	用例／論語の用字			
小徐注のみ	誾	詧	謹	試
	用例＋字義	字義	用例	用例

次に、『論語』の引用全体の引用目的を確認する。「言部」にはない用法として、文字の形に関わる説明のために『論語』を引用する場合がある。

10　晝　日之出入、與夜爲界、從畫省從日、臣鍇曰、會意、論語曰、今汝畫、畫止也、若夜至晝而止也　【巻六　畫部】

（昼は日の出入して夜と界を為す、畫の省に従い日に従う、臣鍇曰く、会意なり、論語に曰く「今汝画《や》む」と、画は止なり、夜の昼に至りて止むが若きなり）

では、「雍也」篇の孔子の言葉「力不足者、中道而廢、今女畫（力足らざる者は、中道にして廃す。今女《なんじ》画《や》む）」を利用して、「夜の昼に至りて止むが若し」として「昼」の字が「画の省に従う」意味を説く。また、

11　鞀　鞀遼也、從革召聲、臣鍇按、淮南子曰、武王有戒愼之鞀、高誘注曰、欲戒君令愼疑者、搖鞀鼓、臣以爲鼓有柄也

鞉　鞀或從兆聲、臣鍇按、論語曰、播鼗武[5]

鼗　鞀或從鼓兆、磬　籒文鞀、從殸召　【巻六　革部】

（鞀、鞀は遼なり、革に従う召の声、「臣鍇按ずるに、淮南子に曰く「武王　戒慎の鞀有り」と、高誘注に曰く「君令の慎疑ある者を戒めんと欲すれば、鞀鼓を揺る」と、臣以為らく、鼓に柄有るなり」鞉、鞀或いは兆の声に従う、「臣鍇按ずるに、論語に曰く「播鼗武」と」鼗、鞀或いは鼓兆に従う、磬、籒文の鞀、殸召に従う）

では、「微子」篇の「播鼗武は漢に入る」を引用して或体の用例としている。これらを踏まえて『論語』の引用全体を目的別に分類すると、用例となるものを含めて字義に関わる補足説明として引用するもの五十二条（八十一％。うち字義に関わるもの十一条、用例四十条、両方に関わるもの一条）、文字の成り立ちに関わるもの四条（六％）、経書の用字に関するもの四条（六％）、字音に関わるもの四条（六％）となっている。

その大多数を字義に関わる説明及び用例とする点は、「言部」の引用の傾向と一致しており、引用数の多さ以外には「言部」の引用の特殊性は見出せない。また、用例など字義に関わる引用がその大多数を占める点は『爾雅』・『禮』・『易』・『書』などほかの経書の引用とも共通しており、『論語』の引用に特有の現象でもない。

『論語』の引用で最も特徴的なのは、その注を引用することが皆無であるという点である。『爾雅』・『禮』についてはかなり多くの注が引用されており、『書』・『易』についても、少数ながら注を引用するものがある。しかし「通釋」篇のみではなく「敍」・「部敍」篇以下十篇を含めた祁刻小徐本全四十巻中、「論語注」の引用は次の一例のみである。

12　絢　詩云、素以爲絢兮、從糸旬聲、臣鍇等按、論語注、絢文皃　【巻二十五　糸部】
（絢、詩に「素以て絢を為す」と云う、糸に従う旬の声、臣鍇等按ずるに、論語注に「絢は文《あや》ある皃なり」と）

これは、「八佾」篇の「素以爲絢兮（素以て絢を為す）」に対する馬融の注「絢は文ある貌なり」を引用したものであるが、小徐の注ではなく大徐の注である。序章第一節「（4）伝承」でも説明したように、小徐本巻二十五は本来欠巻であったものを、今本では大徐本を以て補っている。従って巻二十五の説解はさておき、そこに付された大徐注は考察の対象とするものではない。また、「晝」（例文10）で文字の構成を説明するために『論語』を引用しているが、その際「今 汝画む」の「画」を「止む」という意味で解しているのは、孔安国注「画は止むなり」を意識したものである可能性がある。しかし、小徐注にそのことは明記されておらず、孔安国注の引用であると断定できないので、本書では注を引用したものとしては扱わない。

以上のように『論語』の全引用六十九条[6]のうち、明確に小徐が『論語』の注を引用したと言えるものは皆無である。それは、何故であろうか。

先に『易』の引用について考察した際に、経の部分と十翼の部分の引用には、明確な差があることを指摘した[7]。それは、経の部分は主に用例として引用されているのに対して、十翼の部分の引用は用例以外にも字形・字義・文字の考証などのために広く用いられているということであった。『論語』の引用は先に見たように、その多くが用例として用いられていたが、それ以外の字義・字形などに関する説明としても広く用いられている。従って、このように全く注が引用されていないのは、小徐の『論語』に対する扱いが特殊であったためではなく、『論語』そのものの特性――即ち『論語』は、孔子一門の言行録であって、さまざまな事柄・問いに対する孔子の解釈・回答を多く含んでおり、ほかの経書では注釈がその役割を担っていた字義・字形などの解説になり得るものが、経文そのものに既に含まれているということ――に与る部分が大きいのではないかと考えられる。

第二節　「孔子曰」について

『論語』の引用に関連して、孔子の言を引用するものについても考察する。

小徐本から「孔子」という二字を含む条を全て抽出し[8]、それらのうち、孔子の言を「孔子曰」または「孔子云」として引用するものを「孔子曰」とし、それ以外のものを、便宜上「その他の孔子」と呼ぶ[9]。なお、本節の考察の中心は「孔子曰」として引用するものとする。

最初に、数量的に概観する。[10]「孔子曰」として引用するものは、説解のみに引用するもの十二条、小徐注のみに引用するもの十四条の計二十六条である。「その他の孔子」は、説解にのみ言及するもの三条、説解・小徐注ともに言及のあるもの一条、小徐注にのみ言及のあるもの十九条の計二十三条である。

次に、説解にのみ「孔子曰」として引用する十二条について、その出典を見る。

13　羌　西戎、従羊、人也、従人従羊、羊亦聲、南方蠻閩従虫、北方狄従犬、東方貉従豸、西方羌従羊、此六種也、西南僰人・僬僥従人、蓋在坤地、頗有順理之性、惟東夷従大、大人也、夷俗仁、仁者壽、有君子不死之國、孔子曰、道不行、欲之九夷、椉桴浮於海、有以也、臣鍇曰、東方仁方也、會意【巻七　羊部】
（羌は西戎なり、羊に従う、人なり、人に従い羊に従う、羊は亦た声、南方の蛮閩は虫にしたがう、北方の狄は犬に従う、東方の貉は豸に従う、西方の羌は羊に従う、此れ六種なり、西南の僰人・僬僥は人に従う、蓋し坤地に在り、頗る順理の性有り、惟だ東夷は大に従う、大は人なり、夷の俗は仁、仁なる者は寿たり、君子・不死の国有り、孔子曰く「道行《おこな》われず、九夷に之《ゆ》かんと欲す、桴に乗りて海に浮かばん」と、以《ゆえ》有るなり、臣鍇曰く、東方は仁方なり、会意）

は、「公治長」篇の「子曰、道不行、乘桴浮于海（子曰く、道 行われず、桴《いかだ》に乗りて海に浮かばん）」と、「子罕」篇の「子欲居九夷（子 九夷に居らんと欲す）」とを一文として引用したものである。出典が明らかなものはこの条のみで、ほかの十一条については全て出典が不明である。段氏は、その出典について「璠」には「此れ蓋し逸論語より出づ」（一篇上　玉部）、「黍」には「凡そ孔子曰くと云う者は、通人の伝うる所なり」（七篇上　黍部）と言う。[11] しかし、小徐は、説解に引用する孔子の語について注を施す場合もあるが、その出典には全く言及しない。

14　烏　孝烏也、象形、孔子曰、烏盱呼也、取其助气、故以爲烏呼、凡烏之屬皆従烏、臣鍇曰、烏反哺也、曾

參有孝德三足烏、巣其冠、言此字本象烏形、假借以爲烏呼也　【巻七　烏部】

（烏は孝鳥なり、象形、孔子曰く「烏は盱として呼するなり」と、其の气を助するに取る、故に以て烏呼と為す、凡そ烏の属皆烏に従う、臣鍇曰く、烏は反哺するなり、曽参に孝徳三足の烏有り、其の冠に巣す、此の字本《もと》烏の形に象り、仮借して以て烏呼と為すを言うなり）

では、許慎は孔子の「烏は盱として呼するなり」という語を引用して「烏」がまた嘆息の「烏呼」としても用いられることを説くが、小徐はそれが仮借の用法であることを指摘するのみで、この孔子の言が何に基づくものかについては言及しない。

しかし、小徐がその出典に言及しないのは、出典が不明だからではない。それは、出典が明らかな「羌」（例文13）に於いても言及がなかったことや、前節で検討した『論語』の引用についても出典に言及したものは皆無であったこと、及びこれまで見てきたようにほかの経書の引用に於いても出典に言及することが極めて少ないことからも明らかである。このように、説解に引用される経文の出典についてほとんど言及しないことも、やはり小徐注に共通する特徴の一つである。

それでは、小徐注に「孔子曰」として引用するものの出典はどうであろうか。対象となる十四条のうち、その過半数の八条が『論語』からの引用であり、そのほかは『孔子家語』三条、『大戴禮』二条、『國語』一条となっている。

このうち、「試」（例文5）では「論語孔子云」、「嵎」（巻十八　山部）では「國語孔子曰」のように、書名を冠して孔子の言を引用している。このように書名を冠して引用するものは、「その他の孔子」にもかなりあり、単に「孔子曰」とするのは、その書名を意識的或いは無意識に落としたものであると考えられる。ここで想起されるのは、小徐が単に「郭璞曰」と言う場合は『爾雅』注を、「鄭玄曰」と言う場合は『周禮』注を指す場合が多かったことである。それは、郭璞・鄭玄の著述のうち小徐が最も重視していたのが『爾雅』注と『周禮』注であることの表れであった。従って、単に「孔子曰」として引用する場合、その過半数を占める『論語』が小徐には主たる出典として意識されていた可能性が高いのではないだろうか。ただその場合、『論語』として引用するものと「孔子曰」として引用するものの間に区別があったのかについては、現在のところ結論が出ていない。

ところで、「孔子曰」とするもの、そのうち特に説解に引用するものには、一つ大きな特徴がある。それは、字形を説くために孔子の言葉を引用するものが多いということである。例えば、

15 王 天下所歸往也、董仲舒曰、古之造文者、三畫而連其中謂之王、三者天地人也、而參通之者王也、孔子曰、一貫三爲王、凡王之屬皆從王、臣鍇曰、通論備矣【巻一 王部】

（王は天下の帰往する所なり、董仲舒曰く「古の文を造る者は、三画して其の中を連ね、之を王と謂う、三なる者は天・地・人なり、而して之を参通する者は王なり」と、孔子曰く「一の三を貫くを王と為す」と、凡そ王の属皆王に従う、臣鍇曰く、通論に備われり）

では、段氏が「又引孔子語證董説（又た孔子の語を引きて董説を証す）」（一篇上 王部）と言うように、字の成り立ちを説く董仲舒の説を証明するものとして孔子の言を引用している。このように、字形に関わる説明のために孔子の言を引用するものは、説解に引用される十二条中半数の六条に上る。そのほかは字義に関わるもの五条と用例一条となっている。これは、主として用例や字義を説くものとして引用されていた『論語』を含む経書の引用とは、かなり傾向を異にしていると言えよう。

小徐注に引用するものについては、十四条のうち字形を説くものは五条（約三十六％）で、そのほかは字義を説くもの（五条）と、用例（四条）である。従って、用例や字義を説くものが主となる点については、ほかの経書の

引用と同じであるが、字形を説くものの割合がそれらに比べて高いのは、[12]小徐が説解の引用を意識していたためであるとも考えられる。

「その他の孔子」では、全二十三条のうち、字義・用例に関わるものが約八十三％を占め、字の成り立ちなどの字形に関わるものは全くない。[13]このように字義の補足説明及び用例として引用されるものが大多数を占める点は、「孔子曰」として引用されるものとは異なり、むしろ『論語』を含む経書の引用に近い。

以上のように、説解のみならず小徐注でも、「孔子曰」として引用されるもののかなりの部分が字形を説くために用いられていることは、特筆すべき点である。先に小徐が『論語』として引用する場合と「孔子曰」として引用する場合にどのような区別があるのかという問題提起を行ったが、一つの可能性として、字形を説く際には意識的又は無意識のうちに説解のスタイルに則り「孔子曰」として引用することが多かったということも考えられる。その場合、「孔子曰」として引用する際にその出典として特定の書物を念頭には置いていなかった可能性も考えられ、たまたま字形を説く孔子の言が『論語』に多く残されていたに過ぎないということかもしれない。

本章では『論語』の引用を中心に、孔子の言葉を引用するものも併せて、分析記述してきた。『論語』の引用で最も特徴的であるのは、その注釈を引用しないことであり、それは「孔子曰」として引用された『論語』についても同様である。その原因は、『論語』そのものの特性に基づくものであると考えられる。

また、「孔子曰」として引用されるものは、引用の目的に特徴がある。『論語』を含めて分析済みの経書の場合は、用例を含めて字義の説明に関わる目的で引用されることが最も多いのに対して、説解で「孔子曰」として引用されるのは、字形を説くことを目的としたものがその半数を占め、小徐注にもそれに準じる傾向が見られる。

ほかの経書と共通する小徐注の特徴としては、説解に引用される経書の出典についてほとんど言及しない点が挙げられる。また、小徐本の引用と今本との間の異同が比較的多く、その扱いに注意を要する一方、「論」（例文9）

のように、小徐の依拠した『論語』の用字問題に言及するなど精度の高い引用・言及が数多く含まれる点も共通している。

【注】

（1）小徐が『論語』とするが、実は『禮記』の誤りであった「㕯」・「狗」（例文二-20・二-21）を除けば、引用総数は六十四条、巻五の引用数は十条になる。

（2）「先進」篇は、「閔子侍側、誾誾如也、子路行行如也、冉有子貢侃侃如也」に作り、「誾誾如」と評されるのは閔子であり、冉有ではない。また、疏に「誾誾、中正之皃」とあり、説解とは些か異なる。『說文』に引用される「先進」篇のこの条には、テキスト上の問題がある可能性もある。「侃」（例文二-7）及び第二章注3参照。

（3）今本『論語』は「誄」につくる。『釋文』には「說文作讄、或云作讄」（黄氏『彙校』に、盧本「讄」に作る、『考證』に「或云」の「云」字は衍字とすると言う。）禱、累功德以求福也、以誄爲諡也」とある。

（4）なお、「讀若論語」という形での音注は、これ以外では「鞻」（巻六　革部）・「揁」（巻二十三　手部）・「轒」（巻二十七　車部）の三条ある。何れに於いても、小徐はその引用に対して言及してない。

（5）本来は、次の或体「蕘」の注とすべきであると思われるが、承培元「校勘記」(上）には、指摘がない。

（6）数量的分析では対象としなかった巻二十五及び「部敘」篇以下十篇にある引用を含めると全七十一条となるが、うち二条は既に述べたように『禮記』の引用の誤りであったので、全六十九条となる。

（7）第五章第一節参照。なお、『易』の引用に関して、注を引用することが少ないのは、十翼がほかの経書の注釈に相当するものとして扱われていたためであると考えられることも指摘した。

（8）この節で取り扱うのは、「孔子」という二字を含む条のみとし、孔子に関わる記述であっても、「夫子」・「仲尼」などとするものは含めない。

（9）「之　出也、象艸過屮、枝莖益大、有所之、一者地也、凡之之屬皆從之、臣鍇曰、按春秋傳、將之晉、將之齊、是之謂出也、之者枝也、象艸木之枝東西旁出、而常連於根本也、孔子、、、在齊曰、歸歟、孔曰、柰何去墳墓也、象形」（巻十二　之部）は、「孔

子」と「曰」の間に別の語が入ってはいるが、孔子の言葉そのものの引用であるので、「孔子曰」として分類した。なお、これは『論語』「公冶長」篇の「子在陳曰、歸與、歸與（子 陳に在りて曰く、帰らん与《か》、帰らん与）」からの引用であり、「齊」は「陳」の誤り。また、その孔安国注には「奈何ぞ墳墓を去るや」という句はない。『禮記』「曲禮下」「國君去其國、止之曰、奈何去社稷也、大夫曰、奈何去宗廟也、士曰、奈何去墳墓也（国君 其の国を去るとき、之を止めて曰く「奈何ぞ社稷を去るや」と、大夫には曰く「奈何ぞ宗廟を去るや」と、士には曰く「奈何ぞ墳墓を去るや」と）」からの引用であり、「孔」は「禮」の誤りではないかと考えられる。また、「その他の孔子」とは、「刪」（巻八 刀部）に「臣鍇曰、古以簡牘、故曰孔子刪詩書、言有取舍也、會意（臣鍇曰く、古簡牘を以てす、故に「孔子 詩書を刪す」と曰う、取舍する有るを言うなり、会意）」とあるものなどを指す。

(10) 数量的分析の対象とする範囲は、第二章第一節の原則に従う。なお、数量的分析には入らない「敍」及び「部敍」篇以下十篇に属するものが、「孔子曰」は五条、それ以外のものは六条ある。それらを数量的分析以外の考察の対象とする点も、上記原則通りである。

(11) 出典については、このほか、王応麟が『漢書藝文志攷證』に「說文引孔子曰一貫三爲王、推十合一爲士…、未詳所出、然似非孔子之言、或緯書所載也（説文に孔子「一の三を貫くを王と為す、十を推して一に合すを士と為す…」と曰うを引くは、未だ出づる所詳らかならず、然れば孔子の言に非ざるに似たり、或いは緯書の載する所ならん）」（巻四 小學「六書」）と言うなど、緯書の語であるとする説などがある。

(12) 例えば、『易』の引用では、用例・字義に関わるものが約七五％を占め、字形を説くために引用されているのは十％程度にすぎない。

(13) 内訳は、説解にのみ言及のあるもの三条については、用例二条、字義に関わるもの一条となっており、説解と小徐注の両方に言及のある一条は、字義に関わる言及である。小徐注のみに言及があるもの十九条については、字義に関わるもの十二条、用例三条、経書の用字や或体に関わるもの三条、そのほか一条となっている。

第七章　引『詩』考

第一節　説解の引用に対する注釈について

『易』や『書』の引用などで、説解中の引用に対して注釈を加えることが少ないことをその特徴として指摘した。[1]では、『詩』の引用についてはどうであろうか。

説解に於ける『詩』の引用総数は四百二十条、うち小徐注がない又は小徐注に『詩』への言及がないもの三百七十六条、[2]小徐注にある『詩』への言及が説解の引用と直接的には関わらないもの四条で、説解に引用される『詩』に対する注釈となるものは僅か四十条（約九・五％）に過ぎない。これは、『易』・『書』の引用と比べても際立って少なく、『詩』の引用の特徴の一つであると言えよう。なお、小徐注にある『詩』への言及が説解の引用と直接的には関わらないものとは、次のようなものを指す。

1　晤　明也、從日吾聲、詩曰、晤辟有摽、臣鍇按、詩曰、可與晤言、傳云、晤對也、考之說文、則當作牾字、牾相當也、蓋詩假借晤字、宋謝惠連詩曰、晤對無厭倦、今相承皆作晤字　【巻十三　日部】

（晤は明なり、日に従う吾の声、詩に曰く「晤《さ》めて辟《むねう》つこと摽たる有り」と、臣鍇按ずるに、詩に曰く「与《とも》に晤《むか》いて言う可し」と、伝に「晤は対なり」と云う、之を説文に考うれば、則ち当に「牾」字に作るべし、牾は相い当たるなり、蓋し詩は「晤」字を仮借するなり、宋の謝恵連の詩に曰く「晤対して厭倦する無し」と、今相い承けて皆「晤」字に作る）

の説解「詩曰、晤辟有摽」は、邶風「柏舟」の「寤めて辟つこと摽たる有り」の引用である。『詩』（阮元本）では、「寤」に作っており、段氏は仮借字である（七篇上　日部）とするが、小徐はそれには言及せず、別に陳風「東門之池」の「与《とも》に晤《むか》いて言う可し」を引用した上で、その伝（実際は鄭箋の語）「晤、猶對也」に基づき「晤」は「牾」に作るべきで、『詩』は「晤」の字を仮借していると言う。

説解中の引用を特に注釈の必要なものとしては扱わないのが、小徐注の基本的な態度であり、段注と大きく異なる小徐注の特徴の一つであるが、『詩』の引用ではそれが極めて顕著な形で表れている。では、説解中の『詩』の引用に対して注釈を施した四十条については、何らかの共通する特徴があるのであろうか。

最も多いのは、説解中に引用される『詩』と今本の文字の異同を中心とした文字に関わる注であり、四十条中二十二条（五十五％）を占める。

2　⿰女殳　好也、従女殳聲、詩曰、靜女其⿰女殳、臣鍇曰、今詩作姝　【巻二十四　女部】

（⿰女殳は好《みめよ》きなり、女に従う殳の声、詩に曰く「静かなる女の其れ⿰女殳《みめよ》し」と、臣鍇曰く、今の詩は「姝」に作る）

の説解には邶風「静女」の「静かなる女の其れ姝きが、我を城の隅にて俟つ」（阮元本）が引用されているが、小徐が依拠したテキストでは「㚤」は「姝」の字に作っていることを指摘している。次に多いものは説解についての補足説明であり、十四条（三十五％）を占める。

3　鏄　鏄鱗也、鐘上横木上金華也、従金尃聲、一曰田器也、詩曰、庤乃錢鏄、臣鍇曰、鐘筍上飾、今儀制令所謂博山也、又詩傳曰、鏄鎒也　【巻二十七　金部】

（鏄は鏄鱗なり、鐘上の横木の上の金華なり、金に従う尃の声、一に曰く「田器なり」と、詩に曰く「乃《なんじ》の銭鏄を庤《そな》えよ」と、臣鍇曰く、鐘筍の上の飾なり、今の儀制令に謂う所の博山なり、又詩の伝に曰く「鏄は鎒なり」と）

では、別義の用例として説解に引用する周頌「臣工」「乃の銭鏄を庤えよ」に対して、その毛伝「鏄は鎒」を引用して解説を加えている。また、「觓」（巻八　角部、後出の例文17）では、説解に引用する詩についてその意味を補足説明し、同時に小徐の依拠したテキストとの文字の異同についても指摘している。そのほか、

4　𡡮　含怒也、一曰難知也、従女酓聲、詩曰、碩大且𡡮、臣鍇曰、今詩云、碩大且儼、此當云讀若也　【巻二十四　女部】

（𡡮は怒を含むなり、一に曰く「知り難きなり」と、女に従う酓の声、詩に曰く「碩大にして且つ𡡮なり」と、臣鍇曰く、今の詩に「碩大にして且つ儼《おごそ》かなり」と云う、此れ当に「読若」と云うべきなり）

では、説解中の引用が今本（陳風「澤陂」、今阮元本も「儼」に作る）と異なることを指摘した上で、これは字音についての注であって、従って「詩曰」の前に「読若」の二字があるべきであるとする。このような説解の校訂に関わるものが二条ある。更に出典を示すものもある。

5　向　北出牖也、從口從宀、詩曰、塞向墐戶、臣鍇按、豳七月詩也、塞向、避北風也、窗所以通人气、故從口、會意也【巻十四　宀部】

（向は北出の牖なり、口に従い宀に従う、詩に曰く「向《まど》を塞ぎて戸に墐《つちぬ》る」と、臣鍇按ずるに、豳の七月の詩なり、向を塞ぐは北風を避くるなり、窓は人气を通ずる所以なり、故に口に従う、会意なり）

では、説解に引く「向を塞ぎて戸に墐る」が豳風「七月」の句であると、その出典を明らかにしている。これは、冬を迎える支度を歌ったところであることから、北の窓を塞ぐのは、北風が入り込むのを避けるためであるという注に結びつき、更に窓から入り込む風と「人の気」を結びつけて「窓は人の气の通る所以」であるから、「口」を文字の構成要素とするのであると、その字形の解説につながる。小徐が説解の引用の出典を示すのは、この条のみである。既に見てきたように、出典を示す注がほとんどないのは、ほかの経書の引用も同様である。この条も、出典に言及してはいるが、そのことが目的ではなく、出典を明示することにより「向」の字が「口」に従う理を説くことが目的であったと考えられる。説解の校訂も出典に関する注記も、ともに説解に関する補足説明のうちに入ると考えると、四十条の小徐注は、文字の異同に関するものと説解に関する補足説明に二分される。

また、小徐注にある『詩』への言及が説解中の引用文と直接的には関わらないもの四条についても、小徐が『詩』を引用する目的を見ると、文字の異同に関わるものが、「翿」（巻七　羽部）と「晤」（例文1）及び「飫」[3]（巻十　食部）の三条、説解の補足説明が「瑱」（巻一　玉部）の一条となっており、やはり文字の異同に関するものと、説解の補足説明に集約される。

注釈中に、用例も含めて説解の補足説明になるものが多いのは、説解を「経」とする立場[4]の小徐の注釈としては当然のことであり、ほかの経書の引用とも共通している。説解に『詩』が引用されているもののうち何らかの注が施されているのが一割にも満たない中で、説解の補足説明となるものよりも、文字の異同に関する注が多く、実に半数以上を占めていることは、説解の引用と今本との文字の異同に対して小徐が高い関心を抱いていることの端的な表れであると言えよう。

第二節　三家詩について

第三章で検討したように、許叙「詩毛氏」については、小徐と段注の間に解釈の違いはなく、ともに『詩』については毛氏を宗とすると解している。しかし、説解中の引用についての注釈の仕方は、『書』の引用の場合などと同様に段氏とはやはり大きく異なる。

前節で見たように、説解中の『詩』の引用についてほとんど言及することのない小徐に対して、段注ではその大部分に出典など何らかの言及がある。特に、説解中の引用と今本との間に異同がある場合には、しばしば「三家詩」について言及する。例えば、「矉　恨張目也、从目賓聲、詩曰、國歩斯矉（矉は恨して目を張るなり、目に従う賓の声、詩に曰く「国歩　斯《ここ》に矉なり」と）」（四篇上　目部）の段注に「大雅の文」とその出典を記した上で、その大雅「桑柔」は「矉」を「頻」の字に作ることを指摘し、その毛伝及び鄭箋を引用して「頻字絶非假借、此作矉者、葢三家詩、許偁毛而不癈三家也（「頻」の字絶えて仮借に非ず、此れ「矉」に作る者は、葢し三家詩ならん、許　毛を偁して而も三家を廃さざるなり）」と言う。このように、段氏は許慎が毛詩を宗とするが、三家詩を用いる場合もあると述べており、そのため説解中の引用と今本の間に異同がある場合、しばしば三家詩を用いたのであろうと推測する。また、次のように説解を改めた上で、三家詩からの引用であるとするものもある。

6　卙　辭之卙矣、從十咠聲、臣鍇曰、此詩云、辭之卙矣、民之繹矣、今詩緝字、註和集也、故從十

【巻五　十部】
（卙は辞の卙す、十に従う咠の声、臣鍇曰く、此れ詩に「辞の卙《しゅう》する、民之《こ》れ繹《あ》う」と、今の詩は「緝」字にして、「和らぎ集うなり」と註す、故に十に従う）

では、段氏は、説解の「辭之卙矣」を『廣韻』及び『玉篇』に拠って「詞之集也」に改めた上で、「詞當作辭、此下當有詩曰辭之卙矣六字、蓋詩作卙、許以集解之、今毛詩作輯、傳作輯和也、許所偁蓋三家詩（「詞」は当に「辞」に作るべし、此の下に当に「詩曰、辞之卙矣」の六字有るべし、蓋し詩「卙」に作り、許「集」を以て之を解す、今毛詩「輯」に作り、伝「輯、和也」に作る、許の偁する所は蓋し三家詩ならん）」（三篇上　十部）と言う。

それに対して小徐は、この条では、説解が大雅「板」の「辞の卙する、民之れ繹う」を引用したものであり、今のテキストでは「卙」は「緝」の字に作っていることを指摘し、その注に「和らぎ集う」とあると言うのみである。その異同が生じた原因についての考察はなく、三家詩には言及しない。なお、本書で底本としている阮元本では「辭之輯矣、民之洽矣、辭之懌矣、民之莫矣（辞の輯する、民之れ洽《あ》う、辞の懌《えき》する、民之れ莫《さだ》まる）」に作り、伝には「輯は和、洽は合、懌は説、莫は定也」と言う。

小徐が、三家詩などのテキストの系統について述べるのは、次の条のみである。

7　鼒　鼎之絕大者、從鼎乃聲、魯詩說、鼒小鼎也、臣鍇按、爾雅、鼎絕大者爲鼒、注曰、最大圜者也、自孔子刪詩爲三百篇、以授子夏、自後分散傳授、其說不同、故有魯詩齊詩燕詩毛詩也　【巻十三　鼎部】
（鼒は鼎の絶大なる者、鼎に従う乃の声、魯詩説に「鼒は小鼎なり」と、臣鍇按ずるに、爾雅に「鼎の絶大なる者を鼒と為す」と、注に曰く「最大にして圜き者なり」と、孔子詩を刪し三百篇と為し、以て子夏に授けて自り、自後分散して伝授し、其の説同じからず、故に魯詩・斉詩・燕詩・毛詩有るなり）

ここで小徐は、孔子が詩を删定して子夏に授けてから、それぞれ分散して伝授されてゆき、「魯詩・斉詩・燕詩・毛詩」のような系統に分かれたと言うが、魯詩説に対して毛詩の説がどのようになっているかについては全く言及せず、『爾雅』を引用して字義を証するのみである。これは、段氏が「魯詩説、謂傳魯申公之學者也（魯詩説なるものは、魯の申公の学を伝うる者を謂うなり）」と魯詩説について説明し、更に「釋器曰、鼎絶大謂之鼐、周頌傳曰、大鼎謂之鼐、小鼎謂之鼒、傳與爾雅說鼒異、說鼐則略同（釈器に曰く「鼎の絶大なる、之を鼐と謂う」と、周頌の伝に曰く「大鼎 之を鼐と謂い、小鼎 之を鼒と謂う」と、伝は爾雅と「鼒」を説きて異なるも、「鼐」を説けば則ち略ぼ同じ）」（七篇上 鼎部）[5]と、毛詩の説を検証しているのとは対照的である。

8　魃　鬼服也、一曰小兒鬼、從鬼從攴、韓詩傳曰、鄭交甫逢二女魃服【巻十七　鬼部】

（魃は鬼の服なり、一に曰く「小児の鬼なり」と、鬼に従い攴に従う、韓詩の伝に曰く「鄭交甫 二女の魃服するに逢う」と）

でも、段氏が「葢韓詩內傳語也（蓋し韓詩内伝の語なり）」（九篇上 鬼部）としてその出典を考証するのとは対照的に、小徐は説解に引く「韓詩傳」に対して全く注しない。小徐が「韓詩」に言及するのは、次の「苢（苡）」の条のみである。

9　苢　芣苢、一名馬舄、其實如李、令人宜子、從艸㠯聲、周禮書所說、臣鍇按、本艸、芣苢一名車前、服之令人有子、爾雅注亦同、韓詩云、芣苡、木名、實似李、則非也、許愼但言李、則其子之苞、亦似李、但微而小耳【巻二　艸部】

（苡は芣苡なり、一名馬舄、其の実は李の如く、人をして子に宜からしむ、艸に従う㠯の声、周礼書に説く所、臣鍇按ずるに、本艸に「芣苡は一名車前なり、之を服せば人をして子有らしむ」と、爾雅注も亦た同じ、韓詩に「芣苡は木の名なり、実は李に似たり」と云うは則ち非なり、許慎但だ「李」とのみ言えば、則ち其の子の苞も亦た李に似て、但だ微にして小さきのみ）

しかし、ここでも小徐は『本草』・『爾雅』注の説を引用し、「韓詩」が芣苡を実が李に似ている木の名であるとする説が誤りであることを指摘するのみで、「毛詩」と「韓詩」の説の違いなど、系統の違いに言及しているわけではない。[6]

また、小徐が「毛詩」に言及するのは、「訟」（例文二―1）に「古本毛詩、雅頌字多作訟（古本毛詩、「雅頌」の字多く「訟」に作る）」と言い、「南」（巻十二　市部）に「毛詩或用南爲任音也（毛詩或いは「南」を用て「任」の音と為すなり）」と言うように、毛詩のテキスト上の問題などに限られる。なお、『毛詩』に関する重要な言及としては「玼」（例文12）がある。後述のように、そこでは説解中の引用と小徐の依拠する毛本とに異同がある理由を「毛氏の言　約たり」と毛伝が簡略に過ぎることに求めている。段氏が「許　毛を併して而も三家を癈さざるなり」（「矉」前出、一九三頁）と、説解中の引用と今本毛本の異同の原因を、基づくテキストの違いとするのに対し、小徐は『毛詩』そのものに原因を求めている。この違いが、段氏はしばしば三家詩など『詩』の系統の違いに言及するのに対し、小徐は『詩』の系統などにほとんど言及しないという差をもたらした原因となっているのであろう。

第三節　毛伝に対する評価

小徐本では、「鼒」（例文7）で字義を証するのに毛伝ではなく『爾雅』「釋器」を引用していたように、説解中に

『詩』が引用されている場合に小徐注では『爾雅』を引用する場合が多く、二十六条ある。これは、説解中に引用される『詩』に対する注釈として小徐注に於いても『詩』を引用するものが僅か四十条（約九・五％）であったことを考えると、注目に値する数値である。

10　⿰來矣　詩曰、不⿰來矣不來、從來矣聲、臣鍇曰、此爾雅之言也、不可俟、是不復來也　【巻十　來部】
（⿰來矣、詩に曰く「⿰來矣《き》たらず来たらず」と、来に従う矣の声、臣鍇曰く、此れ爾雅の言なり、俟つ可からずは、是《これ》復た来たらざるなり）

では、「不⿰來矣不来」が『詩』ではなく『爾雅』「釋訓」の「不俟、不來也」の引用であるとし、その郭璞注「不可待、是不復來（待つ可からざるは、是《これ》復た来たらざるなり）」に基づいて、「俟つ可からずは、是復た来たさざるなり」と言う。段氏は「毛詩に此の語無し」としつつも、『詩』召南「江有汜」の「不我以（我と以《とも》にせず）（三家詩は「不我⿰來矣」に作っていたとする）」と『爾雅』「釋訓」を併せて「詩曰、不我⿰來矣、不⿰來矣不來也（詩に曰く「我と⿰來矣《とも》にせず」と、「⿰來矣にせず」は来たらざるなり）」に作っていたのであるとし[7]（五篇下　来部）、『詩』の中にその典拠を求めようとしているのに対して、小徐は『詩』ではなく、いきなり『爾雅』に典拠を求めている。段氏も「爾雅多く詩書を釈す」（同）と言うが、小徐は『爾雅』に基づいて『詩』を釈そうとする傾向が強いように思われる。そのことは、次のような例からも示唆される。次の条では、毛伝に同じ注があるにもかかわらず小徐は『爾雅』を引用している。

11　⿰木㒸　羅也、從木㒸聲、詩曰、隰有樹⿰木㒸、臣鍇按、爾雅⿰木㒸赤羅、注曰、今楊檖、實似梨而小、酢、可食　【巻十一　木部】
（⿰木㒸は羅なり、木に従う㒸の声、詩に曰く「隰《さわ》に樹の⿰木㒸《すい》有り」と、臣鍇按ずるに、爾雅「⿰木㒸は赤羅なり」と、注に曰く「今

の楊檖、実は梨に似て小さし、酢たり、食す可し」と）

説解に引用される秦風「晨風」「隰に樹の檖有り」の毛伝「檖は赤羅也」は、小徐の引用した『爾雅』と同じ(8)である。

これは、単に「爾雅多く詩書を釈す」ためだけなのだろうか、或いは小徐の毛伝をはじめとする『詩』の注釈に対する評価を反映したものなのであろうか。この点を明らかにするために、小徐注に引用される『詩』の注釈について考察する。

『詩』注を引用するものは極めて少なく、僅かに三十六条に過ぎない。これは、小徐注で『詩』を引用するもの三百三十七条の十一%弱に過ぎない。『論語』の零%、『易』の四%、『書』の六%に次いで少ない。『論語』及び『易』に関しては、経そのものにほかの経書では注にあたるような部分が含まれるということに起因していると考えられるため、『詩』や『書』の場合とは少し異なる。

三十六条のうち、毛伝の評価に関わる言及は、「玭(9)」の条のみである。

12　玭　玉色鮮也、従玉此聲、詩曰、新臺有玭、臣鍇按、今詩新臺有泚、其字従水、與許愼説別、許愼雖云詩引毛氏、然毛氏言約、不如孔安國之備、學者説之多異、若鄭玄本箋毛氏、而其小義多與毛萇不同、故許氏引詩、多與毛萇不同、不得如引安國尚書言盡合也　【巻一　玉部】

（玭は玉の色鮮《あざや》かなり、玉に従う此の声、詩に曰く「新台の玭たる有り」と、臣鍇按ずるに、今詩は「新台に泚たる有り」、其の字水に従い、許慎の説と別《わ》く、許慎「詩は毛氏を引く」と云うと雖も、然れども毛氏の言は約にして、孔安国の備わるるには如かず、学ぶ者 之を説きて異なること多きは、鄭玄本《もと》毛氏に箋して、而も其の小義多く毛萇と同じからざるが若し、故に許氏 詩を引きて、多く毛萇と同じからず、安国尚書の言を引きて尽く合うが如きを得ざるなり）

説解に引用されているのは、『詩』邶風「新臺」の句である。「玼」は本来、玉の色が鮮やかであることを表すが、「新臺有玼（新台の玼たる有り）」では新しい台の色鮮やかなことを表し、引伸義の用例となっている。[10] 小徐は、彼の依拠した毛本では「玼」ではなく「泚」に作ることを指摘した上で、「毛氏の言は約たり、…学ぶ者 之を説きて異なること多きは、鄭玄本《もと》毛氏に箋し、而も其の小義 多く毛萇と同じからざるが若し、故に許氏の詩を引きて、多く毛萇と同じからず」と、許慎が「詩は毛氏を引く」と言うにもかかわらずその引用が毛本と異なることが多い原因として、毛氏の言が簡略に過ぎることを挙げる。小徐が『詩』注を引用することが極めて少ないのも、毛伝が簡略に過ぎることがその原因の一つと考えられる。

ここでもう一つ注目すべきは、毛伝と対比して『尚書』偽孔伝が挙げられていることである。「孔安国の備われるには如かず」、「安国尚書の言を引きて尽く合うが如きを得ざるなり」という言からは、毛伝とは異なり、偽孔伝は高く評価されているように見える。しかし、第四章で詳細に検討したように、『尚書』注の引用数は極めて少なく、且つその呼称にばらつきがあり、それが出典の多様性を反映している可能性が高いという分析結果から考えると、偽孔伝の評価は必ずしも高いとは言い難い。

『詩』の注も、『書』の注と同じく、「毛詩傳」・「詩傳」・「傳」・「毛詩傳箋」・「箋」・「毛詩注」・「詩注」・「注」のように、さまざまな形で引用される。煩雑に過ぎるので、大きく「傳」と呼ぶもの・「箋」と呼ぶもの・「注」と呼ぶものに分けて検討する。

まず、「毛詩傳」（四条）・「詩傳」（十三条）・「傳」（三条、箋も引くもの一条）・「毛詩傳箋」（一条）のように、「傳」と呼ぶものについて見てみよう。なお、「毛詩傳箋」とする「塡」（巻二十六 土部）は、「毛詩傳箋曰、塡與鎮同（毛詩伝箋に曰く「『塡』は『鎮』と同じ」と）」と言うように、特定の条の注ではないと考えられるので、ここでは考察の対象外とする。

13　瑀　石之佀玉者、從玉禹聲、臣鍇按、毛詩傳、佩玉琚瑀以納其閒【巻一　玉部】
（瑀は石の玉に似たる者、玉に従う禹の声、臣鍇按ずるに、毛詩伝に「佩玉に琚瑀あり、以て其の間に納る」と）

は、いささか異同があるものの、鄭風「有女同車」「將翺將翔、佩玉瓊琚（将《は》た翺し将た翔す、佩玉には瓊琚あり）」の毛伝「佩有琚瑀、所以納閒（佩に琚瑀有り、以て間に納る所なり）」を引用したものである。このように、毛伝と完全に一致するか、異同はあるもののその内容がほぼ一致するのは、「笴」（巻五　竹部）・「樛」（巻十一　木部）・「杕」（巻十一　木部）・「褎」（巻十六　衣部、箋もほぼ一致する）・「襛」（巻十六　衣部）・「袢」（巻十六　衣部）・「庾」（巻十八　广部）・「据」（巻二十三　手部）・「銚」（巻二十七　金部）・「鎛」（例文3）の計十一条である。

14　髃　肩前也、從骨禺聲、臣鍇曰、詩傳、上殺中髃【巻八骨部】
（髃は肩の前なり、骨に従う禺の声、臣鍇曰く、詩伝に「上殺は髃に中《あ》たる」と）

の「上殺は髃に中たる」は、小雅「車攻」「徒御不驚、大庖不盈（徒御　驚かず、大庖　盈たさず）」の毛伝「自左膘而射之、達于右腢爲上殺（左膘自りして之を射し、右腢に達するを上殺と為す）」の意を取り簡略にして引用したものと考えられる。このように伝の意を取り簡略にして引用したものは、「璜」（巻一　玉部）・「鷩」（巻七　鳥部）・「膘」（巻八　肉部）・「脁」（巻十四　瓜部）の計五条である。また、

15　堀　突也、從土屈聲、詩曰、蜉蝣堀閲、臣鍇曰、詩傳謂掘閲蜉蝣之堀地使開閲之也【巻二十六　土部】
（堀は突なり、土に従う屈の声、詩に曰く「蜉蝣　堀閲す」と、臣鍇曰く、詩伝に「掘閲は、蜉蝣の地を掘り之を開閲せ使むるなり」と謂う）

は、曹風「蜉蝣」「蜉蝣掘閲、麻衣如雪（蜉蝣 掘閲し、麻の衣は雪の如し）」の伝ではなく、箋の「掘閲、掘地解閲（「閲」の字は阮元「校勘記」により補う）、謂其始生時也（掘閲は、地を掘り解閲す、其の始めて生まるる時を謂うなり）」の意を取り簡略にしたのではないかと思われる。「晤」（例文1）も同じく箋に基づくものである。

そのほかの三条は問題があり、その出典がにわかには定めがたい。

16　龠　樂之竹管、三孔、以和衆聲也、從品侖、侖理也、凡龠之屬皆從龠、臣鍇按、詩左手執龠、傳云、三孔笛也、詩曰、於論鼓鐘、是樂有倫理也【巻四　龠部】

（龠は楽の竹管、三孔、以て衆声を和するなり、品侖に従う、侖は理なり、凡そ龠の属は皆龠に従う、臣鍇按ずるに、詩に「左手に龠を執る」と、伝に「三孔の笛なり」と云う、詩に曰く「於《ああ》鼓鐘を論す」と、是《これ》楽に倫理有るなり）

では、邶風「簡兮」の「左手に籥を執る」を引用する。その毛伝には「籥は六孔」と言い、小徐の引用と異なる。また、邶風の『釋文』に「鄭 礼に注して三孔と云う」とある。伝写の間に小徐本に何らかの誤りが生じたのか、小徐の勘違いなのか決め手がない。また、

17　觓　角皃也、從角丩聲、詩曰、兕觵其觓、臣鍇按、詩傳觓弛皃、今詩作觩、臣鍇曰、若弓之弛也【巻八　角部】

（觓は角の皃なり、角に従う丩の声、詩に曰く「兕觵《じこう》 其れ觓《きゅう》たり」と、臣鍇按ずるに、詩伝に「觓は弛《ゆる》む皃」と、今詩は「觩」に作る、臣鍇曰く、弓の弛むが若きなり）

では、説解に小雅「桑扈」の「兕觥 其れ觩《きゅう》たり」を引用している。今阮元本では、小徐の指摘通り「觩」に作るが、

その伝及び箋に小徐が「詩傳」として引用する「斛は弛む皃」に当たる注がない。

18　樹　木生植之總名、從木尌聲、臣鍇曰、樹之言豎也、故詩傳曰、夏后樹鼓、周禮有井樹、謂井之周榦也【巻十一　木部】

（樹は木の生え植《た》つの総名、木に従う尌の声、臣鍇曰く、樹の言は豎なり、故に詩伝に曰く「夏后 鼓を樹《た》つ」と、周礼に井樹有り、井の周りの榦を謂うなり）

に引く「夏后樹鼓」の出典は不明である。周頌「有瞽」「崇牙樹羽、應田縣鼓（崇牙 羽を樹《た》つ、応・田・県鼓）」の伝に「樹羽、置羽也（羽を樹つは、羽を置くなり）」・「縣鼓、周鼓也（県鼓は周鼓なり）」とあり、その疏に「明堂位」を引き「夏后氏之足鼓、殷人楹鼓、周人懸鼓（夏后氏の足鼓、殷人の楹鼓、周人の懸鼓）」と言うが、これらと何らかの関係があるのか、或いは小徐が依拠したテキストにはこのままの伝があったのか定めがたい。

以上のように、「傳」と称するもののうち考察の対象とした二十一条の内訳は、毛伝をそのまま或いは意を取り簡略にして引用するもの十六条、箋をそのまま或いは意を取り簡略にして引用するもの二条、問題がありその出典が定めがたいもの三条となる。

「箋」と呼ぶものについては、「箋」のみを引用するものに「檷」（巻十一　木部）及び「杝」（巻十一　木部）の二条がある。詳述はしないが、ともに箋の意を取りまとめたものである。

最後に、「毛詩注」（一条）・「詩注」（二条）・「注」（八条）のように、「注」と呼ぶものについて見てゆく。

19　昄　大也、從日反聲、臣鍇按、詩曰、爾土宇昄章、注、昄大也、昄訓大、當作昄、作昄亦假借(11)【巻十三　日部】

（昄は大なり、日に従う反の声、臣鍇按ずるに、詩に曰く「爾《なんじ》の土宇 昄《おおい》に章らかなり」と、注に「昄は大なり」と、昄は大と訓ず、当に「昄」に作るべし、「昄」に作るは亦た仮借なり）

は、大雅「巻阿」「爾土宇昄章（爾の土宇 昄に章らかなり）」の毛伝「昄大也（昄は大なり）」を引く。このように、毛伝をそのまま或いは意を取り簡略にして引用するものは、「専」（巻六 寸部）・「雕」（巻七 隹部）・「鵻」（巻七 鳥部）・「稷」（巻十三 禾部）の計五条である。

20　鮪 鮥也、周禮、春獻王鮪、從魚有聲、臣鍇按、爾雅注、鱣屬大曰王鮪、小曰叔鮪、詩序曰、春獻鮪、注曰、春鮪新來也 【巻二十二 魚部】

（鮪は鮥なり、周礼に「春に王鮪を献ず」と、魚に従う有の声、臣鍇按ずるに、爾雅注に「鱣の属の大なるを王鮪と曰い、小なるを叔鮪と曰う」と、詩序に曰く「春に鮪を献ず」と、注に曰く「春は鮪 新たに来るなり」と）

では、周頌「潛」の序「潛、季冬薦魚、春獻鮪也（潜は、季冬 魚を薦め、春 鮪を献ずるなり）」の鄭箋「春鮪新來（春は鮪 新たに来る）」を引用している。このように鄭箋をそのまま或いは意を取り簡略にして引用するものは、「鯙」（巻二十二 魚部）・「捼」（巻二十三 手部）・「妁」（巻二十四 女部）の計四条である。このほか、詳述はしないが「芨」（巻二 艸部）の「詩注、士一撥」、及び「騆」（巻十九 馬部）の「注曰、似魚目」の出典が不明である。

以上のように「注」と称するもの十一条の内訳は、毛伝をそのまま或いは意を取り簡略にして引用するもの五条、箋をそのまま或いは意を取り簡略にして引用するもの四条、出典が定めがたいもの二条となっている。

『詩』の注釈を引用するものの三十六条（全体に関わるもの二条を除いた三十四条）のうち、伝を引用したと思われるもの二十一条、箋を引用したと思われるもの八条、不明のもの五条となる。

以上をまとめると表1のようになる。このように、『詩』の注を引用することが極めて少なく、またそのうち毛伝に基づかないと思われるものが四割近くになることなどを考え併せると、小徐が『詩』の言を『爾雅』を以て釈そうとする傾向が強いのは、単に「爾雅多く詩書を釈す」ためだけではなく、小徐の毛伝をはじめとする詩の注釈に対する評価を反映したものと考え得るであろう。

つまり『尚書』注の引用数が極めて少なく、且つその呼称にばらつきがあることが、その出典の多様性及びその評価を反映する可能性が高いと考えられるのと同様、やはり毛伝を始めとする『詩』の注釈に対する評価があまり高くないことを示していると考えられる。ところで、『詩』に関わる書で小徐注に引用されているものには、このほか『韓詩外傳』及び『毛詩草木疏』がある。『詩』の注を引用するもののうち、出典の不明なもの五条については、これらの中にもその注に相当するものは見出せない。

表1　『詩』の注釈引用の内訳

	毛伝	箋	不明	計
「傳」類	16	2	3	21
「箋」類		2		2
「注」類	5	4	2	11
計	21	8	5	34

小徐注に引用される『詩』の注釈に出典が明らかでないものがあるが、それが小徐本の記述に何らかの脱誤があるためか、或いは小徐が意を取り簡略化して引用しているためわからなくなったのか、また或いは小徐が依拠した『詩』のテキストの系統が異なるためなのかについては、現在のところ結論づけるための資料がない。しかし、「禮」の引用に於いて明らかになったように、許慎にとっての「禮」は『周禮』であると認識しながらも、小徐自身の「禮」は『禮記』を意味していたことを考えあわせると、『詩』に於いても許慎が毛詩を宗とすることを認識しつつも、小徐自身が依拠したテキストが毛詩とは系統を異にするものであった可能性は充分考えられる。また、小徐の依拠したテキストが本書で底本としたものとは系統を異にするものであった可能性を示す例もいくつかある。

21　坺　治也、一曰、臿土謂之坺、詩云、武王載坺、一曰、塵皃、從土犮聲、臣鍇曰、按今詩作伐字【巻二十六　土部】

（坺は治なり、一に曰く「土を臿《きねつ》く之を坺と謂う」と、詩に「武王　坺《はた》を載《の》す」と云う、一に曰く「塵の皃」と、土に従う犮の声、臣鍇曰く、按ずるに今の詩は「伐」字に作る）

の説解には、商頌「長發」の「武王　坺を載す」が引用されており、小徐は、彼が依拠したテキストでは「伐」に作ると指摘する。今、阮元本では「旆」に作っており、段氏も「今詩『旆』に作る」（十三篇下　土部）と言う。このように、小徐が説解の引用と小徐が依拠したテキストの文字の異同を指摘するもののうち、通行の阮元本とは一致しないものがかなりある。「卙」（例文6）もその一つである。また、

22　菅　茅也、從艸官聲、臣鍇按、詩曰、雖有絲麻、無棄菅蒯、是也【巻二　艸部】

（菅は茅なり、艸に従う官の声、臣鍇按ずるに、詩に「糸麻有ると雖も、菅蒯を棄つる無かれ」と曰うは是《これ》なり）

に小徐が引用する『詩』は、逸詩である。「鬱」（巻十　鬯部）では「逸詩曰、羽觴隨波（逸詩に曰く「羽觴　波に随う」と）」と言うように「逸詩」と明言することから、「菅」に小徐が引用する『詩』が彼の依拠したテキストでは逸詩ではなかった可能性が考えられる。逆に、次のように阮元本で逸詩ではないにもかかわらず、ほかの書物に引用するものを引く場合がある。

23　虦　虎竊毛、謂之虦貓、從虎戔聲、竊淺也、臣鍇按、爾雅注引詩有貓有虎也【巻九　虎部】

（虦、虎の窃毛たる、之を虦貓と謂う、虎に従う戔の声、窃は浅なり、臣鍇按ずるに、爾雅注に詩の「貓有り虎有り」

を引くなり）

24　隆　豐大也、從生降聲、臣鍇曰、生而不已、必豐大也、故詩曰、旣生旣育、春秋傳引詩曰、文王陟降、亦或音爲降字【巻十二　生部】

（隆は豊大なり、生に従う降の声、臣鍇曰く、生じて已まざれば必ず豊大なるなり、故に詩に曰く「既に生《ふ》え既に育《お》う」と、春秋伝に詩に「文王陟降《ちょくこう》す」と曰うを引く、亦た或いは音「降」字為り）

「虢」の条で、小徐が『爾雅』注に引用するとしているものは、大雅「韓奕」の「貓有り虎有り」であり、「隆」の条で、邶風「谷風」の「既に生え既に育う」に続いて『春秋傳』に引用するものとして引用するのは、大雅「文王」の「文王陟降す」である。

これらのことと、「斛」（例文17）でテキストの異同についてはその指摘通りであったにもかかわらず、その伝及び箋に小徐が引用する「詩傳」に当たる注がないなど、出典が不明の注がいくつかあることなどから、小徐の依拠したテキストについては、毛詩とは別系統のテキストであった可能性も含めて、より慎重に検討する必要があると思われる。

本章では、「通釋」篇を中心に『詩』の引用について考察してきた。

『詩』の引用では、説解中に引用される『詩』について、関連する注がつけられているものが極めて少ないことがその特徴の一つとして挙げられるが、それらの注のうち半数以上が「今本」との異同に関わるものであったことは、小徐が説解の引用と今本との異同に対して極めて高い関心を持っていたことの表れであると考えられる。

また、小徐が『詩』注を引用することが極めて少ないこと、『詩』注の引用に際してその呼称がさまざまであったこと、及びそのことが出典の多様性を示す可能性を含んでいること、小徐が『詩』の言を『爾雅』を以って釈そうとする傾向が強いことなどから、小徐の毛伝に対する評価が余り高くなかった可能性が考えられる。従って、現在出典が不明である『詩』注も、毛伝・鄭箋以外にその典拠が求められる可能性がある。
そのほか、小徐が三家詩など『詩』の系統の違いにほとんど言及しないことは、段氏と大きく異なる小徐注の特徴の一つである。

【注】

(1)『易』十七・四%、『書』四十一・六%。第四章第一節二 九五頁、及び第五章第二節 一六五頁参照。

(2)「薈」(例文二-6)のように、小徐が「詩」と明言せずに説解の『詩』の引用について言及するものは、三百七十六条中二十条弱のみであるため、これらを集計に入れなくても数量的考察に特に影響はないと考える。

(3)「餀 燕食也、從食芺聲、詩曰、飲酒之餀、臣鍇曰、詩曰、如食宜餀(餀は燕《やすん》じ食らうなり、食に従う芺の声、詩に曰く「酒を飲み之《これ》を餀す」と、臣鍇曰く、詩に曰く「如《も》し食せしめば宜しく餀《あ》かしむべし」と)」のように、『詩』を引用するのみで、その目的が明確ではないが、小徐が引用した句は、今阮元本では「如食宜饇(如し食せしめば、宜しく饇《あ》かしむべし)」(小雅「角弓」)に作っていること、段氏は説解の引用に関して「許引此詩、説饇之叚借也(許は此の詩を引きて、「饇」の仮借たるを説くなり)」(五篇下 食部)と言うことの二点から、小徐がここで文字の異同或いは仮借についての言及をする意図があった可能性が考えられるため、ここでは文字の異同に関わるものとして扱った。

(4)小徐は「文字の義、説文を出づるもの無し」(巻三十六 祛妄)、「実生下臣、是を経し是を綸す」(巻四十 系述)と自ら述べるように、『説文解字』を「経」とする立場に立っている。第四章第一節四 一〇三頁参照。

(5)『詩』周頌「絲衣」に「自堂徂基、自羊徂牛、鼐鼎及鼒」とあり、その伝に「大鼎謂之鼐、小鼎謂之鼒」とある。

(6)段氏は「苢」の条(一篇下 艸部)で「周禮書所説」を大徐本に従い「周書所説」に作り、「陶隠居又た云う、韓詩に『芣苡は是《これ》木、其の実を食わば、子孫に宜し』と言うと、此れ蓋し誤りて周書を説く者の語を以て、之を韓詩に系く」と、陶隠居が「韓詩」とする引用は、周書を説く者の語を誤って韓詩としたのだろうとしており、「韓詩」の説ではない可能性がある。また承氏「校勘記」(上)も芣苡を木であるとするのは「乃ち逸周書及び山海経」であり、陶隠居が「韓詩」と誤り、恐らくは小徐もその誤りに従ったにすぎないとする。

（7）原文は以下の通り。「毛詩無此語、釋訓曰、不粻、不來也、爾雅多釋詩書、蓋江有汜之詩不我以、古作不我粻、粻者、來之也、不我粻者、不來我也、許蓋兼偁詩・爾雅、當云詩曰不我粻、不粻不來也、轉寫譌奪、不可讀耳、粻與以不同者、蓋許兼偁三家詩也」

（8）今、四部叢刊所収本・『爾雅校箋』はともに「檖、羅」に作り、阮元本も「檖、蘿」に作っており、「赤」の字はない。阮元「校勘記」は『詩』「晨風」の正義に「釋木云、檖赤羅」とあることから、古本には「赤」字があったとする。

（9）第三章例文三-30と重複するが、重要な注なので再度取り上げる。

（10）段注（一篇上 玉部）に「玭、本新玉色、引伸爲凡新色、如詩玭兮玭兮、言衣之鮮盛、新臺有玭、言臺之鮮明」とあるのに拠る。なお、今阮元本は小徐の依拠したテキストと同じく「泚」に作っている。

（11）承氏「校勘記」（上）には、「眅訓大」及び「作眅亦假借」の「眅」は、「皈」に作るべきであると言う。

第八章　引『春秋』考

第一節　「春秋」三伝について

一　説解に於ける三伝の扱い

まず最初に、説解に於ける『春秋』の引用状況を検討する。

説解に『春秋』を引用する百八十二条中、「春秋傳」と称するもの百六十九条、「春秋」とのみ称するもの八条、「春秋左傳」と称するもの一条、「春秋公羊傳」と称するもの四条となっている。このうち、唯一「春秋左傳」と称する次の条は、大徐本（六篇上　林部）では「春秋傳」に作り「左」の字はない。

1　麓　守山林吏也、從林鹿聲、一曰、林屬於山爲麓、春秋左傳曰、沙麓崩、臣鍇按、周禮虞衡掌山澤林麓、士若干人、春秋左傳曰、山林之木、衡鹿守之、是也　【巻十一　林部】

（麓は山林を守る吏なり、林に従う鹿の声、一に曰く、林の山に属するを麓と為すと、春秋左伝に曰く「沙麓崩ず」と、

臣鍇按ずるに、周礼に「虞衡　山沢林麓を掌る、士　若干人」と、春秋左伝に「山林の木、衡鹿　之を守る」と曰うは是《これ》なり）

説解中の引用は、『春秋』僖公十四年の経「秋、八月、辛卯、沙鹿崩ず」から引用されたもので、阮元本では、『公羊傳』・『穀梁傳』ともに『左傳』と同じく「沙鹿崩」に作る。『左傳』のみが「沙麓崩」と「麓」の字に作っているのであれば、ここで特に「春秋左傳」と称する意味があるが、阮元「校勘記」にも特に異同についての言及はない。小徐は、別義「林の山に属するを麓と為す」の用例となっている説解中の引用については何ら言及することなく、本義「山林を守る吏なり」の用例となる「山林の木、衡鹿　之を守る」（『左傳』昭公二十年伝）を引用するのみである。また、「沙鹿」・「衡鹿」ともに本来「麓」に作るべきところ、今本が「鹿」に作ることにも何ら言及がない。これに対して段氏は、大徐本に従い「春秋傳曰、沙麓崩（春秋伝に曰く「沙麓崩ず」と）」（六篇上　林部）に作り、「春秋僖公十四年の文」と出典を注記した上で、更に「三伝同じ」と言う。つまり、三伝の間に異同がないからには、わざわざ「春秋左傳」とする意味がないため、大徐に従ったということであろう。また段氏は「亦た仮借して鹿に作る」と言い、「沙鹿」・「衡鹿」に作るのは仮借であることも指摘している。以上の諸点から、説解の「春秋左傳」は小徐本でも元来「春秋傳」となっていたものが、小徐の引用の「春秋左傳」という呼称に影響されて、伝写の過程で誤って「春秋左傳」に作るようになったものと考えるべきであろう。

では、「春秋公羊傳」と称するもの四条についてはどうであろうか。そのうちの一条は、後出の「[illegible]」（例文15）であり、説解には用例として『公羊傳』（昭公二十五年）の伝が引用されている。また次の条は、字音の注として『公羊傳』宣公六年の伝を引用している。

2　辵　乍行乍止也、従彳従止、凡辵之屬皆従辵、讀若春秋公羊傳曰辵階而走、臣鍇曰、辵行也、故曰乍行乍

止也、今公羊傳辵作躇【巻四　辵部】
（辵は乍《たちま》ち行き乍ち止るなり、彳に従い止に従う、凡そ辵の属は皆辵に従う、読みて春秋公羊伝に「辵階《ちゃくかい》して走る」と曰うが若くす、臣鍇曰く、辵は行くなり、故に「乍ち行き乍ち止るなり」と曰う、今公羊伝「辵」は「躇」に作る）

阮元本の『公羊傳』は小徐の指摘通り「躇階而走」に作っている。何休の注に「躇猶超遽、不暇以次（躇は猶お超遽のごとし、次を以てするに暇あらず）」とあり、階段（の段）を飛び越して走り逃げることを言う。『釋文』に「躇」は「一本 辵に作る」とあり、説解中の引用のように「辵階而走」に作るテキストがあったことがわかる。次の条では、『公羊傳』哀公六年の伝が引用されている。

3　覢　暫見、從見炎聲、春秋公羊傳曰、覢然公子陽生【巻十六　見部】
（覢は暫見するなり、見に従う炎の声、春秋公羊伝に曰く「覢然として公子陽生なり」と）

阮元本は「（開之、則）闖然公子陽生也（之を開けば、則ち闖然として、公子陽生なり）」に作り、何休注に「闖、出頭貌（闖は、頭を出だす貌）」と言う。つまり（大きな袋を諸大夫の前に置き、それを開いたところ）急に頭が出てきて、それは公子陽生であった、と言うのである。段氏は「言公羊者、以別於左氏謂之春秋傳也、此哀公六年公羊傳文、何本覢作闖、注云、闖出頭皃、許所據不同也（公羊と言う者は、以て左氏之《これ》を春秋伝と謂うに別つなり、此れ哀公六年公羊伝の文、何本『覢』は『闖』に作り、注に云う『闖は頭出だすの皃』と、許の拠る所、同じからざるなり）」（八篇下　見部）と注記し、許慎の依拠したテキストが、何休のテキストとは異なることを指摘している。それに対し、小徐はこの条に対しては全く注記がない。しかし、次の二条では共に用例として同じ哀公六年の『公羊傳』が引用されている。

4　槖　囊也、從橐省石聲、臣鍇曰、按字書有底曰囊、無底曰槖、然則槖今纏腰下者、春秋公羊傳、擧大槖而至、視之、闖然公子陽生也【巻十二　槖部】

（槖は囊なり、槖の省に従う石の声、臣鍇曰く、按ずるに字書に「底有るを囊と曰い、底無きを槖と曰う」と、然れば則ち槖は今の腰下に纏《まと》う者なり、春秋公羊伝に「大槖を挙げて至る、之を視れば、闖然として公子陽生なり」と）

5　闖　馬出門皃、從馬在門中、讀若郴、臣鍇按、春秋公羊傳曰、左右擧大槖而至、開之、闖然公子陽生也【巻二十三　門部】

（闖は馬の門を出づる皃なり、馬の門中に在るに従う、読みて郴の若くす、臣鍇按ずるに、春秋公羊伝に曰く「左右大槖を挙げて至り、之を開けば、闖然として公子陽生なり」と）

この二条は、『公羊傳』「於是使力士擧巨囊而至于中霤、諸大夫見之、皆色然而駭、開之、則闖然公子陽生也（是に於いて力士をして巨囊を挙げて中霤に至ら使む。諸大夫之《これ》を見て、皆な色然として駭《おどろ》く、之を開けば、則ち闖然として公子陽生なり）」の前半のまとめ方がそれぞれ少し異なるが、問題の部分は共に「闖然公子陽生也」に作っており、「覢」の条の説解の引用とは異なっている。小徐は「覢」（例文3）の引用に対して何ら注を施していないが、「槖」（例文4）・「闖」（例文5）に於ける小徐の引用が一致することから、小徐の依拠したテキストでは、阮元本と同じく「闖」の字に作っていたと考えられる。また、

6　娟　楚人謂女弟曰娟、從女胃聲、春秋公羊傳曰、楚王之妻娟【巻二十四　女部】

（娟、楚人　女弟を謂いて娟と曰う、女に従う胃の声、春秋公羊伝に曰く「楚王の妻娟」と）

では、『公羊傳』桓公二年の伝から引用されており、その何休注に「娟は妹也」と言うように、本義の用例として

引用されている。

以上のように、説解で「春秋公羊傳」として引用されるものは、全て『公羊傳』の伝からの引用であり、ほかの二伝には見えない。従って『左傳』の引用と区別するために、意図して「春秋公羊傳」と称していることが明らかである。なお、上記五条以外は全て「春秋傳」又は「春秋」と称しているが、これらは、「禡」(後出、例文20)などのように出典に問題があるものを除き、経からの引用であるものも含めて『左傳』の引用として問題はない。

説解に於ける『春秋』の引用百八十二条は、「徽」(例文二-17)・「桒」(例文二-18)などのように、説解に示された本義の用例となるもの百五十二条、「迋」(後出、例文14)などのように別義或いは引伸義の用例となるもの四条、本義の補足説明となっているもの十条、「䝽」(例文二-19)などのように字音を示すもの十条、字形に関わるもの六条となっており、その大部分が用例・補足説明といった字義に関わるものである。「字形に関わるもの」には、経書に於ける用字を示すもの、及び字形の成り立ちを説くものを含む。例えば、

7　返　還也、從辵反、反亦聲、商書曰、祖甲返、臣鍇曰、人行還也
彶　春秋傳、返從彳　【巻四　辵部】
(返は還なり、辵反に従う、反は亦た声、商書に曰く「祖甲返《こた》う」と、臣鍇曰く、人行きて還るなり、彶、春秋伝「返」は「彳」に従う)

8　獘　頓仆也、從犬敝聲、春秋傳曰、與犬犬獘　【巻十九　犬部】
(獘は頓仆するなり、犬に従う敝の声、春秋伝に曰く「犬に与うるに犬獘《たお》る」と)

「返」の条の「春秋伝、返は彳に従う」は、「返」の字は『春秋』では「彶」に作る[1]ことを指摘したもので、このようなものを「経書に於ける用字を示すもの」とする。また「獘」の条に引用されているのは、『左傳』僖公四年の

伝「犬に与うるに犬斃る」である。段氏は「引此證从犬之意也（此を引きて「犬」に従うの意を証するなり）」（十篇上犬部）と言い、「斃」の字はもともと犬が仆れることから作られたものであるとする。ここでは、この段氏の説に従い、経書を引用して字の成り立ちを説くものとし、このようなものを「字形の成り立ちを説くもの」とする。

なお、説解中の引用で「春秋傳」と称するものと「春秋」と称するものがあった。この「春秋」と称するもの八条のうち、半数の四条が字音を示すものであり、また半数以上が経の部分からの引用である。これに対して「春秋傳」と称するものは、その約八十五％が用例となるもので、字音を示すものはわずか三％弱に過ぎない。また「春秋傳」と称するものは、その九割近くが伝の引用であって、経からの引用は二割に満たない。しかし、経の引用の場合は「春秋」と称し、伝の引用の場合は「春秋傳」と称するというような、或いは引用の目的によって使い分けるというような、明確な使い分けがこの両者に於いてなされているとまでは言えない。

以上のように、説解に於いて『春秋』を引用する際には、基本的に『左傳』に基づく引用となっており、「春秋傳」・「春秋」と称している。また、この「春秋傳」・「春秋」という呼称は明確な使い分けがなされているわけではない。ただ『左傳』以外に基づいた引用である場合には、「春秋公羊傳」のようにその出典を明示し、『左傳』の引用と区別している。(2)

二　小徐注に於ける三伝の扱い

それでは、次に小徐注に於ける『春秋』の引用状況を、三伝の扱いを中心に見て行こう。

小徐注に於ける『春秋』の引用は、説解に於ける引用とは異なり、その呼称にかなりのばらつきがある。書名を明記して引用する三百四十六条中、「春秋左傳」と称するものが最も多く二百四十五条、「春秋左氏傳」と称するものの八条、「左傳」と称するもの九条、「左氏傳」と称するもの一条、「春秋傳」と称するもの三十一条、「春秋」と称するもの十四条、「春秋公羊傳」と称するもの七条、「春秋公羊」と称するもの二条、「公羊傳」と称するもの二条、「公羊」と称するもの一条、「春秋穀梁傳」と称するもの二条、そのほかこれらの呼称を複数併用したり、注釈を直接引用するもの若干条となっている。注釈の引用については節を改めて考察するので、ここでは詳述しない。

これらの呼称は、何らかの明確な意図を持って使い分けられているのか。また、既に見たように説解に於いては「春秋」は左伝を指していたが、小徐の場合はどうであろうか。「禮」の場合のように、許慎と小徐で指し示すものが異なっている可能性はあるのだろうか。

9　榱　秦名爲屋椽、周謂之榱、齊謂之桷、從木衰聲、臣鍇按、春秋刻桓宮桷、又左傳曰、齊子尾抽桷、擊扉三、慶封將死、猶援廟桷動于甍、至宋伐鄭、則曰、取桓宮之椽、歸爲盧門之椽、桓宮鄭廟也、以此知齊魯謂之桷也　【巻十一　木部】

（榱、秦名づけて屋椽と為す、周 之を榱と謂い、斉 之を桷と謂う、木に従う衰の声、臣鍇按ずるに、春秋に「桓宮の桷に刻む」と、又た左伝に曰く「斉の子尾 桷を抽《ぬ》き、扉を撃つこと三たびす、慶封将に死なんとして、猶お廟の桷を援きて甍を動かす、宋の鄭を伐つに至りて則ち曰く、桓宮の椽を取りて、帰して盧門の椽と為す」と、桓宮は鄭廟なり、此を以て斉魯 之を桷と謂うを知るなり）

で、小徐が「春秋」として引用する「桓宮の桷に刻む」は荘公二十四年の経の部分からの引用であり、次に「左傳」として引用する「（斉の）子尾 桷を抽き、扉を撃つこと三たびす」るに、その合図に従って（王何らが）慶封の子の慶舍に斬りつけ、慶舍は重傷を負っても、「猶お廟の桷を援きて甍を動か」したとあるのは、『左傳』襄公二十八年の伝[3]の文を檃括[4]したものであり、また、「宋の鄭を伐つに至りて則ち曰く、桓宮の椽を取りて、帰して盧門の椽と為す」とするのは、桓公十四年の伝の部分を檃括して引用したものである。この条からは、「春秋（傳）」と称する場合は、経の部分からの引用で、「(春秋)左傳」と称する場合は、伝の部分からの引用というように、明確に区別されているようにも見える。

そこで、「春秋傳」・「春秋」と称するものと、三伝それぞれを明示するものとの間に何らかの違いがあるのかについて、経と伝の区別を中心に検討することにする。

まず「春秋穀梁傳」と称するのは、「踦」と「尗」の二条である。

10　踦　一足也、従足奇聲、臣錯按、春秋穀梁傳曰、殽之役、匹馬踦輪無反者【巻四　足部】

(踦は一足なり、足に従う奇の声、臣錯按ずるに、春秋穀梁伝に曰く「殽の役、匹馬・踦輪も反《かえ》る者無し」と)

の引用は、『穀梁傳』の僖公三十三年の伝「晉人與姜戎、要而撃之殽、匹馬倚輪、無反者(晋人　姜戎と、要して之を殽に撃つ、匹馬・倚輪も反る者無し)」を檃栝して引用したものであり、「倚輪」はここでは一輪の車を言い、引伸義の用例となっている。「尗」(巻十四　尗部)も『穀梁傳』荘公三十・三十一年の伝の文に基づき檃栝して引用しており、ともに『穀梁傳』の伝の部分からの引用である。

明示的に『公羊傳』を引用するのは、「辵」(例文2、「公羊傳」)・「乃」(巻九　乃部、「春秋公羊傳」)・「槎」(例文18、「公羊傳」)・「橐」(例文4、「春秋公羊傳」)・「游」(巻十三　㫃部、「春秋公羊」)・「有」(巻十三　月部、「春秋公羊傳」)・「稅」(巻十三　禾部、「春秋公羊傳」)・「[尢+虎]」(巻二十　尢部、「春秋公羊」)・「浄」(巻二十一　水部、「春秋公羊傳」)・「臺」(巻二十三　至部、「春秋公羊傳」)・「闖」(巻二十三　馬部、「春秋公羊傳」)・「釬」(巻二十七　金部、「公羊」)の十二条である。これらには、「春秋公羊傳」・「春秋公羊」・「公羊傳」・「公羊」と四種類の呼称が使用されているが、その間に明確な使い分けがあるわけではなく、基本的には伝の部分を引用していると考えられる。「有」の条については、説解中の引用に問題があり、伝の部分であると俄かには決めがたいが、段氏の説などを参考にすると、伝とその注を檃栝して引用した文としてよいのではないかと考えられる。故にここでは小徐が言及しているのは伝の部分であるとして扱う。
　このように『公羊傳』・『穀梁傳』を明示的に引用するものは、伝の部分からの引用となっている。それぞれほかの二伝には見えないものであるため、わざわざ「公羊傳」・「穀梁傳」と称してそのことを明確に示したのである。ところが「春秋左氏傳」・「春秋左傳」・「左氏傳」・「左傳」などと称して『左傳』を引用するものについては、その大部分が伝の部分からの引用ではあるが、少数ながら経の部分から引用しているものが含まれる。

11　逆　迎也、従辵屰聲、關東曰逆、關西曰迎、臣鍇曰、春秋左傳、莒慶來逆叔姫【巻四　辵部】
（逆は迎なり、辵に従う屰の声、関東 逆と曰い、関西 迎と曰う、臣鍇曰く、春秋左伝に「莒の慶来たりて叔姫を逆《むか》う」と）

で小徐が「春秋左傳」として引用するのは、荘公二十七年の経の「莒の慶 来たりて叔姫を逆う」であり、この部分については『公羊傳』・『穀梁傳』ともに異同がなく、わざわざ「左傳」とする必要のないものである。また、

12　鄿　魯下邑也、従邑雈聲、春秋傳曰、齊人來歸鄿、是、臣鍇按、春秋左傳作讙字、假借也、杜預曰、濟北蛇丘縣西有下讙亭【巻十二　邑部】
（鄿は魯の下邑なり、邑に従う雈の声、春秋伝に「斉人来たりて鄿を帰す」と曰うは是《これ》なり、臣鍇按ずるに、春秋左伝「讙」字に作るは仮借なり、杜預曰く「済北蛇丘県の西に下讙亭有り」と）

で説解中に引用されているのは、哀公八年の経「斉人 讙及び闡を帰す」である。小徐はこの引用について「春秋左伝『讙』字に作るは仮借なり」と言うが、『公羊傳』・『穀梁傳』ともに『左傳』と同じく「讙」の字に作っており、

やはりわざわざ「左傳」とする必要はない。

では、「春秋傳」・「春秋」と称するものについてはどうであろうか。

13　生　進也、象艸木生出土上、凡生之屬皆從生、臣鍇曰、土者吐出萬物、尙書曰、不冒海隅蒼生、春秋傳曰、食土之毛、故生從屮土　【巻十二　生部】

（生は進むなり、艸木生じて土上に出づるに象る、凡そ生の属は皆生に従う、臣鍇曰く、土なる者は万物を吐出す、尚書に曰く「丕《おお》いに海隅蒼生を冒《おお》う」と、春秋伝に曰く「土の毛を食す」と、故に生は屮土に従う）

で小徐注に「春秋傳」として引用されているのは、『左傳』昭公七年の伝「封略之內、何非君土、食土之毛、誰非君臣（封略の内、何ぞ君の土に非ざるや、土の毛を食するに、誰ぞ君の臣に非ざるや）」からの引用である。このように「春秋傳」・「春秋」として引用されるものの大部分が『左傳』の伝の部分からの引用で、経の部分からの引用は少数である。これは「春秋左傳」と称して引用されるものと同様の傾向にある。

小徐が「春秋左傳」と称するものは、「春秋公羊傳」・「春秋穀梁傳」と称するものではなく、むしろ「春秋傳」とのみ称するものと同じ傾向にある。このことは、小徐にとっても、許慎と同様に「春秋は左氏」を宗とすることの表れであると考えられる。つまり、『春秋』を引用する際には基本的に『左傳』を用い、『公羊傳』・『穀梁傳』を用いる場合には、『左傳』と区別するために特に「春秋公羊傳」・「春秋穀梁傳」と称しているのである。従って「春秋左傳」という呼称は、春秋三伝のうちの一つを明示的に示しているものではなく、「春秋傳」と称するものと同意であると考えられる。

このように「春秋公羊傳」・「春秋穀梁傳」という呼称は、『左傳』の引用と区別するためのものであるが、「春秋左傳」という呼称は、「春秋公羊傳」「春秋穀梁傳」に対応するものではなく、「春秋傳」という呼称と明確な区別がないものである。しかし「春秋傳」と「春秋左傳」という呼称に関して、非常に特異な点が一つある。それは、「春秋傳」・「春秋」として引用されている五十条のうち約半数に当たる二十三条が巻十二に集中しているということである。

そこで、巻十二に引用されている『春秋』について、その呼称を中心にまとめておこう。なおここでは巻十二の引用状況を全体的に把握するため、説解中に引用されているもの及び『春秋』の注釈を引用するものも含めることとする。また、後述のように「杜預」として引用されるものには、『左傳』の注のほか『春秋釋例』からの引用も含まれるので、ここでも『春秋釋例』を含めて考察する。

巻十二に於ける『春秋』の引用総数は四十七条、そのうち説解中に引用があるものは、説解のみに引用されているもの五条、説解に引用があり小徐が「杜預」として注釈を引用するもの八条、説解に引用があり小徐が「春秋左傳」・「杜預」として『春秋』とその注釈を引用するもの一条の計十四条で、それ以外の三十三条は全て小徐注にのみ『春秋』が引用されている。その内訳は、「春秋傳」とするもの十七条、「春秋傳」+「杜預注」となっているもの三条、「春秋」とするもの二条、「春秋」+「杜預」となっているもの一条、「春秋」+「春秋釋例」となっているもの一条、「春秋左傳」とするもの五条、「春秋左傳」+「杜預」となっているもの二条、そのほか「春秋公羊傳」とするもの・「杜預春秋釋例」とするもの各一条である。「通釋」篇全体で見ると、「春秋左傳」として引用するものが圧倒的多数を占めるにもかかわらず、巻十二に関しては、「春秋(傳)」として引用するものが二十四条で、「春秋左傳」として引用するものはその三分の一以下の七条に過ぎない。また、注の引用に関しても、十七条中十四条が『左傳』注ではなく『春秋釋例』からの引用になっている。

小徐注で「春秋(傳)」と称されるものの約半数がこの巻十二に集中し、そのためこの巻に関してのみ「春秋左傳」と称するものと「春秋傳」と称するものの数量的な関係が逆転している。更に『春秋』の注釈を引用するものが全体でも三十八条と少ない中、その約半数の十七条がやはりこの巻十二にあり、しかもその大部分が『春秋釋例』からの引用である。このように『春秋』の引用に関しては、この巻十二の特殊性が際立っているが、残念ながら今のところ何故そうなるのか合理的な説明はつかない。ただ、杜預注の評価に言及する「酆」（後出、例文22）・「郔」（後出、例文23）なども、やはり巻十二にあること、「酆」の条は、杜預注のみならず『爾雅』にも言及しており、小徐の注釈に強い影響を与えたと考えられる『爾雅』郭璞注との関係も示唆されている小徐本の中でも特に注目すべき条であることから、或いは巻十二の注は時期的にかなり早い段階で書かれたものであり、まだ注釈スタイルが固まっていなかったという可能性も考え得るかとは思う。しかし、ここでは巻十二の特殊性を指摘するにとどめる。

第二節　説解中の引用に対する注釈

説解に『春秋』の引用のあるもの百八十二条のうち、小徐注にも引用のあるものは四十条であるが、そのうち四条は次の例のように、小徐注の引用が説解の引用とは直接関わりのないものである。

14　迋　往也、從辵王聲、春秋傳曰、子無我迋、臣鍇按、春秋傳、伯有迋勞於黃厓【巻四　辵部】
（迋は往なり、辵に従う王の声、春秋伝に曰く「子　我を迋《おそ》るる無かれ」と、臣鍇按ずるに、春秋伝に「伯有　黄厓に迋《ゆ》き労《ねぎら》う」と）

説解には『左傳』（昭公二十一年伝）「子　我を迋るる無かれ（杜預注：迋は恐也）」が引用され、別義の用例となっているが、小徐はこれには言及せず、本義の用例となる「伯有　黄厓に迋《ゆ》き労《ねぎら》う」（襄公二十八年伝）を引用するのみである。このような四条を除くと、説解に引用される『春秋』に対する注釈となるものは、僅か三十六条（十九・八％）

にすぎない。

説解中の諸書の引用に対してほぼ全てに何らかの注が加えられていた段注に対し、それらを特に注釈の必要なものとして扱わないのが、小徐注の特徴の一つであり、説解中の引用に対する注は多いものでも『書』の引用の四十一・五％にすぎず、『論語』の引用では僅か五・九％であった。(5) 上記の分析からは、『春秋』の引用も、『論語』の引用ほどではないがこの傾向を比較的明確に示していると言えそうである。

しかし『春秋』の引用の場合、書名を明記していないため上記の数量的分析では取り上げなかったが、説解に引用される『春秋』に対する注釈であることが明らかなものが十八条ある。

15　嘂　高聲、従㗊丩聲、一曰大呼、春秋公羊傳曰、魯昭公叫然而哭、臣鍇按、周禮雞人掌夜謼旦嘂百官、叫然、忽發聲也、此昭公出奔齊也　【巻五　㗊部】

（嘂は高き声なり、㗊に従う丩の声、一に曰く「大呼す」と、春秋公羊伝に曰く「魯の昭公叫然として哭す」と、臣鍇按ずるに、周礼に「雞人は夜 旦を謼《よ》び、百官を嘂するを掌る」と、叫然は忽ち声を発するなり、此れ昭公 斉に出奔するなり）

では、説解に『公羊傳』（昭公二十五年伝）の「昭公於是噭然而哭（昭公 是に於いて噭然として哭く）」という文が檃栝して引用されている。何休注に「噭然、哭聲貌、感景公言而自傷（噭然は哭声の貌、景公の言に感じて自ら傷むなり）」とあるように、魯の昭公が斉に逃れた際、それを見舞った景公の言を聞いて、昭公が「噭然」と声を上げて泣いた、と言うのである。小徐は『周禮』春官「雞人」を引用した後、「叫然は、忽ち声を発するなり、此れ昭公 斉に出奔するなり」と言い、この部分は明らかに説解の『公羊傳』の引用についての注釈となっている。阮元本では、「昭公 是に於いて噭然として哭く」と「噭」の字に作っており、そのため、承培元は小徐本「校勘記」（上）に「『叫然』

は当に『詘然』に作るべし、今公羊『噭然』に作る」と言う。また、段氏（三篇上 㗊部）も、説解の「叫然」を「詘然」に改めた上で、「『詘』、各本『叫』に作るは譌なり、今正す」と言い、更に今本を引用して、今本が「噭然」に作ることを示している。しかし、小徐が注の中で『公羊傳』の引用に言及して「叫然」と作っていることから考えて、少なくとも、小徐が底本とした『説文』のテキストでは、「詘然」でも「噭然」でもなく、「叫然」に作っていたと考えるのが自然であろう。(6)

16　稈　禾莖也、従禾旱聲、春秋傳曰、或投一秉稈、臣鍇曰、即稭之和皮者、投稈、謂楚囊瓦焚郤宛事也
秆　或従干作　【巻十三　禾部】
（稈は禾の茎なり、禾に従う旱の声、春秋伝に曰く「或いは一秉の稈を投ず」と、臣鍇曰く、即ち稭の皮を和する者なり、稈を投ずるは、楚の囊瓦 郤宛を焚く事を謂うなり、秆、或いは「干」に従いて作る）

この小徐注「稈を投ずるは、楚の囊瓦 郤宛（祁刻本は「郤宛」に作る）を焚く事を謂うなり」は、説解に引用する『左傳』の「或いは一秉の稈を投ず」（昭公二十七年伝）が、楚の令尹の囊瓦が郤宛の館に火を放って焼き殺そうとした時のことを指すことを言っており、説解の引用に対する注釈であることは明らかである。なお、今阮元本は「或取一秉秆焉」に作るが、テキストの問題に関しては第四節で言及する。更に、

17　𥐥　水邊石、従石巩聲、春秋傳曰、闕𥐥之甲、臣鍇按、闕𥐥、古國名、今作鞏、假借　【巻十八　石部】
（𥐥は水辺の石、石に従う巩の声、春秋伝に曰く「闕𥐥の甲」と、臣鍇按ずるに、闕𥐥は古の国の名、今「鞏」に作るは仮借なり）

の「鬫砻之甲」は、『左傳』「鬫鞏之甲、武所以克商也（鬫鞏の甲は、武の商に克つ所以なり）」（昭公十五年伝）から引用されたものであり、その杜預の注に「鬫鞏國所出鎧（鬫鞏国の出す所の鎧）」と言うように、「鬫砻」は国の名前である。小徐注の「鬫砻は、古の国の名」はこのことを指している。また「今 鞏に作るは仮借なり」とは、小徐の依拠した『左傳』のテキストでは「砻」の字が「鞏」になっているが、これは仮借字であることを言う。書名は明記されていないが、やはり明らかに説解中に引用された『春秋』に対する注釈となっている。このように、書名を明記しないながら、説解中の引用に対する注釈であることが明白な条が、『春秋』の引用に関してはかなり多く存在している。

これまで書名を明記しないで引用するものを数量的分析に加えてこなかった大きな理由の一つは、それらが極めて少なく、数量的な面の考察にはほとんど影響しないことであった。しかし『春秋』の引用に関しては、小徐注に於いて書名を明記して引用するもの三十六条に対し、書名を明記しないで引用するものが十八条となっており、書名を明記しないものが明記するものの半数を占める。これは、『春秋』の引用に対する小徐注に特徴的な現象の一つであり、この点を考慮せざるを得ない。そこで、これらの書名は明記されていないが説解に引用される『春秋』に対する注釈となることが明白なものを分析対象に加えると、説解中の引用に対して注が施されているものは百八十二条中五十四条（約三十％）となる。これは『書』の引用、『爾雅』の引用に次ぐものであり、説解中の『春秋』の引用に対しては、小徐はむしろ比較的丁寧に注を施していると考えるべきであろう。

この傾向はまた、説解中の引用に対する出典の注記という形でも表れている。『詩』の引用の場合、説解に引用される四百二十条の中には、その出典に問題があるものもかなりあった。それにもかかわらず、小徐がその出典を示すものはわずか一条のみであり、それも出典を示すことが目的ではなく、それにより字形の成り立ちを説明することが主たる目的であると考えられた。[7] ところが、引用数では『詩』の半数以下の百八十二条に過ぎない『春秋』の引用で、専らその出典を考察したものが三条ある。

18　槎　斫也、從木差聲、春秋傳曰、山木不槎、臣鍇按、此公羊傳之言、傳寫脫兩字也　【巻十一　木部】

（槎は斫るなり、木に従う差の声、春秋伝に曰く「山に木槎《き》らず」と、臣鍇按ずるに、此れ公羊伝の言なり、伝写して「両」字を脱するなり）

この条の説解中の引用にはテキストの乱れがあり、小徐はこれを『公羊傳』の文であり、伝写の過程で「両」の字が抜け落ちたとする。しかし、承培元は「校勘記」（上）に「公羊傳當作國語、公羊無所引語也（「公羊伝」は当に「国語」に作るべし、公羊に引く所の語無きなり）」と言い、『國語』の「山不槎蘖（山に蘖を槎らず）」（魯語上）を引用したものだとする。段氏も「許書 亦た国語を謂いて春秋伝と為す者有り、此れ其の一也」（六篇上 木部）として、やはり『國語』の引用だとする。小徐は段氏・承氏と見解を異にしてはいるが、その注は出典の考察及びテキストの校訂となっている。そのほか、

19　楬　楬桀也、從木曷聲、春秋傳曰、楬而書之、臣鍇曰、楬擧也、周禮遺物者楬而書之、此言春秋、傳寫之誤【巻十一木部】

（楬は楬桀なり、木に従う曷の声、春秋伝に曰く「楬げて之を書す」と、臣鍇曰く、楬は挙なり、周礼に「遺りたる物なる者は楬げて之を書す」と、此に「春秋」と言うは伝写の誤なり）

20　𧝓　短衣、從衣鳥聲、春秋傳曰、有空𧝓、臣鍇曰、今春秋傳無此言、疑注誤也　【巻十六　衣部】

（𧝓は短き衣、衣に従う鳥の声、春秋伝に曰く「有空𧝓」と、臣鍇曰く、今春秋伝に此の言無し、疑うらくは注の誤りなり）

「楬」の条では、説解に「春秋傳」として引用されているのは『周禮』（地官・泉府）「斂市之不售貨之滯於民用者、

以其賈買之物楬而書之（市の售《う》れざる貨の民用に滞る者を斂《おさ》め、以て其の之を賈買する物ごとに楬げて之を書す）からの引用であり、伝写の間に出典が誤って「春秋」とされたのであるとする。また「鵅」の条でも、「今春秋伝に此の言無し」として、その出典に誤りがあるのではないかとする。段氏は「（魯の）季公鳥」（昭公二十五年伝）の誤りであろうとする。このように、わずか三条に過ぎないが、出典に関わる注を施すことにほとんど意を用いない小徐注にあっては、専らその出典を考察する注が三条もあることは、やはり特筆すべき点であろう。このように、説解中の引用に対して比較的丁寧に注を施していることは、小徐本に於ける『春秋』の引用の特徴の一つであると言えよう。

第三節　注釈の引用

小徐が『春秋』の注釈を引用する際には、経伝の引用に続き「注」・「杜預」・「杜預注」のように称して引用する場合と、「春秋左傳注」・「春秋公羊注」のように称して注のみを引用する場合がある。このうち「杜預」と称するものの中には、『左傳』の杜預注を引用するものと、『春秋釋例』から引用するものが混在しており、『春秋釋例』からの引用であるものの方が多数を占めている。そこで、注釈の引用に関する考察では、杜預『春秋釋例』をも注釈として扱うこととする。

『春秋』の注釈を引用するものは、「注」と称して引用するもの七条、「杜預」と称するもの十五条、「杜預注」と称するもの二条、「春秋左傳注」と称するもの三条、「春秋公羊注」と称するもの一条、「春秋釋例」と称するもの十条の計三十八条となっている。このように小徐が引用するのは、そのほとんどが『左傳』の杜預注か『左傳』の引用に関する杜預『春秋釋例』の語となっており、それ以外のものとしては『公羊傳』何休注が一条あるだけである。この何休注として引用されているものも、『公羊傳』の伝の部分の引用とした方がよいのではないかと思われる。

21　鸞　亦神靈之精也、赤色五采、鶏形、鳴中五音、頌聲作則至、従鳥䜌聲、周成王時氐羌獻鸞鳥、臣鍇曰、按鸞似鳳、多青、春秋公羊注曰、太平、然後頌聲作也【巻七　鳥部】

（鸞は亦た神霊の精なり、赤色にして五采あり、鶏形、鳴けば五音に中たる、頌声作《おこ》れば則ち至る、鳥に従う䜌の声、周の成王の時、氐羌　鸞鳥を献ず、臣鍇曰く、按ずるに鸞は鳳に似て青多し、春秋公羊注に曰く「太平いたりて、然る後に頌声作るなり」と）

ここでは、小徐は説解の「頌声作れば則ち至る」の説明として『公羊傳』の注「太平いたりて、然る後に頌声作るなり」を引用するのであるが、今『公羊傳』宣公十五年の伝には、「什一者、天下之中正也、什一行、而頌聲作矣（什一なる者は、天下の中正なり、什一行われて而して頌聲作る）」とあり、その何休注に「頌聲者、大平歌頌之聲、帝王之高致也（頌声なる者は、大平の歌頌の声にして、帝王の高致なり）」と言う。小徐の引用は、伝の文と注を併せたものとも言えるが、『公羊傳』を引用した主眼は「頌聲作」にあると考えられるため、前半の「什一なる者は」云云を注の言葉を借りて「太平」とまとめた形で引用したものではないかと思われる。そうであるならば、ここは本来「春秋公羊傳曰」となっていたと考えられ、小徐注に引用される『春秋』の注釈は、全て『左傳』に関するものとなる。このことも、小徐が許慎と同じく『春秋』では『左傳』を宗とすることの表れと言えよう。

ところで、小徐注に『春秋』の引用があるものは『春秋釋例』を引用するものも含めて三百五十一条に上る。そのうち『春秋』の注釈を引用するものは、わずか三十八条（「春秋公羊注」を除けば三十七条）で約一割に過ぎない。このことは、小徐が杜預注を余り評価していないことを表すのであろうか。小徐注には、杜預注の評価に関わる言及がいくつかある。

22　酆　周文王所都、在京兆杜陵西南、従邑豐聲、臣鍇按、春秋傳、康有酆宮之朝、杜預曰、始平鄠縣東酆邑臺也、臣鍇以爲許愼地名多見春秋左傳、地名精考、莫精於杜預、比于今又近、故春秋地名一取于杜預、又艸木鳥獸之名、莫近于爾雅及新修本草、終古不刊、故臣鍇一切以爲準的【巻十二　邑部】

（鄠は周の文王の都する所なり、京兆杜陵の西南に在り、邑に従う豊の声、臣鍇按ずるに、春秋伝に「康に鄷宮の朝有り」と、杜預曰く「始平鄠県の東、鄷邑台なり」と、臣鍇以為らく許慎の地名 多く春秋左伝に見ゆ、地名の精考たる、杜預より精なるはなし、今に比すれば又た近し、故に春秋の地名は一に杜預に取る、又た艸木鳥獣の名は、爾雅及び新修本草より近きはなく、終古に刊せず、故に臣鍇一切以て準的と為す）

ここで小徐は、『說文』中に見える地名の多くが『左傳』に見え、地名の考証で最も精密で今に近いものが杜預の考証であるとし、地名については専ら杜預に依拠すると言う。また、草木鳥獣の名については、『爾雅』・『新修本草』を基準とすると言う。地名に関しては、このほかにもいくつか言及がある。

23　郔　鄭地、從邑延聲、臣鍇按、春秋傳鄭地、杜預闕之、不可知也、臣鍇竊以爲杜預之沒身于春秋、而其地名有不知而闕者、則後代雖有獨得者、亦未可以取憑焉【巻十二　邑部】

（郔は鄭の地なり、邑に従う延の声、臣鍇按ずるに、春秋伝の鄭の地、杜預 之を闕き、知る可からざるなり、臣鍇窃に以為らく、杜預の身を春秋に没して、而も其の地名の知らずして闕く者有れば、則ち後代 独り得たる者有りと雖も、亦た未だ以て焉に取りて憑るべからずと）

ここで小徐は、「窃に以為らく、杜預の身を春秋に没して、而も其の地名の知らずして闕く者有れば、則ち後代独り得たる者有りと雖も、亦た未だ以て焉に取りて憑るべからず」と、杜預の地名の考証に関する絶対的な信頼を再度表明している。従って、

24　邑　多言也、從品山相連、春秋傳曰、次于邑北、讀與聶同、臣鍇按、春秋左傳、齊桓公救邢、次于聶北、今作聶、杜預闕之也【巻四　品部】

（邑は言多きなり、品山の相い連なるに従う、春秋伝に曰く「邑北に次《やど》る」と、読みて聶と同じくす、臣鍇按ずるに、春秋左伝に「斉の桓公 邢を救い、聶北に次る、今「聶」に作る、杜預は之を闕くなり）

で、説解の「邑北に次る」に対して小徐が僖公元年の経「齊師宋師曹伯、次于聶北、救邢（斉師・宋師・曹伯　聶北に次り、邢を救う）」を引用し、小徐の依拠したテキストでは「邑」の字は「聶」に作ることを指摘した上で、わざわざ杜預『春秋釋例』の「聶北」という地名の項が「闕」となっていることを指摘しているのは、杜預ですら「闕」としているのであるから、これ以上の考証はできないことを示しているのであろう。

このほか、説解と杜預の説にずれがある場合には、「但杜預在許愼後、故詳略不同也（但だ杜預は許慎の後に在り、故に詳略同じからざるなり）」（「鄘」巻十二　邑部）、「杜預所言晉制、在漢後、地名改易也（杜預の言う所は晋の制にして、漢の後に在り、地名改易するなり）」（「洹」巻二十一　水部）と言うように、それは時代の差だとする。

このように、小徐は杜預の地名に関する考証を非常に高く評価している。杜預の言を引用する三十七条中、『春秋釋例』からの引用が二十条を占め、そのほとんどが邑部（十三条）・水部（五条）という地名が多い部に集中していることも、その評価の表れであると言えよう。

しかしながら、「酆」（例文22）で併び称されていた『爾雅』及びその郭璞注とは、その扱いが大きく異なる。『爾雅』は小徐が言及した「草木鳥獣」のみならず、具体的なものの名を説く際には広く用いられており、更に郭璞注はその半数以上で用いられている。その用いられる範囲の広さ、引用数の多さが際立っている。(8) このことは、即ち『爾雅』及びその郭璞注に対する小徐の評価の高さを如実に表していると考えられる。

従って、杜預の注釈を引用する数が極めて少なくその半数以上が地名の考証に関わるものであるということは、『春秋』に対する杜預の注釈・考証については、その地名考証のみが評価されていることを示しており、郭璞注が全般にわたり高く評価されているのとは異なると言えよう。

第四節　そのほかの特徴

ここまで、『春秋』三伝の扱いと、『春秋』の注釈の引用を中心に考察してきた。最後に、そのほかの特徴について簡単に見ておく。

小徐注に引用される『春秋』[9]について、その引用の目的を見てみると、本義の用例となるもの百七十条、別義或いは引伸義の用例となるもの八条、本義の補足説明となるもの九十七条、字音を示すもの零条、字形に関わるもの七十四条、そのほか二条となっており、その大部分が、用例や補足説明のような字義に関わるものである。この点は説解中の引用と同じであるが、小徐注に於ける引用については、字形を説くための引用中特に「経書に於ける用字を示すもの」の割合が比較的多いことが、その特徴の一つとなっている。

25　附　附婁、小土山也、從𨸏付聲、春秋傳曰、附婁無松柏、臣鍇曰、今左傳作培、假借　【巻二十八　𨸏部】

（附、附婁は小土の山なり、𨸏に従う付の声、春秋伝に曰く「附婁に松柏無し」と、臣鍇曰く、今左伝「培」に作るは仮借なり）

では、小徐は説解中に引用する「附婁に松柏無し」（『左傳』襄公二十四年伝）の「附」の字が小徐が依拠したテキストでは「培」[10]の字になっており、それは仮借の用法であることを指摘する。このように、説解中の引用と今本テキストの異同に言及するほか、次の例のように説解に引用がない場合にも、本来用いられるべき文字と今本との異同に言及するものも多い。

26　鄣　周公所誅鄣國、在魯、従邑奄聲、臣鍇按、尚書・春秋左傳皆作奄　【巻十二　邑部】
（鄣は周公の誅する所の鄣国、魯に在り、邑に従う奄の声、臣鍇按ずるに、尚書・春秋左伝皆「奄」に作る）

は、『春秋』では「鄣」に作るべきところを「奄」に作っていると、特定の句ではなくその全般にわたる用字についての指摘となっている。説解中の引用と今本の用字の異同にしばしば言及するのは、これまで分析してきた諸経の引用に共通する小徐注の特色の一つである。しかし、『春秋』の引用では、更に説解に引用がない場合にも『春秋』の用字にわざわざ言及しており、このことが今本『春秋』の用字に対するより一層の関心の高さを示していると考えられ、『春秋』引用の特徴の一つとなっている。

しかしながら、説解中の引用と小徐の依拠したテキストの異同に関しては、注意すべきことがある。諸経の引用と同じく、『春秋』の引用でも複数の条で同じ文が引用されている場合がある。例えば、「稈」（例文16）の説解に引用されているのと同じ『左傳』（昭公二十七年伝）の文を、小徐は「秉」の条（巻六　又部）で引用して「禾束也、従又持禾、臣鍇按、春秋左傳曰、或取一秉秆焉（禾束なり、又の禾を持するに従う、臣鍇按ずるに、春秋左伝に曰く「或いは一秉秆を取れり」と）」と言う。この引用では「或取一秉秆」に作っており、阮元本と同じではあるが、許慎が「或投一秉稈」に作るのとは異なる。少なくとも『左傳』のこの文に関しては、許慎が依拠したテキストと、小徐の依拠したテキストに異同があったと考えられる。しかし、小徐は「稈」の条に於いて引用に言及しているにもかかわらず、その異同については全く言及していない。先に見たように、小徐は『春秋』に関しては今本の用字に関する注を多く施している。しかしこの「稈」の条に於ける小徐注は、小徐が必ずしも全ての異同を指摘しているわけではないことを強く示唆している。また、先に見たように「覢」(例文3)と「棗」(例文4)・「闖」(例文5)に於ける『公羊傳』の引用の異同からも、同様のことが言える。従って、小徐本に於ける説解中の引用と今本に異同がある場合、それが直ちに小徐の依拠したテキストと今本の異同であるとは言えないことに、注意すべきであろう。

また、今のところまだ単なる印象の段階ではあるが、小徐の『春秋』に対する扱いは、ほかの諸経の扱いとは微妙な違いがあるように感じられる。例えば、ほかの経書の引用では、「禮」で許慎が指すものと小徐の指すものが異なっているような場合[11]でも、基本的に許慎の用いた呼称を踏襲してきたにもかかわらず、『春秋』に関しては、何故説解と同じ「春秋傳」という呼称ではなく「春秋左傳」という呼称が圧倒的多数を占めるのか。また、説解に引用がないにもかかわらず、わざわざ『春秋』の用字に言及したものが多いのはなぜか。そのほか、段氏とは異なり、経書自体の問題について言及しない小徐が、「牡」(巻三 牛部)や「有」(巻十三 月部)で「春秋諸例」・「春秋例」として『春秋』の経・伝の書式の凡例に言及したり、僅かではあるが専ら出典を考察した注があるなど、些細なことながらほかの経書の引用に於いては余り見られない扱いが重なっており、全体として違和感に近いものを覚える。

本章では『春秋』の引用について考察してきた。

説解・小徐注ともに『左傳』に基づき引用しており、『公羊傳』・『穀梁傳』からの引用の場合は、『左傳』からの引用と区別するため「春秋公羊傳」・「春秋穀梁傳」のように明示して引用している。しかし『左傳』の引用に於いては、説解では「春秋傳」・「春秋」と称するのに対し、小徐注では「春秋傳」・「春秋」という呼称を用いることは少なく「春秋左傳」と称するものが大多数を占める点が異なる。

また、説解・小徐注ともに、用例など字義の説明のために引用されるものがその大多数を占めるが、小徐注では、字形――特に用字――に関わる説明のために引用されるものの割合が比較的高いことがその特徴の一つとなっている。『春秋』の注釈に関しては、小徐はその注に於いて杜預の地名の考証に非常に高い評価を与えている半面、杜預の注釈の引用数が極めて少なく、その半数以上が地名の考証に関わるものとなっている。このことは、『爾雅』郭璞注が全般にわたり高く評価されているのとは異なり、杜預の注釈・考証については、その地名考証のみが評価されていることを示していると考えらる。

このほか『春秋』の引用に関しては、巻十二の特異性、ほかの諸経に対する『春秋』引用の特異性という二点が特に目を引く。巻十二に於いては、(1)小徐注で「春秋(傳)」と称されるものの約半数がこの巻十二に集中し、この巻のみ「春秋左傳」と称するものより「春秋傳」と称するものが多くなっている、(2)数少ない『春秋』の注釈の引用のうち、半数以上がこの巻に集中し、その大部分が『春秋釋例』からの引用である、(3)杜預注の評価に言及する「酆」・「郔」などがこの巻にあるなど、その特殊性が際立っている。「酆」の条は小徐の注釈に強い影響を与えたと考えられる『爾雅』郭璞注との関係も示唆されている、小徐本中でも特に注目すべき条であることから、巻十二の注は、まだ注釈スタイルが固まっていないかなり早い段階で書かれたものであったという可能性も考えられる。また、『春秋』の引用全体がほかの諸経の引用と微妙にずれがあることは先に述べた通りであるが、そのことと小徐注に於ける「書傳」の特殊な用法が『左傳』の孔疏の影響を受けたものである可能性があること[12]を考えあわせると、小徐の学問体系に於いて『春秋』学が特別な位置を占めていた可能性を示唆しているのではないだろうか。

【注】

（1）段注（二篇下　辵部）に「謂左氏傳也、漢書曰、左氏多古字古言、許亦云、左丘明述春秋傳以古文、今左氏無仮字者、轉寫改易盡矣（左氏伝を謂うなり、漢書に曰く「左氏 古字古言多し」と、許も亦た云う「左丘明 春秋伝を述ぶるに古文を以てす」と、今左氏に仮字無き者は、転写して改易し尽すなり）」と言うように、阮元本は皆「返」に作っている。

（2）段氏も「鄮」（後出、例文12）の条に注して「按許引左氏則言春秋傳曰、引公羊則言春秋公羊傳曰、以別於左氏（按ずるに許は左氏を引けば則ち「春秋伝に曰く」と言い、公羊を引けば則ち「春秋公羊伝に曰く」と言い、以て左氏より別つ）」（六

篇下 邑部）と言い、『左傳』以外の引用のみ、区別するために「春秋公羊伝」のように称することを指摘している。

（3）原文は以下の通り。「子尾抽桷、擊扉三、盧蒲癸自後刺子之、王何以戈擊之、解其左肩、猶援廟桷、動於甍、以俎壺投殺人、而後死」

（4）「槩栝」の語は、「勦」の条の段注（十三篇下 力部）に「許槩栝其辭（許は其の辞を槩栝す）」とあるのに倣う。ここで許慎は本義「労す也」の用例として「春秋傳曰、安用勦民（春秋伝に曰く「安《いず》くんぞ用て民を勦《つか》れしめんや」と）」を引用する。段氏はそれが『左傳』昭公九年の伝に基づくものであり、「叔孫昭子」が『詩』大雅「靈臺」の詩を引用した後に、「焉用速成、其以勦民」（焉《いづく》んぞ速成を用てせんや、其れ以て民を勦れしむるなり）と言った言葉の意を取り、用例としての適切な形に改めて引用していることを言う。許慎は『春秋』の引用では特に経文の形を少し改めて引用する場合が多く、小徐の引用の仕方もこの許慎の影響を少なからず受けているのではないかと考える。従って、一般的な「槩栝」の用法とは異なるが、本書中では、このような引用の仕方をしている場合、敢えて上記の意味で「槩栝」という語を用いることとする。

（5）集計漏れなどの確認ができていないが、そのほか『爾雅』三十八％、『禮』二十七・六％、『易』十七・四％、『詩』九・五％となっている。

（6）但し、このことが直ちに小徐の依拠した『公羊傳』のテキストも「叫然」に作っていたことを意味しない。本章第四節参照。

（7）第七章例文5及びその説明参照。

（8）第一章第三節参照。

（9）ここでは、『春秋釋例』と明記されている五条も含めた計三百五十一条について分析する。

（10）今阮元本では、「部婁」と「部」の字に作っている。

（11）第三章第一節二（2）参照。

（12）第四章第二節二（5）参照。

第九章　字書類の引用

第一節　小学類の引用について

最後に、経部のうち小学類の書の引用について、これまで論じてきた考察結果に基づき、第二章で示した「引用」取り扱い上の原則に則り分析・考察する。

まず最初に、小学類の書の引用状況を数量的に概観する。小徐本に引用される小学類の書は意外に少ない。小徐の注釈に大きな影響を与えたと考えられる『爾雅』及びその郭璞注の引用は四百四十九条と群を抜いて多いが、それ以外の書で、ある程度まとまった数の引用があるのは、『字書』七十一条、及び『釋名』二十三条[1]に過ぎない。

そこで、個別の書の引用について検討する前に、まず小徐の小学類に関する言及を見ておく。

許慎の「敍」（巻二十九）に「孝平皇帝時、徵禮等百餘人、令説文字未央庭中、㠯禮爲小學元士、黄門侍郎揚雄采以作訓纂篇、凡蒼頡㠯下十四篇、凡五千三百四十字、羣書所載略存之矣（孝平皇帝の時、礼等百余人を徴し、文字を未央の庭中に説か令む、礼を以て小学元士と為し、黄門侍郎揚雄 采りて以て訓纂篇を作る、凡そ蒼頡以下十四篇、凡そ五千三百四十字、群書の載する所略ぼ之を存す）」とあるのを受けて、

1　臣鍇按、蒼頡・爰歷・博學、通謂之三蒼、故幷訓纂爲四篇、又按漢書、閭里師合三蒼、斷六十字爲一章、凡五十五章、倂爲蒼頡篇、武帝時、司馬相如作凡將篇、元帝時、黃門令史游作急就篇、成帝時、將作大匠李長作元尙篇、皆蒼頡中正字、凡將則頗有出入、雄訓纂者、順續蒼頡、又易蒼頡中緟複之字、凡八十九章、班固又續揚雄作十三章、凡一百二篇

（臣鍇按ずるに、蒼頡・爰歴・博学、通じて之を三蒼と謂う、故に訓纂を并わせて四篇為り、又た按ずるに漢書に「閭里の師は三蒼を合わせ、六十字もて断じて一章と為す、凡て五十五章たり、併せて蒼頡篇と為す、武帝の時、司馬相如は凡将篇を作り、元帝の時、黄門令史游は急就篇を作り、成帝の時、将作大匠李長は元尚篇を作る、皆蒼頡中の正字なり、凡将は則ち頗る出入有り、雄の訓纂なる者は、蒼頡に順続して、又た蒼頡中の緟複の字を易う、凡て八十九章なり、班固は又た揚雄に続けて十三章を作る、凡て一百二篇たり」と）

と言う。これは、説解の語を受け、主として『漢書』「藝文志」の記述に基づいて、『説文』以前の字書の歴史について解説したものであり[2]、これらについての小徐自身の何らかの評価を表明したものではない。しかし「祛妄」篇（巻三十六）には、その最初と最後に小学の歴史に言及した記述があり、その中には小徐の考えがかなり明確な形で表明されている。

2　說文之學久矣、其說有不可得而詳者、通識君子所宜詳而論之、楚夏殊音、方俗異語、六書之內、形聲居多、其會意之字、學者不了、鄙近傳寫多妄加聲字、篤論之士所宜隱括、而李陽冰隨而譏之、以爲己力、不亦誣乎、自切韻玉篇之興、說文之學湮廢泯沒、能省讀者不能二三、棄本逐末、乃至於此、沮誦邈遠、許愼不作、…中興書闕、不可得盡

（説文の学久し、其の説に得て詳らかにす可からざる者有り、通識の君子の宜しく詳らかにして之を論ずべき所なり、

楚夏 音を殊にし、方俗 語を異にす、六書の内、形声多きに居り、其の会意の字、学ぶ者 了せずして、鄙近の伝写は多く妄りに「声」字を加う、篤論の士の宜しく隠括すべき所なり、而るに李陽冰は随いて之を譏り、以て己の力と為すは、亦た誣ならざるか、切韻・玉篇の興る自り、説文の学は湮廃泯没し、能く省て読む者は二三ある能わず、本を弃て末を逐い、乃ち此に至る、沮誦《そしょう》 逾遠く、許慎作らず、…中興の書も闕して、尽《ことごと》くは得る可からず）

許慎が『説文』を著してから長い年月がたち、その字説も詳細がわからなくなったものがあり、万事に通じた学者が一つ一つ明らかにすべきである。地域により発音や言葉が異なる。六書では形声の字が多いが、それは本来会意字であるのに、学ぶ者がそれを解せず、伝写の過程で「声」の字を付されて形声字とされてしまったものが多いためだ。これらはきちんと論ずることのできる者がその誤りを正すべきであるが、李陽冰は（伝写の過ちにより加えられた）その「声」字を衍字であると非難し、（まるで許慎の過ちを正したかのように）その功績を誇るのは、何という作り事であろうか。(3) 更に『切韻』・『玉篇』ができると、『説文』の学は滅び、明らかに読み解くことのできる者は極僅かで、皆根本を棄て枝葉末節ばかりを追い、ここに至り、沮誦からはますます遠く、許慎も世に現われず、中興の書も残欠して全ては得られない、と言う。「祛妄」篇は、それらを正すために小徐が自らの知るところを記して作ったものである。

小徐に「切韻・玉篇の興る自り、説文の学 湮廃泯没す」と批判される『切韻』・『玉篇』については、この記述以外では、僅かに「飪　大熟也、従食壬聲、臣鍇曰、論語曰、失飪不食、而沈反（飪は大いに熟るなり、食に従う壬の声、臣鍇曰く、論語に曰く「飪を失えるは食らわず」と、而沈の反）」（巻十 食部）の古文の条に「李舟切韻」への言及があるのみである。これは、

3　恁　亦古文飪、臣鍇曰、恁心所齎卑下也、而沈反、説文如甚切、又按李舟切韻不收此亦古文飪字、惟於侵

韻作人心切、寝韻作人亩切、竝注云説文下齎也、疑此重出【巻十　食部】
（恁は亦た古文の飪、臣鍇曰く、恁は心に齎《も》ちて卑下する所なり、而沈の反、説文は如甚の切なり、又た按ずるに李舟切韻に此の「亦た古文飪」の字を収めず、惟だ侵韻に於いて「人心の切」に作り、寝韻に「人亩の切」に作り、並びに注して「説文、下齎なり」と云うのみ、疑うらくは此れ重出たり）

とあるように、この重文の「恁」が、心部に

4　恁　下齎也、従心任聲、臣鍇曰、恁心所齎卑下也、而沈反【巻二十　心部】
（恁は下齎なり、心に従う任の声、臣鍇曰く、恁は心に齎《も》ちて卑下する所なり、而沈の反）

とあるものの重出であることを指摘するものである。李舟『切韻』には「飪」の古文としての「恁」は収められておらず、その侵韻・寝韻の「恁」には心部の「恁」の本義である「下齎なり」が引用されるのみであることを、その論拠としている。ここで李舟『切韻』は、字義・字音の考察のためではなく、『説文』校訂のための資料として引用されているに過ぎない。なお「説文如甚切」は、大徐本（五篇下　食部）の反切である。段氏はこの古文を後の人が竄入したものとし、李舟『切韻』には「飪」の古文としての「恁」が収められていないという小徐の指摘を引用する（段注五篇下　食部）。ここで段氏は「李舟切韻」云云の語を小徐の注として扱っているが、承氏「校勘記」（上）では、これは小徐ではなく張次立の按語であり大徐本及び「李舟切韻」を引用したのも小徐ではないとする。承氏の言に従えば、小徐はその注釈に於いて『切韻』・『玉篇』を一切引用しなかったことになる。

　小徐は、「袪妄」篇（巻三十六）及び「系述」篇（巻四十）の言からも明らかなように、説解を「経」として尊重しており、その本来の姿を取り戻すことを主眼として小徐本を著した。その小徐本に於いて『説文』の学の衰退を

招いた『玉篇』・『切韻』への言及・引用がないことは、理の当然と言うべきであろう。

また同じく「祛妄」篇に、字説を述べた者を挙げて次のように言う。

5　臣鍇以爲文字之義無出說文、而古來學者尠能師尙、輕薄之徒互矜字義、六書旣未能曉、蒼雅曾不經懷、蔡邕漢末碩學、而云色絲爲絕、殊不知絕字糸旁爲刀、刀下爲卩、而又況不及蔡者乎、魏祖以合爲人一口、呉人云無口爲天、有口爲吾、曾不知呉從矢、梁武書貞字、爲與上人、取會嬉戲、無顧經典矣、庾肩吾方述書法、乃云土力爲地、隨文帝惡隨字爲走、乃去之成隋字、隋裂肉也、其不祥大焉、殊不知隨從辵、辵安步也、而妄去之者、豈非不學之故、將亦天奪其明乎、及顏元孫作干祿字書、欲以訓世、其從孫眞卿、書之于石、而鼇字改末爲牙、冕字轉冂爲冖、鄰正體也、而謂之譌、隣俗謬也、反謂之正、蓋爲病矣、又國子司業張參作五經文字、𥝢爲古殺字、而刊石作𣪍、腦字匕旁𡿺、轉寫者以匕在右、乃作刲云𡿺字、不亦疏乎

（臣鍇以為らく文字の義は説文より出づる無し、而るに古来学ぶ者は能く師とし尚ぶもの尠《すく》なし、軽薄の徒は互いに字義を矜《ほこ》り、六書既に未だ暁《さと》る能わずして、蒼雅曽《すなわ》ち経懐せず、蔡邕は漢末の碩学なるも、「色糸を絶と為す」と云い、殊に「絶」字 糸の旁は刀為りて、刀の下は卩為るを知らざるなり、而して又た況んや蔡に及ばざる者をや、魏祖は「合」を以て「人一口」と為し、呉人は「口無きを天と為し、口有るを吾と為す」と云う、曽ち「呉」は「矢」に従うを知らず、梁武は「貞」字を書きて「上人に与う」と為す、嬉《き》戯《ぎ》に会うを取り、経典を顧みる無きなり、庾肩吾は書法を述ぶるに方《あ》たり、乃ち「土力を地と為す」と云う、随の文帝は「随」字が「走」為るを悪み、乃ち之を去りて「隋」字を成す、隋は肉を裂くなり、其の祥ならざること大なり、殊に「随」は「辵」に従い、「辵」は安んじて歩むなるを知らず、而して妄りに之を去る者は、豈に不学の故に非らずして、将《はた》亦た天其の明を奪うか、顔元孫の干禄字書を作り、以て世に訓えんと欲するに及び、其れ孫真卿に従い、之を石に書す、而るに「鼇」字は「末」を改めて「牙」と為し、「冕」字は「冂」を転じて「冖」となし、「鄰」は正体なるに、之を訛なりと謂い、「隣」は俗謬なるに、反《かえ》って之を正なりと

謂う、蓋し病為るなり、又た国子司業張参は五経文字を作り、「𣏂」を古の「殺」字と為し、石に刊《きざ》みて「𣪚」に作る、「脳」字は「匕」の旁は「𡿺」たるに、転写する者は「匕」を以て右に在りとし、乃ち「㓙」を作りて「𡿺」字なりと云う、亦た疏ならざるや）

小徐は、文字の義については『說文』に則るべきであるのに、軽薄な輩が競って勝手な字説を為すことを批判している。碩学の蔡邕ですら、「絕」の字は本来「糸」偏と「刀」とその下の「卩」の字から成るにもかかわらず、「色糸を絶と為す」と誤った字説を述べることもあるのに[4]、況《ま》してや彼に及ばぬ者はなおさらであるとして、魏祖・呉人・梁武・庾肩吾・随文帝らの字説を挙げて批判した後[5]、更に顔元孫『干祿字書』・張参『五經文字』の字説の誤りを挙げる[6]。

このうち蔡邕については、小学類の書ではないが、

6　鷮　走鳴長尾雉也、乘輿以爲防釳、著馬頭上、從鳥喬聲、臣鍇按、蔡邕獨斷釳方數寸、以插羽也　【巻七　鳥部】

（鷮は走り鳴く長尾の雉なり、乗輿以て防釳と為す、馬の頭上に著く、鳥に従う喬の声、臣鍇按ずるに、蔡邕独断に「釳は方数寸、以て羽を挿すなり」と）

で、説解の「乘輿以て防釳と為す」の説明として「釳は方数寸、以て羽を挿すなり」という蔡邕『獨斷』中の語が引用されているように、主に字義の補足説明として数条に引用されている[7]。しかし、「又た況んや蔡に及ばざる者をや」として、批判の対象となった『干祿字書』及び『五經文字』については、この記述以外に一切言及・引用はない。

ほかの経部の書の引用について考察した際にも指摘してきたことであるが、小徐本に於いては、その引用数と小徐の評価の間には、高い相関関係があると考えられる。これが「祛妄」篇に挙げられる小学関係の書にも当てはまることは、以上に見てきた通りである。

従って、「祛妄」篇には言及がないが、「通釋」篇である程度まとまった引用数のある『字書』・『釋名』は、小学類の中では、小徐にある程度評価されている書物であると考えて良いであろう。

そこで次に、この『字書』と『釋名』について、既に論じた『爾雅』の引用と比較しながら検討してゆく。なお『釋名』の引用は、数も少なく、用いられ方も一定であるので、『字書』の引用を中心として論を進めることとする。

第二節　『字書』の引用について

では、『字書』とは、如何なる書物であろうか。

勿論、兄徐鉉の「説文解字篆韻譜序」に「先儒許愼患其若此、故集倉雅之學、研六書之旨、博訪通識、考於賈逵、作説文解字十五篇、凡萬六千字、字書精博莫過於是、…故今字書之數纍倍於前（先儒許慎は其の此の若きを患い、故に倉雅の学を集め、六書の旨を研《きわ》め、博く通識を訪ね、賈逵に考え、説文解字十五篇を作る、凡そ万六千字なり、字書の精博なるは是より過ぎたるは莫し、…故に今の字書の数は前に累倍す）」とあるように、「字書」には特定の書を指す以外に、字形を説く書全般を指す用法が小徐の時代にもあった。しかし、『玉篇』・『切韻』が出現して以降は『説文』の伝統が途絶えたとして、それ以降の小学類の書を引用しない小徐が、当時通行の一般的な「字書」を多用したとは考え難い。従って、ここではひとまず小徐本に於ける「字書」とは、『玉篇』・『切韻』以前に由来を持つ『字書』という書物として考察を進めることにする。

『字書』は、『隋書』「經籍志」経部・小学類に「古今字書十巻・字書三巻・字書十巻」の三種類の著録があり、『舊唐書』「經籍志」・『新唐書』「藝文志」の甲部経録・小学類にそれぞれ「字書十巻」の著録があるが、『宋史』「藝文志」以降の著録はない。

清・謝啓昆『小學考』（巻十五　文字七）に「今本字書　二巻　存」とあり、陳鱣「敍錄」を引用する。

7

隋書經籍志列字書之目凡三、一曰古今字書十巻、二曰字書三巻、三曰字書十巻、不言何人字書、亦不知何時字書也、嘗考顔氏家訓引字書云嵍卽旄邱之旄也、知六朝閒人固所常用、今一無所存、惟見於羣籍所引、而陸氏經典釋文・李氏文選注・釋氏一切經音義引之尤多、鱣於暇日、集爲是編、用資考據、如璣小珠也、…準平也之屬、皆訓詁之最精者、至其所指雅俗文字、如踰作逾同、…蕡亦蘋字之屬、亦可參訂、又指至俗之字、…各書所引語有不同、如文選西都賦注引字書穢蕪也、東都賦注則引云穢不潔清也、…知其不出於一書矣

（隋書経籍志に字書の目を列すること凡て三なり、一に曰く「古今字書十巻」と、二に曰く「字書三巻」と、三に曰く「字書十巻」と、何れの人の字書かを言わず、亦た何れの時の字書かを知らざるなり、嘗て考うるに顔氏家訓に字書を引きて「嵍は即ち旄邱の旄なり」と云うより、六朝の間の人の固より常用する所なるを知る、今一つとして存する所無し、惟だ群籍の引く所に見ゆるのみ、而して陸氏経典釈文・李氏文選注・釈氏一切経音義に之を引くこと尤も多し、鱣暇日に於て、集めて是が編を為り、用て考拠に資す、「璣は小珠なり」、…「準は平なり」の属の如きは、皆訓詁の最も精なる者なり、其の指す所の雅俗の文字に至りては、「踰は逾に作ると同じ」、…「蕡も亦た蘋の字」の属の如きも、亦た参訂す可し、又た至俗の字を指す…、各書の引く所の語に同じからざる有り、文選西都賦注に字書の「穢は蕪なり」を引き、東都賦注は則ち引きて「穢は潔清ならざるなり」…と云うが如きは、其れ一書より出でざるを知る）

ここで陳鱣は、『隋書』「經籍志」には、三種類の『字書』が列挙されているが、何時・誰の著作であるかはわからない、六朝には常用されていたようであるが、現存するものはなく、僅かに諸氏の書物に引用されるものが残るのみであるとする。更に『字書』の記述として訓詁や雅俗の文字を挙げることなどを例を挙げて示し、最後に各書物に引用される語が異なる場合があることから、同一の書からの引用ではないことがわかる、とする。

以上のように、そもそも『字書』が何時の時代に誰が著したものか不明である上に、現在では輯本のみしか存在しないため、小徐本に引用される『字書』の文とほかの書物に引用された形で残る文を比較検討しても、その由来を特定することは不可能であり、また無意味でもある。

そこで、次に小徐がこの『字書』をどのようなものと認識・評価していたのかを考察するため、小徐本に於けるほかの書物、特に『爾雅』及び『釋名』の引用と比較検討する。

では、まず『字書』の引用状況を詳細に見てゆこう。

小徐本「通釋」篇に於ける『字書』の引用総数は七十一条。うち木部が二十四条、邑部が九条、艸部が七条で、この三部で全体の過半数を占める。そのほか複数条引用されているのは、鳥部と疒部が各三条、玉部・竹部・衣部・广部・魚部・金部が各二条となっており、草木などの具体的なものの名を説くものがその大部分を占める。

これは、『爾雅』の引用でも同じであり、艸部（九十四条）・木部（五十九条）・鳥部（二十五条）・水部（十九条）・魚部（十一条）の五部で全引用の四十六％を占める。小徐は「酆」（例文八-22）の注に「臣鍇以爲許愼地名多見春秋左傳、地名精考、莫精於杜預、比于今又近、故春秋地名一取于杜預、又艸木鳥獸之名、莫近于爾雅及新修本草、終古不刊、故臣鍇一切以爲準的（臣鍇以為らく許慎の地名 多く春秋左伝に見ゆ、地名の精考たる、杜預より精なるはなし、今に比すれば又た近し、故に春秋の地名は一に杜預に取る、又た艸木鳥獸の名は、爾雅及び新修本草より近きはなく、終古に刊せず、故に臣鍇一切以て準的と為す）」と言い、地名及び草木鳥獣の名については、『春秋』杜預注・『爾雅』・『新修本草』を注釈の基準として用いると明言している。草木鳥獣の名に限らず、具体的なものの名を説く場合には、小徐は『爾雅』に拠ることが多い。そのことは、例えば『爾雅』「釋宮」・「釋器」ではその実に約九割の条が小徐本に引用されていることからもうかがえよう。

『釋名』については、引用数が二十三条と少ないこともあり、複数条引用されているのは、木部三条、革部・金部各二条のみで、ほかは各一条の引用となっており、分散しているように見える。しかし『釋名』の篇で見ると、「釋車」四条、「釋飲食」三条、「釋宮室」三条のように具体的なものの名を説く条の引用がその大部分を占めていることがわかる。

以上のように、『字書』の引用に於いて具体的なものの名を説くものがその大部分を占めることは、『爾雅』及び『釋名』の引用と同じである。

では次に、『字書』の引用をその目的別に見てみよう。最も多いものは、字義に関わる注として『字書』を引用するもので、五十八条あり全体の八十％以上を占める。

8　葽　艸也、從艸要聲、詩曰、四月秀葽、劉向說此味苦、苦葽、臣鍇按、字書云、狗尾草也【巻二　艸部】

（葽は艸なり、艸に従う要の声、詩に曰く「四月秀葽あり」と、劉向の説に「此れ味苦し、苦葽なり」と、臣鍇按ずるに、字書に「狗尾草なり」と云う）

9　劑　齊也、從刀齊聲、臣鍇按、字書曰、翦刀劑也【巻八　刀部】

（剤は斉《そろ》うなり、刀に従う斉の声、臣鍇按ずるに、字書に曰く「翦刀は剤なり」と）

「葽」の条では、説解に「艸なり」とのみ言うのを補足して、「狗尾草」というその別名を挙げている。また「劑」の条では、「齊うなり」という説解に対して『字書』の「翦刀は剤なり」を引用しているが、これは恐らく『爾雅』「釋言」の「劑翦齊也（剤・翦は、斉なり）」の郭璞注に「南方人呼翦刀爲劑刀（南方の人 翦刀を呼びて剤刀と為す）」とあるのと同じことだと考えられ、「剪刀」の別名という引伸義を挙げるものである。このように、字義を補足したり別義を挙げたりというように、字義に関わる注が圧倒的多数を占める。そのほかは非常に少なくなるが、字形（用字）に関わる記述が六条、字音に関わるものが四条ある。

10　瑁　諸侯執圭朝天子、天子執玉以冒之、似犂冠、周禮曰、天子執瑁、四寸、従玉冒、冒亦聲、臣鍇曰、圭上有物冒之也、犂冠即犂鑱也、今字書作犂錧、音義同、本取於上冒之、故曰亦聲【巻一　玉部】

（瑁、諸侯は圭を執りて天子に朝し、天子は玉を執りて以て之を冒《おお》う、犂冠に似たり、周礼に曰く「天子の瑁を執るは四寸」と、玉冒に従う、冒は亦た声、臣鍇曰く、圭上に物有りて之を冒うなり、犂冠は即ち犂鑱なり、今の字書は「犂錧」に作る、音義同じ、本 上より之を冒うに取る、故に「亦た声」と曰う）

11　廁　清也、従广則聲、臣鍇曰、此溷廁也、古多謂之清者、以其不潔、常當清除之也、清今俗字書或作圊【巻十八　广部】

（廁は清なり、广に従う則の声、臣鍇曰く、此れ溷廁《かわや》なり、古 多く之を清なりと謂う者は、其の潔ならずして、常に当に之を清除すべきなるを以てなり、「清」は今の俗字書は或いは「圊」に作る）

「瑁」は、諸侯が来朝した際に差し出す圭の上頭に天子がかぶせ合わせる玉で、「犂冠」に似たものを言う。この「犂冠」とは「犂鑱」、つまり「すきのは」のことで、今『字書』では「犂錧」の字に作ると言う。また「廁」は「清なり」と説解に言うが、今俗な『字書』ではこの「清」の字を「圊」に作るものがあると言う。このように古今字・仮借などの字形・用字に関わるものが、字義に関わるものに次いで多いが、全体の約八%を占めるに過ぎない。また、

12　楛　木也、從木咎聲、讀若皓、臣鍇按、字書音與杲同【巻十一　木部】
（楛は木なり、木に従う咎の声、読みて皓の若くす、臣鍇按ずるに、字書に「音は杲と同じ」と）

では、『字書』を引用して「楛」の音が「杲」と同じであることを言う。このような字音に関わるものは、全体の約七％を占めるのみである。更に、音・義両方に関わる記述も二条ある。

13　㲰　家本無注、臣鍇按、一本云許氏無此字、此云家本無注、疑許愼子許沖所言也、今字書云、音皓、誤也【巻二十四　氏部】
（㲰は家本に注無し、臣鍇按ずるに、一本に「許氏に此の字無し」と云い、此に「家本に注無し」と云う、疑うらくは許慎の子の許沖の言う所なり、今字書に「音は皓、誤りなり」と云う）

ここで小徐は、「家本に注無し」として説解に形・音・義何れについての言及もないため、『字書』を引用して字義は「誤」であり、音は「皓」であると補足している。なお、この条は、大徐本（十二篇下　氏部）の説解は「闕」のみとなっており、段注（十二篇下　氏部）も大徐本に従う。段氏は注に「小徐作家本無注、鍇云一本無此篆、此云家本無注、疑許沖之言也（小徐は「家本に注無し」に作り、鍇は「一本に此の篆無く、此に家本に注無しと云う、疑うらくは許沖の言なり」と云う）」と言い、「家本に注無し」の言は小徐の指摘通り許慎の子の沖の言葉であると考え、大徐本に従ったと考えられる。段氏は更に「按廣雅釋詁云、㲰誤也、曹憲乎孝反、然則其字从氏學省聲、形音義皆可攷、篇韻音皓（按ずるに広雅釈詁に「㲰は誤りなり」と云い、曹憲に「乎孝の反」と、然れば則ち其の字は氏に従う学の省声、形・音・義皆攷う可し、篇韻に「音は皓」と）」として、『廣雅』・曹憲『廣雅音』・『玉篇』・『廣韻』を引用して形音義を説いている。小徐が『玉篇』・『切韻』を引用しないのは、既に見てきた通りであるが、『廣雅』についても引用はなく、曹憲についてはわずかに二条に引用されるのみである。[8]

なお、『字書』への言及のあるもののうち、次の条には脱誤がある。

14　疚　顫也、從疒又聲、臣鍇按、字書、尤舊反【巻十四　疒部】
（疚は顫えるなり、疒に従う又の声、臣鍇按ずるに、字書、尤旧の反）

ここで「字書」の後に「尤舊反」とあるのは小徐本の反切であり、本来はあったはずの『字書』の引用が欠落している。承氏「校勘記」(上)には「字書下當補或作頉三字（字書の下に当に「或作頉」の三字を補うべし）」とあり、これに従えば、字形に関わるものとすべきであるが、確証がないので、本書では不明として扱う。

『字書』の引用では、字義の補足のために引用されているものが全体の八十％以上を占め、字形に関わるものが約八％、字音に関わるものが約七％、そのほか音義両方に関わるもの・不明のものが合わせて約三％となっている。『爾雅』の引用では、その八十％以上が字義の補足となっており、更に約七％が別義を挙げるもので、全体の九割近くが字義に関わる注となっている。字形に関わるものについては、やはりかなり少なくなるがその約七％を占め、字音に関わるものも若干条ある。また『釋名』の引用は、全て字義の補足説明のために引用されたものである。このように引用の目的から見ても、『字書』の引用の傾向は、『爾雅』の引用のそれと非常によく似ている。

では、小徐本に於いて『字書』はどのような位置づけにあるのであろうか。

15　栭　屋枅上標、從木而聲、爾雅曰、栭謂之楶、臣鍇按、爾雅栭卽楶也、又字書小栗爲栭栗【巻十一　木部】
（栭は屋枅上の標なり、木に従う而の声、爾雅に曰く「栭 之を楶と謂う」と、臣鍇按ずるに、爾雅に「栭は即ち楶なり」と、又た字書は小栗を栭栗と為す）

ここで小徐は説解に引用する『爾雅』「釋宮」の「栭 之を楶と謂う」を受けて、「栭」とは「楶《せつ》（柱の上のますがた）」のことであると言い、その上で『字書』の「小栗を栭栗と為す」を引用して別義を示している。このことから、『爾雅』にはない文字或いは『爾雅』にはない字義について注釈する際に、『字書』を用いているのではないかと推測できる。この「栭栗」という別義は、実は『爾雅』「釋木」の「栵栭（栵は栭なり）」の郭璞注「樹似槲樕而庳、小子如細栗、可食、今江東亦呼爲栭栗（樹の槲樕《こくそく》に似て庳《ひ》きなり、小子 細栗の如くして食す可し、今江東亦た呼びて栭栗と為す）」に見えるのだが、このようなものは非常に少ない。『字書』が引用されている七十一条のうち、『爾雅』及びその郭璞注にその字が収められていないものが六十三条、『爾雅』及び郭璞注と字義が異なるものが六条となっており、「栭」のように『爾雅』にも同様の記述があるものは二条に過ぎない。

『釋名』の引用についても、同様のことが言える。『釋名』が引用されている二十三条中、『爾雅』及び郭璞注にその字が収められていないものが十九条、『爾雅』及び郭璞注と字義が異なるもの三条となっており、『爾雅』に同様の記述があるのは次の「巜」一条のみである。

16　巜　水流澮澮也、方百里爲巜、廣二尋、深二仞、凡巜之屬皆從巜、讀若儈同、臣鍇按、釋名水注溝曰巜、巜會也、小水之所聚會也、今人作澮　【巻二十二　巜部】

（巜は水流の澮澮たるなり、方百里を巜と為す、広さ二尋、深さ二仞、凡そ巜の属は皆巜に従う、読みて儈の若くするに同じ、臣鍇按ずるに、釈名に「水の溝に注ぐを巜と曰う、巜は会なり、小水の聚会する所なり」と、今人は「澮」に作る）

『爾雅』「釋水」には、「水注川曰谿、注谿曰谷、注谷曰溝、注溝曰澮、注澮曰瀆（水の川に注ぐを谿と曰い、谿に注ぐを谷と曰い、谷に注ぐを溝と曰い、溝に注ぐを澮と曰い、澮に注ぐを瀆と曰う）」とあり、郭璞注には「此皆道水轉相灌注所入之處名（此れ皆道水の転じて相い灌注するに入る所の処名なり）」と言うのみであり、『釋名』の方がより詳しい説明となっている。なお、今の『釋名』（「釋水」）のテキストでは、「巜」の字は「澮」に作り、「小水」は「小溝」に作る。

この『釋名』の「巜」の条と、『字書』の引用のうち『爾雅』に同様の記述のある二条については、何らかの明確な意図の下に『爾雅』ではなく『釋名』・『字書』を引用したのか、単なるミスなのかは何れとも決め難い。しかし、少なくとも『爾雅』及び郭璞注に収められていない文字、及びそれらとは異なる意味の場合に、『字書』・『釋名』を引用するのが小徐の基本的な姿勢であることは確かであろう。

また本節で詳しく検討してきたように、『爾雅』と『字書』・『釋名』は、具体的なものの名を説く場合に主として引用されること、字義の補足のために引用される場合がその大部分を占めることなど、極めて類似した傾向にある。更に『字書』・『釋名』は基本的に『爾雅』に記述がない場合に引用されていることなども考慮して総合的に判断すれば、小徐本に於いて『字書』及び『釋名』は、『爾雅』を補完するものとして位置づけられていたと考えられる。

第三節　小徐注に於ける「俗」と「今」について

小徐本には、「今字書作犂錧」（「瑁」例文10）のように「今」という語が多く用いられている。これは、「今語を以て古語を釈す[9]」という小徐の注釈の特徴の表れでもある。「今」は「瑁」の条のように書名の前に付されることも多く、また「清、今俗字書或作圊（「清」は今俗の字書或いは「圊」に作る）」（「廁」例文11）のように、「俗」とともに用いられることも多い。特に「今」の後に書名が続く場合、次のように説解中の引用と小徐の依拠する今本との異同について述べることが多い。

17　敡　止也、從攴旱聲、周書曰、敡我于艱、臣鍇曰、今尙書借扞字【巻六　攴部】
（敡は止なり、攴に従う旱の声、周書に曰く「我を艱に敡《ふせ》ぐ」と、臣鍇曰く、今尚書は「扞」字を借る）

しかし『字書』は『説文』以降の書であり、説解中に引用されることはない。また、「廁」の条のように「今俗＋書名＋或」のような形で用いられるのは『字書』以外にはない。『字書』については先に見たように資料が少なく、小徐が『字書』をどのように評価していたかを探る手がかりも少ない。そこで、ほかの経書と共起する場合とは若干のずれがあると考えられる「今」・「俗」の用法を分析し、小徐の『字書』に対する評価を考察する手掛かりとする。

このうち「俗」は、現在の我我の感覚では「正式ではない・（見識の）低い」という負の評価を伴う。小徐注に於いて、「俗」が現在と同様の意味で用いられているのかどうかは、小徐の『字書』に対する評価を考察する上で重要である。そこで本節では、小徐注に於いて「俗」がどのような意味で用いられているのかを中心に、「俗」としばしば併用される「今」との関連に注目し、「今俗」・「俗」・「今」の間に何らかの使い分けが存在するのかどうかを考察する。

一　小徐以前の「俗」と「今」

まず『説文』を中心に、「俗」及び「今」の字義を簡単に見ておく。

「俗」は、『説文』では「習なり」と定義され、小徐が「俗之言續也、傳相習也（俗の言は続なり、伝えて相い習うなり)」(巻十五 人部)と言うように、伝えられている習慣を言う。『周禮』に「以俗教安、則民不偸(俗を以て安んずるを教うれば、則ち民は偸《おろそか》にせず)」(地官「大司徒」)と言い、鄭玄は「俗謂土地所生習也(俗は、土地の生ずる所の習いを謂うなり)」と注する。これは、山林・川沢など五種類の土地により、生産物や民の特性が異なることを述べた上で、その民の特性に則して教化の方法を選ぶことを述べたものである。ここで鄭玄は、「俗」をそれぞれの土地に生じた習慣と定義する。また、『漢書』「地理志」に「凡民函五常之性、而其剛柔緩急音聲不同、繋水土之風氣、故謂之風、好悪取舍動靜亡常、隨君上之情欲、故謂之俗、孔子曰、移風易俗、莫善於樂(凡そ民は五常の性を函《つつ》む、而して其の剛柔・緩急・音声の同じからざるは、水土の風気に繋《かか》る、故に之を風と謂う、好悪・取舎・動静の常亡きは、君上の情欲に随う、故に之を俗と謂う、孔子曰く、風を移し俗を易うに、楽より善きは莫しと)」(巻二十八下)と言う。「風」は自然に、「俗」は人為的なものに結びつく。故に「風を移し俗を易」えて世の中を良くするには「楽」が最も良いと孔子が言うように、教化の対象となるのは主として人に関わる「俗」となる。このことが、本来土地の習慣を表すに過ぎなかった「俗」が、より良い方向へ改めるべき対象として負の価値を持つようになった原因の一つかと思われる。

また、「今」は『說文』に「是の時也」(巻十 亼部)とある。段氏は、(1)「今」とは「古」に対する語であるが、「古」の表す時が一つではないため、「今」もやはり定まった時を持たない、(2)目前を「今」とすれば、それより前は「古」であり、魏晋を「今」とすれば、魏晋以前が「古」となる、(3)更に古今の人の用字が異なることを言う「古今字」も、時代につれて変化していくことなどを指摘し、「今」が一定の時を持たないことを論じている(五篇下 亼部)。「今」は、定まった時を持たないが、(発話時など)基準となる時点を指す語であると言えよう。

それでは、小徐が強い影響を受けたと考えられる許慎及び『爾雅』郭璞注では、「俗」と「今」はどのような意味で用いられているのであろうか。

（1）『爾雅』郭璞注に於ける「俗」と「今」

郭璞は、『爾雅』の最初の条である「初・哉・首・基・肇・祖・元・胎・俶・落・権輿は始也」（巻一「釋詁」上）に、「此所以釋古今之異言、通方俗之殊語（此れ古今の異言を釈し、方俗の殊語を通ずる所以）」であると注している。これは『爾雅』の序に「夫爾雅者、所以通詁訓之指歸、敍詩人之興詠、揔絶代之離詞、辯同實而殊號者也（夫れ爾雅なる者は、詁訓の指帰するところを通じ、詩人の興詠を叙し、絶代の離詞を揔《す》べ、実を同じくし而して号を殊にする者を弁ずる所以なり）[10]」として、『爾雅』という書は遠く時代が離れ、また地理的に離れている故にそれぞれで用いられる語が異なるもの、また「実」は同じであるのに「名」が異なるものを集めて解説し、人びとに理解できるようにするために作られたものであることを言うのと、意味するところは同じであると考えられる。従って、「今（言）」は郭璞の時代、即ち晋代（に用いられている語）を指し、「俗（語）」は「方俗」、即ち地方の習わし（として用いられている語）を指すと考えられる。

郭璞は、また「余 少くして雅訓を玩《あじわ》い、方言を旁《あまね》く味わい、復た之が解を為《つく》り、事に触れて之を広め、其の未だ及ばさるを演《の》べ、其の謬漏を摘《あば》く」と言うように、『方言』にも注をつけている。『方言』は、「蓋し聞く方言の作は、輶軒の使より出で、万国を巡遊し、異言を采覧する所以にして、車軌の交わる所、人迹の踏む所、畢く載せざるは靡く、以て奏籍を為す」（ともに、『方言』序[11]）と言うように、毎年諸国を巡り言語や歌謡を採録して奏上した輶軒使の職に由来し、それを揚雄が継いで「採集先代絶言異國殊語（先代の絶言、異国の殊語を採集し）」（劉歆「與揚子書」）して、十五巻の書としたものである。このように、郭璞が注した『爾雅』・『方言』はともに時代或いは国（地域）を異にする故に生じた異言を採録し、それぞれの意味を通じさせることに主眼がある書物であり、当然ながら郭璞の注釈の目的もそこにあると考えられる。

次に、「俗」と「今」が、『爾雅』郭璞注に具体的にどのように用いられているかを見る。「俗」と「今」が併用されているのは十条あり、うち三条は「今俗語」という表現が用いられている。

18　閑、狎、串、貫、習也

（郭注）串、厭串、貫、貫忕也、今俗語皆然　（邢疏）皆便習也、…郭云、串厭串、貫貫忕也、今俗語皆然者、當時晉時有此厭串・貫忕之語、故以爲證也　【巻二　釋詁下】

（閑・狎・串・貫は習なり［郭注：串は厭串なり、貫は貫忕なり、今の俗語 皆然り、邢疏：皆便習なり、…郭の「串は厭串なり、貫は貫忕なり、今の俗語 皆然り」と云う者は、当時 晋の時に此の「厭串・貫忕」の語有り、故に以て証と為すなり］）

19　貉、縮、綸也

（郭注）綸者、繩也、謂牽縛縮貉之、今俗語亦然　（邢疏）郭云、縮者繩也、謂牽縛縮貉之、今俗語亦然、據時驗而言也、…　【巻二　釋詁下】

（貉・縮は綸なり［郭注：綸なる者は縄《しば》るなり、之を牽縛縮貉するを謂うなり、今の俗語も亦た然り、邢疏：郭の「縮なる者は縄るなり、之を牽縛縮貉するを謂う、今の俗語も亦た然り」と云うは、時に拠りて験して言うなり］）

（阮元本校勘記に特に記述なし）

20　庇、庥、廕也

（郭注）今俗語呼樹蔭爲庥　【巻三　釋言】

（庇・庥は廕なり［郭注：今の俗語は樹蔭を呼びて庥と為す］）

例文18の「閑・狎・串・貫は習なり」という経文に対して、郭璞は「串は厭串なり、貫は貫忕なり、今の俗語 皆然り」と注するが、これについて邢昺は「当時晋の時に此の厭串・貫忕の語有り、故に以て証と為すなり」と説く。それはつまり、郭璞は「串」・「貫」に「習い」という意味があることを、彼の時代である晋代の「厭串」・「貫忕」という語を用いて証明しているということである。例文19の「綸なる者は縄るなり、之を牽縛縮貉するを謂う、今の俗語も亦た然り」という郭璞の注についても、邢昺は「時に拠りて験して言うなり」と言い、やはり郭璞が彼の時代の語により証験しているのだと言う。例文20の「今俗語」も、例文18・19と同様にその時代の通用の語を意味すると考えられる。従って、この郭璞注も晋代に木陰のことを「庥」と言ったことに基づき、「庥」に「蔭《かげ》」という意味があることを証するものとなろう。

『爾雅』は、古今東西の異語を集め、当時あまねく通用していた所謂「通語」によってそれらの意味を説く。郭璞はそれに倣い、当時の通語によってそれぞれの語義を説いたということになる。そうであるなら、「今俗語」は、『爾雅』の「通語」に当たる語で、当時通行の語を意味するに過ぎず、この「俗語」には現在の「俗語」という表現が含意する負の評価はないと考えられる。

「今俗」が併用されるそのほかの条は、当時の風習を述べる一例(12)を除き全て「今俗呼」となる。これらの「今俗」も当時通行の語を指すと考えられる。

21　遵、羊棗

(郭注) 實小而員、紫黑色、今俗呼之爲羊矢棗、孟子曰、曾皙嗜羊棗　**【巻九　釋木】**

（遵は羊棗《ようそう》なり［郭注：実は小さくして員《まる》く紫黒色なり、今俗に之を呼びて羊矢棗と為す、孟子に「曽皙 羊棗を嗜む」と曰う］）

この「遵は羊棗なり」は、棗の種類を説く一段の中にあり、その前後には、「壷棗（郭注：今江東 棗の大にして上の鋭き者を呼びて壷と為す、壷は猶お瓠のごときなり）」、「辺要棗（郭注：子の細腰たるは、今 之を鹿盧棗と謂う）」、「櫅は酸棗なり（郭注：樹は小さくして実は酢っぱし、孟子に其の樲棗を養うと曰う）」、「洗は大棗なり（郭注：今河東の猗氏県 大棗を出す、子は雞卵の如し）」などの条が並ぶ。(13)「遵」の条の郭璞注「実は小さくして員く紫黒色なり、今俗に之を呼びて羊矢棗と為す、孟子に曽晳 羊棗を嗜むと曰う」は、その前後の条の注と同じく、形状を注した上でその当時の呼び名を挙げ、更に経書の用例を挙げている。ほかの条の注に「今 江東 棗の大にして上の鋭き者を呼びて壷と為す」、「今 之を鹿盧棗と謂う」のように「今」とのみ言うのと、表すところは同じであり、「遵」の条の「今俗」にのみ特別なニュアンスが含まれるとは考えられない。

次に、「今」と併用されず「俗」のみが用いられる例を見ておこう。全四十一条中二条は郭璞が引用した樊光の語に見える。ここでは、そのほかの三十九条について検討する。

22　茲、斯、咨、呰、已、此也
（郭注） 呰、已、皆方俗異語　**【巻二　釋詁下】**
（茲・斯・咨・呰・已は此なり［郭注：呰・已は皆方俗の異語なり］）

23　蔈、荂、荼 **（郭注**：卽芀）猋、藨、芀
（郭注：皆芀荼之別名、方俗異語、所未聞） **（邢疏）** 此辨苕荼之別名也、案鄭注周禮掌荼、及詩有女如荼、皆云、荼茅秀也、蔈也、荂也、其別名荼、卽苕也、苕又一名猋、又名藨、皆雀矛之屬、華秀名也、故注云、皆芀荼之別名、方俗異語、所未聞、言未聞者、謂未聞其所出也　**【巻八　釋草】**
（蔈・荂は荼［郭注：即ち芀なり］・猋・藨は、芀なり［郭注：皆芀・荼の別名なり、方俗の異語なり、未だ聞かざる所なり、邢疏：此れ苕・荼の別名を弁ずるなり、案ずるに鄭は周礼「掌荼」及び詩の「女有り荼の如し」に注して皆「荼は茅秀なり」と云う、蔈や荂やは其の別名は荼なり、即ち苕なり、苕も又た一名猋なり、又た藨と名づく、皆雀矛の属なり、華秀の名なり、故に注して「皆芀・荼の別名なり、方俗の異語なり、未だ聞かざる所なり」と云う、「未だ聞かず」と言う者は、未だ其の出づる所を聞かざるを謂うなり］）

「皆」・「巳」は、皆「方俗の異語」である（例文22）、（蕈・荂・猋・藨は）皆「芀」・「荼」の別名であり「方俗の異語」であるがその出所はわからない（例文23）のように、「方俗の（異）語」と言うものが併せて七条あり、それらは全てある地方で用いられている語を指す。最も多いのは、「俗呼」とするもので二十五条ある。

24　魋、如小熊、竊毛而黄
（郭注） 今建平山中有此獸、狀如熊而小、毛麤淺、赤黄色、俗呼爲赤熊、即魋也【巻十　釋獸】
（魋は小さき熊の如くして、竊毛にして黄なり［郭注：今建平山中に此の獣有り、状は熊の如くして小さく、毛は麤浅たりて、赤黄色たり、俗に呼びて赤熊と為す、即ち魋なり］）

25　未成羊、羜
（郭注） 俗呼五月羔爲羜 **（邢疏）** 此別羊屬也、…羊新生未成羊者、名羜、郭云、俗呼五月羊爲羜、詩小雅伐木云、既有肥羜、是也【巻十　釋畜】
（未だ成ならざるの羊は羜なり［郭注：俗に五月の羔《こひつじ》を呼びて羜と為す、邢疏：此れ羊の属を別つなり、…羊の新たに生まれ未だ成羊ならざる者は羜と名づく、郭は「俗に五月の羊を呼びて羜と為す」と云う、『詩』小雅「伐木」に「既に肥羜有り」と云うは是《これ》なり］）

例文24では、晋代に実際にいた熊に似て小さく浅毛で赤黄色の獣で「俗に呼びて赤熊と為す」ものが、「魋」という獣であることを言う。例文25では、成獣になっていない羊を「羜」とするという経に対し、郭璞は「俗に五か月の羔を呼びて羜と為す」と当時の語を用いて更に詳しく説明している。このように「俗呼」とする条も全て「時に拠りて験して言う」ものであり、「俗」は当時使用されていた語を意味している。
　このほか「（土）俗名」・「俗謂」などの用例も、同様であると考えられる。ただ、「俗説」とする次の条についてのみ若干ほかとニュアンスが異なるかもしれない。

26　鶅、鷀母

（郭注）似烏鸔而大、黄白雜文、鳴如鴿聲、今江東呼爲蚊母、俗說此鳥常吐蚊、故以名云【巻十　釋鳥】

（鶅は鷀母なり［郭注：烏鸔に似て大きく、黄白雑文たり、鳴は鴿声の如し、今 江東呼びて蚊母と為す、俗説に此の鳥常に蚊を吐く、故に以て名づけて云うと）

ここで郭璞は、鳥の形状などについて説いた後「今 江東呼びて蚊母と為す」[14]と晋代の語に基づき解説し、更に「俗説に、此の鳥常に蚊を吐く、故に以て名づけて云うと」とその名の由来を「俗説」により解説する。全く考慮に値しない説であれば、言及する必要はない。しかし、確たる論拠もなくその信憑性に疑問があるため、「俗説」という語が付与されたとも考えられ、その場合「俗」には僅かではあれ負の評価が含意される可能性がある。

最後に「今」のみを用いる場合を見ておこう。全二百八十一条中[15]、次の二条のみが古今字の指摘になっている。

27　倫、勩、邛、敕、勤、愉、庸、癉、勞也

（郭注）詩曰、莫知我勩、維王之邛、哀我癉人、國語曰、無功庸者、倫理事務、以相約敕、亦爲勞、勞苦者多惰愉、今字或作窳同【巻二　釋詁下】

（倫・勩・邛・勅・勤・愉・庸・癉は労なり［郭注：詩に曰く「我が勩を知る莫し」、「維れ王の邛なり」、「我が癉人を哀しむ」と、国語に曰く「功庸無き者」と、倫理事務、以て相い約勅するも亦た労と為す、労苦する者は多く惰愉す、今字或いは「窳」に作ると同じきなり）

28　鬱陶、繇、喜也

（郭注）孟子曰、鬱陶思君、禮記曰、人喜則斯陶、陶斯詠、詠斯猶、猶卽繇也、古今字耳　【巻二　釋詁下】
（鬱陶・繇は喜なり［郭注：孟子に曰く「鬱陶《よろこ》びて君を思う」と、礼記に曰く「人喜べば則ち斯《ここ》に陶し、陶すれば斯に詠じ、詠ずれば斯に猶す」と、「猶」は即ち「繇」なり、古今字なるのみ）

例文27では、「惰愉」の「愉」は郭璞の時代では「窳」に作ることを言う。例文28では、『禮記』「檀弓」下の「詠ずれば斯に猶す」の「猶」の字と『爾雅』の「繇」の字が古今字であるに過ぎないと言う。これは、『禮記』の鄭玄注が「猶」は「搖」に作るべきで、音の類似による誤りであるとするの[16]とは、かなり異なっている。

そのほかの二百七十九条については、「今」・「今之」・「今（＋地域名）＋人」・「今＋地域名」などのパターンで表れる場合が多い。いくつか用例を見ておこう。

29　台、朕、賚、畀、卜、陽、予也
（郭注）賚、卜、畀、皆賜與也、與猶予也、因通其名耳、魯詩曰、陽如之何、今巴濮之人、自呼阿陽　**（邢疏）**…云今巴濮之人自呼阿陽者、以時驗而言也　【巻二　釋詁下】
（台・朕・賚・畀・卜・陽は予なり［郭注：賚・卜・畀は皆賜与するなり、「与」は猶お「予」のごときなり、因りて其の名を通ずるのみ、魯詩に「陽は之を如何せん」と曰う、今 巴濮の人は自らを阿陽と呼ぶ、邢疏：「今 巴濮の人は自らを阿陽と呼ぶ」と云う者は、時を以て験じて言うなり）

30　遷、運、徙也
（郭注）今江東通言遷徙　**（邢疏）**…郭云今江東通言遷徙者、時驗而言也　【巻二　釋詁下】
（遷・運は徙なり［郭注：今 江東 遷徙と通言す、邢疏：郭の「今 江東遷徙と通言す」と云う者は、時もて験じて言うなり）

31　何鼓謂之牽牛

（**郭注**）今荊楚人呼牽牛星爲檐鼓、檐者何也（**邢疏**）郭云、今荊楚人呼牽牛星爲檐鼓、檐者荷也、順經爲說、以時驗而言也　【巻六　釋天】

（何鼓 之を牽牛と謂う［郭注：今 荊楚の人は牽牛星を呼びて檐鼓と為す、檐なる者は何なり、邢疏：郭「今 荊楚の人は牽牛星を呼びて檐鼓と為す、檐なる者は荷なり」と云うは、経に順いて説を為し、時を以て験じて言うなり）

「今 巴濮の人は自らを阿陽と呼ぶ」（例文29）、「今 江東 遷徙と通言す」（例文30）、「今 荊楚の人は牽牛星を呼びて檐鼓と為す」（例文31）と言うのは、それぞれ郭璞の時代のある地域で用いられている語彙や呼称により経文を証しているのである。このように「今」の後に地名が来るパターンは非常に多く、邢昺もそれらに対して郭璞が彼の時代のことにより検証して言うのだと指摘している。また、

32　緵罟謂之九罭、九罭、魚罔也

（**郭注**）今之百囊罟是、亦謂之罶、今江東呼爲緵（**邢疏**）今之百囊罟是、亦謂之罶、今江東呼爲緵者、以時驗而言也【巻五　釋器】

（緵罟 之を九罭と謂う、九罭は魚罔なり［郭注：今の百囊罟は是《これ》なり、亦た之を罶と謂う、今 江東呼びて緵と為す、邢疏：「今の百囊罟は是なり、亦た之を罶と謂う、今 江東呼びて緵と為す」なる者は、時を以て験じて言うなり）

33　桃枝、四寸有節

（**郭注**）今桃枝、節間相去多四寸（**邢疏**）郭以時驗而言也　【巻八　釋草】

（桃枝は四寸にして節有り［郭注：今の桃枝は節の間 相い去ること多くは四寸たり、邢疏：郭は時を以て験じて言うなり）

34　鮥、當魱
（郭注）海魚也、似鯿而大鱗、肥美多鯁、今江東呼其最大長三尺者爲當魱（邢疏）云肥美以下者、以時驗而知也【巻九　釋魚】
（鮥は当魱なり［郭注：海魚なり、鯿に似て大鱗なり、肥美にして鯁《ほね》多し、今 江東 其の最大にして長さ三尺なる者を呼びて当魱と為す、邢疏：「肥美」と云うより以下の者は、時を以て験じて知るなり］）

「今の百嚢罟は是《これ》なり」（例文32）、「今の桃枝は節の間 相い去ること多くは四寸たり」（例文33）、「肥美にして鯁多し、今 江東 其の最大にして長さ三尺なる者を呼びて当魱と為す」（例文34）と言うのは、その時代の具体的な物に依拠して経文を証しているのであり、邢昺はやはり彼の時代の物により検証しているのだと説く。

このように、「今」は、郭璞が彼の時代の語彙・呼称・事物・風習などを取り上げて経文を検証する際に、そのことを明示しているのだと考えられる。

また郭璞注には、「今」・「俗」ともに使用されないが、邢昺が「以時驗而言」とするものが若干ある。例文35に「江東呼びて鮂と為す」と言うように、地域名を伴うことが多いが、「大なる者は十九簧」（例文36）のように、全くそれらの語を伴わない場合もある。

35　鮂、黑鰦
（郭注）即白鯈魚、江東呼爲鮂（邢疏）…郭云即白鯈、江東呼爲鮂者、以時驗而言之也【巻九　釋魚】
（鮂は黒鰦なり［郭注：即ち白鯈魚なり、江東呼びて鮂と為す、邢疏：郭の「即ち白鯈なり、江東呼びて鮂と為す」と云う者は、時を以て験じて之を言うなり］）

36　大笙謂之巢

（**郭注**）列管瓠中、施簧管端、大者十九簧（**邢疏**）…大者十九簧、以時驗而言也【**巻五　釋樂**】

（大笙 之を巣と謂う［郭注：管を瓠中に列し、簧を管端に施す、大なる者は十九簧、邢疏：「大なる者は十九簧」は、時を以て験じて言うなり）

「古今の異言を釈し、方俗の殊語を通ず」と郭璞が注したように、時代或いは国（地域）を異にする故に生じた異言を採録し、当時の「通語」により各の語義を通じさせることを基本的な成書方針とする『爾雅』・『方言』に倣い、郭璞も古今東西の異言を解説し意味を通じさせることをその注釈の中心としていると考えられる。その重要な手法が邢昺の言う「以時驗而言」であり、それ故郭璞は彼の時代の語・風習・事物の名などを用いて解説することが極めて多い。「今俗」・「俗」・「今」などの語は、彼の時代の事柄であることを明示する場合に用いられる表現である。従って、郭璞が用いる「俗」には、基本的に負の評価は含意されていないと考えられる。

（2）説解中に於ける「俗」と「今」

次に、小徐が「経」として尊重する許慎の用法について考察する。「俗」・「今」のそれぞれの字義については、本節の最初に見た通りであるが、それ以外にもこれらの語は説解中に用いられている。

「今俗」を併用するものは、次の一条のみである。

37　皇　大也、従自、自始也、始皇者、三皇、大君也、自讀若鼻、今俗以作始生子爲鼻子是、臣鍇曰、自従也、故爲始、説文皇字上直作自、小篆以篆文自省作白、故皇字上亦作白、書傳多有鼻子之言、餘則通論備矣【**巻一　王部**】

（皇は大なり、自に従う、自は始なり、始めて皇たりし者は、三皇なり、大いなる君なり、自は読みて鼻の若くす、今俗に作始《はじ》めて生まるる子を以て鼻子と為すは是《これ》なり、臣鍇曰く、自は従なり、故に始と為す、説文「皇」字の上は直だ「自」に作るのみ、小篆は篆文「自」の省して「白」に作るを以て、故に「皇」字の上も亦た「白」に作る、書伝に多く鼻子の言有り、余は則ち通論に備われり）

この条は、一部テキストの乱れがあるとして、段氏は「皇　大也、从自王、自始也、始王者、三皇、大君也、自讀若鼻、今俗吕作始生子爲鼻子是（皇は大なり、自・王に从う、自は始なり、始めて王たりし者は、三皇なり、大いなる君なり、自は読みて鼻の若くす、今俗に作始《はじ》めて生まるる子を以て鼻子と為すは是《これ》なり）」（一篇上 王部）に改める。「自」と「鼻」が単に音が同じか又は類似しているのみならず、共に「始」という意味を持つことを「鼻子」という語によって説いたものである。段氏が、「今俗は、漢の時を謂う也」と言うように、「今俗」は「鼻子」が許慎の時代の通行の語であることを示している。

「俗」を単独で用いるものは多く、三十三条あるが、字義に関わる八条を除く二十五条は全て重文に関わるものである。まず、字義に関わるものを見ると、「俗語」と言うものが三条ある。

38　𦘔　聿飾也、従聿従彡、俗語以書好爲𦘔、讀若津也、臣鍇曰、筆經曰、世人多以流離象牙爲筆管、麗飾則有之、然筆尙輕也、凡飾物通用彡字也【巻六　聿部】

（𦘔は聿の飾なり、聿に従い彡に従う、俗語 書の好《よ》きを以て𦘔と為す、読みて津《しん》の若くするなり、臣鍇曰く、筆経に曰く「世人多く流離象牙を以て筆管を為り、麗飾すれば則ち之れ有り、然れども筆は尚お軽きなり」と、凡そ物を飾るに「彡」字を通用するなり）

39　㱦　弃也、従歺奇聲、俗語謂死曰大㱦【巻八　歺部】

（㱦は棄なり、歺に従う奇の声、俗語 死を謂いて大㱦と曰う）

40　幸　所以驚人也、從大從羊、一曰大聲也、凡幸之屬皆從幸、一曰讀若瓠、一曰俗語以盗不止爲幸、讀若籋、臣鍇曰、羊音飪【巻二十　幸部】

（幸は人を驚かす所以なり、大に従い羊に従う、一に曰く大声なりと、凡そ幸の属皆幸に従う、一に曰く読みて瓠の若くすと、一に曰く俗語　盗の止まざるを以て幸と為すと、読みて籋の若くす、臣鍇曰く、羊　音は飪なり）

「𦘒」では、「聿の飾りなり[17]」という本義以外、当時の言葉では「書の好きこと」を意味するとその別義を説いている。「婍」も同様に、「棄つるなり」という本義以外に、当時の言葉では死ぬことを「大婍」と言ったと別義を挙げる。「幸」の条[18]も、やはり当時の用法を別義として挙げたものであると考えられる。このように、「俗語」は、別義として挙げられた漢代の用法を指す。

次の例は「俗」一字で、やはり漢代の表現を指している。

41　夾　盗竊懷物也、從亦有所持、俗謂蔽人俾夾是也、弘農陝字從此、臣鍇曰、亼入字也【巻二十　亦部】

（夾は盗窃して物を懐《いだ》くなり、亦に持する所有るに従う、俗に人を蔽いて俾夾すと謂うは是《これ》なり、弘農の「陝」字は此に従う、臣鍇曰く、「亼」は「入」字なり）

この「俗に人を蔽いて俾夾すと謂うは是なり」は、本義の用例を挙げるものであるが、その「人を蔽いて俾夾す」について、段氏は「漢の時此の語有り」（十篇下　亦部）と言う。この「俗」も、やはり漢代に通行していた表現を指している。

そのほかの四条は、「夷俗仁（夷の俗は仁なり）」（巻七　羊部「羌」）・「楚俗以二月祭飲食也（楚の俗、二月を以て飲食を祭るなり）」（巻八　肉部「膢」）・「民俗、以夜市（民の俗、夜を以て市す）」（巻十二　邑部「䣕」）・「鬼俗也（鬼の俗なり）」（巻

十七 鬼部「魗」）というものであり、いづれもその風習・習俗を指す語であると考えられる。以上のように、許慎が字義に関わる解説中に用いる「俗」は本義に沿った用法であり、その時代或いは特定の地域などの「習わし」を意味している。

それでは、重文の解説として用いられる「俗」はどうであろうか。具体例を見る前に、まず『説文』に於ける重文とはどういうものかを、簡単に確認しておく。

許慎はその「敍」の中で、「今敍篆文、合以古籀（今 篆文を叙し、合するに古籀を以てす）」（巻二十九）と言うように、『説文』の通例では、まず小篆に基づき文字を配列し、更に古文・籀文のうち小篆と字体を異にするものがあれば小篆の後に挙げ、「古文作某」・「籀文作某」と注記する。少数ながら部首とするものとの関係により、「上」の条のように古文・籀文を先に挙げその後に小篆を挙げる変例がある。[19] 重文には、このほか見出しとして最初に挙げられる小篆とは形を異にする小篆で、その多くが「某或従某」のように注記されるため、「或体」と称されるものがある。

では重文の説解中で、古文でも籀文でも或体でもなく「俗」と記されるのは、どのようなものなのであろうか。許慎はその「敍」の中で「諸生竟逐し、字を説き経誼を解き、秦の隷書を称して倉頡の時の書と為し、云う父子相い伝う、何ぞ改易するを得んと、乃ち猥《みだ》りに曰く、馬頭人を長と為し、人の十を持するを斗と為し、虫なる者は中を屈するなりと、廷尉は律を説き、字を以て法を断ずるに至る、苛人 銭を受く、苛の字は止句なり、此の若き者甚だ衆し、皆な孔氏の古文に合せず、史籀に繆《もと》る、俗儒鄙夫、其の集める所を翫《もてあそ》び、希に聞く所を蔽い、学に通ずるを見ず、未だ常に字例の条を覩ざれば、旧埶を怪み、而して野言を善しとし、其の知る所を以て、秘妙にして聖人の微恉を究洞すと為す、又た倉頡篇中に、幼子承詔あるを見、因りて曰く、古帝の作る所なり、其の辞は神僊の術有りと、其の迷誤にして諭らざる、豈に悖《もと》らざらん哉」として、厳しく文字の成り立ちに対する俗説を批判し、また、「蓋し文字なる者は、経埶の本、王政の始めなり、前人の後に垂る所以、後人の古を識る所以、故に曰く本立ちて而して道生ずと、天下の至賾も、乱す可からざるを知るなり」[20]（ともに巻二十九）と言うように、文字を学問・

政治の基礎として、本来の姿に戻すことを主眼として『說文』を著した。「俗」説はその強い批判の対象となっているにもかかわらず、重文の説解に敢えて「俗」と記したのは何故なのであろうか。許慎の時代には、隷書の俗字が正字に混じって使われていたため、「俗」と明記してその正字ではないことを明らかにしたのだという説[21]もあるが、そもそも『說文』に取り上げられていないことが即ち正字ではないことを明確に示すのであるから、この説明は不合理である上に、それでは説明がつかない点も多いことから、この説には従わない。

小徐本に於いて、重文を「俗」とするものは二十五条。そのうち「裳　俗常、從衣」・「裠　俗從衣作」（ともに巻十四　巾部）、「俛　俗頫字、從人免」（巻十七　頁部）、「棲　俗卥、從木妻」（巻二十三　卥部）の四条については、段氏は大徐本に従ってそれぞれ「裳　常或从衣」・「裠　帬或从衣」（以上七篇下　巾部）、「俛　頫或从人免」（九篇上　頁部）、「棲　卥或从木妻」（十二篇上　卥部）に作る。段氏は、「凡徐氏鉉鍇二本不同、各从其長者、…後不悉注（凡そ徐氏鉉鍇二本同じからざるは、各其の長ずる者に从う、…後悉くは注さず）」（一篇上　上部「旁」）と言うように、小徐本と大徐本に異同がある場合、特にいちいち注記することなく優れていると判断した方に従う。「或」体とするか「俗」体とするかで大徐本と説が異なる場合、次の「塊」の条を除き、段氏は全て大徐本に従う。

42　凷　墣也、從土凵、凵屈象形也、臣鍇曰、指事
塊　俗凷、從土鬼　【巻二十六　土部】
（凷は墣なり、土凵に従う、凵は屈して形に象るなり、臣鍇曰く、指事なり、塊は俗の凷なり、土鬼に従う）

この重文の説解を、段氏は「塊　俗凷字」（十三篇下　土部）に改め、「爾雅釈文に依る」と注記する。これは、『爾雅』「釋言」の「塊、堛也」の郭璞注に「土塊也、外傳曰枕凷以堛（土塊なり、外伝に曰く枕凷は堛を以てす）」とあり、その『釋文』に「塊本作凷、說文云、塊俗凷字也、凷一名堛、堛孚逼反（「塊」は本《ほん》「凷」に作る、説文に「塊は俗の凷の

字なり」と云う、凷は一名塩なり、塩は孚逼の反)」とあるのを指しており、この『釋文』に引用される『説文』に依拠して説解を改めたことを言う。つまり、段氏は何らかの依拠すべき資料がある場合を除き、大徐本の方が優れていると判断したことになる。このことは、重文を「俗」体とするのは、かなり特殊な場合であることを示していると言えよう。

43　觵　兕牛角可以飲者也、從角黄聲、其狀觵觵、故謂之觵、臣鉉曰、觥、曲起之皃
觥　俗觵、從光【巻八　角部】
(觵は兕牛の角 以て飲す可き者なり、角に従う黄の声、其の状觵觵たり、故に之を觵と謂う〔臣鉉曰く、觥は曲起するの皃なり〕、觥は俗の觵、光に従う)

44　衃　腫血也、從血農省聲
膿　俗衃、從肉農聲【巻九　血部】
(衃は腫の血なり、血に従う農の省声、膿は俗の衃、肉に従う農の声)

それぞれの重文に対して、段氏は「今 毛詩は俗に従う」(四篇下 角部)、「周礼注此の如く作る」(五篇上 血部)と注する。「凷」に関連して引用した『爾雅』「釋言」の『釋文』に「塊 本《ほん》凷に作る(「塊」はあるテキストでは「凷」に作る)」とあり、少なくとも陸徳明の時代のテキストには、「塊」に作るものと「凷」に作るもの両方があったこと、及び例文43・44の重文に対する段氏の注は、「俗」として挙げられている字が許慎の時代の経書などに用いられていた可能性を示唆している。では、何故「或」体ではなく、「俗」体なのであろうか。

45　肩　髆也、從肉、象形、臣鉉曰、象肩形、指事也

肩　俗肩從戶　【巻八　肉部】
（肩は髆なり、肉に従う、象形、臣鍇曰く、肩の形に象る、指事なり、肩、俗なる肩は戸に従う）

46　𠨬　按也、從反印、臣鍇曰、印者外向而印之、反印爲內自抑也、會意
抑　俗從手作　【巻十七　印部】
（𠨬は按なり、反せる印に従う、臣鍇曰く、印なる者は外に向いて之を印し、反せる印は内にて自ら抑《おさ》うと為すなり、会意、抑、俗に手に従いて作る）

段氏は、「肩」に於いて「從門戶、於義無取、故爲俗字（門戸に従うは、義に於いて取る無し、故に俗字と為す）」（四篇下　肉部）と言い、「抑」に於いては「既从反爪矣、又从手、葢非是（既に反せる爪に従う、又た手に従うは蓋し是《ぜ》に非ず）」（九篇上　印部）と言う。ここで「反せる爪に従う」と言うのは、「印」の字が「爪卩に従う」ことから言う。ともに字の成り立ちに於いて理に合わない点があることを指摘している。

以上のことから、許慎の挙げる「俗」体字は、通行の文字のうち小篆に由来し経書などに用例が見られるものの、「或体」として挙げるには字の成り立ちなどに不合理な点があるなど何らかの難点があるものを言うのではないかと考えられる。

次に、説解中に用いられる「今」の用法を検討する。説解中に「今」という語が用いられるのは、二十六条である。そのうち、説解に引用されるほかの書籍中に用いられているもの二条、固有名詞の一部であるもの一条、段氏が許慎の語ではないとするもの二条[22]を除く二十一条について検討する。

47　邗　國也、今屬臨淮、從邑干聲、一曰邗本屬吳、臣鍇按、杜預曰、在廣陵東南、自邗穿溝、自射陽湖至邗口入海、今謂之爲江口、臣鍇按、今邗溝也　【巻十二　邑部】

（邗は国なり、今 臨淮に属す、邑に従う干の声、一に曰く邗は本《もと》呉に属すと、臣鍇按ずるに、杜預「広陵の東南に在り、邗自り溝を穿ち、射陽湖自りして邗口に至りて海に入る、今 之を謡江口と謂う」と曰う、臣鍇按ずるに今の邗溝なり）

この「今 臨淮に属す」という許慎の解説について、段氏が「許の意は、邗国の地は当に前漢の臨淮郡に在るべくして、広陵に在らざるなり」（六篇下 邑部）と注するように、「今」という語は許慎の時代を指している。このように、許慎の時代の地名により字義を説くものが約半数の十条を占める。そのほか、漢代の言葉や風習によって字義を証するものが八条ある。

48　嫍　有所恨痛也、従女𡿺省聲、今汝南人有所恨言大嫍、臣鍇曰、事過而好恨痛者、婦人之性也　【巻二十四　女部】

（嫍は恨痛する所有るなり、女に従う𡿺の省声、今 汝南の人恨む所有るを大嫍と言う、臣鍇曰く、事過ぎて好く恨痛する者は婦人の性なり）

49　缿　受錢器也、従缶后聲、古以瓦、今以竹、臣鍇曰、漢書趙廣漢傳曰、投缿謂入而不能出之器也　【巻十　䍃部】

（缿は銭を受くる器なり、缶に従う后の声、古は瓦を以てし、今は竹を以てす、臣鍇曰く、漢書の趙広漢伝に曰く「投缿は入るれば出す能わざるの器を謂うなり」と）

「嫍」では、漢代の汝南地方の方言を用いて字義の証明としている。また「缿」では、「缿」を作るのに「古」くは瓦を用いていたのに対して、「今」即ち許慎の時代には竹を用いることが多いことを言う。このほか発話時を「今」とする二条も含めて以上の二十条は全て字義を説くもので、「今」は許慎の時代もしくは「是《こ》の時」を意味する本義に沿った用法である。

しかし、重文の説解に用いられている次の一例だけは、些か事情が異なる。

50　瀚　濯衣垢也、從水翰聲、臣鍇曰、翰音浣

浣　今瀚從完　【巻二十一　水部】

（澣は衣の垢を濯うなり、水に従う幹の声［臣鍇曰く、翰は音浣なり］、浣、今澣は完に従う）

この条は、大徐本では「浣、瀚或いは完に从う」（十一篇上　水部）に作り、或体の一般的な表記になっている。段氏はここでは小徐本に従い、「小徐本　此の如し、按ずるに儀礼古文は浣を仮りて盥と為す、公羊伝も亦た此の字有り」（十一篇上二　水部）とのみ記す。「浣」の字は、経書に用例がある小篆に由来する字であるようだが、ここでわざわざ「今」と記す意味は不明である。或いは「俗」体とするものに通じるかとも考えられるが、ほかに用例がなく考察する手がかりがない。段氏に倣ってこのような用例があることを挙げるにとどめる。

以上見てきたように、許慎が字義を説く際に用いる「俗」は、その時代或いは特定の地域などの「習わし」を意味する本義に沿った用法である。しかし重文に「俗」とするものは、通行の文字のうち小篆に由来し経書などに用例があるものの、「或体」とするには何らかの難点があるものであると考えられ、この場合の「俗」には僅かながら負の評価が含まれていると考えられる。また説解に用いられる「今」は、そのほとんどが字義を説くのに用いられ、その用法は、基本的に本義に沿ったものとなっている。

二　小徐注に於ける「俗」と「今」

（1）「俗」の用法

最後に、小徐の注釈中の用法を検討する。「俗」と「今」を併用するものは七十九条、うち三条は小徐注に引用される郭璞注の語であるので、ここではそのほかの七十六条を検討対象とする。「俗」のみが用いられるものは三十二条とかなり少なく、「今」と併用するものの半数以下である。ここでは、そのうち小徐注に引用される郭璞注の語である四条を除く二十八条を検討対象とする。

「今俗」と言うもののうち、最も多いのは字形に関する注で四十九条を占め、字義に関する注は二十二条とその半数以下である。これに対して「俗」のみの場合はこの関係が逆転し、字義に関する注が最も多く十七条で、字形に関する注がその約半数の八条となっている。

まず、字形に関するものを見てゆく。

51　袒　衣縫解、従衣旦聲、臣鍇曰、今俗作綻字　【巻十六　衣部】

（袒は衣の縫解くるなり、衣に従う旦の声、臣鍇曰く、今俗に「綻」字に作る）

52　䟤　足也、従足虒聲、臣鍇按、爾雅書䟤字如此、俗作蹄　【巻四　足部】

（䟤は足なり、足に従う虒の声、臣鍇按ずるに、爾雅は「䟤」字を書きて此の如し、俗に「蹄」に作る）

字形に関する最も一般的な注記は、「袒」の条のように「今　俗に某（字）に作る」と言う形である。「綻」の字は『說文』にはないが、『禮記』「內則」に「衣裳　綻裂す」とあるように、経書に衣の縫い目がほころびるという意味での「綻」の用例がある。「今」と併用しない場合も、ほぼ全て「蹏」の条のように「俗 某に作る」となっている。小徐は、「爾雅は『蹏』の字を書きて此の如し、俗に『蹄』に作る」としており、小徐の依拠したテキストでは「蹏」の字が用いられていたようであるが、今阮元本では邢昺疏に用例があるのみで、経「騉蹄、趼善陞甗（騉の蹄 趼《たいら》にして善く甗を陞る）」、郭注「騉蹄、蹄如趼而健上山（騉蹄、蹄は趼の如くして健《たけ》く山を上る）」（巻十 釋畜）のように、ともに「蹄」に作る。やはり経書に用例があったと考えてよいであろう。このように見てくると、小徐が字形に関して「今俗」・「俗」と言う時、許慎に倣い、古い由来があるものの何らかの難点があり見出しとなっている小篆と同列には扱えないものを指すようにも見える。しかし、

53　䇐　臨也、従立隶聲、臣鍇曰、春秋左傳如齊䇐盟、今俗作涖借也、隶音逮　【巻二十　立部】
（䇐は臨むなり、立に従う隶の声、臣鍇曰く、春秋左伝に「斉に如きて盟に䇐《のぞ》む」と、今俗に「涖」に作るは借なり、隶は音 逮なり）

54　箸　飯攲也、従竹者聲、臣鍇曰、今俗譌作筯也　【巻九　竹部】
（箸は飯攲なり、竹に従う者の声、臣鍇曰く、今俗に訛りて「筯」に作るなり）

「今 俗に涖に作るは借なり」（例文53）、「今 俗に訛りて筯に作る」（例文54）のように、その字体が仮借であるとするものが三条、誤りであるとするものが二条あるように、正字とずれがあることをより明確な形で注記しており、許慎よりも本来あるべき正しい姿からは外れるという意識が強く表れているように感じられる。そのことは、

55　飭　致堅也、従人力食聲、讀若敕、臣鍇按、周禮曰、審曲面勢、以飭五材、飭修整之也、修飾従巾、今俗人多同之、由不曉故也　【巻二十六　力部】

（飭は致堅なり、人力に従う食の声、読みて勅の若くす、臣鍇按ずるに、周礼に曰く「曲面の勢を審らかにし、以て五材を飭《ととの》う」と、飭修して之を整うるなり、「修飾」は「巾」に従う、今俗人多く之を同じくするは暁《さと》らざるに由るの故なり）

で、『周禮』「攷工記」の用例のように「飭」は堅くする、整えるという意味であり、修飾を意味する「飾」の字とは異なるのに、混同されることについて「今 俗人多く之を同じくするは、暁らざるに由るの故なり」と厳しく批判することに、よく表れている。

次に、字義に関する注について見ておこう。

56　硟　以石捍繒也、従石延聲、臣鍇曰、今俗所謂碾也【巻十八　石部】

（硟は石を以て繒を捍するなり、石に従う延の声、臣鍇曰く、今 俗に謂う所の碾なり）

57　藋　堇艸也、一曰拜商藋、従艸翟聲、臣鍇按、爾雅注商藋赤似藜、臣以爲俗所謂灰藋也【巻二　艸部】

（藋は堇艸なり、一に曰く拜商藋なりと、艸に従う翟の声、臣鍇按ずるに、爾雅注に「商藋は赤くして藜に似たり」と、臣以為えらく俗に謂う所の灰藋なり）

「今 俗に謂う所の碾なり」（例文56）・「俗に謂う所の灰藋なり」（例文57）はともに、小徐の時代の語彙や名称を用いて字義を説明したものであり、字義に関する大部分の注は、この二例と同じく当時の語彙・事物・習慣を援用して字義を解説するものである。字義に関しては、字形を正すというような規範意識より、やはり説解に説く本義を解説するという意識が強い。同時代の通用の語彙・習慣などを用いて説明することは、その有効な手段である。そのため、許慎や郭璞の場合と同様「今俗」・「俗」は（その時代の）習わしを表すのみで、字形に関する場合のような負の評価は基本的に含意しないと思われる。

このように小徐の注に於いては、字義に関する注では「俗」は習わしを表す本義に沿った用法となっているのに対し、字形に関する注に用いられる「俗」は本来あるべき正しい姿から外れるということをより強く意識した用法に傾くと言えよう。

ところで、小徐の用法で字義・字形のどちらに関する注にも、「飭」（例文55）で「今俗人」となっていたように、「今俗」・「俗」の後に特定の語を伴う表現がかなりある点が許慎・郭璞と大きく異なっている。そこで次に視点を変えて、結びつく語により「俗」の含意するところが異なるのかどうかについて、個別に検討していく。

最初に、許慎にも用例のある「俗語」について見る。

58　𧥻　扣也、如求婦先𧥻叕之、從言口、口亦聲、臣鍇曰、頻繁哀求之意也、此當引當時俗語爲證也、𧥻叕猶言扣嗑之也【巻五　言部】

（𧥻は扣なり、婦を求むるには、先ず之を𧥻叕《こうてつ》すの如し、言口に従う、口は亦た声、臣鍇曰く、頻繁に哀求するの意なり、此れ当に当時の俗語を引きて証と為すべきなり、𧥻叕は猶お之を扣嗑すと言うがごときなり）

59　裯　衣袂裯袛、從衣周聲、臣鍇按、楚辭被荷裯之晏晏、裯今俗語【巻十六　衣部】[23]

（裯は衣袂裯袛なり、衣に従う周の声、臣鍇按ずるに、楚辞に「荷裯の晏晏たるを被る」と、裯は今の俗語なり）

「𦘙」・「婍」・「卒」（例文38・39・40）で見たように、許慎は別義として漢代の用法を挙げる際「俗語」と称した。「𧥻」の条で小徐が「当に当時の俗語を引きて証と為すべきなり」と言うのは、説解の「婦を求むるには、先ず之を𧥻叕すの如し」が、明示されてはいないが許慎の時代の語即ち「俗語」を引用して「扣《たた》くなり」という本義を説明したことを指摘するものである。「裯」の条は『楚辞』「九辯」の「荷裯の晏晏たるを被る」の「裯」が「袛裯（短い衣）」

を意味する当時の言葉であることを言う。ここで「俗語」としているのは、許慎の説解であり『楚辞』の用語である。このことから、「俗語」は当時習わしとして用いられていた言葉を指す本義に沿った用法であると考えられる。
次に、「俗本」について考える。

60　元　始也、從一兀、臣鍇曰、元者善之長、故從一、元首也、故謂冠爲元服、故從兀、兀高也、與堯同意、俗本有聲字、人妄加之也、會意【巻一　一部】

（元は始めなり、一兀に従う、臣鍇曰く、元なる者は善の長なり、故に一に従う、元は首なり、故に冠するを謂いて元服と為す、故に兀に従う、兀は高きなり、「尭」と意を同じくす、俗本に「声」字有り、人の妄りに之を加うるなり、会意なり）

61　伊　殷聖人阿衡也、尹治天下者、從人尹、臣鍇按、尙書曰、湯聿求元聖、與之戮力、元聖謂伊尹也、阿倚也、衡平也、依倚而取平也、尹正也、所倚正人也、俗本有聲字誤也【巻十五　人部】

（伊は殷の聖人阿衡なり、天下を尹治する者、人尹に従う、臣鍇按ずるに、尚書に曰く「湯は聿《つい》に元聖を求め、之と力を戮《あわ》す」と、元聖は伊尹を謂うなり、阿は倚なり、衡は平なり、依倚して平を取るなり、尹は正なり、倚りて人を正す所なり、俗本に「声」字有るは誤りなり）

二例とも説解の校訂に関する記述である。小徐の見たテキストの中に、文字の構成について「從一兀聲」・「從人尹聲」に作るものがあり、それを「俗本」と称している。小徐の文字の構成についての説は六書三耦説と呼ばれ、象形と指事、形声と会意、転注と仮借が相い類するものとされる。「上」字の条（巻一　上部）に詳しく論じられている。「凡そ六書の義は象形より起る」とし、「形の象すべき者」があれば「象形」となり、「形の象すべき」ものがなく「事の指すべき」ものがあれば、「指事」となる。更にどちらもない場合は、「其の意を会合」して字をつくり「会意」

となり、形が似ていて区別できない場合は「声を以て之に配し」区別をして「形声」となる、(24)というように順序だてて説かれている。従って文字の構成要素に「会すべき意」があれば、たとえ構成要素の一つが音を表していても、「会意」とすべきだということになる。しかし、「楚夏殊音、方俗異語、六書之内、形聲居多、其會意之字、學者不了、鄙近傳寫、多妄加聲字、篤論之士、所宜隱括（楚夏 音を殊にし、方俗 語を異にす、六書の内、形声多きに居り、其の会意の字は、学ぶ者 了せず、鄙近の伝写は多く妄りに「声」字を加う、篤論の士の宜しく隠括すべき所なり）」（巻三十六 袪妄）と言うように、そのことを理解しない輩がでたらめに「声」の字を加えてしまったため、本来会意であるべき文字が形声とされてしまったことを批判している。更に「古者訓六書多矣、自許慎已後、俗儒鄙說、皆失其眞（古《いにしえ》者六書を訓ずるもの多し、許慎自り已後、俗儒の鄙説、皆其の真を失う）」と言い、また批判の対象となる説に言及する「今之末學、爲篆文者（今の末学の篆文を為る者）」・「浮俗剽薄」・「今之俗說、謂丂左回爲考、右回爲老、此乃委巷之言（今の俗説の「丂の左に回すを考と為し、右に回すを老と為す」と謂うは、此れ乃ち委巷の言）」（以上巻一 上部）などの表現に用いられている「俗」には、明らかに「篤論の士」が正すべき対象としての負の評価が含意されている。従って、「元」・「伊」の条に用いられている「俗本」は訂正されるべきテキストであり、この「俗」にはやはり負の評価が含意されていることは明らかである。

　では、「俗書」の場合はどうであろうか。

62　様　栩實、從木羕聲、臣鍇曰、今俗書作橡、莊子徐無鬼居于深山、拾橡栗而食【巻十一　木部】

（様は栩実なり、木に従う羕の声、臣鍇曰く、今俗書に「橡」に作る、荘子徐無鬼「深山に居りて、橡栗を拾いて食う」と）

63　檆　木也、從木煔聲、臣鍇曰、即今書杉字【巻十一　木部】

（檆は木なり、木に従う煔の声、臣鍇曰く、即ち今書の「杉」字なり）

「俗書」とするのは、「様」の条のほか、「此今俗書紛字（此れ今 俗書の「紛」字）」（巻六 鬥部「鬬」）及び「今俗書作簷（今 俗書「簷」に作る）」（巻十一 木部「櫓」）の三条である。「槸」の条は「今」と結びつくものを参考までに挙げたものである。「今書」とするものは、ほかに「士」（巻一 士部）があり、そこには「今書之異於士者、短其下畫、其義大殊（今書の「土」に異なる者は、其の下画短くして、其の義は大いに殊なる）」と言う。この注から、「書」は書籍を指すのではなく文字を指すと考えられ、「俗に某に作る」や「俗の某」などと同様の用法ではないかと考えられる。

最後に、「餝」（例文55）にも見える「俗人」という語を、「今人」と比較しながら見てゆく。「俗人」が用いられているのは「餝」の条も含めて七条のみである。そのうち次の「稷」の条を除く六条が「今俗人」のように「今」と併用されている。これに対して「今人」は百十七条とかなり多い。まず「俗人」と「今人」が共に用いられている「稷」の条を見てみよう。

64　稷　齋也、五穀之長也、從禾畟聲、臣鍇按、本草梁貞白先生、八穀、黍・稷・稲・粱・禾・麻・菽・麥、俗人尚不能分、況芝英乎、臣今按本草新注、黍有數種、有黑、有黄、此今人所易知、…【巻十三　禾部】

（稷は齋なり、五穀の長なり、禾に従う畟の声、臣鍇按ずるに、本草梁貞白先生「八穀は黍・稷・稲・粱・禾・麻・菽・麦なり、俗人尚お分かつ能わず、況んや芝英をや」と、臣今 本草新注を按ずるに、黍に数種有り、黒有り、黄有り、此れ今人の知り易き所なり）

ここで「俗人」は実は『本草』の陶弘景注の語であり、八穀を「俗人は尚お分かつ能わず」と言う。これを受けて小徐は『本草』新注を挙げた上で「此れ今人の知り易き所なり」と言う。この時、小徐の意識に於いて陶氏の言う「俗人」と小徐注の「今人」が指し示すものに違いがあったとは考えにくい。次の例では、「今人」と「俗人」ではないが、「今」と「俗」が共に用いられている。

65　**蘧**　蘧麥也、從艸遽聲、臣鍇曰、今謂之瞿麥、其小而華色深者、俗謂石竹、郭璞云、麥句薑、本艸云、麥句薑、地松也、非此、又名句麥【巻二　艸部】

（蘧は蘧麦なり、艸に従う遽の声、臣鍇曰く、今 之を瞿麦と謂い、其の小さくして華の色深き者は、俗に石竹と謂う、郭璞は「麦句薑」と云う、本艸に「麦句薑は地松なり」と云えば、此に非らざるなり、又た句麦と名づく）

小徐は本義の「蘧麦なり」を、「今 之を瞿麦と謂い、其の小さくして華の色深き者は、俗に石竹と謂う」と当時通行の名により説明した上で、郭璞注の言う麦句薑が『本草』の注によればこのことではないとする。ここでも「今」と「俗」の間に明確な区別があるとは考えにくい。違いがあるとすれば、「瞿麦」は『爾雅』「釋草」の注に見えるが、「石竹」には典拠がないことである。しかし、小徐がその違いを「今」と「俗」の使い分けで示したとするのは、少少穿ち過ぎではないだろうか。「今人」と「今」に実質的な意味の違いは見出せない。「(今)俗人」についても、「嗁」（巻三　口部）に「今俗人作啼（今 俗人啼に作る）」が字形に関する注であるほかは、五条全てが字義を説くもので、「今俗人謂嬾爲餐、此會意（今 俗人嬾を謂いて餐と為す、此れ会意）」（巻十五　臥部「餐」）のように、当時の語彙を用いて字義を説明しており、「飭」（例文55）以外の条では否定的ニュアンスは汲み取れない。

以上見てきたように、小徐の注釈に於ける「俗」の用法は、字形に関わる注が本来あるべき姿からはずれるという負の評価を含意する傾向があるのに対し、字義に関わる注は、そのほとんどが「習わし」を意味する本義に沿った用法となっている。また「俗本」には正すべき対象としての負の評価が明らかに含意されているのに対し、「俗語」・「俗書」・「俗人」は本義に沿った用法で、負のニュアンスは含まれていない。このように小徐注に於いて「俗」は、注釈の対象や結びつく語などにより、負の評価を含意する場合としない場合がある。ただ、許慎に比べると相対的に負の評価を含意する場合が多くなり、またより明確になってきていると言えよう。しかし、同時代の兄徐鉉が例えば「韤」（五篇下　韋部）に「臣鉉等曰、今俗作韤非是（臣鉉等曰く、今俗に韤に作るは是《ぜ》に非ず）」と言うように、多くの場合「是に非ず」として訂正されるべきものという負の評価を明確に示しているほどではないことは留意すべきであろう。

（2）「今」の用法

小徐本に於いて「今」という語を含むもの[25]は、六百四十八条。そのうち二十一条は説解中に「今」という語を含み[26]、四条は小徐本に竄入された大徐及び張次立の按語に「今」という語を含む。これら二十五条を除いた六百二十三条が、小徐注に「今」という語を含むものである。この六百二十三条中百三条は、「俗」又は「或」と併用するものであるので、まず「今」のみを含む五百二十条について、分析検討する。

五百二十条のうち三十四条は、小徐が引用する書物の語の中に「今」という語が用いられている。

66　烓　行竈也、從火圭聲、讀若同、臣鍇按、爾雅注今三隅竈也　【巻十九　火部】
（烓は行竈《こうそう》なり、火に従う圭の声、読みて同の若くす、臣鍇按ずるに、爾雅注に「今の三隅竈なり」と）

67　垐　以土增大道上、從土次聲、臣鍇曰、字書云此即今瓷字　【巻二十六　土部】
（垐は土を以て大道の上に増すなり、土に従う次の声、臣鍇曰く、字書に「此れ即ち今の瓷の字なり」と云う）

「烓」の条では、小徐が「行竈なり」という字義の補足として引用した『爾雅』注に「今の三隅竈なり」のように「今」という語が用いられている。このように、引用されてた書物の中に「今」という語が用いられているもののうち、『爾雅』注が二十四条とその大部分を占める[27]。そのほかは、杜預『釋例』三条、『尚書』・『周禮』・『周禮』注・『禮』注・『字書』・『古今注』・顔師古各一条となっている。これら三十四条は、「烓」の条のようにその大部分（三十一条）が字義の補足となっているが、古今字の指摘など字形に関わるものも三条ある。「垐」（例文67）で「此れ即ち今の瓷の字」と、古今字を説く『字書』の語を引用するものなどがそれである。
では次に、小徐自身の注釈中に「今」という語が用いられている場合について考える。上記三十四条を除く四百八十六条中、字義の補足として用いられるものが二百四十三条（五十％）と最も多い点は、小徐注中に引用される書物の用法と同じである。しかし、注中の引用書の用法とは異なり、小徐自身が「今」を用いる場合は、「今某に作る」・「今某を借る」のように古今字や仮借用法など字形に関わる言及である場合が二百四条（四十二％）とかなりの数を占める。

68　瑬　垂玉也、冕飾、從玉流聲、臣鍇曰、天子十有二旒、旒之言流也、自上而下動、則透迤若水流也、冕瑬當作此瑬字、今作旒假借也【巻一　玉部】

（瑬は垂玉なり、冕の飾り、玉に従う流の声、臣鍇曰く、天子は十有二旒、旒の言は流なり、上自りして下に動けば則ち透迤して水の流るるが若きなり、冕瑬は当に此の「瑬」字に作るべし、今「旒」に作るは仮借なり）

ここで小徐は、冕の飾りの字は「瑬」に作るべきであるが、今「旒」の字に作るのは仮借字であると言う。また、字義・字形に関わるものと比べるとかなり少ないが、字音に関わるものも二十条ある。

69　鮸　魚也、出薉邪頭國、從魚免聲、臣鍇曰、今人音敏【巻二十二　魚部】

（鮸は魚なり、薉邪頭国より出づ、魚に従う免の声、臣鍇曰く、今人 音は敏なり）

ここで小徐は、今の人はこの字を「敏」と発音すると言う。更に、形・音・義の複数の項目に関わるものもあり、形・義に関わるもの五条、音・義に関わるもの三条、形・音に関わるもの一条となっている。そのほか『説文』のテキスト上の問題に関わる注でも、「今」という語が用いられている。

70　吁　驚也、從口亏聲、臣鍇曰、亏語之舒也、當言亏亦聲、脱誤也、又按亏字部復有吁字、云驚語也、從口從亏、亏亦聲、臣鍇以爲在亏部當言從亏從口、今既與口部之吁同形同義、而在兩處、疑一處誤多之、…【巻三　口部】

（吁は驚くなり、口に従う亏の声、臣鍇曰く、亏は語の舒なり、当に亏は亦た声と言うべし、脱誤なり、又た按ずるに「亏」字部に復た「吁」字有りて「驚きの語なり、口に従い亏に従う、亏は亦た声」と云う、臣鍇以為らく「亏部」に在れば当に「亏に従い口に従う」と言うべし、今既に「口部」の「吁」と形を同じくし義を同じくして、而も両処に在り、疑うらくは一処誤りて之を多くす）

71　䚻　徒歌、從言肉、臣鍇按、今説文本皆言徒也、當言徒歌、必脱誤也、下云從言肉、亦誤也【巻五　言部】

（䚻は徒《ただ》歌うなり、言肉に従う、臣鍇按ずるに、今説文本《ほん》皆「徒なり」と言う、当に「徒歌う」と言うべし、必ず脱誤するなり、下に「言肉に従う」と云うも亦た誤りなり）

「吁」の条では、「吁」の字が口部と亏部にあり、且つ意味も同じであることから、どちらか一方が誤って重出されたものであると言う。また「䚻」の条では、「今」の『説文』のテキストで、説解が「徒也」になっているのは誤りであるとして「徒歌」に改め、「從言肉」についても誤りがあるとしている。「吁」・「䚻」の条のように、「今本」説解の校訂に関わる注に「今」という語が用いられているものは十条ある。

以上見てきたように、小徐自身の注中に「今」が単独で用いられている場合、字義に関わる注に用いられるものがその半数を占め、字形に関わる注に使用されるもの（四十二％）がそれに次ぎ、この二者でその大部分を占める。

これは、「俗」が単独で用いられている場合（字義に関わる注が六十%、字形に関わる注が三十二%）と同様の傾向を示しているが、字形に関わる注に使用される割合が「俗」よりも更に高いことが、小徐注に於ける「今」の用法の特徴の一つである。

そこで、この字形に関する注中に用いられる「今」の用法について、「俗」の用法とも対比して考察を進める。

72　諕　號也、從言虎、臣鍇曰、今人通作號、遂無作此字者也　【巻五　言部】

（諕は号《さけ》ぶなり、言虎に従う、臣鍇曰く、今人　通じて號に作り、遂に此の字に作る者無きなり）

ここでは、本来「諕」に作るべきであるが、「今人　通じて號に作」る故に、本来の字が用いられなくなったことを言う。この「諕」の条や、「塗」（例文68）の条で「今　旒に作るは仮借なり」と言うように「今某に作る」とするものと、「逮」（例文53）の条で「今俗に涖に作るは借なり」と言うように「今俗に某に作る」とするものとの間に明確な違いがあるのだろうか。「今某に作る」と言う場合の「今」には、より規範に近い時代である「古」に対する意味がある。つまり、今の用法・用字が古い時代のそれとずれるという意識が「今」に表れていると考えられる。これは「今俗」・「俗」と言う時、字義に関してはその時代の習わしを意味するのみであったのに対し、字形に関しては本来あるべき正しい姿からは外れるという意識が表れるのと同じであると考えられる。正すべき対象というような負の評価は「今」や「俗」そのものに含意されるわけではなく、その使用される文脈に負うところが大きいと言えよう。

73　酢　醶也、從酉乍聲、臣鍇曰、今人以此爲酬醋字、反以醋爲酒酢、時俗相承之變也　【巻二十八　酉部】

（酢は醶なり、酉に従う乍の声、臣鍇曰く、今人此を以て酬醋の字と為し、反りて醋を以て酒酢と為す、時俗相い承く

るの変なり）

で小徐は、「今」即ち彼の時代では、「酢」は「醻醋」を表す文字となり、逆に「醋」が「酒酢」を表す文字とされるようになっているが、それは「時俗相い承くるの変」であると言う。この条に於ける「今」と「俗」の用法が、小徐注に於ける最も基本的な用法を示しており、文脈により、時として規範からずれが生じているという負の評価を含む表現に傾くに過ぎない、ということではないだろうか。

因みに「今」[28]の後に「(仮)借」・「誤」・「訛」など規範からずれているという負の評価を表わす語が続く場合は、経書の用字を含む字形に関わる注が大半を占めており、ほかに『説文』のテキストに関わる注が若干ある程度である。これは、「今俗」・「俗」の場合と同様である。しかし、(1)「今」が字形に関わる注に用いられている二百余条中、四分の一強が、「借」・「誤」など負の評価を含む語と共起している、(2)「今俗」・「俗」の場合、字形に関わる注に限れば、「借」・「誤」・「訛」などと共起するのは一割弱にすぎず、且つその全てが「今」を伴った「今俗」という形になる、という二点を考え合わせれば、少なくとも字形に関しては、規範とのずれを意識した時、小徐がより多く用いるのは「俗」ではなくむしろ「今」であると言えるのかもしれない。

以上見てきたように、「俗」は、本来その土地・時代で伝えられてきた「習わし」を表し、教化の方法や治世の状況を判断するよすがとして観察対象とされることはあっても、その「俗」そのものには、善悪好悪などの評価を含まないものである。後には、「俗」は良い方向へ改めるべき対象として負の評価を伴うようになる。許慎の時代には、その用法は既に一般的になっていたと思われ、許慎も「敍」で「俗儒鄙夫」という表現を用いている。しかし、字義の解説に於ける許慎の「俗」の用法は、本義に沿った用法となっており、重文の説解中に於いてのみ、僅かに負の評価を含意するように感じられるに過ぎない。郭璞は、許慎より時代は下るが、その注釈対象となった書籍が「古今の異言を釈し、方俗の殊語を通ずる」ことを主眼とするものであったため、郭璞の「俗」の用法も、基本的に本義に沿った用法となっている。

小徐の用法は、字義に関わる場合はやはり本義に沿った用法であるが、字形に関する注に於ける用法には「本来の姿からは、ずれが生じている」という評価を伴う。ただ、同時代の兄徐鉉等が「今俗に某に作るは是に非らず」と言い、完全に正すべき対象として扱うほどは、明確な否定的意味は含まないと考えられる。それは、許慎の用法の影響を強く受けて、本義に沿う用法を基本とするために生じた微妙なニュアンスの相違であろう。小徐注に於ける「俗」を含む表現は、字義に関わるものは特に本義に沿う用法が多いことからもわかるように、現在の語感に基づき一律に負の評価を含む表現として扱うべきではなく、文脈に即してそれぞれその含意を慎重に考慮すべきものである。

「今」は「古」に対する語であり、（発話時など）基準となる時点を表す語である。許慎・郭璞ともに、基本的にその生きた時代を表す本義に沿った用法となっている。小徐の用法では、字形に関する言及に用いられる場合などには、規範に近い時代である「古」に対する意識がより強く表れ、文脈により、規範からずれた正すべき対象としての負の評価を伴う用法が生じるようになる。

（3）「今」・「俗」と『字書』の引用

最後に、ここまで検討してきた小徐注に於ける「今」・「俗」の用法を踏まえ、それらが『字書』と併記される場合について検討する。

「今」が経部の書の書名と併記されるものは、『易』五条・『書』十九条・『詩』二十六条・『禮』十六条（『周禮』十二条・『禮記』二条・『禮』二条）・『春秋』十二条（『左傳』十条・『春秋傳』一条・『公羊傳』一条）・『論語』三条・『孝經』一条・『爾雅』九条・『字書』八条の計九十九条[29]である。このうち六十六条は次のように説解中の引用と小徐の依拠したテキストとの異同に関わるものである。

74　龤　樂和龤、從龠皆聲、虞書八音克龤、臣鍇曰、今尚書作諧假借【巻四　龠部】

（龤は、楽 和龤するなり、龠に従う皆の声、虞書に八音克く龤《ととの》うと、臣鍇曰く、今 尚書「諧」に作るは仮借なり）

75　嬒　含怒也、一曰難知也、從女會聲、詩曰碩大且嬒、臣鍇曰、今詩云碩大且儼、此當云讀若也【巻二十四　女部】

（嬒は怒を含むなり、一に曰く「知り難きなり」と、女に従う會の声、詩に曰く「碩大にして且つ嬒なり」と、臣鍇曰く、今の詩に「碩大にして且つ儼なり」と云う、此れ当に「讀若」と云うべきなり）

76　汃　西極之水、從水八聲、爾雅曰、西至於汃國、謂之四極、臣鍇按、今爾雅作邠、注云極遠之國也【巻二十一　水部】

（汃は西極の水なり、水に従う八の声、爾雅に曰く「西は汃国に至る、之を四極と謂う」と、臣鍇按ずるに、今爾雅は「邠」に作り、注に「極遠の国なり」と云う）

「龤」の条では、説解中に引用する『尚書』「舜典」の「八音克く龤う」について、小徐が依拠するテキストではこの「龤」の字を「諧」に作っており、それは仮借字であると指摘している。このように、説解中の引用との異同が、今本が仮借字を用いることに起因すると指摘するものが十五条ある。また「嬒」の条では、説解中に『詩』陳風「澤陂」の句を引用して「碩大且嬒」に作るが、小徐の依拠するテキストでは「碩大且儼」に作ることから、説解は「詩曰碩大且嬒」ではなく「讀若詩碩大且儼」に作るべきであると言う。このように、今本との異同に基づいた説解の校訂に言及するものも六条ある。また「汃」の条では、『爾雅』「釋地」四極の「東至於泰遠、西至於邠國、南至於濮鈆、北至於祝栗、謂之四極（東は泰遠に至り、西は邠国に至り、南は濮鈆に至り、北は祝栗に至る、之を四極と謂う）」から「汃国」に関する部分が説解中に引用されているが、小徐の依拠するテキストでは「邠国」に作ることを指摘する。その上で更に郭璞注「皆四方極遠之國（皆 四方の極遠の国なり）」を引用して「四極」の意味を補足説明している。

この条は形・義ともに関わりのある注ではあるが、「今」の字が付されている主眼はテキスト間の文字の異同にある。

このように「今＋書名」という形で言及されるものは、説解中の引用に関わる注が多く、『易』・『書』・『春秋』・『孝經』についてはその全てが説解中の引用との異同に関する言及となっており、『詩』についてもその九割以上がやはり説解中の引用との異同に関する言及である。説解中の引用とは関わりなく「今＋書名」という形が用いられるのは僅か二十六条に過ぎず、『周禮』八条、『爾雅』及びその郭璞注六条、『字書』八条、『詩』二条、『禮』・『論語』各一条となっている。このうち『字書』は『説文』成立後の書物であるため、当然のことながら説解中に引用されることはない。むしろ大部分が説解中の引用文に関わる注に用いられる「今＋書名」という形で、『字書』に多く言及されているのが特殊であるとも言えよう。

また、説解中の引用とは関わりなく「今＋書名」という形が用いられるもののうち『字書』以外の書の引用では、字義に関わる注となっている三条を除き、全て経書の用字に関わる注となっている。

77　湛　沒也、從水甚聲、一曰湛水、豫州㵎、臣鍇按、今周禮荊州其㵎潁湛、注云、當在豫州、在此非也　【巻二十一　水部】

（湛は沒なり、水に從う甚の声、一に曰く湛水なりと、豫州の㵎たり、臣鍇按ずるに、今周礼に「荊州　其の㵎は潁湛」と、注に「当に豫州に在るべし、此に在るは非なり」と云う）

「湛」の条では、その別義として挙げられる湛水についての注となっている。このような字義に関する注として「今＋書名」の形が表れるのは、『周禮』及び『禮』の引用の三条のみである。

78　柩　棺也、從匚木久聲

79 匭　籀文柩如此、臣鍇曰、今周禮或用此字　【巻二十四　匚部】
（柩は棺なり、匚木に従う久の声、匭、籀文柩は此の如し、臣鍇曰く、今周礼或いは此の字を用う）

80 勼　聚也、從勹九聲、讀若鳩、臣鍇曰、今爾雅有此字　【巻十七　勹部】
（勼は聚なり、勹に従う九の声、読みて鳩の若くす、臣鍇曰く、今爾雅に此の字有り）

麤　鹿迹也、從鹿速聲、臣鍇曰、今爾雅作速㉚　【巻十九　鹿部】
（麤は鹿の迹なり、鹿に従う速の声、臣鍇曰く、今爾雅は「速」に作る）

「柩」の条で「今周礼或いは此の字（籀文を指す）を用う」と言うのは、『周禮』・『儀禮』・『禮記』などではほとんどが「柩」の字を用いているが、『周禮』春官「喪祝」の「及朝御匭乃奠（朝するに及んで匭を御し、乃ち奠す）」など極一部で「柩」の籀文「匭」を用いていることを指す。また「勼」の条で「今爾雅に此の字有り」とするのは、『爾雅』「釋詁」の「揫・斂・屈・收・戢・蒐・裒・鳩・樓、聚也（揫・斂・屈・収・戢・蒐・裒・鳩・楼は聚なり）」を指すと考えられるが、今阮元本は「鳩」の字に作る。その『釋文』に「鳩、居牛反、說文作勼、音九尤反（鳩は居牛の反、説文は「勼」に作る、音は九尤の反）」とあることから、小徐の依拠した『爾雅』のテキストも、『釋文』に引く『說文』同様「勼」に作っていたと考えられる。これらは経書の用字注であると同時に、見出字の経書に於ける用例ともなっている。それに対して「麤」では、鹿の足跡を表す字は本来「麤」であるが、小徐が依拠した『爾雅』のテキストでは「速」に作ることを言い、小徐の時代の『爾雅』の用字に言及したものである。見出字の用例となるかどうかの違いはあるが、説解中の引用とは関わりなく「今＋書名」という形が用いられるものは、先に挙げた「湛」（例文77）など三条を除き全て経書に於ける用字注となっている。

このように、『字書』以外で「今＋書名」という形が用いられる場合、説解中の引用との異同や経書に於ける用字についての注となるなど、字形に関わる注がその大部分を占める。これは「今」が単独で用いられる場合、その半数を字義に関わる注が占めていたのとは大きく異なる。「今爾雅」とするものも、説解中の引用との異同に言及するものが九条中三条のみと、ほかの経書に比べて少ないながら、全て用字に関わる注となっており、「今＋書名」という形で言及されるものの全体的な傾向と一致している。

『字書』は『釋名』とともに『爾雅』の補完的役割を担っていることは先に見た通りであるが、「今＋書名」の形が用いられる場合、『字書』と『爾雅』・『釋名』はその用法が大きく異なる。『字書』の前に「今」が付されたものは、『字書』の引用全七十一条中「瓛」（巻一　玉部）・「瑁」（例文10）・「蒨」（巻二　艸部）・「椭」（例文83）・「𣝴」（例文81）・「广」（例文82）・「廁」（例文11）・「罠」（例文13）の八条で十一・三%を占める。(31) それに対して、『爾雅』の引用では全四百三十条中僅か九条（二・一%）にしか「今」の語が付されておらず、『釋名』に「今」の語が付されたものはない。『字書』は、『爾雅』・『釋名』に比べて「今」が書名の前に付される割合が非常に高いことが、第一の相違点である。「今爾雅」という形で言及されるものは全て用字に関わる注となっていたが、「今字書」という形で言及されるものは、用字など字形に関わる注のほか、字義・字音に関わるものなどが含まれており、その内容が多岐にわたる点が、第二の相違点である。

81　𣝴　二東、曹從此、闕、臣鍇按、說文舊本無音、今字書音轡、云闕者、無聞焉爾【巻十一　東部】

（𣝴は二東なり、曹は此に従う、闕、臣鍇按ずるに、説文旧本に音無し、今字書に「音は轡」と、「闕」と云う者は、焉《これ》を聞く無きのみ）

82　广　因厂爲屋、象對刺高屋之形、凡广之屬皆從广、讀若儼然之儼、臣鍇曰、因厂爲屋、故但一邊下也、今字書有廊字、按漢書董仲舒云游巖廊之上、借字不從广也【巻十八　广部】

（广は厂に因りて屋を為るなり、対刺せる高屋の形に象る、凡そ广の属皆广に従う、読みて儼然の儼の若くす、臣鍇曰く、厂に因りて屋を為る、故に但だ一辺のみ下るなり、今字書に「廊」字有り、按ずるに漢書に董仲舒「巌廊の上に游ぶ」

と云う、字を借りて广に従わざるなり）

83　椅　杝也、従木筍聲、臣鍇按、春秋左傳孟獻子斬雍門之椅、以爲公琴、今字書或云即桐也　【巻十一　木部】

（椅は杝なり、木に従う筍の声、臣鍇按ずるに、春秋左伝に「孟献子　雍門の椅を斬り、以て公の琴を為る」と、今字書に或いは「即ち桐なり」と云う）

「棘」の条では、小徐は「二東」という字義のみで、字音が示されていないとして、[32]『字書』を用いて字音を補っている。「广」の「今字書有廊字」については、承氏「校勘記」（中）には「有の下に当に广の字有るべし」と言う。これに拠れば、「匃」（例文79）で『爾雅』に言及したのと同じく、『字書』の用字注であると同時に見出字の用例ともなっていると考えられる。また「椅」の条では、「杝」の別名という本義のほかに『字書』を挙げてその別義を示している。

　以上のように、『字書』の引用は、全体的に見ると『爾雅』の引用と非常に似た傾向にあるが、「今＋書名」となるものについては、書名の前に「今」が付される割合が高く、またその引用の目的が多岐にわたる点が、『爾雅』・『釋名』の引用とかなり異なる。

　更に『字書』の前に「今」が付される場合、ほかとは異なる用例がある。それは「今字書或云即桐也」（例文83「椅」）及び「清、今俗字書或作圊」（例文11「廁」）のように、書名が「今」・「或」と共起する例があることである。「今＋書名」と「或」が併用されるものはほかには「今周禮或用此字」（例文78「柩」）があるのみであり、更に「俗」が併用される例は『字書』以外にはない。では、小徐は何故単に「今字書云即桐也」、「清今字書作圊」とのみ言わなかったのであろうか。

　「柩」（例文78）で「今周礼或いは此の字を用う」と言うのは、前述の如く『周禮』・『儀禮』・『禮記』ではほとんどが「柩」の字を用いているが、『周禮』春官「喪祝」など極一部で籀文「匶」を用いていることを指す。また、

84　頻　水崖也、人所賓附、頻蹙不前而止、従頁従渉、凡頻之屬皆従頻、臣鍇曰、故謂之頻也、詩曰率土之頻、或借賓字、或作瀕同、作濱乃誤【巻二十一　頻部】

（頻は水崖なり、人の賓附する所、頻蹙して前《すす》まずして止まるなり、頁に従い渉に従う、凡そ頻の属皆頻に従う、臣鍇曰く、故に之を頻と謂うなり、詩に曰く「率土の頻」と、或いは「賓」字を借り、或いは「瀕」に作ると同じ、「濱」に作るは乃ち誤りなり）

で小徐は、『詩』小雅「北山」の「率土の頻」を引用し、この「頻」の字を「賓」（仮借字）・「瀕」に作るものがあることを指摘した上で、「濱」に作るものは誤りであると言う。ここで「或」は、異なる字を用いるものがあることを示すために用いられているに過ぎず、それが仮借字であることは「借」により明示される。更に用字の是非を示す場合には、「濱に作るは乃ち誤りなり」のように明記される。このように小徐注に於いて「或」は、ほとんどの場合、異なるものがあることを単に指摘するにすぎない。従って、「今 字書或いは『即ち桐なり』と云う」は、今何種類かの「字書」があり、中に「即桐也」とするものがあることを言うのだと考えられる。ただこれだけでは、『玉篇』・『切韻』以前に由来を持つ『字書』の流れを汲む版本が複数あり、そのうちの一つと考えるべきなのか、その当時通行の複数の「字書」の一つを指すと考えるべきか俄かには断じ難い。しかし、もしこれが当時通行の字書を指すとするならば、つまり当時の用法に言及しているにすぎないとするならば、何故ほかの多くの場合のように「今或云桐也」「今或以樀為桐」と言わず、わざわざ「今字書或云」と言う必要があったのであろうか。

「廁」（例文11）の条でも、同様の疑問がある。「清なり、广に従う則の声」という説解の後に、「此れ溷廁《かわや》なり、古《いにしえ》多く之を清と謂う者は、其の不潔にして、常に当に之を清除すべきなるを以てなり、清は今俗の字書或いは圊に作る」という小徐の注が続く。『釋名』「釋宮室」の「廁」の条に「或曰溷、言溷濁也、或曰圊、至穢之處、宜常修治、使潔清也（或いは溷と曰う、溷濁するを言うなり、或いは圊と曰う、至穢の処は、宜しく常に修治し、潔清たら使むべきなり）」とあり、小徐の注は、これを踏まえたものだと考えられる。もし古い由来を持つ『字書』の版本の一つに同様の記述があり、そこでも「圛」の字に作っていたのではないとするならば、何故小徐は「霚」（巻二十二　雨部）の注に「釋名云霚冒也、今俗作霧、爾雅云霧謂之昧（釈名に「霚は冒なり」と云う、今俗に「霧」に作る、爾雅に「霧は之を昧と謂う」と云う）」[33]と言うのと同じように、ここで『釋名』と明示しなかったのであろうか。『釋名』が「圛」の字に作ることは当然頭にあったはずであるのに、何故『釋名』ではなく、わざわざ当時通行の「(俗)字書」の用字に言及する必要があるのか、当時通行の文字について「今俗或作圛」ではなく、わざわざ「今俗字書或作圛」という形で言及する必要がどこにあったのであろうか。

小徐はその注中に書物を引用する際、複数の名称を用いることはよくあるが、一つの名称は基本的に同一の書物を指す。小徐注に於ける「字書」も全て同一の書物を意味すると考えるのが自然であり、特殊な表現であるというだけで「椅」（例文83）・「廁」（例文11）の二条に於いてのみ異なる書物を指すと考えるのは無理があろう。従って、この二条で言及されている「字書」もやはり『玉篇』・『切韻』以前に由来を持つ『字書』であり、「或」はその版本が複数あることを示していると考える方が妥当であろう。

また、既に見てきたように、小徐注に於いては、「今」や「俗」そのものに「本来の姿、或は規範に近い古からは、ずれが生じている」というような負の評価が含意されるわけではなく、字形に関わる注などある一定の文脈に於いて負の評価を伴う表現となる。また「今＋書名」という形は、説解中の引用や『説文』の見出字との異同を示す場合に多用されたように、本来の姿に近い「古」との対比の意味を含む場合が多い。『字書』の引用に於いて、ほかの経書に比べ書名の前に「今」が付される割合が高いことは、『字書』のテキストに対する小徐の評価の表れとも考えられるのではないだろうか。『字書』は、先に見たように『隋書』「經籍志」に「古今字書十巻・字書三巻・字書十巻」の三種類の著録があるが、『舊唐書』「經籍志」・『新唐書』「藝文志」には「字書十巻」とあるのみで、『宋史』「藝文志」以降の著録はない。小徐の時代には、『字書』が存在していたとしても、作者も成立年代も伝承の過程も明確ではなく、ほかの経部の書とは違い、テキストに対する信頼度が低かったとしても不思議ではなかろう。

なお、「厠」（例文11）の条で「淸、今俗字書或作圊」と言うように「今俗」が書名に付されているのはこの条のみであり、また「今・俗・或」が全て用いられているのは、ほかには「旓」（巻十三　㫃部）に「旌旗之旓也、從㫃攸聲、臣鍇曰、今俗或作旒（旌旗の旒なり、㫃に従う攸の声、臣鍇曰く、今俗に或いは「旒」に作る）」とあるのみである。

このように、「今俗字書或作圊」は小徐本に於いても非常に特殊な表現である。この「今俗字書或作」という表現については、(1)「今俗」が書名に付される例がほかにはないこと、(2)「今俗書作」という表現が二例（「今俗書某字」も一例）あること、(3)字形に関しては、規範とのずれを意識した場合に多く用いられるのは「俗」より「今」の方であること、(4)「今俗或作旒」という表現があることなどから、「今俗」のように「俗」字が加わっていることに規範からずれるという意識がより強く表れたと考えるより、「字」が衍字であり本来は「今俗書或作圊（今俗に書して或いは圊に作る）」となっており、当時の用字についての言及であったと考える方が自然であるのかもしれない。

本章では小学類の引用について考察してきた。

小学類の書で小徐の注釈にまとまった数の引用があるのは、『爾雅』・『字書』・『釋名』のみである。これらは主として字義を補足するために引用され、具体的なものの名を説くために用いられている。十三経の一つでもある『爾雅』及びその郭璞注をその中心に据え、『字書』・『釋名』はそれを補うものとして用いられていたと考えられる。

更に、小学類の書で『説文』の学の衰退を招いたとされる『玉篇』・『切韻』以降の書が引用されることが無いことを併せて考えると、小徐注に引用される「字書」は『玉篇』・『切韻』以前に由来を持つ『字書』であると考えるべきである。

『字書』については資料が少なく、作られた時代・作者及び伝承の過程も不明で、小徐が『字書』をどのように評価していたかを探る手がかりも少ないため、『字書』としばしば共起する「今」・「俗」の用法を分析し、小徐の『字書』に対する評価を考察する手掛かりとした。「俗」は、本来その土地・時代で伝えられてきた「習わし」を表し、教化の方法や治世の状況を判断するよすがとして観察対象とされることはあっても、「俗」そのものには、善悪好悪などの評価を含まないものであったが、後には良い方向へ改めるべき対象として負の評価を伴うようになる。小徐の用法は、字義に関わる場合は本義に沿った用法であるが、字形に関する注に於ける用法には「本来の姿からは、ずれが生じている」という評価を伴う。許慎よりも負の含意は明確になってはいるが、同時代の兄徐鉉等ほど明確ではないと考えられる。また、「今」は「古」に対する語であり、（発話時など）基準となる時点を表す語である。小徐の用法では、字形に関する言及に用いられる場合などには、規範に近い時代である「古」に対する意識が強く表れ、文脈によっては規範からずれた正すべき対象としての負の評価を伴う用法が生じるようになる。小徐注に於いては、字形に関しての言及に用いられる場合、「俗」・「今」とも本来の姿からずれが生じているという負の評価を伴うことが多くなるが、規範とのずれを意識した時、小徐がより多く用いるのは「俗」ではなく、むしろ「今」である。

『字書』の引用では、書名の前に「今」を伴う割合がほかの経書に比べ高く、また「今字書或作」のような表現が散見されることは、作者も成立年代も伝承の過程も明確ではない『字書』のテキストに対する信頼度が低かったことの表れとも考えられる。また、小学類では『爾雅』に次いで多く引用されてはいるが、その引用数は『爾雅』の六分の一強に過ぎないという圧倒的な数の差も、その表れと考えてよいかもしれない。

【注】

（1）「槩」（巻十一　木部）の条は、脱誤がありそのままでは読めない。承培元の「校勘記」（上）に「釈名、名の字衍なり」と言うのに従い、『釋名』への言及とはしない。

（2）小徐は、班固と許慎の説の整合性に言及しないが、段氏は、班固は章数のみを言い許慎は字数のみを言うが、その数は一致しているとし、漢初の蒼頡篇は五十五章（一章六十字なので）三千三百字、これに揚雄訓纂篇三十四章二千四十字を加えて、八十九章五千三百四十字となると言う。また十四篇についても考察しているが、その詳細についてはわからないとしている。詳しくは段注十五篇上参照。

（3）この「以爲己力、不亦誣乎」は『左傳』僖公二十四年伝に、晋侯が亡命中に自らに従った者を申し出に従って賞したことに対し、介之推が晋侯が国主の地位に就いたのは天がまだ晋を絶やそうとしていないからであって、それは天のお陰であるとし、「天實置之、而二三子以爲己力、不亦誣乎（天 実に之を置く、而るに二三子の以て己の力と為すは、亦た誣ならずや）」と言ったことに基づき解釈する。

（4）蔡邕の字説については、『玉海』芸文・小学・「乾道班馬字類」などにこの小徐の言を引用しているが、小徐が何に基づいたのかは不明。「絕」は段注（十三篇上 糸部）に「斷絲也、从刀糸、卩聲」とある。大徐本（十三篇上 糸部）は「从糸从刀从卩」に作る。小徐本「糸部」は巻二十五に属し、欠巻である。

（5）「合爲人一口」は『世說新語』「捷悟」の「人餉魏武一桮酪、魏武噉少許、蓋頭上題合字以示衆、衆莫能解、次至楊脩、脩便噉、曰公教人噉一口也、復何疑」に、「無口爲天、有口爲吾」は『三國志』呉書「薛綜傳」の「綜應聲曰、無口爲天、有口爲呉、君臨萬邦、天子之都」に、「書貞字爲與上人」は『南史』「劉顯傳」の「時有沙門訟田、帝大署曰貞、有司未辯、徧問莫知、顯曰貞字文爲與上人、帝因忌其能、出之」に、「土力爲地」は『春秋元命苞』（『藝文類聚』（地）など）の「地者易也、言養物懷任、交易變化、含吐應節、故其立字土力於乙者爲地」に基づく。「隨文帝」云云は、『玉海』などに小徐本を引用するが、小徐の基づくところは不明。

（6）『干祿字書』平声に「舩私、…蚩蚩、鼇鼇、竝上俗、下正」、「弥珍、辰辰、鄰隣、麕麏、竝上通、下正」、『五經文字』巻下・殳部「殺、從殳杀聲、杀古殺字」、巻中・刀部「剉、與腦同、見考工記」。ともに『小學彙函』所収本に拠る。

（7）そのほか、「册」（巻四 冊部）、「鞬」（巻六 革部）、「離」・「雇」（共に巻七 隹部）、「臘」（巻八 肉部）、「韝」（巻十 韋部）、「幘」（巻十四 巾部）に引用されている。

（8）「草」（巻二 艸部）に「草斗、櫟實、一曰橡斗、從艸早聲、臣鍇曰、此則今人書草木字、隨博士曹憲亦云也」、「虪」（巻九 虎部）に「白虎也、從虎昔省聲、讀若鼏、臣鍇按、今人多音酣、唯隋曹憲作爾雅音云音覓、又云梁有顧虪・費虪、不知其名、音爲酣」とある二条のみである。
(9) 周祖謨『問學集』「徐鍇的說文學」(八四五頁)に、「以今語釋古語、是最容易使人明白的方法、而往往不爲訓詁家所注意、徐氏能重視這一點是値得特別提出的。繫傳中以今語釋古語的例子很多、…」と言う。第一章注12参照。
(10) 以下の序の解釈は、邢昺の疏に「爾雅者、所以通詁訓之指歸也、詁古也、通古今之言、使人知也、訓道也、道物之貌、以告人也、指歸謂指意歸鄕也、言此書所以通暢古今之言、訓道百物之貌、使人知其指意歸鄕也、…案爾雅所釋、偏解六經、而獨云敍詩人之興詠者、以爾雅之作、多爲釋詩故、…云摠絕代之離詞者、摠聚也、絕代猶遠代也、離詞猶異詞也、郭璞敍方言云、標六代之絕語、類離詞之指韻、亦猶此也、以其六代絕遠、四方乖越、故今古語異、夷夏詞殊、此書能摠聚而釋之、使人知也、…云辯同實而殊號者也者、辯謂辯別、凡物雖殊其號而同一實者、此書辯之」とあるのに基づいた。
(11) 原文は以下の通り。「蓋聞方言之作、出乎輶軒之使、所以巡遊萬國、采覽異言、車軌之所交、人迹之所蹈、靡不畢載、以爲奏籍、周秦之季、其業隳廢、莫有存者、曁乎揚生、沈淡其志、歷載構綴、乃就斯文、是以三五之篇著、而獨鑒之功顯、故可不出戶庭、而坐照四表、不勞疇咨、而物來能名、考九服之逸言、摽六代之絕語、類離詞之指韻、明乖途而同致、辨章風謠而區分、曲通萬殊而不雜、眞洽見之奇書、不刊之碩記也、余少玩雅訓、旁味方言、復爲之解、觸事廣之、演其未及、摘其謬漏、庶以燕石之瑜、補琬琰之瑕、俾後之瞻涉者、可以廣寤多聞爾」
(12) 「釋天」(巻六)に「祭風曰磔、(郭注)今俗當大道中磔狗、云以止風、此其象」とある。
(13) 原文は以下の通り。「棗、壺棗(今江東呼棗大而銳上者爲壺、壺猶瓠也)、邊要棗(子細腰、今謂之鹿盧棗)、櫅白棗(卽今棗子、白熟)、樲酸棗(樹小實酢、孟子曰養其樲棗)、楊徹齊棗(未詳)、遵羊棗(實小而員、紫黑色、今俗呼之爲羊矢棗、孟子曰、曾晳嗜羊棗)、洗大棗(今河東猗氏縣出大棗、子如雞卵)、煮塡棗(未詳)、…」
(14) 「蚊」は小徐本に「俗蟁、從虫從文」(巻二十五　蚰部)とある。
(15) 一条中に複数回用いられる場合もあるので、使用回数は更に多くなる。
(16) 『禮記』「檀弓」下「咏斯猶」の注に「猶當爲搖、聲之誤也、搖謂身動搖也、秦人猶搖聲相近」とある。
(17) 段氏(三篇下　聿部)は「聿の飾い《ぬぐ》也」と読み、筆の装飾ではなく、筆でぬぐった後にできる模様を言うとする。ここでは小徐の注に従う。
(18) 段氏によればテキストの乱れがあり、「一に曰く、俗語　盜みて止まざるを以て㚔と為す」は、別義を説くものであるが、『玉篇』ではこの意味を『説文』とは結びつけておらず、また『廣韻』の引用する『説文』にはこの意味がないことから、この十字は後の人が付け足したものであるとする。段氏の説の当否は、ここではひとまず措く。

(19) この説明は、主として、「敍」(十五篇上)・「二」(一篇上 一部)・「上」(一篇上 上部)などの段氏の説に拠る。

(20) 原文は以下の通り。「諸生竟逐、説字解經誼、稱秦之隸書爲蒼頡時書、云父子相傳、何得改易、乃猥曰、馬頭人爲長、人持十爲斗、蟲者屈中也、廷尉説律、至以字斷法、苛人受錢、苛之字止句也、若此者甚衆、皆不合孔氏古文、謬於史籀、俗儒鄙夫、翫其所集、蔽所希聞、不見通學、未嘗覩字例之條、怪舊埶、而善野言、以其所知爲祕妙、究洞聖人之微恉、又見蒼頡篇中幼子承詔、因曰、古帝之所作也、其辭有神僊之術焉、其迷誤不諭、豈不悖哉」。また、「蓋文字者、經埶之本、王政之始、前人所以垂後、後人所以識古、故曰、本立而道生、知天下之至嘖、而不可亂也」。

(21) 清・厳章福『説文校議議』「譀」参照。

(22) 「牿」(巻二 牛部)及び「懖」(巻二十 心部)では、引用される『尚書』中に「今」が用いられている。また、「鬮」(巻七 隹部)では、「今鬮」という鳥の名前の一部に「今」が用いられている。「鞄」(巻六 革部)の説解中の「今之般緧」の四字、及び「義」(巻二十四 我部)の重文「羛」の説解中の「今屬鄴、本内黄北二十里鄉也」の十二字は、段氏はそれぞれ後の人の言葉であって、許慎の語ではないとする。

(23) 段氏は説解を「衣袂祇裯」に改め、更に「依全書之例、此當云祇裯也、衣袂二字蓋誤衍」(八篇上 衣部)と言う。

(24) 原文は次のようになっている。「凡六書之義、起於象形、則日月之屬是也、形聲者、以形配聲、班固謂之象聲、鄭玄注周禮謂之諧聲、象則形也、諧聲言以形諧和其聲、其實一也、江河是也、水其象也、工可其聲也、若空字雞字等形或在下、或在上、或在左右、亦或有微旨、亦多從配合之宜、非盡有義也、…凡指事象形義一也、物之實形有可象者、則爲象形、山川之類皆是物也、指事者謂物事之虛無不可圖畫、謂之指事、形則有形可象、事則有事可指、故上下之義、無形可象、故以上下指事之、有事可指也、故曰象形指事、大同而小異、會意亦虛也、無形可象、故會合其意、以字言之、止戈則爲武、止戈戢兵也、人言必信、故曰比類合義、以見指撝、形聲者實也、形體不相遠、不可以別、故以聲配之爲分異、若江河同水也、松柏同木也、江之與河、但有所在之別、其形狀所異者幾何、松之於柏、相去何若、故江河同從水、松柏皆作木、有此形也、然後諧其聲以別之、故散言之則曰形聲、江河可以同謂之水、水不可同謂之江河、松柏可以同謂之木、木不可同謂之松柏、故曰散言之曰形声、總言之曰轉注、謂耆耋耄壽皆老也、凡五字試依爾雅之類言之、耆耄耋壽老也、又老壽耋耄耆、可同謂之老、老亦可同謂之者、往來皆通、故曰轉注、總而言之也、大凡六書之中、象形指事相類、象形實而指事虛、形聲會意相類、形聲實而會意虛、轉注則形事之別、然立字之始、類於形聲、而訓釋之義、與假借爲對、假借則一字數用、如行《莖》行《杏》行《杭》行《沆》、轉注則一義數文、借如老者、直訓老耳、分注則爲耆、爲耋、爲耄、爲壽焉、凡六書爲三耦也」

(25) 「今文尚書」「古今注」のような、語彙の一部に「今」が含まれるものは、この中には含めない。

(26) 「鄧」(巻十二 邑部)に「曼姓之國、今屬南陽也、従邑登聲」とあるようなもので、邑部には説解中に「今」の語が用いられるものが多く、二十一条中九条が邑部に属している。

(27) 「邗」(例文47)に「國也、今屬臨淮、従邑干聲、一曰邗本屬呉、臣鍇按、杜預曰、在廣陵東南、自邗穿溝、自射陽湖至邗口入海、今謂之謠江口、臣鍇按、今邗溝也」とあり、ここでは説解と小徐が引用する杜預の言及び小徐自身の言の中にそれぞれ「今」という語が用いられている。『爾雅』の引用について考察した際、「今語を以て古語を釈す」という小徐注の特徴は、『爾雅』郭璞注の影響を受けていると指摘した(第一章第三節四一頁参照)。しかし、この「邗」の条の記述や、邑部で許慎自身が既に「今」を以て釈すという手法を多用していることを考え合わせると、『爾雅』郭璞注の影響も然る事ながら、許慎自身が用いた手法であることが大きく影響しているとするべきであろう。

(28) ここには、後述の「今＋書名」という形のものも含む。

(29) このほか「䚻 徒歌、従言肉、臣鍇按、今説文本皆言徒也、當言徒歌、必脱誤也、下云従言肉、亦誤也」(例文71)のように「今説文」とするものが一条あるが、性質が異なるのでここでは考察の対象から外した。また、経部の書以外で「今＋書名」の形で言及されるものは『本草』三条・『史記』・『漢書』各二条など極僅かである。

(30) 『爾雅』「釋獸」に「鹿牡麚、牝麀、其子麛、其跡速」とあるのを言う。

(31) 各経書に「今」が付されたものは、『易』五条(五・五％)、『尚書』十九条(八・七％)、『詩』二十七条(八・〇％)、「禮」関係十四条(四・五％)、『春秋』関係十二条(三・五％)、『論語』三条(八・八％)、『爾雅』九条(二・一％)である。なお、括弧内は、それぞれ小徐注に引用されたもののうち「今」が付されたものの占める割合である。『字書』は、ほかの経部の書に比べるとその割合が比較的高いと言えよう。

(32) 段注(六篇上 東部)は、「二東」を字形を説いたものとし、字義・字音ともに闕くと言う。

(33) 底本とした『釋名』・『爾雅』(ともに「釋天」)はともに、「霚」ではなく「霧」に作る。また「昧」は「晦」に作る。

第十章　経書の引用から見た小徐注釈の特徴

九経及び『爾雅』・『論語』・小学類の引用について、「通釋」篇のうち巻二十五及び序を除く二十七巻中に、出典を明記して引用されたものを中心に引用書ごとに分析・考察を進めてきた。

本章では、第一節でまず本書で分析対象とした経部の書の引用状況を概観した後、『爾雅』の引用の分析及び引用の典拠を示す許叙の一文の解釈に基づき、小徐注釈の特徴を論じるポイントとなる点を明確にする。第二節以降は、それぞれの論点につき、小徐の注釈の特徴を考察する。

表1　分析対象書籍の引用数

	総数	説解に引用あり	小徐注のみに引用あり
易	166	92（16）	74
書	311－2	156　－2	155
詩	703	420（44）	283
禮	402＋4	123　＋2	279＋2
春秋	488	182（40）	306
論語	66－2	34（ 2）	32－2
爾雅	449	31（12）	418
字書	71	0	71
釋名	23	0	23

第一節　概況

第二章第一節に示した「引用」取り扱い上の原則に則り集計した分析対象書籍の引用数は、上記表1のようになる。

表中の「+」・「−」は、祁刻本では「周書」・「論語」とするものについて、考察の結果「禮」の誤りと判断したことに拠る増減を示す。また、「説解に引用あり」欄の括弧内の数値は小徐注にも引用があるものの数を示している。

表1からも明らかなように、引用総数では『詩』の引用が最も多いが、小徐自身が最も多く引用しているのは『爾雅』である。本書の主たる目的は、小徐の注釈の方法・特徴を明らかにすることであるため、まず最初に『爾雅』の引用を分析し、小徐注釈の傾向を明らかにし、考察のポイントとなる点を選び出すことにした。

一　『爾雅』の引用から見た小徐注の特徴

小徐本に於いて、『爾雅』は草木鳥獣を始めとする具体的な事物の名を説く際に数多く引用されている。また小徐注に於いては、『爾雅』の経文と郭璞注が区別なく一体となった引用が非常に多い。この郭璞注の扱いが、小徐が『爾雅』を引用する際の最大の特徴である。そしてそれは、『爾雅』と郭璞注に対する小徐の考えを反映したものではないかと考えられる。小徐は、郭璞注を重視していた。そのことは以下の諸点から明らかである。

(1)小徐注に於ける『爾雅』の引用延べ四百七十一条のうち、『爾雅』の経文のみを引用するものは百九十九条、経文・注ともに引用するもの百三十四条、注のみを引用するもの百二十条であり、その半数以上で郭璞注を引用している。

(2)小徐は、『穆天子傳』など『爾雅』以外の郭璞注を引用する場合はその出所を明記して引用するのに対して、『爾雅』注を引用する場合は単に「郭璞曰」として引用することが多い。

(3)「粗」（例文一-16）に「故爾雅注多謂麤爲粗（故に爾雅注は多く麤を謂いて粗と為す）」と言うように、『爾雅』の経文ではなく、郭璞注の用字法についてわざわざ言を費やすことがある。

また、小徐は「鄚」（例文八-22）に於いて「臣鍇以爲許愼地名多見春秋左傳、地名精考、莫精於杜預、比于今又近、故春秋地名一取于杜預、又艸木鳥獸之名、莫近于爾雅及新修本草、終古不刊、故臣鍇一切以爲準的（臣鍇以為らく許慎の地名 多く春秋左伝に見ゆ、地名の精考たる、杜預より精なるはなし、今に比すれば又た近し、故に春秋の地名は一に杜預に取る、又た艸木鳥獣の名は、爾雅及び新修本草より近きはなく、終古に刊せず、故に臣鍇一切以て準的と為す）」と言う。ここでは郭璞注に対する明確な記述はないが、草木鳥獣などの具体的なものの名についての『爾雅』と郭璞注の関係は、地名についての『左傳』と杜預注の関係と同様にとらえられていたと考えられる。即ち、具体的なものの名は『爾雅』に多く見え、それを最も詳細且つ小徐の時代の語に近い形で解説しているのが郭璞注である。従って郭璞注という詳細な注があってこそ、説解を補充するものとしての『爾雅』の価値が高まるのである。小徐がしばしば経文と郭璞注を取りまとめた形で引用することは、主として郭璞注に対する小徐の評価を反映した結果であると考えられるが、それはまた清代になり「又其引書似都不檢本文、略以意屬（又た其の書を引くに都て本文を検せず、略ぼ意を以て属するに似たり）」（李兆洛）のような批判を多く受けるようになった最大の原因ともなった。

小徐注には、このような一見不正確な引用がある反面、『爾雅』を詳細に検討していたことを示す注が多くあることは、注目すべきもう一つの特徴である。説解の引用と今本『爾雅』との異同のみならず、「麤」のような郭璞注に特有の用字についても注を施すこと（例文一-16）や、「岫」（巻十八 山部）の「岵自り已下皆な爾雅に見ゆ」という注が「岵」から「岫」に至る十一篆全てが『爾雅』に見えることを正確に表現したものであることなどがそれである。

以上の『爾雅』の引用に関する分析から、まず引用数及び（注釈の場合特に）引用の際の形式や呼称が、小徐の評価を反映している可能性があることがわかる。また、説解中の引用と小徐の依拠したテキスト間の文字の異同など緻密に経書を分析していることを示す注が相当数ある反面、経文と郭璞注の意を取り一体化した引用も多いことから、小徐がどのような意図・目的を持って書物を引用しているのかについても考察が必要であることがわかる。従って、経文と注釈それぞれの引用数及び引用形式・引用の際の呼称・引用の目的などが、注目すべき点として挙げられる。

二　許叙の解釈

経書の引用について考察する際、非常に重要な論点の一つが、許叙のうち引用に関する「其偁易孟氏、書孔氏、詩毛氏、禮周官、春秋左氏、論語、孝經、皆古文也」という一文の解釈である。そこで、最も解釈の分かれる「禮周官」を中心に、小徐がこの一文をどのように解釈しているのかについて、段氏の説とも比較しながら考察した。

段氏は、この一文について、許慎が宗とするものがある場合と、ない場合で、句法が異なるとする。宗とするものがある場合は、「易は孟氏」・「書は孔氏」・「詩は毛氏」・「春秋は左氏」のように宗とするものを併記するのに対し、宗とするものがない場合は「論語」・「孝經」のように名を挙げるのみであるとする。そして「禮周官」は、「論語」・「孝經」と同じく名のみを記したもので、「禮（儀禮）」と「周官（周禮）」を併記したものと解釈している。

これに対し小徐は、許叙の「禮周官」に対しては特に注を施していないが、

(1)小徐注に於いて「禮」に関する引用全三百十三条（延べ三百十七条）中、『周禮』及び『周禮』注の引用が二百六条と圧倒的多数を占める

(2)「卩」（例文三-6）のように、出典を明記していない説解中の引用に対して、『周禮』に基づくものとして注を施しているものが散見される

(3)「鄭玄」とのみ称するもののほとんどが『周禮』注であるなど、多くの鄭玄の注釈のうち、『周禮』注を最も重視していると考えられる

などの諸点から、小徐は段氏とは異なり、許慎が『禮』に於いては「周禮」を宗としていたと考えており、「禮周官」を「礼は周官」と解釈していたと考えられる。

ところが、礼学に於いて許慎は『周禮』を宗としているという認識にもかかわらず、小徐自身が「禮」と称するものは『周禮』ではなく『禮記』である。このことは、小徐注に於いて「禮」・「禮注」・「禮説」などと称する七十六条のうち、出典が明らかな六十四条中六十三条が『禮記』及び『禮記』注の引用であること、「禮」は『周禮』・『儀禮』と併引されることはあっても『禮記』と併引されることがないことから明らかである。このように、同じ「禮」という語で、指し示すものが許慎と小徐で異なっていることは、注目すべき重要なポイントである。

五経のうち「禮」以外については、小徐は段氏と同じく「易は孟氏」・「書は孔氏」・「詩は毛氏」・「春秋は左氏」をそれぞれ宗とすると解釈していると考えられる。

許慎と小徐で「禮」の意味するものが異なることは、引用に際して呼称が統一されているかどうか、或は明確な基準に基づき呼称が使い分けられているのかという点以外に、同じ呼称が用いられている場合でも、許慎と小徐の用法に違いがないかについても確認が必要であることを示唆している。

以上『爾雅』・「禮」の分析から明らかになった論点を踏まえ、次節から引用の目的・引用の際の呼称・注釈の引用を中心に、小徐の注釈の特徴について改めて考察してゆく。

第二節　引用の目的

周祖謨氏の分析による小徐注釈に含まれる七要素――⑴説解を詳しく解き明かす、⑵許訓により古書を解釈する、⑶古書の仮借を説く、⑷古今字を説く、⑸引伸義を説く、⑹別義を挙げる、⑺声の誤りを弁ず――に基づき『爾雅』の引用を分析すると、注釈としては当然のことながら説解を詳しく解き明かすために引用されたものが最も多く八割以上を占める。そのほかの六要素についても少数ながらそれぞれ若干の例があり、また文字の構成を説くために引用する例もある。そのうち比較的数が多いのは、別義を挙げるものと、古今字など『爾雅』の用字について述べるものであり、ともに約七%を占める。

『禮』の引用については、『禮』の用字について述べるものが約二十%とかなりの数を占める点が、『爾雅』の引用と大きく異なる。

このように『爾雅』・『禮』の引用から、小徐はさまざまな目的を持って書物を引用しているが、説解を詳しく説き明かすために引用するものが最も多く、そのほかでは引用書の用字に関する注が目立つという傾向が見いだせる。

一　段注との比較から見た小徐注釈の特徴

小徐の注釈の全体的な傾向をより明確にするためには、ほかの注釈と比較することは有効な手段である。そこで、『説文』研究の最高峰とされる段注と比較しながら、『書』の引用について分析した。段注に於ける『書』の引用総数は五百四十三条、それに対し小徐本に於ける引用総数は三百九条である。この差が何に起因するのかを探るために、説解に『書』の引用がある場合と、注のみに引用される場合に分け、引用の目的を調査した。

まず説解に引用がある場合、段注ではほぼ全ての条に於いて引用に対して何らかの注が施されている。その目的を多い順から挙げると次のようになる。なお、一条に複数の項目が同時に現れることが多く、合計は百%を超えている。(1)出典を明示する（七十五%、間接的なものを含めるとほぼ百%）、(2)説解の引用と今本『書』との異同を示す（四十三%）、(3)引用された『書』の標目の問題を指摘する（二十一%）、(4)説解を補足説明する（十七%、用例を含む）、(5)許氏が『書』を引用した目的を説く（十二%）、(6)説解を校訂する（十二%）、そのほか、『書』のテキストや伝来など『書』そのものに関する事柄を説くもの、『説文』の体例に関わるものなど若干条である。

これに対し、小徐本では説解中に『書』が引用されている百五十四条中、その引用に対する注となる引用は非常に少なく六十四条と半数以下である。それ以外の七十一条については小徐の注自体がなく、十九条は小徐自身も注中で『書』を引用するものの、それは説解中の引用とは関係がない。また説解中の引用について、その出典を示す注が段注ではほぼ全ての条に付されているのに対し、小徐注で出典に言及するのは僅か一条のみであり、両者は大きく異なる。小徐注で最も多いのは、説解の引用と今本『書』との異同に関する注で約四十%を占め、経書に於ける仮借用法を指摘するものを加えると、五十%近くになる。そのほか比較的多いものとしては、説解に対する補足（約九%）がある。

注にのみ『書』が引用されている場合には、段氏と小徐が注釈する対象とした範囲の違いが極めて鮮明に表れる。段注では、用例をも含めた説解に対する補足説明が約四十%を占めるが、古典籍における仮借・通用など用字に関る注釈もほぼ同じ割合を占め、更に『説文』に基づいて経書などの文を解釈したり、『書』の伝来についての注を付すこともあり、段氏の関心は『説文』のみに止まることなく広く古典籍全般に及ぶ。

小徐注では、用例も含めた説解に対する補足説明が八十%以上を占め、そのほかでは経書の用字についての注が若干目立つ程度（九・六%）で、小徐の関心は専ら説解の理解を助けることに向けられている。この相違は、段氏が文字の学を経学をはじめとする全ての古典研究の基礎とする立場に立つのに対して、小徐は『説文』を経とする立場に立つという、両者の基本的な姿勢の違いを反映しているのではないかと考えられる。

段注との比較により明確になった小徐注の特徴は、(1)出典に関する注がほとんどない、(2)説解中に引用がある場合には、引用文と今本の異同や仮借用法など直接文字に関わる問題に主たる関心が向けらる、(3)注のみに『書』を引用する場合には、字形と字義の関わりを説いたり用例を挙げて説解を補足説明するなど、専ら説解を理解するための注となっている、ということである。

これは、程度の差こそあれ、基本的に『書』以外の経書の引用についても同様である。例えば『詩』の引用では、説解中の引用に対する注のうち、引用文と今本の文字の異同を中心とした用字に関わる注が過半数（五十五%）を占め、用例も含め説解の補足説明となるものがそれに続く。説解中の引用の出典を示すのはわずかに一条のみであり、それも出典を示すことによって字形の成り立ちを説くことに主眼を置くものである。また『易』の引用では、小徐注のみに引用されるもののうち七十五・六％が用例を含めた説解の補足説明であり、経書の用字についての注は十三・五％となっている。用例を含めた説解の補足説明が大多数を占める（七十六％）のは『論語』の引用も同じであるが、経書の用字についての注が七％と若干少なめである。

ただ、説解中の引用文の出典に関しては、経書の引用の出典を明らかにするためだけの注釈がない小徐注に於いて、『春秋』の引用についてのみ、僅かとはいえ専ら出典を考察する注があることは、注目すべきである。

二　説解中の引用に対する注釈

引用の目的に関連しては、もう一点注目すべき段注との相違がある。それは、説解中の引用に対する注の附し方である。『書』の引用に関しては、説解中に引用がある場合、段注では、ほぼ全ての条に於いて、引用に対して何らかの注が施されていた。それに対し、小徐注には説解中の引用に対する注となるものは非常に少なく、半数以下（四十一・五％）である。ほかの経書の引用でも、小徐注に於いて説解の引用文に対する直接的な言及となるものは極めて少なく、『爾雅』三十八％、『禮』二十七・六％、『春秋』十九・八％、『易』十七・四％、『詩』九・五％、『論語』五・九％、となっている。この両者の違いは、⑴段氏がほぼ全ての条で行っている出典の考証に、小徐がほとんど意を用いないこと、⑵説解中の引用文と今本間の文字の異同に関しては比較的丁寧に言及してはいるが、テキスト上の問題が必ずしも注を施す基準とはなっていないこと、などに起因しているのではないかと考えられる。

また説解中の引用文に対する扱いに於いても、『春秋』の引用については注意すべき点がある。『春秋』の引用に関しては、書名を明記しないながら、明らかに説解中の引用に対する注釈となっているものがかなり多く、書名を明記するものの半数を占める。これら書名を明記しないものも加えると、説解中の引用文に対する注釈となるものは約三十％となり、経部の引用の中では、説解中の引用文に対して比較的丁寧に注釈を施していることになる。

第三節　呼称

引用の際の呼称は、小徐の当該書に対する評価を反映する場合がある。その端的な例が、『爾雅』郭璞注の引用である。小徐は『穆天子傳』など『爾雅』以外の郭璞注を引用する場合には、その出所を明記して引用する。これに対して『爾雅』注を引用する場合には、しばしば「郭璞曰」とのみ称して引用する。このことは、小徐が『爾雅』郭璞注を重視していることを反映していると考えられる。

そこで本節では、小徐が経籍を引用する際の呼称に注目して考察する。

一　説解中の呼称と小徐注の呼称

呼称に関して最も注意すべきことは、小徐がその注釈に於いて、説解中の呼称をそのまま引き継いでいるとは限らないことである。第三章で詳述したように、小徐は、許叙の「禮周官」を「礼は周官」と解しており、許慎は礼学では『周禮』を宗とすると考えている。ところが、小徐注に於いては、⑴「禮」と称するものの大部分が『禮記』からの引用であること、⑵「禮」は『周禮』・『儀禮』と併引されることはあっても、『禮記』と併引されることはないという二点から、小徐注に於ける「禮」は『周禮』ではなく『禮記』を指すと考えられる。このように、「禮」について、小徐は許慎と同じ呼称を用いながら、その意味するところは許慎の用法とは異なっているのである。

なお、小徐注に於いて、『禮記』は全て「禮」と称すというように、その呼称が統一されているわけではない。それは、小徐が『禮記』「月令」の文を引用する場合、「禮月令」・「月令」・「禮」・「禮記」など多くの呼称を用いており、またその間に意味のある違いは認められないことから明らかである。つまり、小徐注に於いて『禮記』を引用する際の呼称は統一されておらず、「禮」と称するものと「禮記」と称するものに特に違いは認められない。

説解と小徐注の間で、引用の際の呼称に注目すべきずれがあるものとしては、「禮」のほか、『春秋』の引用がある。

説解では、大部分は「春秋傳」と称し、そのほか「春秋」・「春秋左傳」・「春秋公羊傳」と称するものが若干ある。このうち「春秋左傳」と称するものは、小徐本でも元来「春秋傳」となっていたが、小徐注の「春秋左傳」という呼称に影響され、伝写の過程で誤って「春秋左傳」に作るようになったと考えるべきものである。また、「春秋傳」・「春秋」と称するものは、明確な意図のもとに使い分けられているわけではなく、ともに『左傳』に基づく引用として問題はない。これに対し、「春秋公羊傳」と称するものは全て『公羊傳』の伝からの引用であり、ほかの二伝には見えない。『左傳』の引用と区別するために、意図して「春秋公羊傳」と称したと考えられる。従って、説解に於いて「春秋傳」・「春秋」と称して引用するものは、『春秋』のうち、その宗とする『左傳』に基づく引用であり、『左傳』以外からの引用の場合は「春秋公羊傳」のように、その基づく所を明示して引用しているということになる。

小徐注に引用されるものの呼称はかなり細分化されている。説解中の引用と同様「春秋傳」・「春秋」と称するものもあるが、ともに少数に過ぎない。それ以外は三伝を明示して引用しており、最も多いものは「春秋左傳」と称するもので七割を占める。そのほか「春秋左氏傳」・「左傳」・「左氏傳」・「春秋公羊傳」・「春秋公羊」・「公羊傳」・「公羊」・「春秋穀梁傳」及びこれらの呼称を複数併用するものや注釈を直接引用するもの若干条となっている。このうち「春秋傳」・「春秋」と称するものは、経からの引用はむしろ少なく、その大部分が『左傳』の伝からの引用となっている。「春秋左傳」のように「左傳」と明示して引用するものも、大部分が『左傳』の伝からの引用である。

しかしやはり少数ながら経からの引用もあり、「春秋(傳)」とのみ称するものと明確な区別がない。これに対し、「春秋公羊傳」のように「公羊」と明示するもの、及び「春秋穀梁傳」と称するものは、それぞれ全て『公羊傳』・『穀梁傳』の伝の部分からの引用となっており、ほかの二伝には見えない。従って、「春秋左傳」のように「左傳」と明示する呼称は、小徐にとっても許慎と同様に「春秋は左氏」を宗とすることの表れに過ぎず、「春秋公羊傳」・「春秋穀梁傳」と称するものとは異なり、左氏の「伝」からの引用であることを示すものではない。小徐注に於ける『春秋』の引用と説解に於ける引用は、『左傳』を宗とし、『左傳』以外に基づく場合は「春秋公羊傳」のようにその基づく所を明記する点は共通している。しかし引用に際して、説解では基本的に「春秋傳」とのみ称するのに対し、小徐注では基本的に「春秋左傳」と称する点が大きく異なっている。

「禮」関係の引用では、小徐は許慎と同じ「禮」という呼称を用いながら、その指し示すものが異なっていた。また、『春秋』の引用では、『左傳』を指し示すのに、小徐が用いたのは、許慎の用いた「春秋傳」ではなく、「春秋左傳」という異なる呼称である。

しかし、「禮」と「春秋」のほかには、説解と小徐注の間に注目すべき呼称の違いはない。『易』の引用では、説解中の引用は全て「易」と称されているのに対し、小徐注では数種類の呼称があるが、「易」及び「易繋辭」のように「易」にほかの要素が加わったものと、「周易」及びそれにほかの要素が加わったものに大別できる。しかしその八割以上で、説解と同じく「易」(+ほかの要素)と称されており、また「周易」と称するものに引用の目的などの共通点は見出せず、意図的に使い分けられているとは考え難い。

『書』の引用では、逆に説解中の引用では「虞書」・「商書」などの所謂「標目」に拠る場合が多数を占めるものの、「尙書」(「圛」例文四-5など)・「書」(「蘄」例文四-1など)と称するものもあり、特に呼称の統一が図られてはいない。これに対し、小徐が『書』の経文を引用する場合は呼称が統一されており、「書」とのみ称する一条を除き、「尙書」及びそれに篇名などが加わった形の呼称が用いられている。

『書』の引用に於いてその呼称で注目すべきは、小徐が経文を引用する際はほぼ全てで「尙書」という統一した呼称を用いていたのに対し、『書』の注釈を引用する際は、僅か十二条であるにもかかわらず、「孔安國(傳)」・「尙書注」・「尙書傳」・「說尙書者」・「說(引用文)者」のようにその呼称が統一されておらず多岐にわたることである。『詩』の引用に於いても『書』の引用同様、小徐は経文を引用する場合ほぼ「詩」と称するのに対し、『詩』注を引用する僅か三十六条に於いて、やはりその呼称は「毛詩傳」・「詩傳」・「傳」・「箋」・「毛詩注」・「詩注」・「注」・「毛詩傳箋」など多岐にわたっている。

この『書』及び『詩』の注釈の引用に於ける呼称のバラつきは、その注釈に対する小徐の評価と関わる可能性が高いが、そのことについては次節で改めて論ずる。

『論語』については、関連するものとして「孔子」として引用されるものについても、「孔子曰」・「孔子云」という形で引用されているものを中心に考察した。説解中に引用されるものについては、『論語』からの引用である一条を除きその出典が不明である。また経書の引用が、主として用例を含む説解の補足説明となっていたのとは異なり、「孔子曰」として引用するものは、「一もて三を貫くを王と為す」(「王」例文六-15)のように字形を説くために引用されたものが多く、その半数を占めるのが特徴である。小徐注に引用されたものについては、『論語』からの引用であるものが半数以上を占め、『論語』を意識した引用であったのではないかと考えられる。また、字形を説くものが約三十六%を占め、ほかの経書の引用よりその割合が高い。このように、「孔子曰」として引用されるものが、説解のみならず小徐注でもそのかなりの部分が字形を説くために引用されていることは、注目すべき点である。小徐は、字形を説く際には意識的或は無意識のうちに説解のスタイルに則り「孔子曰」として引用することが多かったとも考えられる。

二　「書傳」について

呼称に関連して、小徐注に於ける「書傳」が『書』の伝を表すものか、広く書籍全般を表すものかについても考察した。これは、小徐注に於いて明らかに『書』の注釈を引用すると考えられるものが僅か十二条であるが、「書傳」と称するものがほぼ同数の十一条あり、これらを『書』の注釈の引用として扱うべきかどうかは、『書』の引用を考える上で重要な意味を持つと考えるからである。

小徐の用法を検討するに当たり、まず小徐に対して何らかの影響力を持つと思われる小徐注に多く引用される書物——李善注『文選』、『史記』・『漢書』、五経の注疏——を対象としてその用法を検討した。それらの用法を概観すると次のようになる。経書の伝・注及び『史記』・『漢書』など唐以前は、少数の例外を除き「書傳」は基本的に書籍全般を指していた。唐代になると『史記』・『漢書』の注や『文選』李善注はその傾向を踏襲しているのに対して、五経の疏の用法はかなり異なってくる。『左傳』の孔疏に於ける「書傳」の大部分が広く書籍全般を指すのを除き、疏に於いては「書傳」が『尙書大傳』を指す割合が飛躍的に増え、孔疏では八割弱、賈疏では全てが『尙書大傳』を指す用法となっている。なお疏に於いて「書傳」が書籍全般を指す場合、「徧く検ず」や、「書伝の通訓」、「書伝多く云う」、「書伝皆言う」、「書伝に無し」のような表現が用いられることが多い。小徐以降になるが宋代の邢昺疏・孫奭疏では、「書傳」という語が用いられる回数自体が非常に少なくなり、且つ『尙書大傳』を指す用法は極一部で、そのほとんどが書籍全般を指す用法となる。ただ、一つ注目すべき点は、邢昺疏に「書傳」と称して偽孔伝を引用するものが出てきたことである。

小徐注に於いて「書傳」は十二条に用いられているが、『書』の注釈を指すと特定できる用例はない。十二条のうち八条には「書伝多く有り」・「書伝多く以て為す」・「書伝多く云う」・「今の書伝に猶お此に作る者有り」のような表現が用いられており、広く書籍全般を指す用法となっている。このほか、「序」（例文四-52）に「書伝に内外を序別する所以と」あるものが『爾雅』「釋宮」の郭璞注に一致するように、『尙書』の注釈ではない「ある経書の経文に対する伝」を意味していると考えられる用法が四条ある。これらは、『左傳』の孔疏に於ける「書傳」の特殊な用法——即ち、文献全体を指すのではなく『春秋經』が依拠した事実を曲げることなく記された文献のような特定の文献を指す用法——と軌を一にしていると考えられる。つまり、小徐注に於ける「書傳」の用法にも、文献を指す場合の二重性が存在する——即ち、小徐注に於ける「書傳」の大部分は広く書籍を指し示すものであるが、多くの文献のうち「ある経書」に対する「伝」という特定のものを指す用法が少数ながら含まれている、と考えられるのである。

第四節　経書注釈の扱い

経書の注釈については、対象とする経書によって小徐の扱いに大きな差があり、それは主として引用数の差という形で表れている。そこで、まず経書ごとにその注釈の扱いについてまとめる。

一　『爾雅』郭璞注の扱い

小徐注に於ける『爾雅』の引用の最大の特徴は、郭璞注の扱いにある。(1)小徐注に於ける『爾雅』の引用のうち半数以上で郭璞注を引用すること、(2)単に「郭璞曰」として引用する場合は『爾雅』郭璞注を指すこと、(3)『爾雅』の経文ではなく郭璞注の用字法についてわざわざ言を費やす条があることなど、小徐が郭璞注を重視していたことを示す事象は多い。またそのことが、『爾雅』の経文と郭璞注が区別なく一体となった引用形式が非常に多いという形で表れていると考えられる。

経書の注釈に対する評価がその引用数や呼称などに表れているとするならば、小徐は経書の注釈を全て重視していたわけではなく、むしろ『爾雅』郭璞注は突出した存在である。『爾雅』注以外で注釈が引用される割合が最も高い『禮』ですら全引用の十六・九％に過ぎず、そのほかの経書では注釈が引用される割合は全引用の一割、或いはそれ以下に止まっている。

二　「禮」注の扱い

『爾雅』郭璞注と比較するために、『爾雅』注の次に引用される割合が高い『禮』注の引用について、どのような形で引用されているのか少し詳しく見ておく。

『禮』注を引用する場合、最も一般的な形は「勳」（例文三-7）に「臣鍇曰、按周禮司勳職、王功曰勳、注、輔成王業、若周公、國功曰功、注、保全國家、若伊尹、人功曰庸、注、法施于人、若后稷、事功曰勞、注、以勞定國、若禹、治功曰力、注、制法成治、若皋陶、戰功曰多、注、克敵出奇、若韓信・陳平也（臣鍇曰く、按ずるに周礼の司勳職に「王功を勳と曰う」と、注に「王業を輔け成す、周公の若きなり」と、「国功を功と曰う」と、注に「国家を保全す、伊尹の若きなり」と、「人功を庸と曰う」と、注に「法を人に施す、后稷の若きなり」と、「事功を労と曰う」と、注に「労を以て国を定む、禹のきなり」と、「治功を力と曰う」と、注に「法を制して治を成す、皋陶の若きなり」と、「戦功を多と曰う」と、注に「敵に克ち奇を出だす、韓信・陳平の若きなり」と）」とあるように、経文の引用に続けてその注を引用するものである。「勳」では『周禮』夏官「司勳」の経文「王功曰勳」・「國功曰功」などと、それぞれの注をはっきり区別した上でほぼ忠実に引用している。注のみを引用する場合も「周禮注」のように出典を明記することが多い。

1　𣶒　水出北地直路西、東入洛、從水虘聲、臣鍇按、漢書直路縣𣶒水作沮、…今按周禮注潞出歸德、疑即此也【巻二十一　水部】
（𣶒は水の北地直路の西より出で、東して洛に入るなり、水に従う虘の声、臣鍇按ずるに、漢書 直路県の𣶒水「沮」に作る、…今按ずるに周礼注に「潞は帰徳より出づ」と、疑うらくは即ち此れなり）

では、『周禮』夏官「職方氏」の「（冀州）其浸汾潞（其の浸は汾潞）」に対する鄭玄注「汾、出汾陽、潞、出歸德（汾は汾陽より出で、潞は帰徳より出づ）」を「周禮注」と明記して引用している。しかし、注の引用であるにもかかわらず「周禮」とのみ称しているものもある。

2　潞　冀州寖也、上黨有潞縣、從水路聲、臣鍇按、周禮潞出歸德縣、…【巻二十一　水部】
（潞は冀州の寖なり、上党に潞県有り、水に従う路の声、臣鍇按ずるに、周礼に「潞は帰徳県より出づ」と）

3　軾　車前也、從車式聲、臣鍇按、周禮、兵車軾高三尺三寸、人所凭也【巻二十七　車部】
（軾は車前なり、車に従う式の声、臣鍇按ずるに、周礼に「兵車の軾は高さ三尺三寸なり」と、人の凭《よ》る所なり）

「潞」の引用は「𣶒」の引用と同じものであるが、ここでは「周禮」とのみ称している。また「軾」に「周禮」として引用するのは、『周禮』考工記「輿人」の「式崇（式の崇《たか》さ）」に対する鄭玄の注「兵車之式、高三尺三寸（兵車の式は、高さ三尺三寸なり）」である。これらは伝写の過程で「注」の一字が脱落したとも考え得るが、次のような例があることから、小徐自身が「注」の字を記さなかった可能性も否定できない。

4　竇　空也、從穴賣聲、臣鍇曰、水溝口也、周禮曰、宮中之竇、其崇三尺【巻十四、穴部】

（竇は空なり、穴に従う売の声、臣鍇曰く、水溝の口なり、周礼に曰く「宮中の竇、其の崇さ三尺」と）

では、『周禮』考工記「匠人」の「竇、其崇三尺（竇は其の崇さ三尺）」に鄭玄注「宮中水道（宮中の水道なり）」の語を足した形で引用しており、「胥」（巻八　肉部）の注では「儀禮曰、脯醢・無胥、俎實也（儀礼に曰く、脯醢・無胥は俎の実なり）」と言うように、『儀禮』「燕禮」の「脯醢・無胥」に続けて、注と明記せずにその鄭玄注「胥、俎實（胥は俎の実なり）」を引用している。このように、経文と注を必ずしも明確に区別しようとはしていないものが多いのは、『爾雅』の引用の場合と同じである。またかなり長文になるので引用はしないが、「衊」（巻九　血部）に「周禮」と称して引用するのは、『周禮』春官「肆師」の経のみではなく注まで含めて、その意を取り簡略にまとめたものである。

　このように意を取り簡潔にまとめて引用する例は、『爾雅』の引用の場合よりも多い。また、⑴「鄭玄」とのみ称するものも少数ながら存在し、そのほとんどが「周禮」鄭玄注であること、⑵注釈のうちでは『周禮』注の引用が最も多いことから、小徐はある程度『周禮』鄭玄注を重視していたと考えられる。しかし、『爾雅』郭璞注ほど高く評価されているわけではない。にもかかわらず、経文と注を一体化したり意を取り簡略にまとめた引用が『爾雅』より多いのは、『爾雅』そのものが訓詁の書であり、字義の補足説明としてそのままの形で引用しやすいのに対して、『禮』は書物の性質が異なり、忠実な引用はむしろ字義の補足説明には不適切で、その意を取り必要な部分のみを引用する方が注釈の理に適っているという一面があるためかもしれない。また、

5　稍　出物有漸也、從禾肖聲、臣鍇曰、周禮謂群臣之祿食爲稍食、稍稍給之也　【巻十三　禾部】

（稍は物を出だすに漸なる有るなり、禾に従う肖の声、臣鍇曰く、周礼に「群臣の禄食を謂いて稍食と為す、稍稍として之を給《たま》うなり」と）

では、『周禮』天官「宮正」の「幾其出入、均其稍食（其の出入を幾《しら》べ、其の稍食を均しくす）」から「稍食」という語を取り上げて、その鄭玄注「稍食祿稟（稍食は祿稟なり）」及び賈疏の「云稍食祿稟者、稍則稍稍與之、則月俸是也（「稍食は祿稟なり」と云う者は、稍は則ち稍稍として之を与う、則ち月俸は是《これ》なり）」に基づいて「出物有漸」という説解の意を説く。『禮』の引用に関しては、このように厳密な意味の引用ではなく、ある語彙のみを取り上げるものが数多くあるのもその特徴の一つである。これも、『禮』経からの忠実な引用が必ずしも字義の補足説明にはふさわしくないことの表れであろうか。

三　『春秋』の注釈の扱い

『禮』の次に注釈の引用率が高い『春秋』杜預注は、小徐が明確にその評価に言及する数少ないものの一つである。既に見たように「臣鍇以爲許愼地名多見春秋左傳、地名精考、莫精於杜預、比于今又近、故春秋地名一取于杜預（臣鍇以為らく許慎の地名 多く春秋左伝に見ゆ、地名の精考たる、杜預より精なるはなし、今に比すれば又た近し、故に春秋の地名は一に杜預に取る）」（例文八-22「鄄」）と、小徐はその地名の考証を高く評価している。小徐注に於いて『春秋』の注釈を引用するもののうち一条を除き全て『左傳』杜預注及び杜預『春秋釋例』からの引用であり、その多くが邑部・水部という地名が多い部に集中していることも、その評価の表れであると言えよう。

しかし、小徐注に於いて『春秋』を引用するもののうち、注釈を引用するものは僅か一割に過ぎず、『爾雅』郭璞注が半数以上で引用されているのには遠く及ばない。またその半数以上が地名の考証に関わるものである。このことは、『春秋』に対する杜預の注釈・考証についてはその地名考証のみが評価されていることを示しており、郭璞注が全般にわたり高く評価されているのとは異なる。

『春秋』の引用に於いても、「鸞」（例文八-21）の条で『公羊傳』の伝とその注釈を併せて引用するように、経文とその注釈を一体化して引用する例もある。しかし『春秋』の引用に関しては、注を取り込むものより「棖」（例文八-9）のように、経や伝そのものを意を取り簡略にまとめて引用するものが多く、かなりの数に上る。許慎は、特に『春秋』を引用する際に、経文の形を少し変えて引用することが多い（第八章注4）。小徐の『春秋』の引用も、この許慎の引用の仕方の影響を受けたものであるのかもしれない。

四　『書』・『詩』の注釈の扱い

『爾雅』・『禮』・『春秋』の注釈は、その引用数や言及の仕方などから、程度の差はあるものの一定の評価を得ていると考えられる。しかし『易』・『書』・『詩』・『論語』の注釈については、高く評価されているとは言い難い。

小徐注に於ける『書』の引用では、『爾雅』や『禮』とは異なり、その注釈を引用するものが極めて少なく、『書』の注釈を引用している可能性のあるもの及びその注釈について言及するものは、僅か六・四%を占めるに過ぎない。なお「書傳」は『書』の注釈を意味する用法があるが、既に見たように小徐注に於いてはその意味で用いられることはないため、ここには含まない。

引用の際の呼称でも、経文を引用する際にはほぼ全て「尙書」と称していたのに対し、僅か十二条しか引用していない注釈に関しては、「孔安國（傳）」・「尙書注」・「尙書傳」・「說尙書者」・「說（引用文）者」と多岐にわたり統一されていない。また、「孔安國（傳）」と称するものが説解中の『書』の引用についての解説となっており、「尙書注」・「尙書傳」の多くが偽孔伝に基づく可能性が高いほかは、偽孔伝に相当するものがなく、偽孔伝以外に基づく可能性が高い。これらのことから、小徐は許慎が『書』については孔氏を宗とすると認識しつつも、小徐自身が『書』を引用する際には、必ずしも偽孔伝に拘泥していないことは明らかで、その引用の際の呼称の多様性が、引用された注釈の出典の多様性を反映しているのではないかと考えられる。

『詩』の注釈についても同様の傾向にある。その注釈を引用するものは極めて少なく、小徐注で『詩』を引用するもののうち僅か十一％弱を占めるに過ぎない。小徐は「玼」（例文七-12）に於いて「毛氏の言 約たり、…学ぶ者之を説くに多く異なる、…故に許氏 詩を引きて多く毛萇と同じからず」と言い、許慎が「詩は毛氏を引く」と言うにもかかわらず、その引用が毛本と異なることが多い原因を、毛氏の言が簡略に過ぎることに求める。従って小徐が『詩』注を引用することが極めて少ないのも、毛伝が簡略に過ぎることがその原因の一つと考えられる。

更に説解中に『詩』が引用されている場合、その引用に対する注釈として『詩』及びその注釈を引用する場合が僅か四十条（約九・五％）であるのに対して、『爾雅』を引用する場合が二十六条とかなり多いことは注目に値する。また「椽」（例文七-11）で毛伝に同じ注があるにもかかわらず『爾雅』を引用しているように、小徐は『爾雅』に基づいて『詩』を釈そうとする傾向が強いと考えられる。これは単に『爾雅』が「多く詩書を釈す」ものであるためだけではなく、小徐の毛伝をはじめとする『詩』の注釈に対する評価を反映したものとも考え得る。

小徐注に於いて、⑴『詩』注を引用することが極めて少ない、⑵その僅か三十六条に於いて、呼称は「毛詩傳」・「詩傳」・「傳」・「箋」・「毛詩注」・「詩注」・「注」・「毛詩傳箋」など多岐にわたっている、⑶『詩』注の引用のうち、毛伝・『韓詩外傳』・『毛詩草木疏』に相当するものが見出せず出典不明のものが四割近くになるなどの諸点から、許慎が『毛詩』を宗とすることを認識しつつも、小徐自身が依拠したテキストが『毛詩』とは系統を異にするものであった可能性は充分考えられよう。

このように、偽孔伝を始めとする『書』の注釈及び毛伝などの『詩』の注釈に対する小徐の評価は、必ずしも高くはない。

五　『易』・『論語』の注釈の扱い

小徐が『易』・『論語』の注釈を引用することは更に少ない。小徐注に於いて『易』の引用中、その注釈を引用するものは僅か四・四％を占めるに過ぎず、『論語』の引用に於いては、その注釈を引用することが皆無であることがその大きな特徴となっている。しかし、小徐の注釈に対する評価を反映していると考えられる『書』や『詩』の注釈の場合とは、些か事情が異なると考えられる。

『易』は卦・卦辞・爻辞という（狭義の）「経」と、「十翼」と呼ばれるその解説部分である「伝」から成る。小徐注では「繫辭傳」・「説卦傳」など「伝」からの引用が非常に多く、説解に於いては「経」からの引用が五十九・七％、「伝」からの引用が三十一・五％であるのに対し、小徐注に於いては、「経」からの引用が四十二・一％、「伝」からの引用が五十五・二％と、その「経」・「伝」の引用の割合が逆転している。

また、経の部分は主に用例として引用されているのに対して、十翼の部分の引用は用例以外にも字形・字義・文字の考証などのために広く用いられるという明確な用法の違いもある。更に『易』注が引用されているのは、「伝」（十翼）に注釈としての適切なものがない場合に限られている。

従って、少なくとも小徐の意識の中では、『易』の（狭義の）「経」とその「伝」である「十翼」が明確に区別されていたことは明らかであろう。小徐にとって（広義の）『易』経は、既に「経」と「伝」を併せ持ったもので、「繫辭傳」など所謂「十翼」こそが「易注」であり、更にその「経」・「伝」に施された「注」は、小徐にとってはむしろ「疏」に近いものとして認識されていた。小徐が所謂「易注」をほとんど引用していないのは、その表れだと考えられる。

なお、「剌」（例文五-4）の条で「繫辭下傳」の文とその注をまとめた形で「易注」として引用していた可能性が考えられるように、その引用に際して意を取り簡略化して引用することがあるのは、ほかの経書の引用と同様である。

『論語』の引用については、その経文のみが引用されている。『易』の引用でも確認したように、経の部分は主として用例を示すために引用されるのに対し、注釈部分は用例以外の目的にも広く用いられる。ところが『論語』の引用では、経文の引用の多くが用例として用いられてはいるものの、用例以外の字義・字形などに関する説明としても広く用いられている。従って、『論語』の注釈が全く引用されていないのは、ほかの経書では注釈がその役割を担っていた字義・字形などの解説になり得るものが、経文そのものに既に含まれているという『論語』そのものの特性に与る部分が大きいのではないかと考えられる。

本節では、経書の注釈の扱いについて考察してきた。

本節一（三一〇頁）では、『爾雅』郭璞注を経文と区別せず一体にした形で引用することが多い理由を、小徐の郭璞注に対する評価の高さに求めた。しかし、注釈に対する評価とは関係なく、ほぼ全ての経書の引用に、経文と注釈を一体化して引用したり、また長い経文・注の意を取り簡略化して引用する例が見られる。このことは、小徐がしばしば経と注を取りまとめて引用することが、注釈に対する評価に起因するのではないことを示している。

小徐は許慎の説解を「経」とし、専らその意味を解き明かすことに意を用いる。その「経」たる説解の中には、「勤」（第八章注4）の条で本義「労す也」の用例として『左傳』昭公九年の伝「焉用速成、其以勤民（焉《いづ》くんぞ速成を用てせんや、其れ以て民を勤《つか》れしむるなり）」の意を取り「春秋傳曰、安用勤民（春秋伝に曰く「安くんぞ用て民を勤れしめんや」と）」と「檃栝」して引用しているような例がかなりある。このような許慎の引用の仕方は、当然小徐に何らかの影響を及ぼしていると考えられる。また小徐がその注釈中に書物を引用するのは、それによって説解の意味をより明確にすることが目的である。そのため、引用に於いては忠実に引用することよりも、その目的にふさわしい形で引用することを重視する。そのことが結果的に、小徐注には意を取り適切な形に改めた引用が多数含まれるという形で表れているのではないだろうか。

その引用の中には、記憶違いに拠る誤りが全くないわけではないだろう。しかし、小徐の注釈には説解の引用と今本の異同や経書の用字注のような精緻な言及もかなり含まれていることから、清代の学者が批判したような「典拠に依らない引用」などでは決してないことは明らかである。小徐と清代の学者の引用に対する考え方は大きく異なる。引用に於いて重要なことは、小徐にとっては引用に依り説解をより明確に解き明かすことにあり、必ずしも原文に忠実に引用することにはない。小徐の著書を評価する上で、このことは考慮に入れるべきであろう。

第五節　そのほかの特徴

一　小学類の書の引用

経書の引用についての考察を踏まえ、最後に『爾雅』以外の小学類の書の引用を分析した。

小学類の書で小徐の注釈にまとまった数の引用があるのは、『爾雅』・『字書』・『釋名』のみである。小徐注に於ける引用数は、当該書に対する小徐の評価をある程度反映したものであると考えられる。従って、『爾雅』のみならず『字書』・『釋名』も、小徐に一定の評価を受けていたと考えて良いであろう。ただ、『字書』の引用数は『爾雅』の約六分の一、更に『釋名』の引用数は『字書』の約三分の一にすぎず、ほかの小学類の書よりも重視されてはいるが、『爾雅』及びその郭璞注には遠く及ばない。

また『字書』・『釋名』は、字義の補足説明として具体的なものの名を説く場合に主として引用されるなど、『爾雅』の引用と極めて類似した傾向にあり、基本的に『爾雅』及び郭璞注に収められていない文字、及びそれらとは異なる意味の場合に引用される。これらのことから、小徐本に於いて『字書』・『釋名』は、『爾雅』を補完するものとして位置づけられていたと考えられる。

では、なぜほかの小学類の書ではなく『字書』・『釋名』を用いるのかという問題を考える上で、重要な記述が「祛妄篇」にある。小徐は、「祛妄篇」で小学の歴史に言及して「自切韻玉篇之興、説文之學湮廢泯沒（切韻・玉篇の興る自り、説文の学湮廃泯没す）」（例文九‐2）と言うように『切韻』・『玉篇』が『説文』学の衰退を招いたと考えており、「祛妄篇」のこの記述以外で『切韻』・『玉篇』を引用することはない。また、同じく「祛妄篇」で批判の対象となった字説や『干祿字書』・『五經文字』なども、「漢末の碩学」としてある程度評価された蔡邕を除き、やはり「祛妄篇」のこの記述以外で引用言及されることはない。

従って、小徐の注釈に於いて『字書』・『釋名』が『爾雅』の補完的な役割を担っているその大きな理由の一つとして、『切韻』・『玉篇』ができて『説文』学が衰退する以前の書であることが挙げられよう。またそれ故、小徐注に引用される『字書』は、当時通行の字書ではなく、『隋書』「經籍志」に著録され『玉篇』・『切韻』以前に由来がある書と考えるのが妥当である。

二　「俗」と「今」

小学類の書を考察する際、資料の少ない『字書』に対する小徐の評価を探る手がかりとして、小徐注でしばしば書名とともに用いられる「俗」と「今」について、許慎と『爾雅』郭璞注の用法とも比較しながら分析・考察した。「俗」は、本来その土地・時代で伝えられてきた「習わし」を表す語であり、善悪好悪などの評価を含まない。「今」は、「古」に対する語であり、（発話時など）基準となる時点を表す。許慎・郭璞の用法は、「俗」・「今」ともに基本的に本義に沿ったものである。ただ、許慎が重文のうち「俗」とするものは、小篆に由来し経書等に用例が見られるが「或体」とするには何らかの難点があるものであると考えられ、僅かながら負の評価を伴うように見える。

小徐の「俗」の用法は、字義に関わる注に於いては、許慎や郭璞同様、そのほとんどが「習わし」を意味する本義に沿った用法となっているのに対し、字形に関わる注に於いては、本来あるべき姿からはずれるという負の評価を含意する傾向にある。また「俗本」には正すべき対象としての負の評価が含意されるが、「俗語」などは本義に沿った用法で負のニュアンスを含まない。このように、小徐注に於いて、「俗」は、注釈の対象や結びつく語などにより、負の評価を含意する場合としない場合がともに存在する。

小徐の「今」の用法は、やはり字義に関する注の場合、基本的にその生きた時代を表す本義に沿った用法となっているが、字形に関する言及に用いられる場合などには、規範に近い時代である「古」に対する意識がより強く表れ、文脈によっては規範からずれた正すべき対象としての負の評価を伴う用法が生じるようになる。

許慎・小徐ともに、字形に関わる場合に、規範或は本来あるべき姿からずれるという負の評価を含意する場合が多く生じるのは、字形に基づき本義を説く『説文』という書の性質からすれば当然のことであるのかもしれない。また、小徐注に於ける「今」・「俗」の用法に関して、「借」・「誤」など負の評価を含む語との共起関係を見ると、――やはり字形に関わる注に於いて顕著であるのだが、――「今」が単独で用いられる四分の一強でこれらの語と共起しているのに対し、「俗」単独ではこれらの語と共起することがなく、共起する場合は必ず「今俗」となっている。従って、あるべき姿からのずれを意識した時、多く用いられるのは、「俗」ではなくむしろ「今」であるとも考えられる。

以上の分析を踏まえ、これらの語が「字書」とともに用いられる場合について、『爾雅』・『釋名』を中心にほかの書の場合と比較しながら検討した。その結果、(1)「字書」は、書名の前に「今」が付される割合が非常に高い、(2)「今＋書名」は、ほかの書では、ほぼ用字注に限られているのに対し、「今＋字書」は引用の目的が多岐にわたっている、(3)「今＋書名」と「或」が共起するのは『字書』のみであり、小徐注に於いて「或」は単に異なるものがあることを指摘するに過ぎないことから、当時数種類の「字書」が存在していたと考えられることなどが明らかになった。また、小徐注釈の特徴なども踏まえると、小徐注に於ける「字書」は、『隋書』「經籍志」に著録されている『字書』に由来するものではあるが、作者・成立年代・伝承過程が明確ではないため、ほかの経部の書とは異なり、テキストに対する信頼度が低く、それが書名の前に「今」が付される割合が高いという形で表れているのではないかと考えられる。

なお、「今」が『字書』以外の書名とともに用いられる場合、そのほとんどが説解中の引用と小徐が依拠したテキストとの異同など、経書の用字に関わる注であることは、既に指摘した通りであるが、これらは小徐の引用の底本を考察する際に重要な資料となる。小徐注には、このほかにも底本を考察するための資料となる重要な記述が多く存在する。例えば、「橐」（例文八-4）では「春秋公羊傳、擧大橐而至、視之、闖然公子陽生也（春秋公羊伝に「大橐を挙げて至る、之を視れば、闖然として公子陽生なり」と）」、「闖」（例文八-5）では「春秋公羊傳曰、左右擧大橐而至、開之、闖然公子陽生也（春秋公羊伝に曰く「左右 大橐を挙げて至り、之を開けば、闖然として公子陽生なり」と）」として、ともに哀公六年の『公羊傳』の同じ部分を引用している。前半部分のまとめ方が異なるが、「闖然公子陽生也」の部分は一致している。このように二か所以上で同じ経文を引用しており、かつ異同がない場合や、異同はあるものの小徐注によりどちらが小徐の底本と一致するかが明確なもの（巻十三・日部の「𣅔」と巻二十・矢部の「昊」）などがそれである。

しかし、これらだけでは底本を特定するには、資料的に充分ではない。先に挙げた『公羊傳』哀公六年の伝と同じ文は「覢」（例文八-3）の説解に「春秋公羊傳曰、覢然公子陽生（春秋公羊伝に曰く「覢然として公子陽生なり」と）」として引用されている。小徐が底本としたテキストでは「覢然」ではなく「闖然」に作っていたはずであるが、この異同について小徐は何ら言及していない。このように、説解中の引用との異同があるものについて、全てに注を加えているわけではないことは、既に述べた通りであるが、異同があるもののうち、どの場合に注釈を付すかの基準については、現在明らかにできていない。小徐注には一見無秩序に見えるが、よく見ると小徐なりの原則がある場合が多いことも、本書の分析の過程で明らかになってきた。異同がある場合に注を施す場合とそうではない場合の選択基準などを更に考察し、底本考察のための資料を充実させる必要がある。今後、本書では分析対象としなかった書名を明記していない引用も含め、説解中の引用と異同がある場合に用字注を付す原則について更に分析し、小徐が依拠した底本を特定するのための資料を充実してゆきたい。

終章

本書は、『説文』研究上重要な意味を持つ小徐本を再評価するために、従来の評価に於いて重要な意味を持つ書物の引用に焦点を絞り、分析・考察したものである。研究対象は、特に引用数の多い五経（九経）の引用を中心とし、経部の書物のうちまとまった引用数のある『爾雅』・『論語』、及び『説文』と同じ小学類に属する字書類とした。

本書は、既に発表した十篇の論文に基づき再構成し、序章・第十章・終章を書き加えたものである。明らかな誤りを訂正し、原文での引用に訓読を加え、訓読での引用には原文を補足するなど、若干の修正はあるが、論旨そのものについての変更はない。

以下に、基づいた論文について、発表順に、論文の原題・掲載誌・発表年月を示す。

1 『説文解字繫傳』引用書考――『爾雅』の引用を中心として
『興膳教授退官記念中國文學論集』 汲古書院 二〇〇〇年三月

2 『説文解字繫傳』引『禮』考
『中國文人の思考と表現』 汲古書院 二〇〇〇年七月

3 『説文解字繫傳』引『書』考
『東方學』第百五輯 東方学会 二〇〇三年一月

4　『說文解字繫傳』引『易』考
　『言語文化研究』第三十号　二〇〇四年三月
5　『說文解字繫傳』引『論語』考
　『中国学の十字路』研文出版　二〇〇六年四月
6　『說文解字繫傳』引『詩』考
　『言語文化研究』第三十三号　二〇〇七年三月
7　『說文解字繫傳』引『春秋』考
　『言語文化研究』第三十四号　二〇〇八年三月
8　『說文解字繫傳』引『字書』考
　『言語文化研究』第三十五号　二〇〇九年三月
9　「書傳」考 ―― 南唐徐鍇の用法をめぐって ――
　『言語文化研究』第三十六号　二〇一〇年三月
10　「俗」考 ―― 南唐徐鍇の用法をめぐって ――
　『言語文化研究』第三十七号　二〇一一年三月

本書の構成については、既に序章に於いて簡単に述べたが、上記論文との対応関係を含め、以下に再度示す。

序章は本書で新たに加筆した部分を多く含む。まず第一節は『說文』の概説となっており、本書で書き加えたものである。第二節一は、史書の記載に基づき簡単に小徐の生涯について記述したものであり、第二節三は、論文1・2の「はじめに」に基づき研究の目的について述べた後、研究対象及び論文の構成について簡単に説明したものである。第二節二は、小徐本に関する研究を概観したもので、本書で新たに書き加えたものである。

第一章では、論文1に基づき、小徐注に於いて最も多く引用されている『爾雅』の引用を分析し、小徐注に於ける引用の全体的な傾向及び考察の中心となる点を明らかにした。

第二章は、論文1から8の引用数に関する記述に基づく。第一節では、本書に於ける「引用」の取り扱い上の原則を明確にし、第二節では、各経書の引用について、問題のあるものの扱いを明示した後、取り扱い上の原則に従って研究対象とする総数を示した。集計の方法など、論文間のばらつきを統一するため若干の修正を加えている。

第三章では、許叙の「其偁易孟氏、書孔氏、詩毛氏、禮周官、春秋左氏、論語、孝經、皆古文也」の解釈を中心に論じた。第一節は、論文2に基づき、「禮周官」の解釈を中心に、「禮」の引用全般について考察した。第二節は、論文3・4・6・7に基づき、「易孟氏、書孔氏、詩毛氏、春秋左氏」の解釈について論じた。

第四章は、論文3に基づき、『書』の引用の特徴を考察したものである。しかし、当該論文では「書傳」を『書』の注釈とするかどうかの考察が不充分であった。そこでその欠を補うために、小徐注に於ける「書傳」の意味を考察した論文9に基づく第二節二を加え、全体の構成に若干の修正を加えた。

第五章では、論文4に基づき、『易』の引用の特徴を考察し、第六章では、論文5に基づき『論語』の引用の特徴を考察し、併せて「孔子曰」として引用されるものについても考察した。第七章では、論文6に基づき、『詩』の引用の特徴を考察し、第八章では、論文7に基づき、『春秋』の引用の特徴について考察した。各論はその前章までの考察に基づく点があるため、五経の順ではなく、基づいた論文の発表順となっている。

第九章では、第八章までの考察結果に基づき、小学類の書物の引用について「字書」の引用を中心に考察した。第一節・第二節は論文8に基づき、第三節は主として論文10に基づく。論文8に於いては、「字書」と共起する「今」・「俗」という語の意味についての考察が不充分であったため、当該部分を新たに書き足した論文10に置き換えたものである。

本書は、小徐注に『爾雅』以外の小学の書が引用されることが少ない上に、『爾雅』に次いで多く引用されているのが『玉篇』などではなく『字書』であることに疑問を感じたことに端を発す。『字書』はその著者・時代が不明である上に、現在では輯本のみしか存在せず、考察の手がかりとなる資料が極めて少ない。そのため、小徐注中の『字書』の引用のみを分析するだけでは、なぜ小徐が『字書』を用いるのか、そもそも小徐が引用する『字書』とは如何なる書物であるのかという疑問を解くことはできない。そこで、小徐がその注釈に於いてどのような意図を持って多くの書物を引用しているのか、またその引用の方法にはどのような特徴があるのかなど、小徐の注釈の特性を明らかにした上で、『字書』の引用について改めて考察しようとしたものである。この第九章は、当初の疑問についての筆者なりの解答でもある。

第十章は、個別の書物の引用についての考察に基づき、引用の目的・引用時の呼称・経書の注釈の引用などの諸点から小徐の注釈の特徴を明らかにしようとしたもので、本書のまとめを兼ねる。

終章の後に、本書では、近現代に於ける『説文』研究の文献目録を付した。また、本書では、各章の引用文は原則として原文に拠ることとし、本文中の引用については極めて短いものを除き訓読を付した。

なお、本書で主として使用した書籍の底本は以下の通りである。

『説文解字繫傳』（小徐本）：祁刻本（中華書局　一九八七年）
『説文解字』（大徐本）：一篆一行本（中華書局　一九八三年第七次印刷版）
『説文解字注』（段注）：経韻楼本（台湾芸文印書館　一九七九年第五版）
『爾雅』：四部叢刊所収影印鉄琴銅楼旧蔵宋刻十行本
＊全て天禄琳琅叢書所収宋監本（『爾雅校箋』江蘇教育出版社　一九八四年）と対校
『易』・『書』・『詩』・『周禮』・『儀禮』・『禮記』・『春秋』・『論語』及び第四章・第九章に於ける『爾雅』：阮元十三経注疏所収本（台湾芸文印書館　一九八一年第八版）

『經典釋文』：『通志堂經解』本（中華書局　一九八三年）
『古今韻會擧要』：光緒九年十月淮南書局重刊本（大化書局　一九七九年）
『史記』・『漢書』：標点本二十四史（中華書局　一九七五年）
『文選』：宋淳熙本重雕鄱陽胡氏臧版（台湾芸文印書館　一九七六年）

本書は、筆者が平成二十四年に京都大学大学院文学研究科に提出した学位請求論文をその主要部分とする。審査に当たられたのは、文学研究科文献文化学専攻中国語学・中国文学講座の平田昌司教授と木津祐子教授、人文科学研究所文化構成研究部門の高田時雄教授である。先生方からは、多くの貴重なご指摘・ご教示を賜った。本書で加筆修正した部分は、ほとんどがその際のご指摘によるものである。厚く御礼申し上げるとともに、本書に生かしきれなかった多くのご教示については今後の研究に生かしてゆきたいと考えている。

最後に、刊行実務全般にわたり、丁寧に援助していただいた大阪大学出版会編集長 岩谷美也子氏、面倒な多数の作字に対応していただいた遊文舎 石田直子氏に厚く御礼申し上げる。なお、本書の公刊に際しては、日本学術振興会科学研究費補助金「研究成果公開促進費（学術図書）」（課題番号：二五五〇七四）の交付を受けた。

1983
高橋由利子　段玉裁『説文解字注』保息局刊本の二種の異本について　お茶の水女子大学中国文学会報 5 号　1986
高橋由利子　段玉裁『説文解字注』の成立過程について（1）　お茶の水女子大学中国文学会報 6 号　1987
高橋由利子　段玉裁『説文解字注』の成立過程について（2）　お茶の水女子大学中国文学会報 10 号　1991
高橋由利子　『説文解字』毛氏汲古閣本について　汲古（汲古書院）　1995
高橋由利子　段玉裁の『汲古閣説文訂』について　中国文化：研究と教育：漢文学会会報 55　1997
高橋由利子　官版『説文解字』の依拠した版本について：『説文真本』の二種の異本　お茶の水女子大学中国文学会報 17 号　1998
高橋由利子　和刻本『説文解字五音韻譜』の依拠した版本について　中国文化：研究と教育 60 号　2002
東ヶ崎祐一　繫伝伝反切における匣母，云母，喩母　東北大学言語学論集 8　1999
東ヶ崎祐一　繫伝反切における資思類　文化 64（1）　2000
東ヶ崎祐一　『説文解字繫伝』にみられる反切下字混用：梗摂入声と曽摂入声，および外転一等韻と二等韻の間の　中国語学 250 号　2003
東ヶ崎祐一　『説文解字繫伝』反切校勘記（1）三本異同考（上）　東北大学言語学論集 17　2008
東ヶ崎祐一　『説文解字繫伝』反切校勘記（2）三本異同考（下）　東北大学言語学論集 18　2009
根岸政子　段玉裁の『説文解字注』にあらわれる凡例についての一考察　お茶の水女子大学中国文学会報 1 号　1982
根岸政子　段玉裁の異部畳韵説について　お茶の水女子大学中国文学会報 4　1985
根岸政子　段玉裁の支脂之の分部をめぐって　お茶の水女子大学中国文学会報 7　1988
根岸政子　段玉裁『説文解字注』の反切についての一考察　駒沢大学外国語部論集 30 号　1989
花登正宏　古今韻会挙要所引説文解字考―とくに巻二十五について　人文研究 38 巻 4 分冊　1986
南谷葉子　『説文解字注』と『爾雅』釈草との関連について―艸部　お茶の水女子大学中国文学会報 6 号　1987
吉田早恵　『説文解字篆韻譜』伝本考　中国語学 234 号　1987
吉田恵・石汝杰・森賀一恵『説文通訓定声』中蘇州方言詞語彙釈　均社論叢 17　1991
頼惟勤　段玉裁の古音第十二部について　小尾博士古稀記念中国学論集（汲古書院）1983

蔵中進 『箋注倭名類聚抄』と清朝学術 その三：段玉裁『説文解字注』をめぐって 東洋研究 161 号 2006
坂内（中前）千里 日本対段学的研究 訓詁通訊―紀念段玉裁誕生二百五十周年専輯 8 号 1985
坂内（中前）千里 『古今韻会挙要』に引く『説文解字』について 漢語史の諸問題（京都大学人文科学研究所） 1988
坂内（中前）千里 段玉裁誕生二百五十周年記念大会簡報 均社論叢 16 1989
坂内千里 『説文解字繫伝』の特徴についての考察（1） 言語文化研究（大阪大学）20 1994
坂内千里 『説文解字注』に於ける改篆・増篆・刪篆について 中国語史の資料と方法（京都大学人文科学研究所） 1994
坂内千里 『説文解字繫伝』引用書考―『爾雅』の引用を中心として― 興膳教授退官記念中国文学論集（汲古書院） 2000
坂内千里 『説文解字繫伝』引『礼』考 中国文人の思考と表現（汲古書院） 2000
坂内千里 『説文解字繫伝』引『書』考 東方学 105 輯 2003
坂内千里 『説文解字繫伝』引『易』考 言語文化研究（大阪大学）30 2004
坂内千里 『説文解字繫伝』引『論語』考 中国学の十字路：加地伸行博士古稀記念論集（研文出版） 2006
坂内千里 『説文解字繫伝』引『詩』考 言語文化研究（大阪大学）33 2007
坂内千里 『説文解字繫伝』データベース化の試み 人文情報学シンポジウム―キャラクター・データベース・共同行為―報告書 2007
坂内千里 『説文解字繫伝』引『春秋』考 言語文化研究（大阪大学）34 2008
坂内千里 『説文解字繫伝』引『字書』考 言語文化研究（大阪大学）35 2009
坂内千里 「書伝」考―南唐徐鍇の用法をめぐって― 言語文化研究（大阪大学）36 2010
坂内千里 「俗」考―南唐徐鍇の用法をめぐって― 言語文化研究（大阪大学）37 2011
篠崎摂子 段玉裁の『説文』校訂について お茶の水女子大学中国文学会報 17 号 1998
小学研究班 続説文解字段注攷正訂補（1） 東方学報（京都）53 冊 1981
小学研究班 続説文解字段注攷正訂補（2） 東方学報（京都）54 冊 1982
菅井紫野 『説文解字注』の字義・字形解釈のずれに関する問題：〈足の記号〉と〈十字路の記号〉の場合 中国文学研究 29 期 2003
高島昇子 『説文解字』叙段注考 中国語学 233 号 1986
高津孝 「説文解字注」六篇上の成立 鹿児島大学法文学部紀要（人文学科論集）28 号 1988
高橋由利子 中央研究院歴史語言研究所蔵『段氏説文補正』について お茶の水女子大学中国文学会報 1 号 1982
高橋由利子 『段氏説文補正』と『説文解字読』 お茶の水女子大学中国文学会報 2 号

大橋由美 『説文解字』（段注）と『金文篇』 人文学報（東京都立大学）273号 1996
大橋由美 “て”をあらわす文字について：段注にみえる又・爪・□・廾を中心に 人文学報（東京都立大学）292号 1998
大橋由美 段玉裁における古今字について 汲古書院（東京） 1999
大橋由美 ふたたび”て”に関する文字について：段注「丮，持也」を中心に お茶の水女子大学中国文学会報20号 2001
大橋由美 読段注 助辞ノート（1） 二松学舎大学論集48号 2005
大橋由美 読段注 助辞ノート（2） 国学院大学紀要44巻 2006
大橋由美 段玉裁におけるいくつかの助辞について 二松学舎大学論集50号 2007
大橋由美 段注の否定を表わすいくつかの助辞について 二松学舎大学論集51号 2008
大橋由美 象形に由来するいくつかの助字について：巨・亦・向・而の段注を中心に 国学院大学紀要47巻 2009
大橋由美 会意に由来するいくつかの助字について：因・多・乍・可・爰の段注から 二松学舎大学論集52号 2009
岡村繁 「説文解字叙」段注箋釈（1） 久留米大学比較文化研究所紀要2輯 1987
岡村繁 「説文解字叙」段注箋釈（2） 久留米大学比較文化研究所紀要3輯 1988
岡村繁 「説文解字叙」段注箋釈（3） 久留米大学比較文化研究所紀要5輯 1989
岡本勲 周祖謨の説文解字観 文学部紀要（中京大学）38巻3-4号 2004
小川環樹 説文解字篆韻と李舟切韻 ビブリア第75号 1980
小川環樹 『説文解字篆韻譜』解題 説文解字篆韻譜・詳備砕金（天理図書館善本叢書） 八木書店 1981
小川環樹 論『説文篆韻譜』部次問題：『李舟「切韻」考』質疑 語言研究1983年1期 1983
神田喜一郎 元版説文解字篆韻譜 ビブリア第17号 1960
工藤早恵 十巻本『説文解字篆韻譜』について 人文学報（東京都立大学）213号 1990
工藤早恵 十巻本『説文解字篆韻譜』所拠の切韻系韻書について 中国文学研究17期 1991
工藤早恵 清代中葉期における「説分解字篆韻譜」研究について：「四庫全書総目提要」から馮桂芬まで 比較文化研究39 1998
工藤早恵 「説文解字蒙韻譜」の二種類の伝本について 比較文化研究40 1998
工藤早恵 『説文韻譜校』補―十巻本との対比を通して― 慶谷寿信教授記念中国語学論集（好文出版） 2002
倉石武四郎 説文解字段注攷正訂補 東方学報京都第2冊 1931
倉石武四郎 段懋堂の双声説 服部先生古稀祝賀記念論文集（富山房） 1936
倉石武四郎 段玉裁尺牘集について 書苑第3巻第10号 1939
倉石武四郎 六書音均表について 支那学（小島本田二博士還暦記念号） 1942
倉石武四郎 読段注説文札記 中国語学190 1969

鍾明立　段注辨析同義詞的方法　華南師範大學學報（社會科學版）2000年第2期　2000
周雲青　錢辛伯讀說文段注札記　國學輯林1卷第1期　1926
周祖謨　徐鍇的說文學　天津《大公報》文史周刊23期　1947
周祖謨　李陽冰篆書考　問學集（北京　中華書局）1966
周祖謨　論段氏說文解字注　問學集（北京　中華書局）1966
阿辻哲次　北京図書館蔵段玉裁『説文解字読』初探　日本中国学会報33集　1981
阿辻哲次　東京国立博物館所蔵段茂堂尺牘札記　均社論叢10　1981
糸原敏章　張次立による『説文解字繫伝』の校訂について―十巻本『説文解字篆韻譜』を手掛かりに―　東京大学中国語中国文学研究室紀要第12号　2009
臼田真佐子　段玉裁古音第十五部の押韻字と諧声符　中国語学233号　1986
臼田真佐子　段玉裁「古十七部諧声表」第十五部の諧声符―配列の原則を中心として　お茶の水女子大学中国文学会報6号　1987
臼田真佐子　陳奐『説文部目分韻』考　東方学84輯　1992
臼田真佐子　李燾『説文解字五音韻譜』標目の韻目　お茶の水女子大学中国文学会報12号　1993
臼田真佐子　江沅『説文釈例・釈音例』の初声について：『説文解字音均表』との比較を中心にして　お茶の水女子大学中国文学会報15号　1996
臼田真佐子　江沅『説文釈例・釈音例』の初声の配列：『説文解字音均表』への発展　お茶の水女子大学人文科学紀要50巻　1997
臼田真佐子　江沅『説文解字音均表』から見る段玉裁の増加字と諧声符　お茶の水女子大学中国文学会報17号　1998
臼田真佐子　論江沅『説文解字音均表』和諧声声符：以第9部（東・冬）的最后部分為主　お茶の水女子大学中国文学会報20号　2001
臼田真佐子　論江沅『説文解字音均表』第4部最后部分的諧声符　愛知大学文学論叢125輯　2002
大橋由美　『説文解字』研究：段注に散見する段玉裁当時の方言・方俗・事物・事象に関する記載についての一考察-資料一帯　中国語学234号　1987
大橋由美　『説文解字注』に散見する俗語資料篇（2）　お茶の水女子大学中国文学会報7号　1988
大橋由美　『説文解字』研究―段注に散見する江蘇記載部分についての一考察　人文学報（東京都立大学）198号　1988
大橋由美　段注に散見する“今俗～”について―段玉裁における俗語を考える　中国語学235号　1988
大橋由美　『説文解字注』にみえる転語について　中国語学236号　1989
大橋由美　段玉裁の古諧声説についての一考察　人文学報（東京都立大学）213号　1990
大橋由美　段玉裁における“形声包会意”などについて　人文学報（東京都立大学）234号　1992

楊一青　朱駿聲轉音理論初探　古漢語研究 1995 年 2 期　1995
姚永銘　顧野王之《說文》研究索隱　古漢語研究 2002 年 1 期　2002
殷孟倫　段玉裁和他的《說文解字注》　中國語文（商務印書館）1961 年第 8 期　1961
于鬯　讀王氏說文釋例　國學雜志 1915 年第 1 期　1915
余國慶・黃德寬　朱빈（珔）與《說文假借義證》　古漢語研究 1996 年 4 期　1996
余行達　段玉裁《說文解字注》述評　中華文史論叢 1996 年期　1996
袁本良　鄭珍《說文逸字》論略　貴州大學學報（社會科學版）2000 年代 1 期　2000
袁本良　鄭珍《說文新附考》論略　古漢語研究 2002 年 4 期　2002
張標　論鄭樵的《六書略》　古漢語研究 1997 年第 4 期　1997
張標　大徐本《說文》小篆或體初探　河北師範大學學報（社科）1990 年第 1 期　1990
張標　章黃學派與 20 世紀的《說文》學　河北師範大學學報 2002 年第 6 期　2002
張標・任敏　《段注》所謂《篇》《韻》的考察　文史 2003 年第 1 輯　2003
張波　淺談段玉裁《說文解字注》的農事名物考證　中國農史卷 2 期　1984
張崇禮　《說文解字》大徐本俗別字研究　漢字文化 2006 年 6 期　2006
張和生・朱小健　《說文解字讀》考　北京師範大學學報（社會科學版）1987 年 5 期　1987
張其昀　段玉裁《說文解字注》及有關著述　說文學研究（綫裝書局）第 5 輯　2010
張慶綿　徐鍇及其《說文解字繫傳》　說文解字研究（河南大學出版社）第 1 輯　1991
張慶綿　略述徐鍇《說文解字繫傳》　遼寧大學學報（哲學社會科學版）1992 年第 1 期 1992
張秋娥　徐鉉的語言文字觀　殷都學刊 2000 年第 4 期　2000
張秋娥　徐鍇的語言文字觀　殷都學刊 2001 年第 4 期　2001
張涌泉　讀《說文》段注札記五則　中國文字學报 2 輯　2008
張詠梅　祁刻本《說文繫傳》反切校勘記　湖北大學學報（哲學社會科學版）31 卷 3 期 2004
章太炎　余杭章公評校段氏說文解字注　制言第 27 期　1936
趙世忠　斠段　重慶學林月刊第 2 期　1939
趙永會　段玉裁對《說文》省聲字的研究　成都大學學報（社科版）1996 年第 3 期　1996
趙錚　從《說文解字注》看段玉裁的連綿詞觀　湖北大學學報（哲社版）30 卷第 5 期 2003
趙錚　吳玉搢《說文引經考》平議　湖北大學學報（哲學社會科學版）33 卷 3 期　2006
趙錚　柳榮宗《說文引經考異》平議　湖北大學學報（哲學社會科學版）36 卷 2 期　2009
趙錚　王筠《說文釋例》之“釋例”　說文學研究（綫裝書局）第 4 輯　2010
鄭賢章　論段玉裁在《說文解字注》中的假借觀　古漢語研究 1998 年第 2 期　1998
鍾明立　《說文段注》同義詞論證方法述略　江西師範大學學報（哲學社會科學版）31 卷第 2 期　1998
鍾明立　《說文段注》“義同”字類型論考　浙江大學學報（人文社會科學版）1999 年 2 期　1999

2001
孫艷紅　徐鍇卒年考　南京師範大學文學院學報 2003 年第 3 期　2003
孫中運　評段玉裁的轉注觀—六談六書之轉注　大連教育學院學報 1994 年第 3·4 期　1994
唐文播　段玉裁說文學之研究　學思 3 卷第 4 期　1943
王初慶　試由《說文繫傳・袪妄》蠡測李陽冰之說文刋本　輔仁國文學報 8 集　1992
王初慶　黃季剛先生“《說文》學”之承傳與發皇　輔仁國文學報 20 集　2004
王克讓　《說文解字註》拾遺　四川大學學報（哲學社會科學版）1995 年 4 期　1995
王力　段玉裁的《說文》研究　中國語言學史（山西人民出版社）　1981
王力　桂馥的《說文》研究　中國語言學史（山西人民出版社）　1981
王力　王筠的《說文》研究　中國語言學史（山西人民出版社）　1981
王力　朱駿聲的《說文》研究　中國語言學史（山西人民出版社）　1981
王寧　論章太炎，黃季剛的《說文》學　漢字文化 1990 年 4 期　1990
王平　《說文解字》大徐反切今音標註存在的問題　中國文字研究（廣西教育出版社）第 4 輯　2003
王術加　略論《說文廣義》 船山學報　1984
王軒　說文句讀識語　國故第 3·4 期　1919
王昱昕　莫友芝的《倣唐寫本說文解字木部箋異》評述　貴州文史叢刋 1990 年 3 期　1990
魏勵　評王筠《說文釋例》 中國語文 1983 年 6 期　1983
呉平　《說文段注》明假借論　江西師範大學學報（哲學社會科學版）卷 2 期　1988
呉稚暉　敘丁氏說文解字詁林補遺附釋六書三事　大陸雜誌第 1 卷第 2 期　1932
夏淥　《說文新注》很有需要—附釋婦，事，家等古文字　說文學研究（崇文書局）第 1 輯　2003
肖瑜　徐鍇的“詞”理論及其影響淺探　廣西師範大學學報 2002 年研究生專輯　2002
徐道彬　《說文段注》對戴震文字學思想的繼承與發展　安徽師範大學學報（人文社會科學版）31 卷第 1 期　2003
徐德明　嚴可均《說文校議》對“說文學”的貢獻　華東師範大學學報（哲學社會科學版）卷 5 期　1993
徐復　說文引經段說述例　制言 37·38 期合刊　1937
許世瑛　段氏說文注所標韻部辨誤　燕京學報第 29 期　1948
薛安勤　《說文通訓定聲》中的說文　遼寧師範大學學報（社會科學版）6 期　1986
楊光榮　《說文段注》據求本字本義校改例　井岡山師範學院學報 2001 年第 1 期　2001
楊光榮　《說文段注》校釋詞例研究（四則）　山西大學學報（哲學社會科學版）24 卷 4 期　2001
楊恆平　《說文解字繫傳》引書考　古籍整理研究學刊 2006 年第 2 期　2006
楊清澄　徐鍇《說文繫傳》的虛字見解　古漢語研究 1992 年 3 期　1992
楊瑞芳　鄭珍《說文新附考》初探　漢字文化 2003 年 2 期　2003
楊瑞芳　宋均芬　鄭珍《說文新附考》簡介　說文學研究（綫裝書局）第 5 輯　2010

陸宗達・王寧　章太炎與中國的語言文字學　訓詁學之知識與應用（語文出版社） 1980
陸宗達　從段玉裁的《說文解字注》談辭書編纂　辭書研究 1982 年 3 輯　1982
陸宗達・王寧　論章太炎・黃季剛的《說文》 訓詁與訓詁學（山西教育出版社） 1994
羅凡晸　段玉裁《說文解字注》數位內容之設計與建置　興大人文學報 42 期　2009
羅憲華・經本植　《說文解字注》與四川的方言和名物：兼及以方言證古語的訓詁方式　四川大學學報（哲學社會科學版）1982 年 3 期　1982
呂朋林　《說文解字注》詞義引申發凡　文獻 1993 年 3 期　1993
馬景侖　《說文》段注對“類比”手法的運用　南京師大學報（社會科學版）1996 年 4 期　1996
馬景侖　《說文》段注求證本義的方法　古漢語研究 1996 年 3 期　1996
馬景侖　《說文》段注對“反訓”的闡釋　古漢語研究 1997 年 4 期　1997
馬景侖　《說文》段注對同義名詞的辨析　南京師大學報（社會科學版）1997 年 3 期　1997
馬景侖　《說文》段注對事物命名緣由的探討　南京師大學報（社會科學版）1998 年 3 期　1998
馬樹杉　《說文段注》與金壇方言　山西師大學報（社會科學版）卷 2 期　1987
毛毓松　好學深思　以求其是：讀《說文解字注》 古籍研究 2001 年 4 期　2001
毛毓松　《段注》與《釋名》 古漢語研究 2002 年第 2 期　2002
毛遠明　《說文段注》校釋群書述評　文獻 1999 年 1 期　1999
梅季　《說文廣義》試評　船山學報　1984
米萬鎖　試論《說文繫傳》對段《注》的影響　語文研究 1992 年第 1 期　1992
牛紅玲・宋均芬　鈕樹玉《說文新附考》簡介　說文學研究（綫裝書局）第 5 輯　2010
朴興洙　從右文說看《說文通訓定聲》 南京師範大學文學院學報 2001 年第 4 期　2001
朴興洙　《說文通訓定聲》研究　香港文匯出版社（香港） 2006
銳聲　徐鍇《說文解字繫傳》的學術成就　天津師大學報（社科版）1989 年第 5 期　1989
單周堯　讀王筠《說文釋例・同部重文篇》劄記　古文字研究 17 輯（中華書局編輯部）　1989
邵英　《說文解字注》中的文化闡釋　漢字文化 2002 年 1 期　2002
史建偉　王筠《說文釋例》之《象形》卷評說　說文學研究（崇文書局）第 1 輯　2003
舒懷　高郵王氏父子《說文》研究緒論　古漢語研究 1997 年 4 期　1997
宋亞雲　《說文解字注》“合音”，“音轉”，“一字注兩部”研究　國學研究 20 卷　2007
宋永培　《說文段注》總結了漢語詞義引申的系統性與規律　四川師院學報（社會科學） 1984 年 2 期　1984
宋永培　對《說文段注》有關“引申規律”論述的整理研究　古籍整理研究學刊 1996 年第 5 期　1996
蘇新春　從《說文・敍》段注看段玉裁研究語言的幾個觀點　華南師範大學學報（社會科學）1984 年 1 期　1984
孫風華　王筠“分別文”・“累增字”及“重文遞加字”淺議　古漢語研究 2001 年第 2 期

第 3 期　1991
黃建中　黃侃先生《說文》學探論　黃侃學術研究（武漢大學出版社）　1997
黃金貴　評《說文段注》的”辨通別”　漢語史學報 3 輯　2003
黃侃箋識・黃焯編次　說文段注小箋　說文箋識四種（上海古籍出版社）　1983
黃侃箋識・黃焯編次　說文新附考原　說文箋識四種（上海古籍出版社）　1983
黃樹先　讀《說文段注改篆評議》　古漢語研究 1995 年 2 期　1995
蔣冀騁　《說文段注》改篆簡論　古漢語研究 1992 年 2 期　1992
經本植　段玉裁《汲古閣說文訂》與《說文解字注》：兼及段氏校改《說文》文字的緣由　四川大學學報（哲社會版）1985 年 3 期　1985
康泰　試論段玉裁對《說文》聲訓的弘揚　江西師範大學學報（哲學社會科學版）30 卷 4 期　1997
李傳書　段玉裁訓詁研究的原則和方法　長沙電力學院社會科學學報 1997 年第 1 期　1997
李傳書　段玉裁的轉注論及其運用　長沙電力學院社會科學學報 1997 年第 3 期　1997
李傳書　《說文釋例》對漢語文字學理論構建的貢獻　長沙電力學院學報（社會科學版）2001 年第 4 期　2001
李華年《說文》“詞”字段注質疑　中華文史論叢增刊語言文字研究專輯上　1982
李計偉　徐鍇古音觀考論　古籍整理研究學刊 2005 年第 4 期　2005
李峻岫　對段玉裁《說文解字注》詞義引申分析規律的初步整理　濰坊高等專科學校學報 1999 年第 4 期　1999
李茂康　段玉裁《說文解字注》對《釋名》的校釋　貴州大學學報（社科版）2002 年第 3 期　2002
李奇瑞　從《說文解字注》看段玉裁對文字學的理論貢獻　江西師範大學學報（哲學社會科學版）31 卷第 2 期　1998
李慶　《說文段注》略論：以段玉裁的學術見解和思想爲中心　金澤大學教養部論集（人文科學）27 卷 1 號　1989
李先華　論《說文段注》因聲求義　河南大學學報（哲學社會科學）1984 年 5 期　1984
李先華　《說文段注》詞義考釋論略　安徽師範大學學報（人文社會科學版 2000 年第 4 期 2000
李雄溪　《說文通訓定聲》對字義的研究　Journal of Oriental Studies Vol.28　No.2　1990
劉成德　試論《說文解字注》對同義詞的辨析　蘭州大學學報（社會科學）1989 年 1 期 1989
劉成德　論段玉裁對《說文》形聲字的改說　蘭州大學學報（社科版）1991 年第 2 期　1991
劉若一　桂馥文字學思想分析　樂山師範學院學報 2004 年第 1 期　2004
劉世昌　段注說文武斷說舉例　師大月刊第 22 期・第 26 期　1935
劉洋　《說文段注》俗字類型考略　殷都學刊 2000 年第 1 期　2000
陸忠發　《說文段注》的同源詞研究　古漢語研究 1994 年 3 期　1994
陸宗達・王寧　論“段王之學”的繼承和發展　訓詁學的知識與應用（語文出版社）　1980

方平权　王夫之的《說文廣義》 古漢語研究 2006 年 4 期　2006
房建昌　朱駿聲與《說文通訓定聲》 辭書研究 1984 年第 2 期　1984
傅東華　略談《說文解字》段注的局限性　中國語文（商務印書館）1961 年第 10-11 期　1961
古敬恆　徐鍇《繫傳》對詞的本義的再闡釋　古漢語研究 1995 年第 1 期　1995
顧漢松　評《說文》大徐注　上海師範大學學報（哲學社會科學版）卷 4 期　1985
關長龍　論《說文段注》之雙聲字　語言研究 1989 年 2 期　1989
郭慧　《說文解字》新附字初探　漢字文化 2003 年 2 期　2003
郭慧　宋均芬　錢大昭《說文徐氏新補新附考證》研究概述　說文學研究（綫裝書局）第 5 輯　2010
郭在貽　從《說文段注》看中國傳統語言學的研究方法　中華文史論叢增刊語言文字研究專輯上　1982
郭在貽　《說文段注》對說文學的貢獻　訓詁叢稿（上海古籍出版社） 1985
郭在貽　《說文段注》與漢語詞匯研究　訓詁叢稿（上海古籍出版社） 1985
郭在貽　《說文段注》與漢文字學研究　訓詁叢稿（上海古籍出版社） 1985
郭在貽　《說文段注》之闕失　訓詁叢稿（上海古籍出版社） 1985
郭子直　王筠許瀚兩家校批祁刻《說文解字繫傳》讀後記　陝西師大學報（哲學社會科學）卷 3 期　1989
韓華梅　丁福保和《說文解字詁林》 文史知識 1995 年第 1 期　1995
韓琳　《黃侃手批說文解字》字詞關係批語辨析　山西大學學報（哲學社會科學版）30 卷 2 期　2007
韓偉　試論桂馥《說文解字義證》及其六書研究特點　平頂山師專學報 2002 年第 6 期　2002
韓偉　簡論段玉裁與桂馥　南陽師範學院學報 2004 年第 3 卷第 11 期　2004
何九盈　《說文段注》音辨　國學研究（北京大學出版社）第 1 卷　1993
侯尤峰　《說文解字》徐鉉所注“俗字”淺析　古漢語研究 1995 年 2 期　1995
胡繼明　《說文解字注》和《廣雅疏證》的右文說　四川大學學報（哲社版）1993 年 4 期　1993
胡朴安　桂氏馥之文字學　中國文字學史（商務印書館） 1937
胡朴安　集漢學派文字學大成之段玉裁　中國文字學史（商務印書館） 1937
胡朴安　三錢之文字學　中國文字學史（商務印書館） 1937
胡朴安　王氏筠之文字學　中國文字學史（商務印書館） 1937
胡朴安　朱氏駿聲之字學　中國文字學史（商務印書館） 1937
胡永鵬・宋均芬　毛際盛《說文新附通誼》論略　漢字文化 2007 年 1 期　2007
胡永鵬・宋均芬　毛際盛《說文新附通誼》簡介　說文學研究（綫裝書局）第 5 輯　2010
胡永鵬・田呉炤《說文二徐箋異》平議　漢字文化 2009 年 3 期　2009
黃大榮　段玉裁《說文解字注》在詞義引申研究方面的貢獻　貴州師範大學學報 1991 年

立石広男　『爾雅疏』における『説文解字』：中国の学の根底を求めて　国学院雑誌106巻11号　2005
萩庭勇　説文解字伝：王（おう）・王（ぎょく）混淆　大東文化大学漢学会誌48号　2009
福田哲之　『篆隷万象名義』の篆体について―『説文解字』との比較を中心に　書学書道史研究1号　1991
福田哲之　許慎に於ける「古文」理解の特色　日本中国学会報45集　1993
福田哲之　水泉子漢簡七言本『蒼頡篇』考：『説文解字』以前小学書における位置　東洋古典学研究29集　2010
藤山和子　『説文解字』に見える医学用語と『素問』との関連について　お茶の水女子大学中国文学会報15号　1996
望月真澄　説文所引詩試釈　中国文化：研究と教育48号　1990
山田健三　説文部首システムから玉篇部首システムへ　訓点語と訓点資料113輯　2004
吉田純　龔自珍の小学：青春と学問と　名古屋大学文学部研究論集（哲学）50号　2004

3．『說文』研究書・注釈書研究論文

白兆麟　再論《說文通訓定聲》　杭州師範學院學報2003年第6期　2003
蔡夢麒　大徐本《說文》切語校訂拾零　古籍整理研究學刊2007年6期　2007
蔡夢麒　《說文解字》徐鉉反切中的音義錯位　華東師範大學學報（哲學社會科學版）39卷5期　2007
蔡夢麒　《說文解字》徐鉉注音質疑錄　古漢語研究2007年1期　2007
蔡信發　段注《說文》會意有輕重之商兌　先秦兩漢學術3期　2005
陳春風　從文字學理論視角看《說文解字注》的价值　求索2006年12期　2006
陳令暉　《說文》段注闕字研究　說文學研究（崇文書局）第1輯　2003
陳淑梅　試論王筠對漢字學的貢獻：讀王筠《說文釋例》　古漢語研究2001年1期　2001
陳遺止　王筠《說文》句讀淺議十則　說文學研究（綫裝書局）第4輯　2010
陳遠止　《說文》王筠句讀平議　Journal of Oriental Studies Vol.22 No.2　1984
陳遠止　王筠研究小識　Journal of Oriental Studies Vol.40 No.1-2　2005
陳韻珊　論嚴可均治《說文》的方法　中國文學研究10期　1996
崔國光　談《說文解字義證》許瀚校様本的學術价值　文獻2001年4期　2001
黨懷興　論戴侗的《說文解字》研究　陝西師範大學學報（哲學社會科學版）30卷3期　2001
丁福保　說文解字詁林敘　國學輯林1卷1期　1926
董蓮池　談談徐承慶對《說文解字注》的匡謬　陸宗達先生百年誕辰紀念文集（中國廣播電視出版社）　2005
杜冰梅　李燾本《說文解字》考評　古籍研究2001年4期　2001
范進軍　大徐本重文初探　說文解字研究（河南大學出版社）第1輯　1991
方敏　錢大昕《說文》學研究略識　說文學研究（綫裝書局）第5輯　2010

鄒曉麗 《說文解字》540 部首述議 說文解字研究（河南大學出版社）第 1 輯 1991
Bottéro, Françoise, Harbsmeier, Christoph（au.）The Shuowen Jiezi Dictionary and the Human Sciences in China. Asia Major（third series）Vol.21 Part 1 2008
阿辻哲次 「許慎の伝記に関する一研究」 未名第 5 号 1986
阿辻哲次 最近の中国での『説文解字』研究について 未名第 9 号 1991
阿辻哲次 『説文解字』と金石学 泉屋博古館紀要 13 巻 1997
池田英雄 甲骨出土を契機として説文解字の価値は揺いだか 東洋文化研究所紀要（無窮会）11 輯 1991
伊藤美重子 長孫訥言箋注本『切韻』残巻初探：切韻の中の説文 お茶の水女子大学中国文学会報 17 号 1998
伊藤美重子 長孫訥言箋注本『切韻』の説文引用例について：S2055, P3693 を例として お茶の水女子大学人文科学紀要 52 巻 1999
伊藤美重子 『説文解字』佚文研究序説 お茶の水女子大学人文科学紀要 54 巻 2001
伊藤美重子 類書に引用された説文について：『芸文類聚』を中心に お茶の水女子大学中国文学会報 21 号 2002
臼田真佐子 狩谷棭斎『説文検字篇』所載の字書 お茶の水女子大学中国文学会報 24 号 2005
臼田真佐子 顧炎武『唐韻正』に見える諧声符と『説文』『広韻』：平声支韻を中心に 愛知大学文学論叢 137 輯 2008
内山直樹 漢代における序文の体例：『説文解字』叙「叙曰」の解釈を中心に 日本中国学会報 53 集 2001
遠藤由里子 『新増説文韻府羣玉』について 中国語学 234 号 1987
大橋由美 助辞説管見 二松学舎大学論集 49 号 2006
岡本勲 爾雅と説文解字 中京大学文学部紀要 30 巻 1 号 1995
小川環樹 中国の字書 『日本語の世界 3 中国の漢字』中央公論社 1981
加藤道理 『説文解字』所掲同文異構異義字管見（1） 桜美林大学中国文学論叢 14 号 1989
加藤道理 『説文解字』所掲同文異構異義字管見（結） 桜美林大学中国文学論叢 15 号 1990
倉石武四郎 清朝小学史話（一） 漢学会雑誌第 10 巻第 3 号 1942
倉石武四郎 中国の字書 図書 68 1955
高久由美 『説文』古文籀文について 言語・地域文化研究 1 1995
高久由美 『説文解字』祖本への接近（上）：小篆の字形を中心として 県立新潟女子短期大学研究紀要第 36 集 1999
高久由美 「説文籀文」の時代：新出［䞣］鼎銘の検討を中心に JISRD：journal of international studies and regional development一（3）（通号） 2012
高橋由利子 『説文解字』データベースソフトについて 中国文化 69 2011

趙錚 稽考《說文》引證之著述 說文學研究（綫裝書局）第5輯 2010
甄尙靈 論漢字意符之範圍 金陵齊魯華西三大學中國文化研究彙刊2卷 1942
甄尙靈 說文形聲字之分析 金陵齊魯華西三大學中國文化研究彙刊2卷 1942
鄭春蘭・程邦雄 《說文》或體之義近形符通用考 古漢語研究2007年1期 2007
鄭師許 六書總論 學藝13卷第8號 1934
鄭師許 象形通論 學藝14卷第3號 1935
鄭師許 指事通論 學藝14卷第4號 1935
鄭師許 說文中譯音字之研究 學藝14卷第6號 1935
鄭振峰 “六書”理論在當代的發展—兼評王寧先生的漢字構形理論 湖北師範學院學報（哲學社會科學版）2002年第3期 2002
鍾明立 《說文解字》的同義詞及其辨析 貴州文史叢刋1999年1期 1999
鍾歆 說文重文讀若轉音攷 1936年制言第11期 1936
種因 說文解字研究法 學生雜誌第14卷第11號 1927
種因 說文解字研究法（續） 學生雜誌第14卷第12號 1927
周大璞 假借質疑 武漢大學學報1982年第2期 1982
周國正 《說文》“孌，慕也”辨 人文中國學報13期 2007
周聽俊 說文一曰研究 國立台灣大學國文研究所集刊第23號
周藝 《說文解字》中的陰陽五行說 中南民族學院學報（哲學社會科學版）卷2期 1989
周盈科 假借簡論 江西師範學院學報（哲學社會科學版）1982年第2期 1982
周盈科 假借簡論（續完） 江西師範學院學報（哲學社會科學版）1982年第3期 1982
周遠富 許愼的語文學說及其思想基礎 南通師範學院學報（哲學社會科學版）第15卷第2期 1999
周祖謨 陶刻孫本說文解字正誤 國學季刊5卷1期 1935
周祖謨 唐本說文與說文舊音 中央研究院歷史語言研究所集刊20本上 1948
周祖謨 許愼和他的《說文解字》（中國語言學史話之三） 中國語文（商務印書館）1956年第9期 1956
周祖謨 關於唐本《說文》的眞僞問題 中國語文1957年第5期 1957
周祖謨 說文解字之宋刻本—孫刻說文解字校勘後記 問學集（北京 中華書局） 1966
周祖謨 許愼及其說文解字 問學集（北京 中華書局） 1966
朱蒼許 引伸元和朱氏轉注說 國風半月刊3卷第1期 1933
朱惠仙 《說文》聲訓擴大化現象分析 古漢語研究2006年3期 2006
朱婷 《六書故》引《說文解字》考評 古籍研究2003年3期 2003
朱自清 《說文解字》第一 開明書店版《經典常談》 1946
竺家寧 說文解字訓釋中“A，B也”形式之研究 說文學研究（崇文書局）第1輯 2003
祝鴻熹・黃金貴 《說文》所稱古文中的假借字 語言研究1982年2期 1982
鄒曉麗 論許愼的哲學思想及其在《說文解字》中的表現 北京師範大學學報（社會科學版）1989年4期 1989

張亞蓉 《說文解字》的諧聲關係與上古音 陝西出版集團・三秦出版社 2011
張誼 喜讀校注本《說文解字》 漢字文化 2006 年 5 期 2006
張涌泉 《說文》"連篆讀"發覆 文史 2002 年第 3 輯 2002
張玉梅 《說文解字》女部的文化内涵 内蒙古工業大學學報（社科版）2001 年第 1 期 2001
張玉梅 試析璽字在《說文》和《六書故》中的釋義 中國文字研究（華東師範大學中國文字研究與應用中心）第 6 輯 2005
張震澤 許愼年譜 遼寧大學出版社 1986
張政烺 說文燕召公史篇名醜解 中央研究院歷史語言研究所集刊第 13 本 1945
張政烺 六書古義 中央研究院歷史語言研究所集刊第 10 本 1948
張政烺 說文序引尉律解 中央研究院歷史語言研究所集刊第 17 本 1948
張智敏 凡某之屬皆從某考敘 1936 年女師學院期刊 4 卷 1·2 期 1936
章炳麟 轉注假借說 《國故論衡》上海古籍出版社 2003
章太炎講演 說文解字序 章氏星期講演會記錄 1935
章太炎 說文部首均語 章太炎全集（上海人民出版社） 1999
章仲銘原注・徐復補詛 說文部首均語註補詛 制言 1937 年第 32 期 1937
趙伯義 《說文解字》"從某，象某"析 河北師範學院學報（哲學社會科學）1989 年第 4 期 1989
趙伯義 《說文解字》順遞析形 河北師院學報（社會科學）1993 年 3 期 1993
趙伯義 《說文解字》指事發微 說文學研究（崇文書局）第 1 輯 2004
趙誠 《說文》諧聲探索（一）（1984 年初出） 古代文字音韻論文集（中華書局） 1993
趙誠 《說文》諧聲探索（二）（1986 年初出） 古代文字音韻論文集（中華書局） 1993
趙誠 《說文》諧聲探索（一）（1988 年初出） 古代文字音韻論文集（中華書局） 1993
趙誠 《說文解字》的形和義 古代文字音韻論文集（中華書局） 1993
趙惠敏 逐漸遠去的刀光劍影：《說文解字》中所映射的古代兵器文化淺論 喀什師範學院學報 30 卷 2 期 2009
趙衛 《說文》籀文研究 文字學論叢（吉林文史出版社） 2001
趙小剛 《說文》所反映的古代葬俗 古漢語研究 1994 年第 4 期 1994
趙小剛 《說文》所反映的古代商貿進程 西北師大學報（社會科學版）31 卷 5 期 1994
趙小剛 從《說文解字》看古羌族對華夏農業的貢獻 蘭州大學學報（社會科學）2001 年第 1 期 2001
趙征 《說文》玉部字與古代玉文化 漢字文化 2009 年 6 期 2009
趙錚 《說文》學著作叢考 湖北大學學報（哲學社會科學版）第 29 卷第 4 期 2002
趙錚 也談江沅《說文釋例》的性質 湖北大學學報（哲學社會科學版）31 卷第 4 期 2004
趙錚 《說文》"同意"釋例 晉陽學刊 2005 年 5 期 2005
趙錚 《說文》"同意"說評述 湖北大學學報（哲學社會科學版）32 卷第 4 期 2005

第 6 期　2001
游國慶　新出簡帛文字與說文篆形之研究：以唐寫本說文殘卷爲例　輔仁國文學報 13 集　1998
游修齡　《說文解字》“禾，黍，來，麥”部的農業剖析　浙江大學學報（人文社會科學版）2001 年 5 期　2001
兪敏　六書獻疑　中國語文 1979 年第 1 期　1979
余延　同義詞研究的新視角：評馮蒸《說文同義詞研究》　漢字文化 1996 年 3 期　1996
于正安　《說文・禾部》所反映的農業文化　說文學研究（綫裝書局）第 4 輯　2010
喩遂生・郭力　《說文解字》的復音詞　西南師範大學學報（哲學社會科學版）卷 1 期　1987
臧克和　《說文解字》中的“夸父”意象　學術研究 1995 年 5 期　1995
曾廣源　說文有借形寄聲之例說　新光第 1 卷第 3 期　1940
曾榮汾　《說文解字》編輯觀念析述　先秦兩漢學術 3 期　2005
曾憲通　三體石經古文與《說文》古文合證　古文字研究（中華書局）7 輯　1982
曾昭聰　談《說文解字》對聲符示源功能的研究　古籍整理研究學刊 1998 年第 1 期　1998
翟相君　《說文》解“隰”有誤：《詩經》“隰”字考釋　西北大學學報（哲學社會科學版）卷 2 期　1988
詹鄞鑫　《說文》篆文校正芻議　古漢語研究 1996 年第 3 期　1996
張標　《說文》正形說辨　河北師範大學學報（社會科學）1986 年期　1986
張標　《說文》部首與字原　河北師範大學學報（社會科學）1988 年 1 期　1988
張標・陳春風　《說文》學的回顧與前瞻　徐州師範大學學報（哲社版）2003 年第 2 期　2003
張風嶺　《說文解字》義界釋義方法研究　漢字文化 2008 年 5 期　2008
張建木　《說文解字序》偶箋　古漢語論集（湖南教育出版社）　1988
張靜　《說文解字》羊部及其反映的文化意蘊　說文學研究（綫裝書局）第 4 輯　2010
張其昀　關于形聲字　說文學研究（綫裝書局）第 4 輯　2010
張儒・韓琳・常莉麗　部首的表義問題　說文學研究（崇文書局）第 1 輯　2003
張汝鯉　許愼故里考辨　說文解字研究（河南大學出版社）第 1 輯　1991
張雙棣　論假借　辭書研究 1980 年第 2 期　1980
張文澍　許書述微　學衡第 2 期　1922
張顯成　《說文》部首字說解與所屬字說解違反同一律考　四川大學學報（哲學社會科學版）1992 年 2 期　1992
張顯成　《說文》收字釋義文獻用例補闕：以簡帛文獻證《說文》　古漢語研究 2002 年第 3 期　2002
張顯成　高二煥　《張家山漢簡》六種中《說文》未收之秦漢字　說文學研究（綫裝書局）第 4 輯　2010
張新艷　《說文》中的非字聲符　漢字文化 2009 年 1 期　2009

許萬宏 《說文》“句”聲字考 漢字文化 2002 年 2 期 2002
薛克謬 再論《說文》非形聲字的歸部 河北大學學報（哲社版）1991 年第 4 期 1991
嚴和來 《說文》“省聲字”中的非形聲字 南方文物 2003 年第 3 期 2003
顏亨福 《說文解字》中的亦聲字—音義關係研究之一 貴州大學學報（社科）1985 年第 2 期 1985
楊宏 《說文》“讀若”性質研究綜述 華北水利水電學院學報 2004 年第 1 期 2004
楊華 《說文》聲訓被釋詞和訓釋詞異源關係初探 廣西師範大學學報 2002 年第 1 期 2002
楊劍橋 《說文解字》的“讀若” 辭書研究 1983 年 3 輯 1983
楊劍橋 《說文解字》讀若研究 語言研究集刋（復旦大學）1 輯 1987
楊琳 從《說文》看《小爾雅》之本字 說文學研究（崇文書局）第 1 輯 2003
楊琳 《說文》小扎 中國文字學報 1 輯 2006
楊柳橋 六書撥疑 中國語文 1979 年第 5 期 1979
楊榮祥 《說文》中的“否定訓釋法” 古漢語研究 1994 年 3 期 1994
楊樹達 說文讀若探源（上）（下） 學原 1 卷第 5 期・第 6 期 1947
楊樹達 造字時有通借證（1943 年初出） 積微居小學述林（中華書局） 1983
楊樹達 文字孳乳之一斑（1947 年初出） 積微居小學述林（中華書局） 1983
楊樹達 文字中的加旁字（1952 年初出） 積微居小學述林（中華書局） 1983
楊樹達 主名與官名的會意字（1952 年初出） 積微居小學述林（中華書局） 1983
楊雙林 《說文解字》與古代房屋建築文化 說文學研究（綫裝書局）第 4 輯 2010
楊尚貴 許慎“假借”例字是非析疑 說文學研究（綫裝書局）第 4 輯 2010
楊向奎 論《說文解字》—併論漢字之功能 中國社會科學院研究生院學報 2000 年第 5 期 2000
姚炳祺 簡論《說文》中之“亦聲”，“省聲”和“省” 學術研究 1987 年 5 期 1987
姚炳祺 《說文》聲訓五則 學術研究 1999 年第 1 期 1999
姚炳祺 《說文》中之聲訓例釋 古文字研究 24 輯 2002
姚淦銘 《說文》編纂的《易》哲學視界 辭書研究 2001 年第 5 期 2001
姚孝遂 論形符與聲符的相對性 容庚先生百年誕辰紀念文集（廣東人民出版社） 1998
葉友文 《說文解字》“一日”試析 語言學論叢 15 輯 1988
易敏 談《說文解字》“同意” 贛南師範學院學報 2005 年第 2 期 2005
易志文 《說文解字・虫部》中的同物異名和同名異物 農業考古 2009 年 1 期 2009
易志文 《說文解字》虫部字的宗教文化意蘊 農業考古 2009 年 4 期 2009
殷孟倫 說文解字形聲條例述補 山東大學學報 1957 年第 2 期 1957
殷孟倫 《說文解字》，《釋名》兩書簡析 山東大學學報（中國語文學版）1961 年第 3 期 1961
尹靖 《說文解字》的多形多聲字 天津師大學報（社會科學版）1986 年 2 期 1986
尹黎云 《說文解字》“從某，某亦聲”辨正 陸宗達先生百年誕辰紀念文集 2005
尹彰浚 《說文解字》中“先古籒後篆”研究 四川大學學報（哲學社會科學版）2001 年

呉庭讓　說文雙聲疊韻聯語攷釋　東北大學周刊第 53 期　1929
呉辛丑　《說文》同意字與轉注字淺析　語言研究 1998 年 1 期　1998
呉永坤　《說文解字》評介　語文名著（中國青年出版社）　2000
呉予天　文字聲轉注聲廣例　學藝 12 卷第 6 號　1932
呉振武　古文字中的“注音形聲字”　古文字與商周文明（中央研究院歷史語言研究所）　2000
奚世榦　說文校案（二則）　上海國學雜誌 1915 年第 1 期　1915
夏碩　《說文》中的音訓：兼談“兮”字的用法　漢字文化 1995 年 3 期　1995
祥瑞　說文釋誤契文析辨（續一）　貴州文史叢刊 1992 年 4 期　1992
向楚　訂轉注　國立四川大學季刊
向光忠　古文字與古聲韻之參究芻説—兼示《說文》古籀篆文諧聲系統之學術价値　說文學研究（崇文書局）第 1 輯　2003
向光忠　王力先生關于中國文字學的識斷　說文學研究（綫裝書局）第 4 輯　2010
向光忠　許愼生平考述　說文學研究（綫裝書局）第 5 輯　2010
蕭璋　談《說文》說假借　古漢語研究 1989 年 1 期　1989
謝紀鋒　從《說文》讀若看古音四聲　羅常培紀念論文集・商務印書館　1984
謝紀鋒　《說文》讀若聲類考略　河北師院學報（哲學社 s 會科學）1986 年 4 期　1986
解植永　《說文解字》中的不等値訓釋　雲南民族大學學报（哲學社會科學版）22 卷 4 期　2005
徐復　說文心部諸形聲會意字詮釋　金陵大學文學院季刊 1 卷 2 期　1931
徐復　說文疑義舉例　金聲第 1 卷第 1 期　1931
徐復　蘄春黃先生講授說文記錄　制言 7 期　1935
徐復　葯漢大師說文講記　制言 31 期～ 35 期　1936
徐復　《說文解字》補釋　徐復語言文字學論稿（江蘇教育出版社）　1995
徐前師　《說文》“卺”字校議　中國語文 2009 年 2 期　2009
徐時儀　唐寫本《說文》管窺　黔南民族師範學院學報 2002 年第 1 期　2002
徐時儀　讀《唐寫本說文解字木部箋異注評》　貴州文史叢刊 2003 年 1 期　2003
徐時儀　佛經音義所引《說文》考探　中華文史論叢 2004 年期　2004
徐無聞　小篆爲戰國文字說　西南師範學院學報 1984 年第 2 期　1984
徐在國　試說《說文》“籃”字古文　古文字研究 26 輯　2006
徐志林　《說文》古文研究綜述　古籍研究 2007 年　2007
許本裕　六書次第當遵許書說　學生雜誌 2 卷 6 期　1915
許篤仁　轉注淺說　東方雜志 22 卷 22 期　1925
許嘉璐　說“正色”—《說文》顏色詞考察　中國典籍與文化 1995 年第 3 期　1995
許凌虹　《說文》”玉”部字與古代玉文化　安徽師範大學學報（人文社會科學版）33 卷 3 期　2005
許錟輝　《說文》訛誤釋例　先秦兩漢學術 3 期　2005

2003年5期 2003
王平 《說文》重文研究綜述 古籍研究2004年 2004
王平 “《說文》《玉篇》《萬象名義》聯合檢索系統”的開發：從原本《玉篇》到宋本《玉篇》 中國文字研究第6輯（華東師範大學中國文字研究與應用中心） 2005
王平 《說文》重文或體形聲字形符更換研究 古籍研究2006年 2006
王仁俊 說文解字引漢律令攷 國學月刊第1期 1926
汪榮寶 轉注說 華國月刊1卷9期 1924
王若江 《說文解字》中互訓詞分析 說文解字研究（河南大學出版社）第1輯 1991
王善業 讀說文虫・{虫虫}・蟲三部札記 燕京學報第11期 1932
王顯 就對許愼及其《說文》的指責談一點看法 中國語文（商務印書館）1978年第4期 1978
王顯 談談許愼及其《說文》跟讖緯的問題 古漢語論集（湖北教育出版社） 1985
王雪燕・道爾吉 從《說文》女部字看上古婚姻制度的變遷 漢字文化2006年1期 2006
王英明 從《說文》部首談漢字的派生 說文學研究（崇文書局）第1輯 2003
王英明 晉代以來倣《說文解字》之字書 說文學研究（綫裝書局）第5輯 2010
王永强 《說文》“亼”字說解申許 古漢語研究1994年4期 1994
王有衞 試論《說文》部首系聯次序 說文學研究（崇文書局）第1輯 2003
王蘊智 谥・易同源嬗變探析 說文解字研究（河南大學出版社）第1輯 1991
王蘊智 同源字例釋四組 說文學研究（崇文書局）第1輯 2003
王作新 《說文解字》複體字的組合與系統思維 北方論叢1997年5期 1997
王作新 《說文解字》的”形位旁解” 古漢語研究2004年3期 2004
魏伯特 略論說文解字“重文”的性質及其在音韻學上的價值 中國文學研究1期 1987
魏德勝 以秦墓竹簡印證《說文》說解 中國語文2001年4期 2001
魏德勝 雲夢秦簡與《說文》的用字 簡帛語言文字研究（巴蜀書社）第1輯 2002
魏建功 新史料與舊心理 北京大學研究所國學門周刊 1926
聞一多 釋朱 古典新義（古籍出版社） 1956
聞宥 轉注理惑論 東方雜志24卷10期 1927
問清松 從《說文》連語看舌頭舌上之分 華中師範大學學報（哲學社會科學）卷3期 1986
巫俊勳 《六書正義》删併《說文》部首初探 輔仁國文學報28集 2009
呉璧雍 桂馥及其說文解字義證 故宮文物月刊11 1993
呉承仕 說文講疏 制言18期 1936
呉東平 《說文解字》中的省聲研究 中南民族學院學報（人文社會科學版）21卷4期 2001
呉東平 《說文解字》中的”亦聲”研究 山西師大學報（社會科學版）29卷3期 2002
呉培德 《說文解字》引《詩》辨析 貴州文史叢刊1987年4期 1987
呉其昌 象形古義考（節要） 實學第7期 1927

王貴元　《說文解字》與同源字探索　說文解字研究（河南大學出版社）第1輯　1991
王貴元　《說文解字》新證　古漢語研究1999年第3期　1999
王貴元　《說文解字》版本考述　古籍整理研究學刊1999年第6期　1999
王貴元　張家山漢簡與《說文解字》合證：《說文解字校箋》補遺　古漢語研究2004年第2期　2004
王國維講授　劉盼遂記　說文練習筆記　國學論叢2卷2期　1930
王國維　漢書所謂古文說　觀堂集林（中華書局）　1959
王國維　史記所謂古文說　觀堂集林（中華書局）　1959
王國維　釋史・釋由・釋辪・釋天　觀堂集林（中華書局）　1959
王國維　說文今敍篆文合以古籒說　觀堂集林（中華書局）　1959
王國維　說文所謂古文說　觀堂集林（中華書局）　1959
王國維　戰國時秦用籒文六國用古文說　觀堂集林（中華書局）　1959
王卉　汉代金文篆文與《說文解字》篆文比较研究小结　寧夏社會科學2008年3期　2008
王靜　試論《說文解字》中的“敎育”二字　教育研究1995年3期　1995
王靜　再論《說文》中的“敎”字　教育研究1997年8期　1997
王軍　《說文解字》的訓釋與雙音合成詞的内部語義關係　河北師範大學學報（哲社版）2003年第4期　2003
王力　字書的興起《中國語言學史》第4章　山西人民出版社　1981
王力波　《說文》部首部内字形義關係考　古籍整理研究學刊2002年第1期　2002
王蓮智　字聖許愼評傳　字學論集（河南美術出版社）　2004
王卯根　《說文》形聲字“讀若”注音條例考　古籍整理研究學刊2003年第4期　2003
王卯根　淺釋《說文解字》的“聲讀同字”現象　古籍整理研究學刊2006年第4期　2006
王美盛　釋“龍”　說文學研究（綫裝書局）第4輯　2010
王夢華　說文解字釋要　吉林教育出版社　1990
王寧・李國英　論《說文解字》的形聲字—小篆構形系統的形成與特點　說文解字研究（河南大學出版社）第1輯　1991
王寧　對《說文解字》學術價値的再認識—許愼與《說文》學國際學術研討會綜述　中國社會科學1992年第3期　1992
王平　《說文解字》與中國古代科技引論　天津師範大學學報（社會科學版）2001年3期　2001
王平　唐寫本《說文・木部》殘卷與大徐本小篆比較研究　古籍整理研究學刊2001年第4期　2001
王平　《說文解字》中的宇宙天文思想　北方論叢2002年2期　2002
王平　《說文》訓“詞”例考釋兼及許愼的虛字觀　古籍整理研究學刊2002年第2期　2002
王平・臧克和　日藏唐寫本《說文・木部》殘卷原件與大徐本小篆形訛字考訂　文史2003年2輯　2003
王平　《說文解字》重文聲符替換類型及其對應規律　天津師範大學學報（社會科學版）

孫學峰　《說文》古文“甲”釋義的流傳訛誤　漢字文化 2007 年 1 期　2007
孫雍長　聲訓源流暨《說文》聲訓　河北師範大學學報 2002 年第 1 期　2002
孫永義　《說文》字義體系與中國古代圖騰崇拜文化　西南師範大學學報（哲學社會科學版）5 期　1997
孫稚雛　《說文解字》與篆書藝術　中山大學學報（社會科學版）36 卷 3 期　1996
孫中運　“盼”字的本義和“盼望”詞義來源　說文學研究（綫裝書局）第 4 輯　2010
談承熹　《說文解字》的義界　辭書研究 1983 年 4 輯　1983
談承熹　談《說文解字》的聲訓　山西大學學報（哲學社會科學版）卷 1 期　1987
譚步雲　《說文解字》所收異體篆文的文字學啓示　中山大學學報（社會科學版）48 卷 3 期　2008
譚世寶　《說文》崇殷商之學證　學術研究 2003 年 9 期　2003
湯餘惠　夭・夨・吳辨—《說文》平議之一　說文解字研究（河南大學出版社）第 1 輯　1991
唐桂馨　說文識小錄　古學叢刊　1939・1940
唐桂艷　王筠《說文釋例》校改本的文獻學价値　文獻 2006 年 4 期　2006
唐劍鋒　從《說文解字・竹部》看中國竹文化　喀什師範學院學報 28 卷 5 期　2007
唐蘭　文字的構成　中國文字學（開明書店）　1949
唐松波　漢字體系與漢字統一的問題：紀念《說文解字》成書 1880 年　漢字文化 2001 年 4 期　2001
陶惟坻　說文集釋　江蘇省立蘇州圖書館館刊 1 號　1929
陶惟坻　說文集釋（續）　江蘇省立蘇州圖書館館刊 2 號　1930
田泉　五種陳刻大徐本《說文》文字互異同舉例　古籍整理研究學刊 2003 年 3 期　2003
田樹生　辨“齒”,“牙”　說文學研究（崇文書局）第 1 輯　2003
童琴　《說文解字》“祖”字釋義考辨　漢字文化 2008 年 4 期　2008
萬博哉　訂笑　志學月刊第 9 期　1942
萬獻初・金德平　從《說文》貝部字談先秦時期的貝幣　中國錢幣 1997 年 2 期　1997
萬獻初　《說文》貝部五十九字通考：推論商周時期的貨幣形態，流通手段及其影響　人文論叢 2001　2001
萬獻初　《說文》犬豕牛羊馬五畜字滙考：探討上古狩獵，畜牧，農耕的生產形態及其對漢字的影響　人文論叢 2003　2003
萬業馨　《說文解字》中同聲源字“省聲”的初步分析　南京大學學報（高教研究與探索）1983 年 3 期　1983
王伯熙　六書第三耦研究　中國社會科學 1981 年第 4 期　1981
王初慶　假借商榷　輔仁學誌（人文藝術之部）34 期　2006
王初慶　論《說文》與六書　孔仲溫教授逝世五週年紀念文集　2006
王初慶　再論《說文》說解本不及六書　輔仁國文學報 25 集　2007
王鳳陽　漢語詞源研究的回顧與思考　漢語詞源研究（吉林教育出版社）　2001

期 2007
施安昌 唐人對《說文解字》部首的改革 辭書研究 1981 年 4 輯，故宮博物院院刊 1981 年 4 期 1981
師玉梅 以金文證《說文》形聲字的誤斷 古文字研究 26 輯 2006
師玉梅 出土文獻證《說文》形聲字的訛變與誤斷 考古與文物 2007 年 6 期 2007
史鑒 《說文解字》與漢字規範 語文建設 1995 年第 8 期 1995
舒懷 《說文解字》取資緯書說 湖北大學學報（哲學社會科學版）32 卷 6 期 2005
舒連景 說文數名古文考 勵學 1 卷 3 期 1935
舒志武 《詩經》押韻與《說文》諧聲中的方音 中南民族學院學報（哲學社會科學版）卷 4 期 1992
舒志武 《說文解字舊音》的性質 語言研究 1997 年 2 期 1997
司禮義 On the system of the pu shou（部首）in the Shuo-wen chieh-tzu（說文解字）. 中央研究院歷史語言研究所集刊第 55 本第 4 分 1984
宋均芬 從《說文敍》看許愼的語言文字觀 漢字文化 1997 年 2 期 1997
宋均芬 談談說文學 漢字文化 1997 年 3 期 1997
宋均芬 說文學 首都師範大學出版社 1998
宋爲霖 說文漢讀通假說 1939 年制言第 54 期 1939
宋易麟 《說文解字》中的重文未疊字 江西師範大學學報（哲學社會科學版）29 卷 2 期 1996
宋易麟 《說文》省聲的是與非 江西師範大學學報（哲學社會科學版）第 31 卷第 2 期 1998
宋永培 論《說文》意義體系 說文解字研究（河南大學出版社）第 1 輯 1991
宋永培 論《說文》意義體系的內容與規律 華東師範大學學報（哲學社會科學版）卷 6 期 1991
宋永培 《說文》意義體系記載了“堯遭洪水”事件 古漢語研究 1991 年 2 期 1991
宋永培 《說文》對反義同義同源關係的表述與探討 河北大學學報（哲社版）1992 年第 4 期 1992
宋永培 《說文》意義體系與成體系的中國上古史 四川大學學報（哲學社會科學版）1994 年 1 期 1994
宋永培 論陸宗達，王寧的《說文》意義之學 四川大學學報（哲學社會科學版）1996 年 3 期 1996
宋永培 《說文》對上古漢語字詞的系統整理 齊魯學刊 2003 年第 5 期 2003
粟孚 六書札記 國專月刊 1 卷 5 期
孫常敘 則・灋度量則・則誓三事試解 古文字研究（中華書局）第 7 輯 1982
孫次舟 說文所稱古文釋例 中國文化研究滙刊 2 卷 1942
孫海波 說文籀文古文考 文哲月刊 1936 年 1 卷 8 期 1936
孫海波 書許氏說文解字六書正論後 國學月刊 1 卷 1 期

齊沖天 《說文》的幾則訓詁所說明的一個理論和方法問題 說文解字研究（河南大學出版社）第 1 輯 1991
齊元濤 《說文》小篆構形系統相關數據的計算機測查 古漢語研究 1996 年 1 期 1996
錢超塵 《本草綱目》所引《說文》考 說文解字研究（河南大學出版社）第 1 輯 1991
錢劍夫 《說文》“罥”字說解注平議 河北師院學報（哲學社會科學）1987 年 4 期 1987
錢劍夫 試論《說文》和《緯書》的關係 古漢語研究 1989 年 2 期 1989
錢玄同 論《說文》及壁中古文經書 錢玄同文集（中國人民大學出版社） 1999
錢玄同 說文部首今語解 錢玄同文集（中國人民大學出版社） 1999
錢玄同 中國文字略說 錢玄同文集（中國人民大學出版社） 1999
錢用和 轉注例異說攷 文藝會季刊第 1 期 1919
裘錫圭 漢字基本類型的劃分 文字學概要（商務印書館） 1988
裘錫圭 說字小記 北京師範學院學報 1988 年第 2 期 1988
裘錫圭 《說文》與出土古文字 說文解字研究（河南大學出版社）第 1 輯 1991
裘錫圭 說“喦”“嚴” 裘錫圭自選集（河北教育出版社） 1994
瞿潤緡 桐人？相人？—說文校訂之一 文學年報第 1 期 1932
饒宗頤 太平經與說文解字 中國宗教思想史新頁（北京大學出版社） 2000
任繼昉 “轉注字也是半形半聲的字”—于安瀾先生“轉注”觀的啓示 說文學研究（崇文書局）第 1 輯 2003
容庚 論說文誼例代顧頡剛先生答柳翼謀先生 北京大學研究所國學門周刊 1926
沙宗元 《說文解字》缺疑辨補 古籍研究 2001 年 1 期 2001
單殿元・梁孝梅 《說文解字》肉部的文化闡釋 漢字文化 2007 年 6 期 2007
單周堯 《說文釋例・累增字篇》研究 Journal of Oriental Studies Vol.22 No.2 1984
單周堯 說文釋例有關籀文，或體，俗體諸篇之研究 香港中國語文學會 1986
單周堯 說文釋例異部重文篇研究 香港大學中文系 1988
單周堯 讀《說文》記四則 說文學研究（綫裝書局）第 4 輯 2010
商承祚 釋武（附容肇祖案語） 語言歷史學研究所周刊第 2 集第 20 期 1928
商承祚 釋朱 中央研究院歷史語言研究所集刊第 1 本第 1 分 1928
商承祚 立字質疑 語言歷史學研究所周刊第 11 集第 123 − 128 期合刊 1930
商承祚 釋申 釋雷 師大國學叢刊第 1 卷第 2 期 1931
商承祚 釋季・釋弘・釋白・釋競・釋鼎 商承祚文集（中山大學出版社） 1944
商承祚 石刻篆文編字說 石刻篆文編（中華書局） 1996
尙學鋒 經學辯論與東漢論說文的變化 北京師範大學學報（社會科學版）2007 年 4 期 2007
申小龍 論中國古代語言學之說文解字傳統 漢字文化 1997 年 3 期 1997
沈兼士 漢字義讀法之一例—說文重文之新定義 辛巳文錄初集 1941
沈兼士 初期意符字之特性 沈兼士學術論文集（中華書局） 1986
沈之杰 試說唐寫本《說文・木部》殘帙在清代以前的定位與流傳 中國語文 2007 年 6

1994
羅紅勝・劉守安 《說文解字》的漢字史論與結構構成價值 求索 2007 年 6 期 2007
羅會同 《說文解字》中俗體字的產生與發展 蘇州大學學報（哲學社會科學版）1996 年第 3 期 1996
羅君惕 正段 考古學社社刊第 5 期 1936
羅君惕 六書說 語文論叢（上海教育出版社）第 1 輯 1981
羅君惕 天干地支之起源與作用 語文論叢（上海教育出版社） 1986
羅衞東 “新說文解字”與漢字形義詮釋 天津師範大學學報（社會科學版）2008 年 4 期 2008
羅向榮 《說文解字》互訓辨析 四川大學學報叢刋 54 輯 1991
呂朋林 “腹，厚也”舊訓質疑 古籍整理研究學刊 1993 年第 4 期 1994
呂思勉 節註說文議 讀書通訊 145 期 1947
呂思勉 說文解字文考 文字學四種（上海教育出版社） 1985
呂思勉 字例略說 文字學四種（上海教育出版社） 1985
呂永進 《說文解字》會意字中的省形結構 說文學研究（綫裝書局）第 4 輯 2010
馬承玉 《逸周書》之名始於《說文》 江漢論壇 1985 年 5 期 1985
馬建東 姓、性與漢代社會的深層結構與底部力量：《說文解字》有關“姓”的隱義 甘肅社會科學 2008 年 3 期 2008
馬敘倫 說文解字六書疏證 國故 2 期 1919
馬學良遺著・劉又辛校補《原本玉篇》引《說文》箋校補 文史 2005 年 1 輯 2005
孟堅 轉注論 文學創刊 1 集 1929
孟志鋼 評《唐寫本說文解字木部箋異注評》 貴州文史叢刋 1998 年 4 期 1998
聶振弢・聶振歐 《說文解字》與南陽俗語 說文解字研究（河南大學出版社）第 1 輯 1991
牛红玲 鈕樹玉稱“新附字不當附”小考 漢字文化 2003 年 2 期 2003
潘天禎 毛扆第五次校改《說文》說的考察 圖書館學通訊 1985 年 2 期 1985
潘天禎 毛扆四次以前校改《說文》說質疑 圖書館學通訊 1986 年 3 期 1986
潘天禎 汲古閣本《說文解字》的刊印源流 北京圖書館館刋 1997 年 2 期 1997
潘玉坤 存在爭議的籀文 古籍整理研究學刊 2002 年第 5 期 2002
潘玉坤 《史籀篇》年代考 杭州師範學院學報 2002 年第 2 期 2002
潘玉坤 籀文形體淺論 殷都學刊 2003 年第 2 期 2003
潘重規 說文借體說 制言第 32 期 1937
龐子朝 許愼《說文解字》與陰陽五行說 華中師範大學學報（哲學社會科學）卷 5 期 1988
龐子朝 論《說文解字》的文化意義 華中師範大學學報（哲學社會科學）34 卷 5 期 1995
彭裕商 指事說 中國古文字研究（吉林大學出版社）第 1 輯 1999
戚桂宴 什麼是六書 山西大學學報 1982 年第 1 期 1982

劉師培　答四川國學學校諸生問說文書五通　雅言雜誌第 8 期　1914
劉師培　古重文考　國學叢刊第 1 卷第 1 期　1923
劉曉南　《說文》連篆讀例獻疑　古漢語研究 1989 年 1 期　1989
劉曉南　論《說文》釋義部分之本字複出現象　古漢語研究 1993 年 3 期　1993
劉曉英　《說文解字》中的聯綿詞研究　邵陽學院學報 2002 年第 4 期　2002
劉興均　《周禮》物量詞使用義探析：兼論《說文段注》的文獻詞義訓釋价值　古漢語研究 2002 年 1 期　2002
劉雅芬　慧琳《一切經音義》"古文例" 異體字中所見《說文》古文　輔仁國文學報 28 集 2009
劉又辛　談談《說文解字》的歷史地位和學術價值　說文解字研究（河南大學出版社）第 1 輯　1991
劉樂賢　《說文》"法" 字古文補釋　古文字研究 24 輯　2002
劉釗　《說文解字》匡謬（四則）　說文解字研究（河南大學出版社）第 1 輯　1991
劉釗　談考古資料在《說文》研究中的重要性　中國古文字研究（吉林大學出版社）　1999
劉釗　"稽" 字考論　中國文字研究（廣西教育出版社）第 6 輯　2005
劉志剛　《說文》"詞也" 類訓詁術語及段注考略　江西師範大學學報（哲學社會科學版） 42 卷 4 期　2009
柳詒徵　論以說文證史必先知說文之誼例　北京大學研究所國學門周刊　1926
盧鳳鵬　《說文》"明" 的語義結構系統　貴州文史叢刊 1997 年 1 期　1997
盧鳳鵬　《說文》異詞同訓的定位分析　貴州文史叢刊 1997 年 5 期　1997
盧鳳鵬　《說文解字》互訓詞研究　貴州文史叢刊 1998 年第 4 期　1998
路廣正　顧野王《玉篇》對許慎《說文解字》的繼承與發展　文史哲 1990 年 4 期　1990
陸錫興　假借轉注再研究　語言研究 1986 年第 1 期　1986
陸志韋　《說文解字》讀若音訂　陸志韋語言學著作集（中華書局）　1999
陸宗達　介紹許愼的《說文解字》　北京師範大學學報（社科版）1961 年第 3 期　1961
陸宗達　六書簡論　北京師範大學學報（社會科學版）1978 年第 5 期　1978
陸宗達・王寧　論《說文》字族研究的意義—重讀《文始》與《說文同文》　訓詁學之知識與應用（語文出版社）　1980
陸宗達・王寧　《說文》"讀若" 的訓詁意義　訓詁學之知識與應用（語文出版社）　1980
陸宗達・王寧　《說文解字》及其在文獻閱讀中的應用　訓詁學之知識與應用（語文出版社）　1980
陸宗達・王寧　《說文解字》與訓詁學　訓詁學之知識與應用（語文出版社）　1980
陸宗達・王寧　文字的貯存與使用—《說文》之字與文獻用字的不同　訓詁學之知識與應用（語文出版社）　1980
陸宗達　《說文解字》及其在文獻閱讀中的應用　文史知識 1981 年 5 期　1981
陸宗達・王寧　《說文解字》與本字本義的探求　訓詁與訓詁學（山西教育出版社）　1994
陸宗達・王寧　《說文解字》與以形索義的訓詁方法　訓詁與訓詁學（山西教育出版社）

李學勤　《說文》前敘稱經說　古文獻論叢（上海遠東出版社）　1996
李學勤　《秦文字集證》序　重寫學術史（河北教育出版社）　2002
李學勤　試說張家山簡《史律》　文物 2002 年第 4 期　2002
李學勤　論孔子壁中書的文字類型　中國古代文明研究（華東師範大學出版社）　2005
李一民　學習《說文》對人字的解說　漢字文化 1999 年 1 期　1999
李軼　《說文》“勹”部字溯源：兼談《說文》部首的同形合併　古籍研究 2008 年期　2008
李義琳　《說文》與現代漢字　貴州文史叢刋 1994 年 4 期　1994
李英　《說文解字》連篆讀考　說文學研究（崇文書局）第 1 輯　2003
李元華　和諧教育說文解字：從解析漢字構形到闡發教育觀念　首都師範大學學報（社會科學版）2006 年 4 期　2006
連登崗　研索《說文解字》部首與字原之著述　說文學研究（綫裝書局）第 5 輯　2010
梁東漢　論轉注　語言文字學術論文集（知識出版社）　1989
梁光華　《唐寫本說文木部》殘卷論略　貴州文史叢刋 1996 年 5 期　1996
梁光華　《唐寫本說文木部》殘卷的考鑑，刊刻，流傳與研究概觀　中國文字研究第 6 輯（華東師範大學中國文字研究與應用中心）　2005
梁光華　也論唐寫本《說文・木部》殘帙的眞僞問題　中國語文 2007 年 6 期　2007
梁光華　釋“楬”　說文學研究（綫裝書局）第 4 輯　2010
林美玲　說文讀若綜論　國立臺灣師範大學國文研究所集刊 42 號　1998
林素淸　《說文》古籀文重探—兼論王國維〈戰國時秦用籀文六國用古文說〉　中央研究院歷史語言研究所集刋第 58 本第 1 分　1987
林素淸　說慦　古文字與古代史第 1 輯（中央研究院歷史語言研究所會議論文集之七）2007
林銀生　說文旁見說解論析　北京師範大學學報（社會科學版）1993 年 4 期　1993
林尹　形聲釋例　制言 1936 年第 10 期　1936
林沄　漢字記錄語言的方式　古文字研究簡論（吉林大學出版社）　1986
林沄　古文字轉注舉例　林沄學術文集（中國大百科全書出版社）　1998
林志强　20 世紀漢字結構類型理論的新發展—以“三書說”和“新六書說”爲例　福建師範大學學報（哲社版）2001 年第 3 期　2001
劉川民　《說文段注》辨析同義詞的方式　杭州大學學報（哲學社會科學）27 卷期　1997
劉大白　轉注正解　東方雜志 25 卷 23 期　1928
劉大白　六書次第說　世界雜誌 1 卷 5 期　1931
劉盼遂　說文漢語疏　國學論叢 1 卷 2 期　1927
劉盼遂　說文重文疏敘　學文第 1 卷第 1 期　1930
劉盼遂　六書轉注甄微　學文第 1 卷第 2 期　1931
劉盼遂　上黃季剛師論說文重文書　學文第 1 卷第 4 期　1931
劉盼遂　說文師說・說文師說別錄　北强月刊 2 卷 2 期　1935
劉師培　轉注說　國粹學報第 11 册第 60 期　1909

文化研究所吳多泰中國語文研究中心 1983
李代祥 六書闡要：重讀《說文解字・序》 漢字文化 1998 年 4 期 1998
李道中 許氏說文所稱別國殊語與揚氏方言異同條證 文瀾第 6 期 1936
李恩江 從《說文解字》談漢語形聲字的發展 語言學論叢 23 輯 2001
李恩江 “卮”字臆談 說文學研究（崇文書局）第 1 輯 2003
李國英 《說文解字》研究的現代意義 古漢語研究 1995 年 4 期 1995
李國英 論漢字形聲字的義符系統 中國社會科學 1996 年第 3 期 1996
李海霞 形聲字造字類型的消長：從甲骨文到《說文》小篆 古漢語研究 1999 年 1 期 1999
李海英 孫詒讓與“唐寫本”《說文解字・木部》殘卷 漢字文化 2007 年 6 期 2007
李家浩 唐寫本《說文解字》木部殘卷爲李陽冰刊定本考 文史 2003 年第 1 輯 2003
李家祥 《說文解字》省聲類字疑誤析辨 貴州文史叢刋 1991 年 3 期 1991
李家祥 說文解字省聲類字疑誤析辨補 貴州文史叢刋 1993 年 1 期 1993
李家祥 說文解字契文校議 貴州文史叢刋 1993 年 6 期 1993
李家祥 說文解字契文校議 貴州文史叢刋 1994 年 3 期 1994
李家祥 說文解字省形類字疑誤辨正 貴州文史叢刋 1997 年 6 期 1997
李茂康・颜嘉慧 《說文・示部》說解與同源詞研究 古籍整理研究學刊 2006 年 3 期 2006
李敏辭 “省聲”說略 古漢語研究 1995 年第 2 期 1995
李蓬勃 《說文解字》的假借觀 說文學研究（綫裝書局）第 4 輯 2010
李翹 轉注正義 學衡第 26 期 1924
李慶 “北宋本”《新雕入篆說文正字》小考 中國典籍與文化 2008 年 1 期 2008
李守奎 《說文》古文與楚文字互證三則 古文字研究（中華書局）20 輯 2002
李天虹 《說文》古文校補 29 則 江漢考古 1992 年 4 期 1992
李天虹 說文古文新證 江漢考古 1995 年第 2 期 1995
李天虹 “隻”字小考 追尋中華古代文明的蹤跡ー李學勤先生學術活動五十周年紀念文集（复旦大學出版社） 2002
李先華 淸代以前《說文》流傳與研究述略 安徽師大學報（哲學社會科學版）卷 2 期 1989
李先華 《說文》兼用三家《詩》凡例說略 安徽師大學報（哲學社會科學版）卷 4 期 1990
李先華 《說文》兼采三家詩釋例 說文解字研究（河南大學出版社）第 1 輯 1991
李孝定 中國文字的原始與演變（上篇）（下篇） 中央研究院歷史語言研究所集刊第 45 本第 2 分 1974
李孝定 論玉篇增刪說文部首-漢字新分部法初探 大陸雜誌 70 卷 3 期 1985
李孝定 讀說文記數則 大陸雜誌 74 卷 5 期 1987
李雄溪 朱駿聲《說文段注拈誤》述評 嶺南學報 2 期 2000

黃焯　說文義異形同學證　說文箋識四種　1983
黃焯　說文形聲字有相反爲義說　說文箋識四種　1983
吉常宏　許愼與名字訓詁學　說文解字研究（河南大學出版社）第 1 輯　1991
吉仕梅　《說文解字》俗字箋議　語言研究 1996 年 2 期　1996
季素彩　“道可道，非常道”：試論“俗說文解字”的若干問題　漢字文化 2003 年 2 期　2003
賈雯鶴　《說文解字》關于太陽循環記載的研究　中南民族大學學報（人文社會科學版）23 卷 5 期　2003
姜忠奎　說文轉注考敘　學衡第 60 期　1926
江學旺　《說文》“厂”及“厂部”之字試說　漢字研究（學苑出版社）第 1 輯　2005
江學旺　從“石”之字《說文》誤析爲從“广”例　古文字研究 27 輯　2008
蔣禮鴻　讀《說文》記二篇　杭州大學學報（哲學社會科學）23 卷 4 期　1993
蔣志範　六書發微　南京學海 2 卷 2 期　1945
蔣志範　六書發微（續）　南京學海 2 卷 3 期　1945
蔣宗福　《說文解字》與現代通用漢字　西南師範大學學報（人文社會科學版）28 卷 4 期　2002
金毓黻　說文疑義舉例　東北叢刊 9 期　1930
金毓黻　說文綱領　東北叢刊第 15 期　1931
柯淑齡　《說文》形聲商榷　先秦兩漢學術 3 期　2005
孔令穀　疑形聲　說文月刊 2 卷第 9 期　1940
孔毅　汲古閣刻《說文解字》略考—兼與潘天楨先生商榷　古籍整理研究學刊 1989 年第 2 期　1989
孔仲溫　《說文》“品”型文字的造形試析　東吳文史學報 8 號　1990
賴積船，魏湘雲　《說文解字》的訓釋方式與文化底蘊　漢字文化 1999 年 1 期　1999
蘭鳳利　論《黃帝內經》對《說文解字》的影響　中華醫史雜誌 36 卷 4 期　2006
雷漢卿　《說文》“示部”字所反映的古代宗教文化釋證　四川大學學報（哲學社會科學版）1997 年 3 期　1997
黎錦熙　說文研究法示例　讀書通訊第 103 期　1945
黎錦熙　中國文字之正反合辯證式的歷史進展　中國文字與語言（上）　1953
黎千駒　論《說文》中詞義的系統性　殷都學刊 1998 年第 2 期　1998
黎千駒　論《說文》中的旁見說解　辭書研究 1999 年第 3 期　1999
黎千駒　二十世紀的《說文》字體研究　唐山師範學院學報 2002 年第 4 期　2002
黎千駒　20 世紀的“說文”字體・漢字形體結構與六書說研究　說文學研究（崇文書局）第 1 輯　2004
黎千駒　說文學源流及發展趨勢　說文學研究（綫裝書局）第 4 輯　2010
黎千駒　歷代探求“六書”旨意之著述　說文學研究（綫裝書局）第 5 輯　2010
黎千駒　歷代《說文》字體研究之著述　說文學研究（綫裝書局）第 5 輯　2010
李達良　《說文》部首次序及其“始一終亥”思想來源的探究：初編　香港中文大學中國

華學誠　論《說文》的方言研究　鹽城師範學院學報 2002 年第 2 期　2002
黄碧雲　許愼“六書”釋義辨正　說文學研究（崇文書局）第 1 輯　2003
黄德寛・常森　《說文解字》與儒家傳統：文化背景與漢字闡釋論例　江淮論壇 1994 年 6 期　1994
黄金貴　《說文》“形聲”定義辨正　杭州大學學報（哲學社會科學）27 卷 3 期　1997
黄金貴　論形聲字本義的探求—漢字本義研究之一　說文學研究（崇文書局）第 1 輯　2003
黄晉書　萬千漢字眞面目—亟待鉤沉“字原學”　說文學研究（綫裝書局）第 4 輯　2010
黄侃　說文略說　中央大學文藝叢刊第 2 卷第 2 期　1936
黄侃箋識・黄焯編次　說文同文　說文箋識四種（上海古籍出版社）　1983
黄侃述・黄焯編　說文綱領　文字聲韻訓詁筆記（上海古籍出版社）　1983
黄侃述・黄焯編　文字形聲義　文字聲韻訓詁筆記（上海古籍出版社）　1983
黄侃箋識・黄焯編次　字通　說文箋識四種（上海古籍出版社）　1983
黄念寧　《說文解字》校勘初探（一篆籀古文）　武漢大學學報（人文科學版）57 卷 3 期　2004
黄青　《說文》石聲，庶聲字解讀　說文學研究（綫裝書局）第 4 輯　2010
黄青・黄巽齋　《說文解字・木部》形聲字之聲旁假借　說文學研究（綫裝書局）第 4 輯　2010
黄天樹　《說文》重文與正篆關係補論　語言（首都師範大學出版社）第 3 卷　2000
黄天樹　《說文解字》部首與甲骨文　語言（首都師範大學出版社）第 3 卷　2002
黄天樹　《說文解字》部首與甲骨文（續一）　語言（首都師範大學出版社）第 4 卷　2004
黄天樹　《說文解字》與甲骨文（續二）　語言（首都師範大學出版社）第 5 卷　2005
黄天樹　殷墟甲骨文“有聲字”的構造　中央研究院歷史語言研究所集刊　2005
黄文杰　以秦至漢初簡帛篆隸校正《說文》小篆析形之誤　中國語文研究　2008
黄錫全　《汗簡》，《古文四聲韻》中之石經，《說文》“古文”的研究　古文字研究（中華書局）19 輯　1992
黄巽齋　形聲字聲旁表義的幾個問題　說文學研究（崇文書局）第 1 輯　2003
黄宇鴻　從《說文解字》看中國古代宗教崇拜—《說文》漢字民俗文化溯源研究之一　欽州師範高等專科學校學報 2002 年第 2 期　2002
黄宇鴻　論《說文》俗字研究及其意義　河北師範大學學報（哲學社會科學版）2002 年第 6 期　2002
黄宇鴻　《說文解字》與粵方言本字考　語言研究 2002 年第 4 期　2002
黄宇鴻　對《說文解字》重文的再認識及其價值　廣西大學學報（哲社版）2003 年第 4 期　2003
黄宇鴻　《說文》疊體字的構形與意象思維　古漢語研究 2004 年 1 期　2004
黄焯　篆文中多古文說　說文箋識四種（上海古籍出版社）　1983
黄焯　形聲字借聲說　說文箋識四種（上海古籍出版社）　1983

郭常艷　十年來《說文解字》形聲研究述評　漢字文化 2005 年 1 期　2005
郭伏良・梁松濤　從《說文解字》“疒”部字看古代中醫學的成就　漢字文化 2004 年 1 期　2004
郭紹虞　牛訓理解　文藝（河南開封中州大學）1 卷 1 號　1925
韓陳其　試論《說文》會意字　徐州師範學院學報（哲學社會科學）1991 年 4 期　1991
韓琳　《說文解字》省形现象初探　山西大學學報（哲學社會科學版）27 卷 6 期　2004
韓偉　論六書研究的歷史分期及其學術蘊涵　說文學研究（綫裝書局）第 5 輯　2010
何發甦　《說文解字》“悳”“德”辨析　北京師範大學學報（社會科學版）2008 年 3 期　2008
何九盈　《說文》省聲研究　語文研究 1991 年第 1 期　1991
何九盈　唐寫本《說文・木部》殘帙的眞僞問題　中國語文 2006 年 5 期　2006
何琳儀　說文聲韻鉤沈　說文解字研究（河南大學出版社）第 1 輯　1991
何樹環　《說文解字》“省體會意字”初探：以大徐本爲主的討論　先秦兩漢學術 3 期　2005
何添　論《說文》四級聲子　說文學研究（崇文書局）第 1 輯　2003
何添　論《說文》從“弋”得聲之字　說文學研究（綫裝書局）第 4 輯　2010
何毓玲　從《說文・女部》字窺古代社會之一斑　古漢語研究 1996 年第 3 期　1996
何樂士　從《左傳》看《說文解字》　說文學研究（崇文書局）第 1 輯　2003
河南大學《說文解字新注》編寫組　《說文解字新注》敘例　河南大學學報（哲學社會科學）1988 年 5 期　1988
郝慧芳　張家山漢簡用字與《說文解字》義證　北方論叢 2007 年 4 期　2007
洪誠選註　說文解字敘上　中國歷代語言文字學文選（江蘇人民出版社）　1982
洪成玉　《說文》的語義學價值　語苑集錦：許威漢先生從教五十周年紀念文集　2001
洪成玉　《玉篇》和《說文》比較　言語（首都師範大學出版社）第 5 卷　2005
洪篤仁　《說文解字》的作者許慎　辭書研究 1981 年 3 輯　1981
洪篤仁　《說文解字》對辭書編纂法的貢獻　辭書研究 1982 年 1 輯　1982
侯占虎　《說文》中的聲訓　東北師大學報（哲學社會科學版）1993 年 4 期　1993
胡從曾　《說文・人部》有關字義探源　語言研究 1985 年 2 期　1985
胡從曾　《說文・攴部》同源字及“右文說”　說文解字研究（河南大學出版社）第 1 輯　1991
胡從曾　《說文》“共”聲字義釋　古漢語研究 1992 年 3 期　1992
胡朴安　乾嘉以後諸儒之六書說　中國文字學史（商務印書館）　1937
胡說　《說文》“諍”之誤訓“止”說　江西師範大學學報（哲學社會科學版）29 卷 1 期　1996
胡先驌　說文植物古名今證　科學 1 卷 6 期　1915
胡先驌　說文植物古名今證（續前期）　科學 1 卷 7 期　1915
胡先驌　說文植物古名今證（三續）　科學 2 卷 3 期　1916
胡小石　說文部首　胡小石論文集三編（上海古籍出版社）　1995

頓嵩元　許愼生平事跡考辨（一）　漯河職業技術學院學報（綜合版）第2卷第3期　2003
頓嵩元　許愼生平事跡考辨（二）　漯河職業技術學院學報（綜合版）第3卷第2期　2004
頓嵩元　許愼生平事跡考辨（三）　漯河職業技術學院學報（綜合版）第3卷第3期　2004
樊俊利　五代以來《說文》逸字研究　漢字研究（學苑出版社）第1輯　2005
方敏　試論《說文》聲訓的解釋形式　湖北大學學報（哲學社會科學版）32卷4期　2005
方敏　論《說文》木部詞義訓釋方式　說文學研究（綫裝書局）第4輯　2010
方秋士　讀說文記　國學雜誌第4期　1915
方秋士　讀說文記（續第四期）　國學雜誌第5期　1915
方勇　說文讀若攷例言　北京大學研究所國學門周刊1926年第2卷15·16期合刊　1926
馮方　《原本玉篇殘卷》徵引《說文・言部》訓釋輯校（1）　古籍整理研究學刊2002年6期　2002
馮洪錢　漢《說文解字》畜病記載考注　農業考古1998年3期　1998
馮玉濤　《說文解字》“讀若”作用類考　寧夏大學學報（社科版）1996年第3期　1996
馮玉濤　《說文解字》“省形”分析　寧夏大學學報2005年第2期　2005
馮振心　許愼說文解字敍講記　學藝雜誌12卷第1號　1933
馮振心　說文解字講記（節錄）第1編～第14編　學藝13卷1期～13卷10期　1934
馮烝　《說文》聲訓型同源詞研究　北京師範學院學報（社會科學）1989年1期　1989
馮烝　論《說文》同義詞的形成　漢字文化1989年1.2期　1989
馮烝　《說文》中應有兩個“去”字說：上古“去”字-b尾說質疑　漢字文化1991年2期　1991
馮烝　《說文》部首今讀新訂幷說明（上）　漢字文化1996年4期　1996
馮烝　《說文》部首今讀新訂幷說明（中）　漢字文化1997年1期　1997
馮烝　《說文》部首今讀新訂幷說明（下）　漢字文化1997年3期　1997
傅定淼　《說文》切音聲訓與切音讀若　貴州文史叢刊1993年6期　1993
傅毓鈐　試論漢字的起源及六書之次序　訓詁研究（北京師範大學出版社）　1981
高潛子　讀說文別釋　學術世界1卷9期　1936
高淞荃　說文別釋　古學叢刊　1939
龔嘉鎭　也説假借的性質與歷史作用　說文學研究（綫裝書局）第4輯　2010
古德夫　《說文》的聲訓　徐州師範學院學報（哲學社會科學）1989年2期　1989
古敬恆　《說文》中詞的引申義初探　徐州師範學院學報（哲學社會科學）1992年2期　1992
古敬恆　《說文》委婉釋義芻議　辭書研究2001年第5期　2001
古敬恆　唐五代宋初關于《說文解字》之刊定與著述　說文學研究（綫裝書局）第5輯　2010
古玄同　與顧頡剛先生論說文書　北京大學研究所國學門周刊　1926
顧頡剛　答柳翼謀先生　北京大學研究所國學門周刊　1926
關樹法　《說文》部首性質探討　遼寧大學學報（哲學社會科學版）3期　1990
管燮初　從《說文》中的諧聲字看上古漢語聲類　中國語文1982年1期　1982

陳竺同　說文界說是确切顯現兩漢的社會意識　福建師範第 1 期　1936
陳柱尊　形聲闡微　學藝 14 卷附學藝百號紀念增刊　1935
陳柱尊　轉注平議　國學論術第 9 期　1937
陳柱尊　轉注平議（續）　國學論術第 9 期　1937
陳柱尊　廣會意　眞知學報 1942 年 1 卷 1 期　1942
程少峰　《說文》諧聲外誤舉疑　說文學研究（綫裝書局）第 4 輯　2010
崔石崗　魯迅與《說文解字》 圖書館論壇 1998 年第 5 期　1998
崔樞華　《說文解字》聲訓的幾種形式　古漢語研究 1998 年 3 期　1998
崔樞華　《說文》今音討論　古漢語研究 2002 年第 4 期　2002
黨懷興　《六書故》所引蜀本《說文》考　《六書故》研究（陝西師範大學出版社）　2000
黨懷興　《六書故》所引唐本《說文》考　《六書故》研究（陝西師範大學出版社）　2000
得一　說文要略問答　蘇中校刊第 98 期　1934
鄧文彬　中國古代文字學的建立與許慎《說文解字》的地位和影響　西南民族學院學報（哲學社會科學版）總 22 卷第 8 期　2001
丁福保　說文解字詁林後敍　國學釋林 1 卷 1 期　1926
丁福保　說文假借考　說文月刊第 2 卷第 4 期　1940
丁福保　正續一切經音義提要　正續一切經音義（上海古籍出版社）　1986
丁山　數名古誼　中央研究院歷史語言研究所集刊第 1 本第 1 分　1928
丁聲樹　說文引祕書爲賈逵說辨正　中央研究院歷史語言研究所集刊第 21 本第 1 分　1949
董璠　說文或體字考敘例　女師大學術季刊 1 卷 2 期　1930
董琨　古文字形體訛變對《說文解字》的影響　中國語文 1991 年第 3 期　1991
董蓮池　十五年來《說文解字》研究述評　松遼學刊 1994 年第 3 期　1994
董蓮池　談談《說文》言部幾個字的義訓　古籍整理研究學刊 1994 年第 2 期　1994
董蓮池　《說文》“諸，辯也”試解　古籍整理研究學刊 1994 年第 5 期　1994
董蓮池　“穆”字的形義探索　中國文字研究（廣西教育出版社）第 1 輯　1999
董蓮池　字形分析和同源詞係聯　古籍整理研究學刊 1999 年第 6 期　1999
董蓮池　古漢字形義探索三篇　中國文字研究（廣西教育出版社）第 6 輯　2005
董希謙　《說文解字》的學術價值：紀念《說文解字》成書 1890 年　河南大學學報（哲學社會科學）1990 年 5 期　1990
董希謙　許慎生平事跡考辨　說文解字研究（河南大學出版社）第 1 輯　1991
董衆　說文解字所用字體說　東北叢刊第 1 期　1930
董作賓　中國文字　董作賓先生全集甲乙編（藝文印書館）乙編第四册　1977
杜鎭球　篆書各字隸合爲一字篆書一字隸分爲數字舉例　考古學社社刊第 2 期　1935
杜忠誥　《說文》從“釆”諸字篆文形體之探討　國文學報 37 期　2005
杜忠誥　《說文》篆文與出土簡牘帛書　書藝術研究（筑波大学：高橋佑太訳）　2009
頓嵩元　許慎里居新考　說文解字研究（河南大學出版社）第 1 輯　1991
頓嵩元　楊雄《方言》及其對《說文》的影響　歷史文獻研究 5 輯　1994

陳煥良　從《說文》看繁簡字的關係　古漢語研究 1999 年 1 期　1999
陳徽治　70 年代出土的竹簡帛書對《說文解字》研究之貢獻　漯河職業技術學院學報（綜合版）2003 年第 1 期　2003
陳會丘　《六書故》的“六書”理論和語言學思想　學術論壇 2005 年第 3 期　2005
陳錦春　《〈說文解字〉校訂本》指瑕　圖書館雜誌 25 卷 5 期　2006
陳良明　《說文》引《左傳》說略　漢字文化 1990 年 3 期　1990
陳夢家　甲骨文字和漢字的構造　殷墟卜辭綜述（中華書局）1988
陳培壽　說文今義　1939-1940 年說文月刊合訂本 1 卷　1940
陳奇猷　六書詛增“記號”一書爲七書說　天津益世報人文周刊新 41 期　1948
陳啓彤　論六書指事之原　雅言第 1 期　1913
陳啓彤　論轉注　雅言 1914 年第 3 期　1914
陳世輝　略論《說文解字》中的“省聲”　古文字研究（中華書局）第 1 輯　1976
陳淑梅　運用《說文解字》考察聯綿詞的成因和特點　說文解字研究（河南大學出版社）第 1 輯　1991
陳淑梅　張曉清　從《說文解字》的部首系統到檢字法原則的部首系統　說文學研究（綫裝書局）第 4 輯　2010
陳雙新　試論《說文解字》的歷時研究與共時研究　中國文字學報 1 輯　2006
陳煒湛　許學管窺　說文解字研究（河南大學出版社）第 1 輯　1991
陳雄根　《說文解字》通訓研究　Journal of Oriental Studies Vol.39 No.2　2005
陳延傑　說文經字考疏證　國學叢刊東南 3 卷 1 期　1926
陳衍　說文解字辨證第一　中國學報 1934 年第 3 期　1934
陳衍　說文解字辨證第十三　中國學報 1934 年第 9 期　1934
陳衍　說文解字辨證第十四　中國學報 1935 年第 5 期　1935
陳衍　說文解字辨證第十四下　中國學報 1935 年第 7 期　1935
陳燕　《說文・鬼部》字所反映的漢民族鬼神文化　漢字文化 2002 年 2 期　2002
陳燕　《說文》・漢民族鬼神文化　說文學研究（崇文書局）第 1 輯　2003
陳燕　《說文解字》轉注與早期漢字部首排序法　說文學研究（綫裝書局）第 4 輯　2010
陳燕・張云艷・王曉楠　審定《說文解字》聲系，音讀之著述　說文學研究（綫裝書局）第 5 輯　2010
陳韻珊　論說文解字中的省聲問題　中央研究院歷史語言研究所集刊第 57 本第 1 分　1976
陳兆年　形聲緣起　學術世界 1 卷 10 期　1936
陳兆年　形聲釋例　論學第 1 期　1937
陳兆年　形聲字之字義與形旁之關係　論學第 2 期　1937
陳振寰　六書說申許　說文解字研究（河南大學出版社）第 1 輯　1991
陳仲　說文引伸義考　國粹學報第 7 册第 69 期　1911
陳竺同　說文爲漢代社會意識之寫眞　學生雜誌 18 卷 3 期　1931
陳竺同　說文爲漢代社會意識之寫眞（下）　學生雜誌 18 卷 4 期　1931

高橋由利子　説文解字の基礎的研究―段玉裁の説文学―　六甲出版　1996
福田襄之介　中国字書史の研究　明治書院　1979
頼惟勤　説文入門　大修館書店　1983

2.『說文』研究論文

白沙　轉注　甲寅雜誌 1 卷 2 期
白兆麟　轉注說源流述評　安徽大學學報（哲學社會科學版）1982 年第 1 期　1982
白兆麟　論傳統“六書”之本原意義　安徽大學學報（哲學社會科學版）2003 年第 2 期　2003
白振有　《說文解字》馬部字的文化蘊涵　延安大學學報（哲社版）1999 年第 1 期　1999
班吉慶　《說文》互訓述評　揚州師院學報（社會科學）1987 年 1 期　1987
班吉慶　試論《說文》對古漢語虛詞的認識　揚州師院學報（社會科學）1988 年 3 期　1988
班吉慶　《說文解字》述要　漢字學綱要（江蘇古籍出版社）　2001
班吉慶　劉寶楠《論語正義》徵引《說文解字》略論　揚州大學學報（人文社會科學版）2001 年第 6 期　2001
鮑鼎　說文解字從刀諸字伸誼　說文月刊 2 卷 10 期　1944
北京大學編輯室　說文古本攷校勘記　北京大學研究所國學門月刊 1927 年第 1 卷第 6 期，1929 年第 1 卷第 7・第 8 期合刊　1927･1929
北文　秦始皇“書同文字”的歷史作用　文物 1973 年第 11 期　1973
蔡夢麒　《漢語大字典》引《說文解字》注音辨正　古漢語研究 2005 年 3 期　2005
蔡信發　說文部首正補釋例　國立中央大學文學院院刊 2 期　1984
蔡英杰　《說文》從寸字説解獻疑　說文學研究（綫裝書局）第 4 輯　2010
曹念明　論文字學的學科地位，學科體系及當前的緊迫課題　說文學研究（綫裝書局）第 4 輯　2010
曹先擢　《說文解字》的省聲　王力先生紀念論文集（商務印書館）　1990
曹兆蘭　《說文解字》引《詩》異文對理解詩意的價値　漢字研究（學苑出版社）第 1 輯　2005
車先俊　《說文》“夷”“狄”“蠻”“羌”釋義溯源　徐州師範學院學報（哲學社會科學）1987 年 3 期　1987
車先俊　《說文》省聲字研究　徐州師範學院學報（哲學社會科學版）1989 年第 1 期　1989
車先俊　《說文解字》多義字探析　徐州師範大學學報（哲學社會科學版）2000 年第 3 期　2000
陳秉新　論轉注　安徽師大學報 1984 年第 1 期　1984
陳秉新・李立芳　《說文》與古文字互證分類例説　說文學研究（崇文書局）第 1 輯　2003
陳德基　論六書次序質顧惕生先生　甲寅周刊 1 卷 32 期　1926
陳楓　《說文》中的傳統思維模式初探　人文雜誌 1998 年 6 期　1998
陳楓　部首“女”的文化義蘊　陝西師範大學學報（哲學社會科學版）2002 年第 1 期　2002

王寧　說文解字與漢字學　河南人民出版社　1994
王寧　《說文解字》與中國古代文化　遼寧人民出版社　2000
王平　《說文解字》與中國古代科技　廣西教育出版社　2001
衞瑜章　段注說文解字斠誤（上）（下）　商務印書館　1935
吳承仕　六書條例　北平中國學院石印本　1933
向夏　說文解字敍講疏　中華書局　1974
徐前師　唐寫本玉篇校段注本說文　上海古籍出版社　2008
徐紹楨　說文部首述義　中華書局　1930
徐在國　隸定古文疏證　安徽大學出版社　2002
楊樹達　積微居小學述林　中華書局　1983
楊樹達　增訂積微居小學金石論叢　中華書局　1983
姚孝遂　許愼與說文解字　中華書局　1983
于省吾　甲骨文字釋林　中華書局　1979
余國慶　說文學導論　安徽教育出版社　1955
余行達　說文段注研究　巴蜀書社　1998
臧克和　說文解字的文化說解　湖北人民出版社　1995
臧克和・王平校訂　說文解字新訂　中華書局　2002
張長　說文定聲　石印本　1931
張其昀　“說文學”源流攷略　貴州人民出版社　1981
張舜徽　說文解字約注（上）（中）（下）　中州書畫社　1983
張舜徽　說文解字導讀　巴蜀書社　1990
章太炎　文始　章太炎全集（上海人民出版社）　1999
章太炎　小學答問　章太炎全集（上海人民出版社）　1999
章太炎　新方言　章太炎全集（上海人民出版社）　1999
趙平安　隸變研究　河北大學出版社　1993
趙平安　《說文》小篆研究　廣西教育出版社　1999
鍾如雄　《說文解字》論綱　四川人民出版社　2000
周炳蔚　說文解字重文提要　川明書屋石印本　1916
周祖謨　問學集　北京　中華書局　1966
阿辻哲次　漢字学—『説文解字』の世界　東海大学出版会　1985
尾崎雄二郎編　訓読説文解字注（金冊）　東海大学出版会　1981
尾崎雄二郎編　訓読説文解字注（石冊）　東海大学出版会　1986
尾崎雄二郎編　訓読説文解字注（糸冊）　東海大学出版会　1989
尾崎雄二郎編　訓読説文解字注（竹冊）　東海大学出版会　1991
尾崎雄二郎編　訓読説文解字注（匏冊）　東海大学出版会　1993
倉石武四郎　段懋堂の音学　均社之会（小川環樹）　1974
白川静　説文新義（全15巻・別巻1巻）　白鶴美術館　1969-1974

胡宗　段注說文正字　夢選樓刻本　1932
黃德寬・常森　漢字闡釋與文化傳統　中國科學技術大學出版社　1995
黃侃箋識・黃焯編次　說文箋識四種　上海古籍出版社　1983
黃侃　黃侃手批說文解字　上海古籍出版社　1987
姜忠奎　六書述義　石印本　1930
蔣冀騁　說文段注改篆評議　湖南教育出版社　1993
蔣善國　說文解字講稿　語文出版社　1988
雷漢卿　說文“示部”字與神靈祭祀考　巴蜀書社　2000
黎千駒　說文專題研究　中國社會科學出版社　2010
李國英　小篆形聲字研究　北京師範大學出版社　1996
李孝定　讀說文記　中央研究院歷史語言研究所　1992
李行杰主編　說文今讀暨五家通檢　齊魯書社　1997
林義光　文源　福建林氏自寫影印本　1920
劉賾　說文古音譜　湖北人民出版社　1963
劉賾　小學札記　劉賾小學著作二種（上海古籍出版社）　1983
陸宗達　說文解字通論　北京出版社　1981
呂景先　說文段注指例　正中書局　1946
馬景侖　段注訓詁研究　江蘇教育出版社　1997
馬敘倫　六書解例　上海商務印書館石印本　1933
馬敘倫　說文解字研究法　上海商務印書館　1933
馬敘倫　說文解字六書疏證　上海書店　1985
馬宗霍　說文解字引方言攷　科學出版社　1959
馬宗霍　說文解字引群書攷　科學出版社　1959
馬宗霍　說文解字引通人說攷　科學出版社　1959
馬宗霍　說文解字引經攷　科學出版社　1971
莫友芝原著・梁光華註評　唐寫本說文解字木部箋異註評　貴州人民出版社　1998
啓功　古代字體論稿　文物出版社　1946
權少文　說文古均二十八部聲系　甘肅人民出版社　1987
商承祚　說文中之古文考　上海古籍出版社　1983
石廣權　說文匡鄦　上海商務印書館石印　1931
舒連景　說文古文疏證　上海商務印書館石印　1937
宋永培　說文漢字體系與中國上古史　廣西教育出版社　1996
宋育仁　說文部首箋正　附同文略例小篆通古文學要　1924年成都刻本　1924
唐蘭　中國文字學　開明書店　1949
唐玉書　說文部首講義　（再版本）　1936
王貴元　說文解字校箋　學林出版社　2002
王國維　史籀篇疏證　海寧王靜安先生遺書（商務印書館長沙石印）　1940

附録　近現代説文学研究文献目録

最後に、近現代に於ける『說文』に関する研究書及び研究論文のリストを付す。中国の文献については『說文解字研究文獻集成・現當代卷』（董蓮池主編 北京 作家出版社 2006）所収のものを基に修正・追加した。取り上げる年代は、中華民国以降現代までとする。当該書には、研究書中の章を取り出したものや、非常に短いコラムに類するものも含まれているが、説文学関係の文書を探す上では、有用であると考えるため、敢えてそのまま採録し、重複を削除するのみとした。

書籍と論文に大別し、論文については、更に説解など『說文』そのものに対する研究と、その注釈書に対する研究に分ける。年代順に配列する方が、研究を概観する上では相応しいのであるが、初出の年代が分からないものが多数含まれるため、配列順は著者名による。中国・台湾等で出版されたものはアルファベット順、日本のものは五十音順に配列する。便宜上、数の多い中国・台湾等のものを先に配し、日本のものをその後に付す。また、漢字表記については、原文の表記にかかわらず、原則として中国・台湾等のものは旧字で表記し、日本のものは新字で表記する。

1．書籍

蔡夢麒　《說文解字》字音注釋研究（上）（下）　齊魯書社　2007
陳晉　說文研究法　上海商務印書館　1933
陳啓彤　六書微　中國大學鉛印本　1925
陳衍　說文舉例七卷　民國己未刻於上海本
程樹德　說文稽古篇　商務印書館　1930
崔樞華　說文解字聲訓研究　北京師範大學出版社　2000
黨懷興　宋元明六書學研究　中國社會科學出版社　2003
丁山　說文闕義箋　國立中央研究院石印歷史語言研究所單刊乙種之一　1930
董蓮池　說文部首形義通釋　東北師範大學出版社　2000
董蓮池　說文解字考正　作家出版社（北京）　2004
董希謙・張啓煥主編　許愼與《說文解字》研究　河南大學出版社　1988
鄧散木　說文解字部首校釋　上海書店　1984
馮蒸　《說文》同義詞研究　首都師範大學出版社　1995
古敬恆　徐鍇說文繫傳研究　重慶大學出版社　1995
顧藎丞　說文綜合的研究　世界書局　1931
洪文濤・華昌泗・洪兆敏編　說文八種單字索引　中華書局　1996
洪燕梅　《說文》未收錄之秦文字研究：以《睡虎地秦簡》爲例　文津出版社（台北）2006
胡小石　說文古文考　胡小石論文集三編（上海古籍出版社）　1995

坂内 千里（さかうち ちさと）

大阪大学大学院言語文化研究科教授。京都大学大学院文学研究科博士後期課程中退。京都大学文学部助手、大阪大学言語文化部講師などを経て、現職。文学博士。『訓讀說文解字注 絲册』（共著、第五篇上担当、尾崎雄二郎編　東海大学出版会　1989年）、「『說文解字注』に於ける改篆・增篆・刪篆について」（『中國語史の資料と方法』　京都大学人文科学研究所　1994年）、「『說文解字繫傳』データベース化の試み」（『人文情報学シンポジウム—キャラクター・データベース・共同行為—報告書』京都大学人文科学研究所　2007年）など。

経部引用書から見た『說文解字繫傳』注釈考

発行日　2014年2月28日　初版第1刷発行　［検印廃止］

著　者　坂内 千里

発行所　大阪大学出版会
代表者　三成 賢次
〒565-0871
大阪府吹田市山田丘2-7　大阪大学ウエストフロント
電話：06-6877-1614（直通）　FAX：06-6877-1617
URL：http://www.osaka-up.or.jp

印刷・製本　株式会社 遊文舎

ISBN978-4-87259-458-4　C3087